헌법의
시간들

헌법의 시간들

한국헌법사,
독립운동가부터
사이코패스까지

이준일

KU PRESS
고려대학교
출판문화원

책 머리에

요 몇 년 사이에 두 차례나 국가기관의 의뢰로 '계엄법'에 관한 연구를 진행하였다. 계엄법은 대통령의 헌법적 권한인 '계엄선포권'을 구체화하는 법률이다. 계엄법이라는 법률의 역사에 관한 연구가 헌법의 역사에 관한 연구와 연동될 수밖에 없는 이유가 여기에 있다. 해방 후 1948년에 제헌국회가 구성되고 제헌헌법이 공포되었을 때 이 헌법에도 대통령의 계엄선포권이 포함되었다. 그런데 공교롭게도 정부수립를 전후하여 제주4·3사건과 여순(여수·순천)10·19사건이 발생했다. 제주4·3사건은 한반도 이남에서만 단독으로 실시되는 제헌국회선거에 반대하면서 일어났고, 여순10·19사건은 제주4·3사건을 진압하기 위한 군대출동에 반대해서 발생했다. 대통령 이승만은 이 두 사건을 해결하기 위하여 비상계엄을 선포했다. 그렇지만 아직 계엄법이 제정되어 있지 않은 상태였다. 계엄법은 다음 해인 1949년 11월 24일에야 비로소 제정과 동시에 시행되었다. 제헌헌법은 대통령의 계엄선포권이 법률에 따라 행사되도록 규정하였다. 법률이 제정되지 않으면 실현될 수 없는 헌법규정은 법률이 제정되어 시행되어야만 시행될 수 있다고도 제헌헌법에 명시되어 있었다.

아무리 계엄선포권이 대통령의 헌법적 권한이라고 하더라도 계엄법에 따라 행사되어야 하고, 계엄법이 제정되지 않으면 실현될 수 없기 때문에 계엄법이 제정되어 시행되어야만 행사될 수 있는 그런 권한에 지나지 않았다. 그렇게 정부수립 후 한국헌정사에서 처음으로 등장한 계엄은 헌법을 위반하는 비틀어진 모습이었다. 그러고 나서 계엄이 한국헌정사에서 마지막으로 등장한 때는 영구집권을 꿈꾸며 장기집권하던 대통령 박정희가 총격으로 사망한 1979년 12월이었다. 반세기 가까이 지난 지금까지 대통령의 계엄선포권과 계엄법은 역사 속에나 존재하는 화석과 같은 대상이었다.

공포의 그날, 2024년 12월 3일 밤 대통령 윤석열은 반국가세력의 척결을 외치며 전격적으로 전국에 비상계엄을 선포한다. 기후변화로 영구동토가 녹으면서 되살아난 바이러스처럼 비현실적인 일이 벌어진 것이다. 대한민국은 물론 전 세계가 충격에 빠졌다. 1987년 민주화 이후로 대한민국에서 계엄이라는 단어는 역사박물관에서나 들을 수 있었다. 그렇지만 상기된 모습으로 방송에 등장한 비이성적 대통령의 입에서 실제로 비상계엄을 선포한다는 문장이 생생하게 들려왔다. 중무장한 특전사 요원들이 굉음을 내는 헬기를 타고 국회로 난입했다. 계엄군은 국회의사당 본청의 유리창을 깨고 들어와 국회의 계엄해제요구안 의결을 방해하려고 잠시지만 단전조치까지 시행했다. 국회로 몰려든 시민들은 경찰의 국회봉쇄에 격렬하게 항의했으며 국회의장과 상당수의 국회의원들은 국회 담장을 넘었다. 시민들은 목숨을 걸고 맨몸으로 무장한 계엄군과 대치하기도 했다. 비상계엄 선포 후 두 시간 반 만에 계엄해제요구안이 가결되었다. 열흘 뒤 대통령은 내란 목적 비상계엄 선포로 국회에서 탄핵소추를 받았다. 게다가 대통령은 구속된 상태로 형사기소되어 재판을 받는 신세가 되었다. 계엄의 역사는 결코 반복되지 않을 것 같았지만 결국 반복되었다. 불행한 역사가 반복되지 않도록 역사를 기록하는 것처럼 불행한 헌정사가 반복되지 않도록 한국헌법사를 기록하고자 기획했었다. 불행한 헌정사의 반복을 막기 위해 기획된 한국헌법사에 관한 원고가 마무리되어 가던 즈음에 계엄사태가 발생해 버렸다.

비상계엄만 반복된 것이 아니었다. 2017년 대통령 박근혜가 헌법재판소의 탄핵결정으로 파면되었다. 8년이 지난 현재 다시 대통령 윤석열의 파면 결정을 앞두고 있다. 국헌문란 목적의 폭동, 그러니까 헌법기관의 권능행사를 불가능하게 할 목적으로 비상계엄을 선포하면 내란죄에 해당하게 된다. 대통령은 탄핵심판과 함께 형법상 가장 중대한 범죄인 내란죄 혐의로 형사재판을 받고 있다. 대통령은 재직 중에 형사소추를 받지 않는 특권을 향유하지만 대통령이 내란죄나 외환죄를 저지르면 그러한 특권을 향유할 수 없다. 내란죄는 그만큼 헌정질서를 파괴하는 심각하고 중대한 범죄이며 결코 정쟁의 대상으로 삼을 수 없는 대상이다. 후안무치한 대통령은 검찰총장 출신임에도 불구하고 탄핵심판 변론기일에 출석하여 실패한 내란을 변명하고 합리화하기에 바쁘다. 검찰총장과 대통령까지 지낸 사람의 당당하고 책임지는 모습은 도대체 찾아볼 수가 없을 만큼 비겁하다. 내란죄에 해당하는 비상계엄 선포행위로 파면 결정을 받는 대통령을 다시 지켜보아야 하는 국민의 마음도 편치는 않다. 위헌적 비상계엄이 반복되지 않아야 하는 만큼 중대한 법위반으로 탄핵되는 대통령의 출현도 반복되지 않아야 한다.

불행한 과거의 반복을 예방해야 할 뿐만 아니라 건강한 미래의 도래를 촉진시키기 위해서도 헌법의 역사는 기록되어야 한다. 헌법의 역사는 헌법이 파괴된 시간들과 헌법이 수호된 시간들을 모두 품고 있다. 미래로 향하는 헌법의 역사는 헌법적 정의가 실현되는 이상적 헌법에 대한 청사진도 제시해야 한다. 지금은 비상계엄과 탄핵의 시간을 살아가고 있지만 헌법적 정의가 구현되는 시간들도 꿈꿀 수 있어야 한다. 그래도 인간의 공감능력에 대한 신뢰를 바탕으로 헌법의 시간들은 헌법적 정의를 지향하는 방향으로 흘러간다는 믿음에서 이 책을 만들었다. 초고의 탈고가 끝나갈 즈음 원고를 출간해 줄 출판사를 알아보다가 '예측가능한 이야기'라는 이유로 정중하게 거절의 의사를 표현한 출판사가 있었다. 한마디로 '뻔한 이야기'라는 뜻인데 역사는 어차피 누구나 다 아는 뻔한 이야기이지 않은가? 중요한 것은 어떠한 시각에서 그 이야기를 다시 구성하고 평가할 것인지인데 헌법적 시각이 그렇게 흔한 관점은 아니라고 본다. 올해 노벨상을 수상한 작가 한강의 〈작별하지 않는다〉, 〈소년이 온다〉도 어찌 보면 예측가능한 역사적 사건인 제주4·3사건과 광주5·18항쟁을 다루지 않았던가? 어쩌면 우리는 그 뻔한 이야기에 대해서 사실 자세히 알지도 못하고, 감히 거기에 대해서 평가하는 것은 더욱 버거워한다.

한국 현대사는 지나간 사건에 대한 단편적 지식의 나열에 지나지 않으며 헌법은 지루한 법 정보의 조합에 지나지 않을 수 있다. 한국 현대사나 헌법 어느 것도 쉬운 주제는 아니다. 한국 현대사를 다루는 역사학자에게 헌법은 전문적이거나 중요하지 않는 주제일 수 있고, 헌법을 연구하는 헌법학자에게 한국 현대사는 그저 법적 평가의 대상인 사실관계나 배경에 지나지 않을 수 있다. 헌법은 좀 안다고 생각했지만 한국 현대사는 여전히 문외한인지라 올해 여름과 가을 내내 한국 현대사에 관한 문헌이 빼곡하게 정렬된 고려대학교 중앙도서관 개가실에서 시간을 보내야 했다. 뻔한 이야기일 수도 있는 한국 현대사를 헌법적 시각에서 다룬 이 책의 출간에 기꺼이 동의해 주고, 꼼꼼한 편집까지 수고를 아끼지 않은 고려대학교출판문화원 편집진에게 감사의 뜻을 전한다.

2025년 3월

고려대학교 법학전문대학원 연구실에서

저자 이준일

차례

타인의 고통을 공감할 수 있는 인간

호모 엠파티쿠스
homo emphaticus

헌법은 정의 그 자체, 그러니까 정의의 전부는 아니지만 적어도 정의의 일부를 담고 있다. 정의가 무엇인지, 정의의 실체적 내용에 관한 보편적 합의를 이끌어내기가 쉽지는 않아도 최소한 **정의의 존재를 믿고 싶어 하는 사람들**은 어느 시대나 많았고, 지금도 많다. 정의의 존재를 믿는 이유는 다양할 수 있다. 이를테면 정의가 존재해야만 언젠가 불의한 세상이 종말을 맞이할 것이라는 기대에서 지금 겪어야 하는 고통스런 삶을 꿋꿋이 견뎌낼 수 있고, 불의한 세상으로부터 피해를 입을 것 같은 불안정한 정신이 심리적으로 안정을 찾게 되며 그래도 현재는 고통스럽고 암담하지만 미래의 희망을 바라보면서 살 만한 가치가 있다고 인정할 수 있기 때문이다. 정의의 존재는 과학적 증명의 문제가 아니라 심리적 신념의 문제일 수 있는 이유가 여기에 있다. 수많은 사람들의 소망이나 신념처럼 정의가 존재해야 하는 것보다 중요한 것은 **역사가 정의를 지향하는 방향으로 진보**해야 한다는 당위적 명제다. 정의가 존재해도 역사가 정의를 향하여 진보하지 않는다면, 오히려 정의의 정반대 방향으로 역사가 흘러간다면 정의는 그것을 기다리는 사람들에게 희망고문만 가중시킬 뿐이다. 정의의 존재를 불신하는 사람은 많아지고, 정의에 대한 관심 자체가 사라질지도 모른다. 정의의 존재에 대한 믿음은 정의를 향한 역사의 진보에 대한 신뢰와 공존할 수밖에 없다. 일시적으로 정의로부터 역주행하는 역사의 퇴보가 진행되고 있을지라도 다시 정의를 향하여 정주행하는 역사의 진보를 믿을 때 정의의 존재에 대한 신뢰도 강화될 수 있다. 역사의 진보 역시 과학적 증명의 문제가 아니라 심리적 신념의 문제에 속할 수 있다는 뜻이다. 정의와 진보를 믿는 사람들에게 헌법의 역사는 헌법에 담긴 정의를 뜻하는 '헌법적 정의'를 지키려는 세력과 그러한 헌법적 정의를 무너뜨리려는 세력 간의 치열한 투쟁에 관한 역사다. 그 세력은 국가일 수도 있지만 집단이나 개인일 수도 있다. '헌법의 시간들'을 의미하는 헌법의 역사는 성문의 헌법을 만들어 헌법적 정의를 바로 세우고 실천하는 역사이며 헌법적 정의를 훼파하는 불의한 세력에 맞서 싸우면서 그것을 복원시키는 역사다.

헌법은 세 가지 차원을 갖는다. 첫째, 보통 그렇듯이 헌법은 무엇보다도 '실정법'의 차원에서 이해된다. 누군가 만들어낸 '제정법'이나 문서에 기록한 '성문법'으로도 불리며 법전(法典)의 형태를 가지는 실정법은 반드시 제정의 주체와 절차를 전제로 한다. 실정법을 제정하는 주체는 권한을 가져야 하는데 이러한 법 제정의 권한은 또 다른 실정법으로부터 부여받으며 권한을 가진 주체가 실정법을 제정하는 절차도 또 다른 실정법에서 정해진다. 이처럼 실정법의 정당성은 실정법으로부터 나오는 정당성을 의미한다. 헌법도 실정법의 차원에서만 이해되면 그 정당성은 이미 선재하는 다른 실정 헌법에서 찾아야 한다. 그렇다면 실정법을 정당화하는 다른 실정법이 더 이상 존재하지 않을 때 실정법의 최종적(궁극적) 정당성은 어디서 찾아야 할까? 둘째, 헌법은 불문법에 속하는 '관습법'의 차원에서도 이해될 수 있다. 관습법의 차원에서 이해되는 헌법을

'헌법적 관습법'이나 '관습 헌법'으로 부르기도 한다. 이러한 헌법적 관습법이나 관습 헌법이 성립하기 위해서는 장기간 중단 없이 지속되는 특정한 관행이 존재해야 하며 그러한 관행을 헌법으로 인식하고 준수하는 구성원들의 반복적이고 일관된 실천이 존재해야 한다. 헌법을 관습법의 수준에서 이해하면 헌법의 정당성은 관행과 인식 및 실천으로 표현되는 명시적이거나 묵시적인 사회적 합의에서 찾을 수 있다. 이처럼 헌법의 정당성을 오래전부터 지금까지 중단 없이 존재하고 있는 관행과 인식 및 실천에서 찾는 경우에, 일단 오랫동안 중단 없이 지속되어 사람들 마음속에 법으로서 인식되고 행동으로 준수되기만 하면 어떤 관행도 그것이 정의롭지 못한 경우에서조차 정당성을 얻는 것일까? 셋째, 헌법은 '자연법'의 차원에서도 이해될 수 있다. 정의로운 법(정법)을 뜻하는 자연법의 차원에서 이해되는 헌법은 '헌법적 정의'로 부를 수 있다. 헌법적 정의는 상당 부분 실정법 차원의 헌법에 명시적 규정으로 표현되어 담기기도 하며 관습법 차원의 헌법으로 존재하면서 실천되기도 한다. 그렇지만 현실에 존재하는 실정법 차원의 헌법이나 관습법 차원의 헌법은 이상적 수준에서 마땅히 존재해야만 하는 자연법 차원의 헌법과 언제든지 일치하지는 않거나 심지어 충돌할 수 있다. 실정법 차원의 헌법이나 관습법 차원의 헌법이 자연법 차원의 헌법으로부터 정당성을 얻어야 하는 이유가 여기에 있다. 비가시적인 자연법 차원의 헌법은 가시적인 실정법 차원의 헌법이나 관습법 차원의 헌법을 통하여 구현되지만 양적으로나 질적으로 완벽하게 구현될 수는 없다. 실정법 차원의 헌법이나 관습법 차원의 헌법은 자연법 차원의 헌법을 불완전하게 부분적으로만 구현할 수 있고, 불충분하게 제한적으로만 구현할 수 있을 뿐이다. 핵심은 어떤 형태로든 특정한 국가공동체에서 가장 중요한 사항이 헌법사항이 된다는 점이다. 헌법의 역사는 실정법 차원의 헌법이나 관습법 차원의 헌법처럼 현실적으로 존재하는 헌법의 시간들이며 자연법 차원의 헌법처럼 당위적으로 존재해야만 하는 헌법의 시간들이기도 하다.

한국 헌법사에서 한국사회의 가장 중요한 시대적 의제를 담은 헌법적 정의를 찾아내고 수호하며 실현하고자 투쟁했던 최초의 사람들이며 상징적 존재가 '독립운동가'다. 그들은 당시의 시대정신에 따라 대부분의 사람들이 염원했던 조국의 자주독립을 헌법적 정의로 인식했다. 실제로 그들은 성문헌법인 임시헌법을 만들어 그 안에 헌법적 정의를 담아내기도 했다. 더 중요한 것은 그들이 일본 제국주의의 폭압에 신음하는 동포의 고통에 공감하며 노예상태에 놓인 자신의 민족을 그 질곡의 고통으로부터 해방시키기 위하여 목숨을 걸었다는 사실이다. 그들은 헌법적 정의를 인식했을 뿐만 아니라 실천했다. 그들이 헌법적 정의에 대한 인식과 실천을 통합시킬 수 있었던 원동력은 무엇이었을까? 그들은 시대정신 속에서 찾아낸 헌법적 정의와 주변의 타인들이 겪고 있는 고통을 결합시켰다. 헌법적 정의의 관점에서 독립운동가와 같은 정의로운 사람은 타인의 고통 속으로 들어가 거기에 자신의 감정을 이입시켜 그것을 공감할 수 있는 사람, **호모 엠파티쿠스**(homo empathicus)다.★ 그런 사람은 먼저 타인의 고통에 안타까워하며 그것을 동감(동정)하고 연민하며 슬퍼할 수 있는 사람, **호모 심파티쿠스**(homo sympathicus)가 되어야 한다. 타인의 고통에 대한 감정이입과 공감이 이루어져야만 그 고통을 자신의 고통으로 느끼면서 마치 자신이 그 고통으로부터 벗어나기 위해 몸부림치는 것처럼 고통받은 타인을 그 고통으로부터 해방시킬 수 있도록 호모

★ 인간의 본성을 '공감하는 것'으로 이해하는 제러미 리프킨(Jaramy Rifkin)은 인간의 사회성이나 유대감의 원천을 타인의 고통을 자신의 고통으로 느낄 수 있는 공감능력에서 찾고, 이러한 공감능력을 가진 인간을 '호모 엠파티쿠스'로 호명하면서 사회진화론적 관점에서 인간은 호모 엠파티쿠스로 진화한다고 주장한다. 제러미 리프킨, 《공감의 시대》, 이경남 옮김(민음사, 2009) 참조.

심파티쿠스에게 타인의 고통은 이해하고 동감할 수는 있어도 아직 자신의 고통은 아니다. 여전히 나의 고통과 너의 고통은 구분된다. 하지만 호모 엠파티쿠스에게 타인의 고통은 자신의 고통이 된다. 나의 고통과 너의 고통은 구분되지 않으며 모두가 우리의 고통이 된다. 타인의 고통에 대한 감정이입과 공감이 이루어져야만 그 고통을 자신의 고통으로 느끼면서 마치 자신이 그 고통으로부터 벗어나기 위해 몸부림치는 것처럼 고통받는 타인을 그 고통으로부터 해방시킬 수 있도록 거대한 에너지를 만들어낸다. 반면에 한국 헌법사에는 헌법적 정의의 관점에서 주저없이 타인을 희생시키고 타인에게 고통을 주는 다수의 친일파와 독재자, 그리고 그에 부역하는 수많은 무리도 존재했다. 그들은 동포를 고문하고 민족을 탄압하며 학살했다. 타인의 고통에 대한 감정이입과 공감이 불가능했던 그들은 최고 정치지도자였지만 반사회적 인격장애를 가진 '**사이코패스**'에 지나지 않았다. 그들에게 시대정신에서 찾을 수 있는 헌법적 정의는 존재하지 않았거나 존재해도 그것이 타인의 고통에 자신의 감정을 이입시키거나 공감하지 못하여 행한 그들의 행동을 부끄럽게 만들지 않았다. 그들은 타인의 고통에 무감각한 호모 아파티쿠스(apathycus)였다. 나의 고통과 너의 고통은 구분될 뿐만 아니라 나는 굳이 너의 고통을 고려하거나 거기에 관심을 둘 필요가 없었다.

헌법적 정의의 관점에서 인간의 고통은 헌법이 보장하고 보장해야만 하는 **자유와 권리에 대한 침해**로부터 발생하는 피해와 상처를 뜻한다. 헌법적 정의는 타인의 고통에 대한 감정이입과 공감을 통하여 헌법에 의해서 보장되고, 또 보장되어야만 하는 타인의 자유와 권리를 침해하지 않을 때 구현될 수 있다. 타인이 고통당할 것을 예상하면서도 어떻게 타인의 자유와 권리를 침해할 수 있겠는가? 더욱이 타인의 고통에 대한 감정이입과 공감의 측면에서 헌법적 정의는 소극적으로 타인의 자유와 권리를 침해하지 않음으로써 타인에게 고통을 주지 않을 뿐만 아니라 적극적으로 자유와 권리를 침해당하는 타인의 고통에 동참하며 타인을 자유와 권리가 침해된 고통의 상태로부터 해방시키는 실천적 행동을 통하여 실현될 수 있다. 타인의 고통을 지켜보면서 어떻게 타인의 침해된 자유와 권리를 회복시키는 일에 동참하지 않을 수 있겠는가? 헌법적 정의의 관점에서 보면 사람은 두 종류로 나뉜다. 헌법적 정의를 지키기 위해서 타인의 자유와 권리를 침해하여 타인에게 고통을 주는 불의에 항거함으로써 고통받는 타인의 자유와 권리를 회복시키거나 그것을 응원하고 지원하는 사람, 헌법적 정의를 파괴하면서 타인의 자유와 권리를 침해함으로써 타인에게 고통을 주는 불의를 직접 자행하거나 그것에 순응하거나 가담하는 사람이 그것이다. 한국 헌법의 역사는 타인의 고통에 자신의 감정을 이입시키며 그것을 공감하면서 헌법적 정의를 수호하려는 사람들에 의해서 인류가 추구하는 보편적 정의를 향하여 진보하는 방향으로 움직였을까? 한국 헌법의 역사는 타인의 고통에 대한 감정이입과 공감의 능력을 갖추고 헌법적 정의를 실천하는 사람들에 의해서 언젠가는 반드시 정의가 승리한다는 명제를 증명하였는가? 헌법의 시간들을 돌아보면서 한국 헌법의 역사를 탐구하는 이 책의 기획은 이러한 의문들에서 시작되었다.

역사를 기록하는 이유는 과거를 기억하기 위한 것이고, 과거를 기억하려는 이유는 과거에 저질렀던 실수를 미래에도 동일하게 반복하는 것을 회피하기 위한 것이다. 헌법의 역사를 기록하는 이유도 과거에 헌법적 정의가 처참하게 훼손되거나 파괴되었던 경험을 기억하기 위한 것이고, 과거에 경험했던 헌법적 정의의 훼손이나 파괴를 기억하려는 이유도 미래에 펼쳐질 헌법의 시간들에서 과거에 범했던 동일한 실수를 반복하지 않기 위한 것이다. 한국 헌법의 역사는 일제강점기에 근대적 의미의 성문헌법이 등장한 임시정부 시절부터 시작되었다. 헌법의 시간들에서 일제강점기는 헌법적 정의가 무참하게 파괴되고 헌법적 정의에 따라 인정되어야만 하는 자유와 권리를 박탈당한 우리 민족이 고통받던 시절이었다. 일본 제국주의가 자국의 이익을 위하여 헌법적 정의가 보장하는 타국의 자유와 권리를 무력으로 박탈하면서도 자유와 권리를 박탈당한 우리 민족의 고통에 그들의 감정을 이입시키지도 못하고 그것을 공감하지도 못하는 야만적인 억압의 시간이었기 때문이다. 따라서 일본 제국주의는 물론 그에 부역하거나 동조한 친일파는 헌법적 정의를 파괴하며 한국인의 고통에 대한 감정이입과 공감이 작동할 수 없었던 사이코패스로 지칭할 수밖에 없다. 당연히 그들은 임시정부를 만들어 헌법적 정의를 복원하기 위하여 목숨을 걸고 가족마저도 희생시키면서 일제에 저항했던 독립운동가의 역사를 인정할 수 없기 때문에 그들을 반역자나 테러리스트로 부르고 싶어 한다. 헌법의 역사에서 임시정부와 독립운동가의 역사를 반드시 포함하여 복원시켜야 하는 바로 이유가 여기에 있다. 헌법적 정의의 관점에서 일제강점기 임시정부의 헌법과 활동은 한국 헌법의 역사에 속한다. 이와 같은 사실은 해방 후 미군정을 거쳐 정식 정부가 수립된 1948년에 만들어진 이른바 '제헌헌법' 이후 아홉 번의 개정을 거쳐 정부수립의 근거가 되었던 제헌헌법부터 세면 열 번째 헌법으로 1987년에 제정된 현행 헌법에 이르기까지 헌법 전문에서 명확하게 확인되고 있다.

타인의 고통에 대한 감정이입과 공감의 능력에서 탁월했던 독립운동가가 만들어간 헌법의 시간들은 민주화를 이루어낸 시절을 거쳐 민주화가 이루어진 지금도 이어지고 있다. 민주화가 이루어지기 전에 타인의 고통에 대하여 자신의 감정을 이입시킬 수도, 공감할 수도 없었던 독재자가 만들어낸 헌법의 시간들도 여전히 계속되고 있다. 어떤 사람들은 군사독재 시절 인권과 민주주의의 가치를 위하여 싸웠고, 어떤 사람들은 군사독재에 부역하여 인권과 민주주의를 탄압했다. 1987년 민주화 이후에도 누군가는 타인의 자유와 권리를 보호하거나 회복시키기 위하여 인생을 걸었지만 누군가는 자신의 욕망과 이익을 위하여 타인의 자유와 권리를 침해하고 파괴했다. 현재도 타인의 고통에 자신의 감정을 이입시켜 공감할 수 있는 사람들은 자신의 자유와 권리를 빼앗긴 사람들을 위하여 헌신하고 있으며 타인의 고통에 자신의 감정을 이입시킬 수도, 공감할 수도 없는 사람들은 타인이 죽어갈 때까지 고통스러워해도 타인의 자유와 권리를 억압하거나 박탈하는 데 몰두한다.

1987년에 제정된 현행 헌법 이전에 존재했던 실정법 차원의 헌법들은 자연법 차원의 헌법을 의미하는 헌법적 정의에 미치지 못해 자주 바뀌었을까? 실정법 차원의 헌법을 의미하는 현행 헌법은 1987년에 제정된 뒤 수십 년 동안 이 헌법에 따라 정부가 여덟 번이나 바뀔 만큼 장수했는데 그것은 이 헌법이 자연법 차원의 헌법을 의미하는 헌법적 정의와 일치하기 때문일까? 헌법적 정의의 내용으로서 일반적으로 언급되는 인간의 존엄, 법치주의, 민주주의, 사회복지주의, 평화주의 등의 헌법적 가치는 한국 헌법의 역사에서 어떻게 실현되고, 파괴되었을까? 이러한 헌법적 가치에 상응하여 헌법적 정의의 또 다른 내용으로 요구되는 자유권, 평등권, 사회권과 같은 인간의 기본적 권리는 어떻게 보장되고 침해되었을까? 한국 헌법의 역사에서 누가 헌법적 정의를 수호하고 실천하였고, 누가 헌법적 정의를 침탈하고 파괴하는 불의를 자행했으며 누가 거기에 저항하여 헌법적 정의를 복원했는가? 누가 타인의 고통에 자신의 감정을 이입시키고 그것을 공감함으로서 타인의 자유와 권리를 보호하거나 회복시켰으며, 누가 타인의 고통에 대한 감정이입이나 공감의 능력이 부족하여 타인의 자유와 권리를 침해하거나 박탈함으로써 타인에게 고통을 초래했는가? 지금부터 그 역사를 일곱 개의 시기로 구분하여 차근차근 살펴보기로 한다. 여기서 일곱 개의 시기는 ① 일제강점기, ② 광복 후 미군정기를 포함한 제헌헌법 제정 전후의 정부 수립 시기, ③ 4·19민주혁명을 전후로 하는 격동의 시기, ④ 5·16군사쿠데타로 출현한 군사정부의 시기, ⑤ 유신헌법의 제정으로 공고화된 장기 독재의 시기, ⑥ 군사반란과 내란으로 성립된 새로운 군사정부의 시기, ⑦ 6·10민주항쟁으로 쟁취한 현행 헌법의 시기로 구분된다. 백여 년의 한국헌법사를 조금 더 큰 세 덩어리로 구분해 보면 ① 35년의 일제강점기, ② 현행 헌법 이전까지 38년 동안 이어진 권위주의적 독재정부 시기, ③ 현행 헌법 이후 민주화가 이루어진 30여 년의 시기로 구분하는 것도 가능하다. 그럼 이제 헌법의 시간들에 대한 탐구를 시작해 보자.

제1장

임시정부와 헌법

1919년부터
1945년까지의
헌법사

계절이 지나가는 하늘에는
가을로 가득 차 있습니다.
나는 아무 걱정도 없이
가을 속의 별들을 다 헤일 듯합니다.
(…)
나는 무엇인지 그리워
이 많은 별빛이 내린 언덕 위에
내 이름자를 써 보고
흙으로 덮어 버리었습니다.
딴은 밤을 새워 우는 벌레는
부끄러운 이름을 슬퍼하는 까닭입니다.
그러나 겨울이 지나고 나의 별에도 봄이 오면
무덤 위에 파란 잔디가 피어나듯이
내 이름자 묻힌 어덕 위에도
자랑처럼 풀이 무성할 거외다.

윤동주, 〈별 헤는 밤〉(1941)

일본은 **1894년 동학농민혁명을 계기로 한반도에서 발생한 청일전쟁**에서 승리하면서 본격적으로 제국주의의 길을 걷기 시작한다. 갑오년이었던 그해, 민중을 수탈하는 탐관오리들의 폭정에 저항하여 전라도를 중심으로 동학 농민들이 농기구를 들고 들불처럼 봉기했다. 이를 관군이 진압하지 못하자 조선의 국왕 고종은 오랫동안 사대(事大)의 대상이었던 청(淸)나라에 구원을 요청했고, 청나라 군대가 조선에 파병되면서 일본군도 그로부터 2년 전 청일 간에 맺어진 톈진(天津)조약을 근거로 한반도로 출동했다. 일본군은 선전포고도 없이 청나라 군대를 상대로 서해 풍도 앞바다에서 벌어진 해전과 충남 아산 부근 성환에서 치러진 전투에서 연이어 승전한다. 이후에 동양평화와 조선독립을 명분 삼아 정식으로 청에 선전포고를 한 일본군은 파죽지세로 북진하며 평양전투와 압록강 부근 서해에서 양국 함대 간에 벌어진 해전에서도 대승한다. 랴오둥(遼東, 요동)반도에 위치한 청의 해군기지 뤼순(旅順, 여순)까지 점령한 뒤 2만여 명의 민간인에 대한 집단학살을 자행하며 승리한 일본은 이듬해인 **1895년 청일전쟁 전후처리를 위해 체결된 '시모노세키조약'**을 통해서 조선에 대한 지배욕을 노골적으로 드러내기 시작했다. 조약의 모두(冒頭)에 조선이 '자주독립국'임을 선언했지만 이것은 조선이 더 이상 청의 속국이 아니라 일본의 지배를 받게 될 수 있음을 의미했다. 일본은 조선의 국왕 고종에게 강력하게 요구하여 이미 **1895년 1월 입헌군주국가의 헌법적 성격을 가지는 〈홍범14조〉**를 선포하게 했는데 그 제1조의 내용도 다름 아닌 청에 의존하지 않는 자주독립국가의 건립이었다.

홍범(洪範)14조

1. 청에 의존하는 관념을 끊고 자주독립의 기초를 확실히 건립한다.
2. 왕실전범을 제정함으로써 대위(大位) 계승과 종친·척족의 명분과 의리를 명백히 한다.
3. 대군주는 정전(正殿)에 나와 정사를 보고, 국정은 각 대신과 친히 논의하여 재결하며, 후빈종척(后嬪宗戚)의 간여를 금한다.
4. 왕실사무와 국정사무는 분리하여 혼합됨을 금한다.
5. 의정부와 각 아문의 직무권한을 명백히 한다.
6. 민의 조세는 모두 법령이 정한 바에 따르며, 명목을 더해 함부로 징수하는 것을 금한다.
7. 조세의 부과 징수와 경비지출은 모두 탁지아문에서 관할한다.
8. 왕실비용을 솔선 절감하고 각 아문·지방관의 모범이 된다.
9. 왕실비·관부비용은 연간예산을 작성하고 재정적 기초를 확립한다.
10. 지방관제를 개정하고 지방관리의 직권을 한정한다.
11. 나라 내의 총명한 자제들을 널리 외국에 파견하여 학술·기예를 견습한다.
12. 장관(將官)을 교육하고 징병법을 실시하여 군제의 기초를 확립한다.
13. 민법·형법을 엄히 제정하여 함부로 감금·징벌하는 것을 금지하며 민의 생명·재산을 보호한다.
14. 인재를 구함에 문벌·지벌에 구애받지 않고, 널리 골고루 등용한다.

청일전쟁 발생 직전 일본군은 조선의 왕궁인 경복궁을 기습하여 조선의 군주 고종을 감금하고, 그에게 일본군이 청나라 군대를 몰아내 주도록 요청하는 문서를 강요했다(갑오변란). 게다가 전쟁 과정에서 일본군에 저항하여 다시 봉기한 수만 명의 동학농민군이 우금치전투에서 패배한 이후 전라도 일대로 후퇴하자 이들을 토벌하기 위하여 화형이나 효수 등으로 집단학살을 자행하기도 했다. 동학농민군의 봉기를 진압한다는 명목으로 외세가 개입하자 동학농민군은 관군과 평화협약을 체결하고 일상으로 복귀한다. 그렇지만 고종의 철군 요청을 받아들이지 않은 채 **1894년 7월 경복궁을 기습한 일본군이 곧이어 한반도에서 청나라와 전쟁**을 벌이며 계속 주둔하자 동학농민군은 다시 봉기했던 것이다. 군국주의 일본이 병력을 동원하여 한 나라의 왕실을 침탈하고 민간인을 집단적으로 학살하는 반헌법적 만행의 그림자는 해방정국과 한국전쟁, 군사독재를 거치며 백 년 가까이 길게 이어진다. 헌법적 정의의 최소한은 특정한 국가의 정당한 권위나 권력(주권), 그리고 해당 국가의 시민에게 보편적으로 인정되어야 하는 인간의 기본적 권리, 특히 생명권에 대한 존중임을 확인하게 된다.

이미 청일전쟁이 일어나기 10여 년 전인 1882년, 신식(근대식) 군대인 별기군과 비교하여 차별을 받았던 구식 군대가 이에 항의하며 발생한 **임오군란 이후에 벌써 청나라와 일본의 군대는 한반도에 주둔**하기 시작했다. 이런 상황에서 1884년 12월 일본의 지원을 받은 김옥균, 박영효 등 이른바 '개화파'가 왕비를 배경으로 삼은 친청 세력인 민씨 일가를 살해하며 '갑신정변'을 일으킨다. 이때 한반도에 대한 지배권을 놓고 청일의 군대는 이미 한 차례 소규모 전쟁을 치른 적이 있었다. 청과 일본은 톈진조약을 체결하여 양국 군대를 조선에서 철수하는 대신에 유사 시 조선에 파병할 때 상대국에게 사전에 미리 통지할 것을 약속한다. 이 조약에 따라 10년이 지나 갑오농민혁명이 일어난 뒤 고종의 요청으로 조선에 청군이 출동했을 때 이것은 일본군 출동의 결정적인 빌미를 제공했고, 이로 인하여 청나라와 일본은 한반도와 만주에서 한바탕 전쟁을 벌인 것이다. 갑신정변과 같은 친일파의 득세는 조선에 대한 일본의 영향력이 점점 커져가고 있었기 때문에 가능했다. 그보다 10년 가까이 앞선 1875년 일본 군함 운요(雲揚)호가 강화도 초지진을 공격한 다음 해인 1876년 불평등조약인 '강화도조약(조일수호조규)'이 체결되었는데 이 조약으로 조선은 일본에 의해 강제로 개항되어 일본과 수교하고 통상 관계를 맺음으로써 일본의 영향력 아래 놓이기 시작했던 것이다. **19세기 말 한반도를 둘러싼 외세의 야욕으로 한반도는 열강의 전쟁터**가 되어가고 있었다. 이 시대의 시대정신(zeitgeist)으로서 민족적 정체성의 형성에 기초를 제공했던, 암묵적으로 합의된 헌법적 정의는 외세의 간섭으로부터 자유로운 상태에서 주권국가로서 국가의사를 결정할 수 있는 '독립된 자주국가의 건설'이었던 것으로 짐작할 수 있다.

I. 포츠머스조약과 을사보호조약

'시모노세키조약(下關条約)'을 통하여 청일전쟁의 승전국 일본은 청나라로부터 랴오둥반도를 할양받지만 이를 견제하는 러시아의 즉각적인 간섭으로 곧바로 이 땅을 다시 돌려줄 수밖에 없었다. 이미 1891년부터 유럽과 아시아를 관통하는 시베리아 횡단 철도를 만들어 해양으로 진출하여 제국주의 국가가 되고자 희망했던 러시아의 입장에서도 랴오둥반도는 겨울에도 얼지 않는 부동항(뤼순)을 가졌기 때문에 극동으로 남하하여 세력을 확장하기 위한 교두보로 인식되었다. 이에 따라 당시 일본보다 힘의 우위를 가졌던 제국 러시아는 독일과 프랑스를 끌어들여 일본에 대해서 랴오둥반도의 반환을 요구했던 것이다(삼국간섭). 오히려 이 사건을 계기로 러시아는 시베리아철도와 만주를 연결하여 뤼순에 이르는 철도의 부설권을 획득한다.

이러한 국제적 사정을 파악한 고종이 친러 내각을 구성하자 이미 청일전쟁 직전 한 차례 왕궁에 난입했던 일본은 조선에 파견한 공사 미우라 고로(三浦梧樓)가 주도하는 일당을 통해서 **1895년 12월 다시금 경복궁에 난입하여 명성황후를 시해**한 뒤 시신을 불태우는 만행을 저지른다(을미사변). 오히려 고종을 압박하여 죽은 명성황후를 폐서인(廢庶人)시키도록 지시하였으며 이에 반발하며 생명의 위협을 느낀 고종은 **1896년 2월 러시아 공사관으로 피신**하게 된다(아관파천). 그는 나름대로 한반도에서 세계열강의 세력균형을 도모하고자 미국, 러시아, 프랑스, 일본 등 열강에게 철도부설권, 산림벌채권, 광물채굴권 등 한반도의 경제적 이권을 나눠준다. 하지만 러시아와 일본이 대한제국을 공동으로 보호한다는 내용의 비밀의정서를 체결했다는 사실을 알게 된 고종은 러시아와 맺은 긴밀한 외교 관계를 정리한다. 고종은 러시아 공사관에서 1년 만에 열강의 공사관이 근처에 집중되어 있던 경운궁(현재 덕수궁)으로 환궁한 뒤 **1897년 10월 국호를 대한제국**(대한국)으로 고치고, 전제군주제가 강화된 대한제국의 황제가 된다.

그로부터 2년 뒤에는 입헌군주국 **대한제국의 헌법적 근거가 되는 〈대한국 국제**(大韓國國制)〉(1899)가 제정되었다. 이에 따라 대한제국 황제에게는 기본적으로 '무한한 황권(황제의 권한)'이 보장됨으로써 군통수권과 계엄선포권, 입법권과 행정권, 사면권, 행정입법권, 공무원임명권, 조약

체결권 등 막강한 권한이 법적으로 인정되었다(다음 참조). 왕권을 강화시킨 고종은 자주독립에 대한 열망으로 만들어진 뒤 러시아의 침략 정책에 비판적이던 시민단체 '독립협회'와 이 단체가 주도하여 시민들이 적극적으로 참여하던 '만민공동회'를 지원한다. 독립협회를 창립한 서재필은 1884년에 발생한 갑신정변에 참여했다가 반역자로 낙인 찍혀 미국으로 망명한 뒤 그곳에서 박사학위를 취득한 인물로 귀국해서 배재학당에서 강의할 때 이승만에게 사상적으로 많은 영향을 미친 것으로 알려진다. 그러나 이들 단체의 세력 강화로 인한 왕권의 약화를 두려워한 나머지 고종은 이들을 해산시킨다. 독립된 자주국가의 건설을 시대정신과 헌법적 정의로 공유하고 있던 시민들과 입헌군주제의 법적 기반이 되는 성문헌법을 만들면서도 왕권강화에만 몰두했던 고종 사이에는 국가의 미래에 대한 생각의 차이가 컸다. 시민들이 공유하는 시대정신과 헌법적 정의로부터 민주적 정당성을 획득해야 했던 대한제국의 입헌군주제는 그렇게 정치적 토대를 상실해 가고 있었다.

대한국 국제(大韓國國制, 1899)

제1조 대한국은 세계의 모든 나라가 인정해 온 바와 같이 자주 독립을 누리는 제국이다.

제2조 대한국의 정치 체제는 이전까지 5백 년 동안 내려왔으며 앞으로는 만세토록 변하지 않을 전제정치다.

제3조 대한국 대황제께서는 **무한한 황권**을 행사하실 수 있으시니, 공법에 이른 바와 같이 자립한 정치 체제이다.

제4조 대한국의 신민이 대황제께서 누리시는 황권을 침해할 움직임을 보인다면,

그 일을 이미 했거나 하지 않았거나를 따지지 않고 신민으로서의 도리를 잃은 자로 간주한다.

제5조 대한국 대황제께서는 국내의 육군, 해군을 통솔하시며 편제를 정하시고 계엄령을 내리시거나 해제하실 수 있으시다.

제6조 대한국 대황제께서는 법률을 제정하시고 반포, 집행을 명하실 수 있으시며, 세계 여러 나라에서 두루 쓰이는 법률을 본따시어 국내의 법률을 개정하실 수 있으시다. 또한 죄 지은 자를 용서하시거나 형벌을 감해 주시거나 복권(復權)시키실 수 있으시니, 공법에 이른 바와 같이 스스로 법률과 조례를 정하신다.

제7조 대한국 대황제께서는 각 행정기관의 제도와 문관, 무관의 봉급을 제정하시거나 개정하실 수 있으시고 행정상 필요한 여러 가지 칙령을 반포하실 수 있으시니, 공법에 이른 바와 같이 스스로 정치를 하신다.

제8조 대한국 대황제께서는 문관과 무관을 등용하거나 파직하실 수 있으시며 작위와 훈장을 비롯한 여러 명예를 내리시거나 빼앗으실 수 있으시니, 공법에 이른 바와 같이 스스로 신하를 포상하거나 처벌하신다.

제9조 대한국 대황제께서는 조약을 맺은 다른 나라에 사신을 파견하고 머물게 하시며 선전포고, 강화(講和)를 비롯한 여러 약조를 체결하실 수 있으시니, 공법에 이른 바와 같이 스스로 사신을 파견하신다.

그즈음 중국에서는 제국주의 열강이 중국을 식민지로 삼기 위해 치열한 각축을 벌이자 이에 불만을 품은 중국인들이 반외세 투쟁단체인 '의화단(義和團)'을 만들어 격렬하게 외세에 저항한다. 이들을 진압함으로써 자국의 공사관을 보호한다는 명목으로 세계열강은 중국에 자국의 군대를 파병하기 시작하면서 러시아도 만주로 군대를 파병한다. 의화단의 난이 진압된 후에도 러시아가 군대를 철수하지 않고 동아시아에서 팽창의 야욕을 드러내자 러시아와 세계패권을 두고 경쟁하던 **영국은 러시아를 견제하기 위해 1902년 1월 아시아의 맹주로 부상한 일본과 동맹**을 맺는다(영일동맹). 수 년 전 청일전쟁의 승리로 할양받은 랴오둥반도를 러시아의 개입으로 반환해야 했던 일본은 이때부터 러시아를 적국으로 간주하면서 꾸준히 군사력을 키워왔다. 더욱이 대륙 진출을 위한 교두보로서 랴오둥반도를 포함한 만주 지역이 필요했던 일본도 이에 방해가 되는 러시아를 견제하기 위하여 영국과의 동맹이 필요하기도 했다.

양측의 이해관계가 맞아떨어져 영국과 동맹을 맺음으로써 국제적 지원군을 얻은 일본은 1904년 2월 러시아와 국교를 단절하고, 선전포고도 없이 뤼순항을 봉쇄해 버린다. 동시에 제물포 앞바다에서 러시아와 해전을 벌여 승리하였으며, 서울에 진주하여 고종황제와 한일의정서를 체결한다. 공식적인 선전포고 후 육상전에서도 승리하며 만주와 뤼순항을 점령하고, 최종적으로 대한해협 쓰시마(對馬)섬 앞바다에서 무적의 러시아 발틱함대를 궤멸시키면서 1년 반에 걸친 **러일전쟁에서 일본이 승리**한다. 막대한 전쟁비용은 러시아의 남하에 우려를 가지고 러시아를 상대로 하는 대리전을 원했던 영국과 미국으로부터 지원받았다. 1905년 1월 러시아 상트페테르부르크(Sankt Peterburg)에서 발생한 노동자 시위에서 정부군의 총격으로 수많은 사람이 사망함으로써 군주(차르)에 대한 시민들의 신뢰가 상실되게 만든 이른바 '피의 일요일' 사건도 일본의 승리에 한몫을 했다. 전쟁을 벌이고 있던 러시아의 국론을 분열시켰을 뿐만 아니라 전쟁에 동원되어야 할 군대가 시민혁명의 진압에 동원되어야 했기 때문이다.

미국 대통령 루스벨트(Franklin D. Roosevelt)의 중재로 한 달에 걸쳐 진행된 협상 끝에 미국 뉴햄프셔(New Hampshire) 주에 위치한 군항도시 **포츠머**

스(Portsmouth)**에서 1905년 9월 체결된 강화조약**(포츠머스조약)에 따라 일본은 러시아로부터 전쟁배상금을 지급받는 대신 한국에 대한 지배권을 국제적으로 인정받는다. 10년을 주기로 한반도와 만주에서 벌어진 청일전쟁(1894)과 러일전쟁(1904)에서 차례로 승리한 일본은 한반도의 지배에 방해가 되는 중국과 러시아를 제거하고 본격적으로 한반도를 지배하게 되는 것이다. 이것은 1853년 미국 해군에 의해 강제로 개방된 일본이 1868년 천황 중심의 메이지(明治)유신을 거쳐 적극적으로 서구 문물을 받아들이면서 산업혁명을 통한 근대화를 이룩한 뒤 마침내 제국주의 열강의 대열에 합류하게 되었다는 것을 의미한다. 포츠머스조약이 체결된 지 두 달이 지난 11월 을사늑약(을사보호조약)이 체결되고 대한제국의 외교권을 박탈한 일본은 조선에 통감부를 설치한다. 조선 왕조를 입헌군주제의 형태로 이어받은 대한제국은 **1905년 '을사보호조약'**으로 제국주의 일본에게 강제로 외교권을 빼앗긴 것이다. 고종황제는 미국 정부에 을사늑약의 부당성을 호소하지만 이미 미국과 일본 간에 '가쓰라(桂)-태프트(Taft)밀약(Taft-Katsura agreement)'을 맺고 한반도에 대한 일본의 권리와 필리핀에 대한 미국의 권리를 상호 인정한 미국은 한국과의 외교를 단절한다. 자국의 이익을 최우선으로 하는 국제질서의 기본법칙에 따라 미국도 행동하였으므로 미국을 원망할 이유는 없어 보인다. 차라리 1909년 10월 하얼빈(哈爾濱)에서 조선 통감을 지냈던 이토 히로부미(伊藤博文)를 저격한 안중근처럼 일제에 저항하는 편이 시대정신과 헌법적 정의에 부합하는 용기 있고 정의로운 행동일 수 있다.

1907년 6월 고종황제는 러시아의 주도로 네덜란드 헤이그(Hague)에서 열린 '만국평화회의'에 일본 통감(이토 히로부미)이 눈치 채지 못하게 특사(특별사절단)를 파견하여 을사늑약의 부당성을 세계 각국에 알렸다. 러일전쟁에서 패전한 러시아는 약속과 달리 고종과 그가 파견한 특사를

한일강제합방 이전의 주요 사건

1875	운요호사건	일본 군함 운요호가 강화도 초지진을 공습
1876	강화도조약	조선과 일본 간에 체결된 불평등한 통상조약
1882	임오군란	구식 군대에 대한 차별에 항의하여 발생, 청일 양국 군대의 한반도 진주
1884	갑신정변	청나라로부터의 독립을 주장한 개화파의 정변, 청일 군대 간 무력충돌
	텐진조약	한반도에서 청일 양국 군대의 철수 및 유사 시 출동할 때 사전통보 약속
1894	갑오농민혁명	동학에 기반을 둔 전봉준이 주도하여 전라도에서 발생한 농민혁명
	청일전쟁	동학농민혁명을 진압하기 위하여 출동한 청나라 군대와 이를 빌미로 출동하여 경복궁을 점령한 일본군 간에 해상과 육상에서 벌어진 전쟁
1895	시모노세키조약	청일전쟁의 전 후 처리를 위한 강화조약, 조선이 자주독립 국가임을 확인, 랴오둥반도 및 대만을 일본에 할양
	을미사변	명성황후 시해
1897	대한제국	고종이 대한제국의 황제에 등극

도와줄 수 없었다. 이 사건으로 고종황제는 폐위되고, 파견된 특사들은 재판에 회부되어 이상설에게 사형, 이미 헤이그에서 사망한 이준은 물론 이위종에게도 종신형이 선고된다. 대한제국은 '경술국치의 해'로 기록된 **1910년 일본에 의해 강제로 병합**되어 주권을 상실한다. 서울 남산에 위치한 통감 관저에서 1910년 8월 22일, 즉위한 지 3년밖에 되지 않은 대한제국 황제 순종의 위임장을 받은 총리대신 이완용과 일본인 통감 데라우치 마사타케(寺內正毅) 사이에 한일병합에 관한 조약이 체결되었다. 사인 간에 체결되는 계약(contract)처럼 국가 간에 체결되는 조약

1902	영일동맹	중국에서 발생한 의화단 사건을 계기로 러시아가 중국에 주둔하자 이를 견제하려는 목적에서 체결, 한국의 독립을 보장하면서 한국에 대한 일본의 권리와 중국에 대한 영국의 권리를 상호 인정
1904	러일전쟁	뤼순 전투, 쓰시마 해전에서 일본의 승리, 한일의정서 체결을 통해 군사적 목적을 위해 한반도 지역의 활용을 허용
1905	가쓰라-태프트밀약	한반도에 대한 일본의 권리, 필리핀에 대한 미국의 권리를 상호 인정
1905	제2차 영일동맹	한반도에 대한 일본의 권리, 인도에 대한 영국의 권리를 상호 인정
	포츠머스조약	러일전쟁의 종전을 위한 강화조약, 한반도에 대한 일본의 우월권 인정, 사할린을 일본에 할양
	을사늑약	을사보호조약을 통한 대한제국의 외교권 박탈
1907	만국평화회의	네덜란드 헤이그에서 열린 만국평화회의에 고종황제가 특사를 파견한 뒤 일본은 고종황제를 폐위시킴
1910	경술국치	한일강제병합

(treaty)도 당사자의 자유로운 의사에 기초한 합의여야 한다. 한일병합조약은 이러한 자유로운 의사의 합치가 없이 일본 측의 강압에 의하여 강제로 이루어졌을 뿐만 아니라 대한제국 내각의 내부적인 논의 절차도 없이 이루어졌다는 점에서 그 합법성을 인정하기 어렵다. 실제로 조약 문서에는 대한제국 황제의 직인만 있을 뿐 순종 황제의 자필 서명은 찾을 수가 없었다. 일주일 후 이 조약은 순종이 공포함으로써 시행된다. 자주적인 부국강병책 없이 외세편승 전략만을 고집하던 부왕 고종이 창설한 대한제국은 이렇게 사라진다. 물론 대한제국과 그 법적 기초인 성문

헌법은 사라져도 한반도에 위치한 국가공동체의 주권자인 대한인(大韓人)들은 평화로운 자주독립국가의 건설을 시대정신으로 공유하며 이를 헌법적 정의로 삼아 이에 기초하여 수립된 임시정부를 지지하면서 국가국동체를 유지해 간다.

제헌헌법에서부터 현행 헌법에 이르기까지 일관되게 강조하듯이 "유구한 역사와 전통에 빛나는" 조선인의 자존심과 조선황제의 권위를 실추시키기 위해 오천 년의 역사와 전통, 찬란한 문화와 정신을 상징하는 조선의 궁궐들은 무참하게 파괴되었다. 순종의 아들이자 마지막 황태자인 영친왕을 일본인으로 귀화시킴으로써 영원히 왕조의 맥을 끊어버린다. 한반도에는 남산에 세워진 신궁(神宮)을 비롯하여 해방이 될 때까지 천여 개의 신사(神社)가 세워지고, 일왕의 신민(臣民)으로 규정된 조선인들에게는 신사참배가 강요된다. 조선의 농토는 일본인의 소유가 되어 농민은 일본인 지주의 소작농으로 전락하고, 소작료 명목으로 수탈된 농산물은 일본으로 넘어간다. 이에 맞서 당시 1천3백만여 명에 이르던 조선인의 시대정신과 헌법적 정의를 대변하여 자주독립국가를 건설하기 위한 독립운동은 중단 없이 계속되었다. 특히 1911년 이회영 등 만주로 망명한 독립운동가들은 **신흥무관학교를 설립하는 등 무장독립투쟁**을 이어간다. 신흥무관학교의 교관은 1907년 일제에 의해 해산된 대한제국 무관학교 출신 인사들과 함께 지청천(이청천), 김경천 같은 일본 육군사관학교 출신 인사들이 맡았다.

II 무단통치에 대한 저항과 3·1운동

1 조선총독부의 무단통치와 수탈

강제병합 이후 일제는 대한제국에 포함된 '한국'이라는 명칭 대신 비하적 의미로 '조선'이라는 명칭을 사용하면서 먼저 '조선총독부'를 설치한다. 군사경찰인 헌병을 동원하여 3개월 이하의 징역형이나 구류형에 해당하는 범죄를 저지른 사람에 대해서 정식 재판절차 없이 즉결처분을 할 수 있도록 하며 〈조선태형령〉을 제정하여 조선인에 대한 잔혹한 태형(笞刑)도 자행하는 폭압적인 무단(武斷)통치를 시행한다. 민족신문은 폐간되었고, 〈조선교육령〉을 제정하여 일본어 교육이 강화되었으며 한국인에게는 농업, 상업, 공업 등 실업교육만 허용되었다. 〈토지조사령〉에 따라 토지조사사업이 실시되어 토지세의 안정적 확보를 통한 식민통치의 재정적 기반도 마련되었다. 또한 미신고 토지나 소유자가 불분명한 공유 토지를 국유화하여 총독부의 소유로 만든 뒤 일제의 경제적 수탈기관이었던 동양척식주식회사나 일본인에게 헐값으로 매도하였다. 더욱이 〈회사령〉(1910)을 발령하여 회사의 설립은 총독의 허가를 받아야 하고 총독은 회사를 해산할 수 있는 권한을 가짐으로써 전기, 철도, 금융 등 주요 산업 분야는 일본기업이 독점하게 되었다. 또한 〈삼림령〉(1911)과 〈임야조사령〉(1918)을 통해 한반도의 삼림과 임야를 약탈하였으며 〈조선어업령〉(1911)과 〈조선광업령〉(1915)을 통해 일본인에게 어업권과 광산운영권을 독점하게 만들었다.

가혹하고 잔인한 감시와 통제를 통해 공포와 두려움을 조성하는 일제의 야만적인 무단통치는 10년 가까이 계속되었다. 이런 가운데 1917년 러시아의 볼셰비키 혁명으로 등장한 공산주의 지도자 레닌(Vladimir Lenin, 본명: 블라디미르 일리치 울리야노프)이 제국주의에 반대하여 식민지 국가의 독립과 자결을 주장한다. 또한 제1차 세계대전의 전후처리를 위하여 1918년에 열린 '파리강화회의'에서 미국의 대통령 윌슨(Thomas Woodrow Wilson)이 민족자결의 원칙을 선언하면서 식민지 국가의 독립을 보장해야 한다는 민족자결주의는 세계적인 흐름이 되었다. 파리강화회의에는 상하이에서 활동하고 있던 독립운동단체이면서 한국 최초의 근대적 정당으로 평가되는 '신한청년당'이 파견한 김규식도 참석하였다. 신한청년당은 1918년 8월 여운형을 중심으로 상하이에서 독립운동을 하던 김철, 선우혁, 장덕수, 조동호, 한진교에 의해 설립되었다.

이러한 세계적 흐름 속에서 1919년 1월, 대한제국의 황제였다가 헤이그밀사 파견으로 일제로부터 강제로 폐위된 고종이 타계하는데 일본에 의해 독살되었다는 소문이 퍼지면서 시민들의 반일감정을 자극한다. 강제병합 10년째가 되는 **1919년, 2월에는 일본에서 유학생들을 중심으로 독립선언서가 발표**되었고, **3월에는 국내에서도 손병희 등 종교지도자들 중심으로 독립선언서가 선포**되면서 전국적으로 독립을 외치는 대규모의 만세운동이 전개된다. 일본제국주의에 저항하면서 시작된 항쟁에 2백만 명에 이르는 시민들이 참여하였으며 항쟁에 참여한 시민 가운데 7천 명이 넘은 사람들이 희생되었다. 기미년인 1919년에 일어나서 '기미독립운동'으로도 불리는 **3·1독립운동은 헌법적 가치인 저항정신의 발현**으로 제헌헌법에서부터 현행 헌법에 이르기까지 꾸준히 기록되고 있다.

저항은 자신의 자유와 권리를 박탈함으로써 자신에게 고통을 주는 세력에 대한 정당한 봉기이며 자신의 자유와 권리를 박탈당한 채 고통하는 타인의 상황에 공감하며 그들을 고통으로부터 벗어나게 만드는 투쟁으로서 헌법적 정의에 부합하기 때문이다.

3 무장독립운동

자주독립을 주장하는 만세운동 이후에 일제는 항일운동의 본거지가 되었던 중국 만주 지역에서 진행된 무장독립운동을 진압하기 위해 수많은 독립군뿐만 아니라 조선족 마을에 사는 민간인마저 집단으로 학살하는 만행을 저지른다. 임시정부가 무장독립운동의 원년으로 선포한 1920년 중국의 영토인 만주에 진주한 일본군은 마적을 동원해서 자국 영사관 방화사건을 조작하여 자국민 보호를 이유로 독립군과 조선인에 대한 토벌을 시작했던 것이다. 독립군은 나중에 임시정부의 행정수반인 국무령을 맡게 되는 이상룡이 이끄는 만주의 '서로군정서'와 김좌진이 이끄는 북간도의 '북로군정서'가 연대하여 긴밀하게 협력하고 있었다. 일본군의 토벌에 맞서 **1920년 10월에 일주일가량 청산리전투**가 벌어진다. 이 전투에서 북로군정서는 그해 6월 일본군을 섬멸하며 봉오동 전투를 승리로 이끈 홍범도가 지휘하는 '대한독립군'과 연합하여 일본군을 상대로 백운평 전투와 어랑촌 전투 등을 치르며 대승을 거둔다. 대한민국 헌법은 제헌헌법부터 현행 헌법에 이르기까지 '침략적 전쟁'을 부인해 오고 있지만(제5조 제1항) 모든 전쟁을 부인하는 것이 아니라 대한민국의 존립과 영토를 보호하기 위한 '자위적 전쟁'은 허용한다. 동일한 맥락에서 자위적 전쟁을 수행할 군대의 설치도 인정한다. 현행 헌법은 국군의 이러한 책임을 국가안전을 보장하고 국토를 방위하는 '신성한 의무'로 부르고 있다(제4조 제2항). 그런 의미에서 독립군의 무장독립투쟁은 일제의 침략적 전쟁에 대한 자위적 전쟁으로서 상실한 국토를 회복하기 위한 신성한 의무에 해당하기 때문에 헌법적 정의의 관점에서 정당화될 수 있다. 그들을 테러리스트로 비하하거나 그들의 투쟁을 테러리즘으로 격하시키려는 이유는 헌법을 실정법 차원의 헌법으로 한정하여 자주독립으로 요약되는 당시의 헌법적 정의를 인정하지 못하기 때문이다.

대한제국 무관학교에 입학했던 김좌진은 일제에 의하여 군대가 해산되자 독립군을 만드는 데 필요한 군자금을 모집하던 중 체포되어 감옥살이를 하다가 만주로 건너가 북로군정서의 사령관이 되었다. 호랑이를 잡는 산포수였던 홍범도는 명성황후 시해사건(1895년 을미사변) 이후에 의병에 가입했고, 을사늑약(1905)이 체결되고 대한제국의 군대가 해산된 후 포수에게도 총기반납명령이 내려지자 산포수를 모아 의병대를 조직하기도 했다. 그는 부인과 장남이 사망하는 고초를 겪으면서도 러시아 연해주로 건너가 삼일운동 직후 이동휘 등을 중심으로 연해주에 수립된 임시정부인 '대한국민의회'의 군무부 소속 부대를 주축으로 1919년 8월에 대한독립군을 창설하였다. **1920년 6월 홍범도**는 두만강 건너 북간도 지역에서 여러 차례 국내진입작전을 시도하던 독립군을 추격하며 두만강을 넘어서 중국 영토로 월경하던 일본군을 봉오동 계곡으로 유인하여 전투를 승리로 이끌었다(봉오동전투). 그는 러시아로 망명한 뒤 소련의 강제이주정책에 따라 1937년 카자흐스탄으로 이주하여 그곳에서 광복을 두 해 앞두고 생을 마감하고, 2021년이 되어서야 그의 유해는 대한민국 공군의 호위를 받으며 한국으로 돌아온다.

4 문화통치

삼일독립운동 이후 일제는 **무단통치에서 문화통치로** 식민지 조선에 대한 통치의 방식을 전환한다. 《동아일보》, 《조선일보》와 같은 민간 신문의 발행이 허용되었다. 그렇지만 검열과 정간이 빈번하게 자행됨으로써 단지 제한된 범위에서만 언론의 자유가 인정되었다. 조선총독의 자격요건이 군인에서 민간인으로 확대되었지만 해방될 때까지 단 한 명의 민간인 총독도 임명되지 않았다. 일반경찰이 헌병을 대체하면서 오히려 그 숫자는 급증했다. 일제는 통치의 형식만 바꾸었을 뿐 그 내용을 바꾸지 않는 교활하고 기만적인 행태를 보여주었다. 이러한 간교하고 기만적인 전략에 속아 독립은 민족을 개조하여 자치능력을 갖춘 이후에나 가능하므로 그때까지 열등하고 미개한 조선인이 일본에 복종하고 협조해야 한다고 믿었던 지식인들은 능동적으로 친일파가 되었다. 반면에 일제의 노예가 되기를 거부하며 비타협적으로 저항할 뿐만 아니라 오로지 무장투쟁만이 민족의 살길이라고 믿는 지식인들은 독립운동에 목숨을 건다. 이들 비타협적 민족주의자들과 사회주의자들은 이념과 상관없이 공동으로 학생운동과 노동운동을 지원하는 항일단체 '신간회'를 만들어 독립운동을 이어간다. 노예상태로부터 벗어나기 위한 저항과 투쟁이야말로 헌법적 정의에 부합하고, 노예상태에 머무르는 항복과 굴종은 헌법적 정의와 일치하지 않는다.

3·1독립선언서 (1919)

우리는 **오늘 조선이 독립한 나라이며, 조선인이 이 나라의 주인**임을 선언한다. 우리는 이를 세계 모든 나라에 알려 인류가 모두 평등하다는 큰 뜻을 분명히 하고, 우리 후손이 민족 스스로 살아갈 정당한 권리를 영원히 누리게 할 것이다.

이 선언은 오천 년 동안 이어 온 우리 역사의 힘으로 하는 것이며, 이천만 민중의 정성을 모은 것이다. 우리 민족이 영원히 자유롭게 발전하려는 것이며, 인류가 양심에 따라 만들어가는 세계 변화의 큰 흐름에 발맞추려는 것이다. 이것은 하늘의 뜻이고 시대의 흐름이며, 전 인류가 함께 살아갈 정당한 권리에서 나온 것이다. 이 세상 어떤 것도 우리 독립을 가로막지 못한다.

낡은 시대의 유물인 침략주의와 강권주의에 희생되어, 우리 민족이 수천 년 역사상 처음으로 다른 민족에게 억눌리는 고통을 받은 지 십 년이 지났다. 그 동안 우리 스스로 살아갈 권리를 빼앗긴 고통은 헤아릴 수 없으며, 정신을 발달시킬 기회가 가로막힌 아픔이 얼마인가. 민족의 존엄함에 상처받은 아픔 또한 얼마이며, 새로운 기술과 독창성으로 세계 문화에 기여할 기회를 잃은 것이 얼마인가.

아, 그동안 쌓인 억울함을 떨쳐내고 지금의 고통을 벗어던지려면, 앞으로 닥쳐올 위협을 없애 버리고 억눌린 민족의 양심과 사라진 국가 정의를 다시 일으키려면, 사람들이 저마다 인격을 발달시키고 우리 가여운 자녀에게 고통스러운 유산 대신 완전한 행복을 주려면, 우리에게 가장 급한 일은 민족의 독립을 확실하게 하는 것이다.

오늘, 우리 이천만 조선인은 저마다 가슴에 칼을 품었다. 모든 인류와 시대의 양심은 정의의 군대와 인도의 방패가 되어 우리를 지켜주고 있다. 그러므로 우리는 나아가 싸우면 어떤 강한 적도 꺾을 수 있고, 설령 물러난다 해도 이루려 한다면 어떤 뜻도 펼칠 수 있다.

우리는 일본이 1876년 강화도조약 뒤에 갖가지 약속을 지키지 않았다고 해서 일본을 믿을 수 없다고 비난하는 게 아니다. 일본의 학자와 정치가들이 우리 땅을 빼앗고 우리 문화 민족을 야만인 대하듯 하며 우리의 오랜 사회와 민족의 훌륭한 심성을 무시한다고 해서, 일본의 의리 없음을 탓하지 않겠다.

스스로를 채찍질하기에도 바쁜 우리에게는 남을 원망할 여유가 없다. 우리는 지금의 잘못을 바로잡기에도 급해서, 과거의 잘잘못을 따질 여유도 없다. 지금 우리가 할 일은 우리 자신을 바로 세우는 것이지 남을 파괴하는 것이 아니다. 양심이 시키는 대로 우리의 새로운 운명을 만들어가는 것이지 결코 오랜 원한과 한순간의 감정으로 샘이 나서 남을 쫓아내는 것이 아니다. 우리는 단지, 낡은 생각과 낡은 세력에 사로잡힌 일본 정치인들이 공명심으로 희생시킨 불합리한 현실을 바로잡아, 자연스럽고 올바른 세상으로 되돌리려는 것이다.

처음부터 우리 민족이 바라지 않았던 조선과 일본의 강제 병합이 만든 결과를 보라. 일본이 우리를 억누르고 민족 차별의 불평등과 거짓으로 꾸민 통계 숫자에 따라 서로 이해가 다른 두 민족 사이에 화해할 수 없는 원한이 생겨나고 있다. 과감하게 오랜 잘못을 바로잡고, 진정한 이해와 공감을 바탕으로 사이좋은 새 세상을 여는 것이, 서로 재앙을 피하고 행복해지는 지름길임이 분명하지 않은가!

또한 울분과 원한에 사무친 이천만 조선인을 힘으로 억누르는 것은 동양의 평화를 보장하는 길이 아니다. 이는 동양의 안전과 위기를 판가름하는 중심인 사억만 중국인들이 일본을 더욱 두려워하고 미워하게 하여 결국 동양 전체를 함께 망하는 비극으로 이끌 것이 분명하다. 오늘 우리 조선의 독립은 조선인이 정당한 번영을 이루게 하는 것인 동시에, 일본이 잘못된 길에서 빠져나와 동양에 대한 책임을 다하게 하는 것이다. 또 중국이 일본에 땅을 빼앗길 것이라는 불안과 두려움으로부터 벗어나게 하는 것이며, 세계 평화와 인류 행복의 중요한 부분인 동양 평화를 이룰 발판을 마련하는 것이다. 조선의 독립이 어찌 사소한 감정의 문제인가!

아, 새로운 세상이 눈앞에 펼쳐지는구나. 힘으로 억누르는 시대가 가고, 도의가 이루어지는 시대가 오는구나. 지난 수천 년 갈고 닦으며 길러온 인도적 정신이 이제 새로운 문명의 밝아오는 빛을 인류 역사에 비추기 시작하는구나. 새봄이 온 세상에 다가와 모든 생명을 다시 살려내는구나. 꽁꽁 언 얼음과 차디찬 눈보라에 숨 막혔던 한 시대가 가고, 부드러운 바람과 따뜻한 볕에 기운이 돋는 새 시대가 오는구나.

온 세상의 도리가 다시 살아나는 지금, 세계 변화의 흐름에 올라탄 우리는 주저하거나 거리낄 것이 없다. 우리는 원래부터 지닌 자유권을 지켜서 풍요로운 삶의 즐거움을 마음껏 누릴 것이다. 원래부터 풍부한 독창성을 발휘하여 봄기운 가득한 세계에 민족의 우수한 문화를 꽃피울 것이다.

그래서 우리는 떨쳐 일어나는 것이다. 양심이 나와 함께 있으며 진리가 나와 함께 나아간다. 남녀노소 구별 없이 어둡고 낡은 옛집에서 뛰쳐나와, 세상 모두와 함께 즐겁고 새롭게 되살아날 것이다. 수천 년 전 조상의 영혼이 안에서 우리를 돕고, 온 세계의 기운이 밖에서 우리를 지켜 주니, 시작이 곧 성공이다. 다만, 저 앞의 밝은 빛을 향하여 힘차게 나아갈 뿐이다.

세 가지 약속

하나, 오늘 우리의 독립 선언은 정의, 인도, 생존, 존영을 위한 민족의 요구이니, 오직 자유로운 정신을 드날릴 것이요, 결코 배타적 감정으로 함부로 행동하지 말라.

하나, 마지막 한 사람까지, 마지막 한 순간까지, 민족의 정당한 뜻을 마음껏 드러내라.

하나, 모든 행동은 질서를 존중하여 우리의 주장과 태도를 떳떳하고 정당하게 하라.

—조선을 세운 지 4252년 3월 1일(1919년 3월 1일)[1]

1 대통령직속 3·1운동 및 대한민국임시정부 수립 100주년 기념사업추진위원회, 〈쉽고 바르게 읽는 3·1독립선언서〉(2019) 참조.

5 임시정부의 수립

민족해방운동의 관점에서 임시정부의 역할에 대한 과대평가는 지양되어야 된다는 시각도 없지는 않으나 조선의 독립을 선언하기 위하여 1919년에 일어난 **3·1운동으로 국내외에 8개의 임시정부**가 수립된다. 이 가운데 조직과 제도가 상대적으로 잘 정비된 임시정부는 중국 상하이(上海)에 설립된 임시정부였다. 양쯔(揚子)강 하구에 위치한 상하이는 청나라와 영국 간의 아편전쟁이 끝나면서 1842년 체결된 '난징(南京)조약'에 따라 서구열강에 의하여 강제로 개방된 중국의 항구도시 중 하나로 당시 외교와 무역의 중심지였다. 영국, 미국, 프랑스가 각각 조세징수 등 자치권이 인정되는 지역(조계지, 租界地)을 중국영토에 설정함으로써 실질적으로 그 지역을 지배하였는데 상하이는 프랑스가 차지한 조계지로 여기에서는 망명정부가 허용되었다. 1919년 4월 10일 밤 상하이에 모인 신익희, 신채호, 여운형, 이광수, 이시영, 이회영, 조소앙 등 스물아홉 명의 민족지도자들은[2] '임시의정원'을 설치하여 회의를 개최한다. 의장은 이동녕, 부의장은 손정도가 맡아 밤을 세워 회의를 진행하면서 다음 날인 역사적 그날 **1919년 4월 11일에 임시의정원은 〈대한민국 임시헌장〉을 제정**하여 선포하였으며 '대한민국'을 국호로 하는 임시정부를 수립하였다. 군주가 주권자로서 국가의사를 결정하는 대한'제국'은 사라졌지만 이제 국민이 주권자로서 국가의 의사를 결정할 수 있는 민주공화제를 채택한 대한'민국'이 탄생한 것이다.

---

2 임시의정원을 구성한 29명의 민족지도자들은 다음과 같다: 김대지(金大地), 김동삼(金東三), 김철(金徹), 남형우(南亨祐), 백남칠(白南七), 선우혁(鮮于爀), 손정도(孫貞道), 신석우(申錫雨), 신익희(申翼熙), 신채호(申采浩), 신철(申鐵), 여운형(呂運亨), 여운홍(呂運弘), 이광(李光), 이광수(李光洙), 이동녕(李東寧), 이시영(李始榮), 이한근(李漢根), 이회영(李會榮), 조동진(趙東珍), 조동호(趙東祜), 조성환(曺成煥), 조소앙(趙素昻), 조완구(趙琬九), 진희창(秦熙昌), 최근우(崔謹愚), 한진교(韓鎭敎, 한송계), 현순(玄楯), 현창운(玄彰運).

임시의정원 정기회의

	주요회의	개회일자 주요의제
제1회	회의(1919. 4. 10.)	〈임시헌장〉 의결, 임시정부 수립
제3회	회의(1919. 4. 25.)	〈임시의정원법〉 의결
제6회	회의(1919. 8. 18.)	〈임시헌법〉 의결, 이승만 임시대통령 선출
제9회	회의(1921. 9. 25.)	워싱턴회의 파견대표 이승만, 서재필 선출
제11회	회의(1923. 02. 15.)	대통령 탄핵안 심사
제13회	회의(1925. 2.)	대통령 탄핵안 의결, 임시대통령 박은식 선출 〈임시헌법〉 개정안 의결
제14회	회의(1925. 6. 20.)	이상룡 국무령 선출
제17회	회의(1926. 2. 3.)	양기탁 국무령 선출
제18회	회의(1926. 12. 10.)	김구 국무령 선출
제19회	회의(1927. 2. 5.)	〈임시약헌〉 의결(1927. 3. 5. 공포, 1927. 4. 11. 시행)
제32회	회의(1940. 10. 1.)	〈임시약헌〉 개정안 의결, 김구 주석 선출
제36회	회의(1944. 4. 20.)	김구 주석 및 김규식 부주석 선출
제37회	회의(1945. 2. 28.)	대독일 선전포고 동의안 의결
제39회	회의(1945. 8. 17.)	귀국 후 정부수립 방략 논의

〈대한민국 임시헌장〉에 따라 임시의정원에서 **임시정부의 초대 국무총리로 이승만**이, 각부의 총장(장관)으로 김규식(외무총장), 문창범(교통총장), 안창호(내무총장), 이동휘(군무총장), 이시영(법무총장), 최재형(재무총장)이 선출되었다. 임시의정원은 1945년 해방 후 임시정부 요인들이 귀국할 때까지 총 39차례 정기회의를 개최하였다(위 참조). 임시의정원과 국무총리 및 각부 총장으로 구성된 임시정부는 말 그대로 임시적인 것으로 국민의 직접선거로 구성된 의회가 헌법을 제정하고 그 헌법에 따라 직접선거든

간접선거든 선거의 방식으로 행정부가 구성되는 정식정부가 수립될 때까지만 존속하는 정부였다. 그렇지만 적어도 국가의사를 결정하는 의회의 형태를 가진 기관(임시의정원)이 헌법의 형식을 갖춘 국가의 기본법(임시헌장)을 제정하고 국무총리와 각부 총장을 임명하여 행정부(이후 국무원으로 개칭)를 구성함으로써 '임시'라는 수식어가 붙기는 하지만 정부가 수립된 것이다. 정부(government)는 좁은 의미에서는 행정부(the executive)를 뜻하지만 넓은 의미에서는 입법권, 행정권, 사법권을 아우르는 국가권력과 그것을 행사하는 국가기관을 포함하는 국가를 뜻하기도 한다. 물론 '국가공동체'의 구성원인 '국민'을 대표하여 국가권력을 행사하는 '국가기관'은 국민의 선거를 통해서 민주적으로 정당화되어야만 정식정부로 인정될 수 있다. 이러한 의미의 정식정부로서 국가가 건립된 것은 아니지만 현실적 한계로 인하여 국민의 지지를 받는 망명정부 형태의 임시정부로서 국가가 건립된 것이다. 이처럼 '대한민국'이라는 국호를 가진 국가의 건립이든 '대한민국 정부'라는 호칭을 가진 정부의 수립이든 대한민국과 대한민국 정부는 동일한 국호를 가진 대한민국의 임시정부로부터 시작되었으며 현행 헌법은 이와 같은 사실을 "3·1운동으로 건립된 대한민국 임시정부의 법통을 계승"한다고 명시함으로써 확인하고 있다.

국무총리로 선출된 이승만은 미국인 선교사가 세운 배재학당을 1897년에 졸업하면서 미국 중심적이고 기독교적인 세계관을 가졌던 인물이었다. 1904년에 미국으로 이주한 그는 그곳에서 학위를 취득한 뒤 외교독립론에 입각하여 외교활동을 통한 독립운동을 수행하고 있었으며 국내에서도 미국에서 활동하는 저명한 독립운동가로 이름이 알려져 있었다. 이승만이 자신의 박사학위 지도교수로 친분이 있던 프린스턴(Princeton)대학교 총장(재임 1902-1910) 출신의 미국 대통령 윌슨에게 일본이 상임이사국으로 있던 국제연맹의 위임통치를 청원했다는 이유로 신채호는 이승만의 국무총리 임명을 적극적으로 반대했다고 전해진다. 단재(丹齋) 신채호는 1880년생으로 이미 20대 중반에《황성신문》의 논설위원과《대한매일신보》의 주필을 맡아 논설로 계몽운동을 벌이기도 했다. 그의 저서《조선상고사》에서 역사를 "아(我)와 비아(非我)의 투쟁"으로 정의했던 신채호는 민족주의와 사회주의는 물론 아나키즘(무정부주의)까지 넘나들며 무장독립투쟁을 주장했던 인물이었다.

남녀와 빈부에 따른 차별 등 모든 형태의 차별을 헌법적 수준에서 부정함으로써 헌법의 핵심적 가치로서 평등을 담고 있던 〈대한민국 임시헌장〉은 정치, 경제, 교육의 균등 및 국가 간, 민족 간, 개인 간의 균등을 내용으로 하는 '삼균주의'를 주장한 소앙(素昻) 조용은이 작성했다고 알려져 있다. 그의 삼균주의는 임시정부가 1941년에 발표한 〈대한민국 건국강령〉에서 분명하게 나타나고 있다.

> 임시정부는 13년(1931) 4월 대외선언을 발표하고 삼균제도의 건국원칙을 천명하였으니 이른바 보통선거제도를 실시하여 **정권을 균(均)하고** 국유제도를 채용하여 **이권을 균(均)하고** 공비교육(共費敎育)으로써 **학권(學權)을 균(均)하며** 국내외에 대하여 민족자결의 권리를 보장하여서 **민족과 민족**, **국가와 국가**와의 불평등을 삼제(芟除)할지니 이로 제세(濟世) 국내에 실현하면 특권계급이 곧 소망(消亡)하고 소수민족의 침몰을 면하고 정치와 경제와 교육의 권리를 고루게 하여 경중이 없게 하고 동민족이 이족(異族)에 대하여 또한 이러하게 한다 하였다.

그의 본명보다 아호에 따라 조소앙으로 더 알려진 그는 대한제국 황실 장학생으로 일본에 유학하여 법학을 전공하였다. 그는 상하이로 이주하여 1912년에 신규식의 주도로 만들어져 박은식, 김규식, 신채호 등이 활동하고 있던 독립운동단체 동제사(同濟社)에 가입한 뒤 독립운동에 헌신하고 있었다. 그는 이미 1917년에 임시정부 수립을 위한 민족단결을 촉구하는 '대동단결선언'을 주도했으며 3·1운동 한 달 전 만주에서 해외독립운동가들이 강제병합의 무효와 육탄혈전에 의한 독립을 주장하기 위하여 발표한 〈대한독립선언서(무오독립선언서)〉[3]를 작성하기도 했다.

대한민국 임시헌장 (1919년 4월 11일 제정 및 시행, 임시정부법령 제1호)

신인(神人)의 일치로, 중외(中外)가 협응하여, 한성(서울)에서 기의한 지 삼십유일에 평화적 독립을 삼백여 주에 광복하고, 국민의 신임으로 완전히 다시 조직한 임시정부는 항구완전한 자주독립의 복리로 아자손려민(우리 자손과 만민)에게 세전키(전하기) 위하여 임시의정원의 결의로 임시헌장을 선포하노라.

제1조 대한민국은 **민주공화제**로 함.

제2조 대한민국은 임시정부가 임시의정원의 결의에 의하여 차(次, 이)를 통치함.

제3조 대한민국의 인민은 남녀의 귀천(貴賤) 급(及, 및) 빈부의 계급(階級)이 무(無)하고, 일체 평등임.

---

3 〈대한독립선언서〉에 참여한 39명의 독립운동가는 다음과 같다: 김교헌(金敎獻), 김규식(金奎植), 김동삼(金東三), 김약연(金躍淵), 김좌진(金佐鎭), 김학만(金學滿), 문창범(文昌範), 박성태(朴性泰), 박용만(朴容萬), 박은식(朴殷植), 박찬익(朴贊翼), 손일민(孫一民), 신정(申檉, 신규식), 신채호(申采浩), 안정근(安定根), 안창호(安昌浩), 여준(呂準), 유동열(柳東說), 윤세복(尹世復), 이광(李光), 이대위(李大爲), 이동녕(李東寧), 이동휘(李東輝), 이범윤(李範允), 이봉우(李奉雨), 이상룡(李相龍), 이세영(李世永), 이승만(李承晩), 이시영(李始榮), 이종탁(李鍾倬), 이탁(李沰), 임방(任방), 정재관(鄭在寬), 조용은(趙鏞殷, 조소앙), 조욱(曺煜), 최병학(崔炳學), 한흥(韓興), 허혁(許爀), 황상규(黃尙奎).

제4조 대한민국의 인민은 신교(神敎), 언론, 저작, 출판, 결사, 집회, 신서(信書), 주소, 이전, 신체 급(及, 및) 소유의 자유를 향유함.

제5조 대한민국의 인민으로 공민(公民) 자격이 유(有)한 사람은 선거권 급(及, 및) 피선거권이 유함.

제6조 대한민국의 인민은 교육, 납세 급(及, 및) 병역의 의무가 유함.

제7조 대한민국은 신(神)의 의사에 따라서 건국한 정신을 세계에 발휘하며 진(進)하야 인류의 문화 급(及, 및) 평화에 공헌하기 위해서 국제연맹에 가입함.

제8조 대한민국은 구황실을 우대함.

제9조 생명형, 신체형 급(及, 및) 공창제를 전폐함.

제10조 임시정부는 국토 회복 후 만일개년내(1년 안)에 국회를 소집함.

III 상하이 통합 임시정부

1919년 9월 11일, 서울(한성정부)[4]과 중국 상하이(임시정부), 러시아 연해주 블라디보스토크(대한국민의회) 등에 산재하던 **임시정부가 상하이에서 통합되어 〈대한민국 임시헌법〉을 제정**하고, 행정부로서 '임시대통령'과 '국무원', 입법부로서 '임시의정원', 사법부로서 '법원'을 구성함으로써 구체적인 정부(국가)의 체계를 갖추었다. 민주공화국을 삭제하는 대신에 주권

---

4 '한성정부'는 1919년 4월 23일 국체를 민주제로, 정체를 대의제로 하는 임시정부의 수립을 선포하였는데 집정관총재로 이승만, 국무총리총재로 이동휘, 각부 총장으로 박용만(외무부), 이동녕(내무부), 노백린(군무부), 이시영(재무부), 신규식(법무부), 김규식(학무부), 문창범(교통부)이 선출되었다.

대한민국 임시의정원 제6회 정기회의 기념(1919년 9월 17일. 사진 출처: 국회기록보존소, 임시의정원 아카이브)

재민을 명시하고(제2조) 대한민국의 영토를 한반도로 규정한(제3조) 〈대한민국 임시헌법〉에 따르면 대통령은 임기가 보장되지 않은 채 의회에 해당하는 임시의정원에서 선출되고(제12조), 행정권은 국무원에 부여되어(제5조) 정부형태는 의회중심의 의원내각제와 유사했다. 하지만 대통령에게 법률안에 대한 거부권(재의요구권)이 인정되고(제27조) 대통령에 대한 임시의정원의 탄핵이 인정됨으로써(제21조) 대통령중심의 대통령제의 요소도 두루 갖추고 있었다. 임시의정원 회의에서 일사부재의 원칙이 적용되고(제30조), 임시의정원 의원에게는 면책특권(제31조)과 불체포특권(제32조)도 인정되는 등 현대 의회제도의 필수적 요소가 보장되었다. 임시의정원은 민주적 대표성을 확보하려는 목적에서 경기, 충청, 경상, 전라, 함경, 평안 6개 도에서 각각 6명, 강원, 황해 2개 도에서 각각 3명, 중국교민과 러시아교민을 대표해서 각각 6명, 미국교민을 대표해서 3명을 배정하여 총 57명의 의원으로 구성되었다(제20조).

국호를 '대한민국'으로 정한 **통합 임시정부의 초대 대통령으로 이승만, 국무총리로 이동휘**가 선출되었다. 임시대통령을 보좌하는 국무원(제37조)은 각부의 총장인 이동녕(내무), 박용만(외무), 노백린(군무), 이시영(재무), 신규식(법무), 김규식(학무), 문창범(교통)과 노동국총판인 안창호로 구성되었다. 연해주의 독립운동 지도자 이동휘가 국무총리로 선출된 것은 상하이와 연해주의 임시정부를 통합하는 정신을 반영하기 위함이었다. 그러나 통합 임시정부가 수립되기 이전에도 상하이 임시정부의 국무총리로 선출된 뒤 〈대한민국 임시헌장〉에 존재하지도 않던 대통령의 직함을 사용했던 이승만은 공식적으로 통합 임시정부의 대통령으로 선출된 뒤에도 임시정부가 소재하던 상하이로 곧바로 부임하지 않았다. 그는 자신에 대한 반대여론이 높아지자 취임한 지 일 년도 더 지나 다음 해인 1920년 12월이 되어서야 비로소 미국정부로부터 여권을 발급받지 못해 밀항선을 타고 상하이로 이주하였다. 임시정부의 공식입장인 무장투쟁이 아니라 외교활동에 의한 독립을 주장하고 임시정부의 구미위원부(주미공사관)에서 모집한 모든 독립자금을 임시정부에 제공하지 않으면서 독립운동 방식과 독립공채 발행 문제로 비판과 압력을 받던 이승만은 결국 1921년 5월 상하이로 부임한 지 6개월 만에 그곳을 떠나 하와이로 이주한다. 이미 같은 해 1월에 무장투쟁을 주장하던 국무총리 이동휘가 러시아가 지원한 독립자금 문제로 임시정부를 탈퇴하고, 통합 임시정부의 수립에 주도적 역할을 했던 안창호도 5월에 임시정부를 탈퇴한 직후라서 **임시정부는 출범한 지 2년도 되지 않아 지도부에 심각한 공백**이 발생한다. 통합 임시정부의 임시대통령으로 선출된 뒤에도 한성정부의 집정관총재의 직함을 사용하면서 한성정부의 미국 주재 구미위원부의 위원장까지 겸직하던 이승만은 1925년 3월 미주에서 모금된 독립성금의 송금을 중단하여 임시정부를 돌보지 않고 임시의정원을 인정하지 않음으로써 임시정부의 정통성을 부인한다는 이유로 〈대한민국 임시헌법〉(제21조 제14호)에 따라 **임시의정원에서 탄핵**된다.

대한민국 임시헌법 (1919. 9. 11. 제정, 임시정부법령 제2호)

아(我, 우리) 대한인민은 아국(我國, 우리나라)이 독립국임과 아민족(我民族, 우리민족)이 자유민임을 선언하도다. 차(此, 이)로써 세계만방에 고하야 인류평등의 대의를 극명(克明)하였으며(분명하게 밝혔으며) 차(이)로써 자손만대에 고하야 민족자존의 정권을 영유케 하였도다. 반만년 역사의 권위를 대하야 2천만 민족의 성충을 합하야 민족의 항구여일한 자유 발전을 위하야 조직된 대한민국의 인민을 대표한 임시의정원은 민의를 체하야 원년(1919) 4월 11일에 발포한 10개조의 임시헌장을 기본삼아 본 임시헌법을 제정하야 써 공리를 창명하여 공익을 증진하며 국방 급(及, 및) 내치를 주비(籌備)하며(두루 갖추며) 정부의 기초를 견고하는 보장이 되게 하노라.

제1장 총령

제1조 대한민국은 대한인민으로 조직함.

제2조 대한민국의 **주권은 대한인민 전체**에 재(在)함(있음).

제3조 **대한민국의 강토는 구한국의 판도**로 함.

제4조 대한민국의 인민은 일체 평등함.

제5조 대한민국의 입법권은 의정원이, 행정권은 국무원이, 사법권은 법원이 행사함.

제6조 대한민국의 주권행사는 헌법규범내에서 임시대통령에게 전임함.

제7조 대한민국은 구황실을 우대함.

제2장 인민의 권리와 의무

제8조 대한민국의 인민은 법률범위 내에서 좌례(左例) 각항의 자유를 향유함.

1. 신교(信敎)의 자유
2. 재산의 보유와 영농의 자유
3. 언론, 저작, 출판, 집회, 결사의 자유
4. 서신비밀의 자유
5. 거주, 이전의 자유

제9조 대한민국의 인민은 법률에 의하여 좌열(左列) 각항의 권리를 유함.

1. 법률에 의치 아니하면 체포, 사찰, 신문, 처벌을 수치(받지) 아니하는 권
2. 법률에 의치 아니하면 가택의 침입 또는 수색을 수치(받지) 아니하는 권
3. 선거권 및 피선거권

4. 입법부에 청원하는 권
5. 법원에 소송하여 그 재판을 수하는 권
6. 행정관서에 소원하는 권
7. 문무관에 임명되는 권 또는 공무에 취하는 권

제10조 대한민국의 인민은 법률에 의하여 좌열(左列) 각항의 의무를 유함.

1. 납세의 의무
2. 병역의 복하는 의무
3. 보통교육을 수하는 의무

제3장 임시대통령

제11조 임시대통령은 국가를 대표하고 정무를 총감하며 법률을 공포함.

제12조 **임시대통령은 임시의정원에서 기명단기식 투표로 선거**하되 투표총수의 3분의 2 이상을 득한 자로 당선케 함. 단, 2회 투표에도 결정치 못하는 시는 3회 투표에는 다수를 득한 자로 당선케 함.

제13조 임시대통령의 자격은 대한인민으로 공권상 제한이 무하고(없고) 연령 만40세 이상된 자로 함.

제14조 임시대통령은 취임할 시에 임시의정원에서 좌와 여히(같이) 선서함을 요함.

여(나)는 일반 인민의 전에서 성실한 심력으로 대한민국 임시대통령의 의무를 이행하여 민국의 독립 급(및) 내치, 외교를 완성하여 국리민복을 증진케하며 헌법과 법률을 준수하고 또한 인민으로 하여금 준수케 하기를 선서하나이다.

제15조 임시대통령의 직권은 좌와 여함(같음).

1. 법률의 위임에 기하거나 혹은 법률을 집행하기 위하여 명령을 발포 또는 발포케 함.
2. 육해군을 통솔함.

3. 관제 관규를 제정하되 임시의정원의 결의를 요함.

4. 문무관을 임명함.

5. 임시의정원의 동의를 경하야 개전, 강화를 선고하고 조약을 체결함.

6. 법률에 의하여 계엄을 선고함.

7. 임시의정원 의회를 소집함.

8. 외국의 대사와 공사를 접수함.

9. 법률안을 임시의정원에 제출하되 국무원의 동의를 요함.

10 긴급필요가 유한 경우에 임시의정원이 폐회된 시는 국무회의의 동의를 득하여(얻어) 법률에 대한 명령을 발하되 차기의회에 승낙을 요함. 단, 승낙을 득하지 못할 시는 장래에 향하여 기(그) 효력을 실함(상실함)을 공포함.

11. 중대한 사건에 관하여 인민의 의견서를 수합함.

12. 대사 특사 감형 복권을 선고함. 단, 대사는 임시의정원의 동의를 요함.

제16조 임시대통령은 임시의정원의 승낙이 무히(없이) 국경을 천리함(멀리 벗어나는 것)을 부득함(인정하지 않음).

제17조 임시대통령이 유고한 시는 임시의정원에서 임시대통령 대리 1인을 선거하여 대리케 함.

제4장 임시의정원

제18조 임시의정원은 제19조에 규정한 의원으로 조직함.

제19조 임시의정원 의원의 자격은 대한민국 인민으로 중등 이상 교육을 수한(받은) 만 33세 이상된 자로 함.

제20조 임시의정원 의원은 경기, 충청, 경상, 전라, 함경, 평안 각도 급(및) 중령(중국) 교민, 아령(러시아) 교민에 각 6인, 강원, 황해, 각도 급(및) 미

주(미국) 교민에게 각 3인을 선거함. 전항에 임시 선거 방법은 내무부령으로 차(이)를 정함.

제21조 임시의정원의 직권은 좌와 여함(같음).

1. 일체 법률안을 의결함.
2. 임시정부의 예산, 결산을 의결함.
3. 전국의 조세, 화폐제, 도량형의 준칙을 의결함.
4. 공채모집과 국고부담에 관한 사항을 의결함.
5. 임시대통령을 선거함.
6. 국무원 급(및) 주외대사, 공사 임명에 동의함.
7. 선전, 강화와 조약체결에 동의함.
8. 임시정부의 자순(諮詢, 질문)사건을 복답(覆踏, 답변)함.
9. 인민의 청원을 수리함.
10. 법률안을 제출함.
11. 법률 기타 사건에 관한 의견을 임시정부에 건의함을 득함(허용함).
12. 질문서를 국무원에게 제출하여 출석, 답변을 요구함을 득함(허용함).
13. 임시정부에 자순(질문)하여 관리의 수뢰(受賂)와 기타 위법한 사건을 사판(査辦, 조사하여 판단)함을 득함(허용함).
14. **임시대통령의 위법 또는 범죄행위**가 유함(있음)을 인할 시는(인정할 때에는) 총원 5분의 4 이상의 출석, 출석원 4분의 3 이상의 가결로 **탄핵 또는 심판**함을 득함(허용함).
15. 국무원 실직 혹(또는) 위법이 유함(있음)을 인할 시는(인정할 때에는) 총원 4분의 3 이상의 출석, 출석원 3분의 2 이상의 가결로 탄핵함을 득함(허용함).

제22조 임시의정원은 매년 2월에 임시대통령이 소집함. 필요가 유할 시에

임시소집함을 득함(허용함).

제23조 임시의정원의 회기는 1개월로 정하되 필요가 유할 시는 원의 결의 혹은 임시대통령의 요구에 의하여 신축함을 득함(허용함).

제24조 임시의정원의 의사는 출석원 과반수로 결하되 가부동수될 시는 의장이 차(이)를 결(결정)함.

제25조 임시의정원의 회의는 공개하되 원의 결의 또는 정부의 요구에 의하여 비밀히 함을 득함(허용함).

제26조 임시의정원의 의결한 법률 기타 사건은 임시대통령이 차(이)를 공포 또는 시행함. 법률은 자달후(도달된 때부터) 15일 이내로 공포함을 요함.

제27조 임시의정원의 의결한 법률 기타 사건을 임시대통령이 불가함을 인할 시(인정할 때)는 자달후(도달된 때부터) 10일 이내에 이유를 성명하여 **재의를 요구**하되 기(그) 재의사항에 대하여 출석원 4분의 3 이상이 전의(이전의 의결)를 고집할 시는 제26조에 의함.

제28조 임시의정원 의장 부의장은 기명단수식 투표로 의원이 호선하여 투표총수의 과반을 득한 자로 당선케 함.

제29조 임시의정원은 총의원 반수 이상이 출석치 아니하면 개회를 부득함(허용하지 않음).

제30조 부결된 의안은 동회기에 재차 제출함을 부득함(허용하지 않음).

제31조 임시의정원의 의원은 원내의 언론 급(및) 표결에 관하여 원외에서 책임을 부치 아니함. 단, 의원이 기(그) 언론을 연설, 인쇄, 필기 기타 방법으로 공포할 시는 일반법률에 의하여 처분함.

제32조 임시의정원 의원은 내우외환의 범죄나 혹 현행범이 아니면 회기중에 원의 허락이 무히(없이는) 체포함을 부득함(허용하지 않음).

제33조 임시의정원은 헌법 급(및) 기타 법률에 규정한 외에 내부에 관한 제반규칙을 자정함을 득함(허용함).

제34조 임시의정원은 완전한 국회가 성립되는 일에 해산하고 기(그) 직권은 국회가 차(이)를 행함.

제5장 국무원

제35조 국무원은 국무원을 조직하여 행정사무를 일체 처변(처리)하고 그 책임을 부함.

제36조 국무원에서 의정할 사항은 좌와 여함(같음).

1. 법률, 명령, 관제, 관규에 관한 사항
2. 예산, 결산 또는 예산외 지출에 관한 사항
3. 군사에 관한 사항
4. 조약과 선전, 강화에 관한 사항
5. 고급관리 진퇴에 관한 사항
6. 각부 권한쟁의 급(및) 주임불명에 관한 사항
7. 국무회의의 경유를 요하는 사항.

제37조 **국무총리와 각부총장과 노동국총판을 국무원**이라 칭하며 임시대통령을 보좌하며 법률 급(및) 명령에 의하여 주관행정사무를 집행함.

제38조 행정사무는 내무·외무·군무·법무·학무·재무·교통의 각부와 노동국을 치하야(설치하여) 각기 분장함.

제39조 국무원은 임시대통령이 법률안을 제출하거나 법률을 공포하거나 혹은 명령을 발포할 시에 반드시 차(이)에 부서함.

제40조 국무원 급(및) 정부위원은 임시의정원에 출석하여 발언함을 득함(허용함).

제41조 국무원이 제21조 제15항의 경우를 당할 시는 임시대통령이 면직하되 임시 의정원에 1차 재의를 청구함을 득함(허용함).

제6장 법원

제42조 법원은 사법관으로 조직함.

제43조 법원의 편제 급(및) 사법관의 자격은 법률로써 차(이)를 정함.

제44조 법원은 법률에 의하여 민사소송 급(및) 형사소송을 재판함. 행정소송과 기타 특별소송은 법률로써 차(이)를 정함.

제45조 사법관은 독립하여 재판을 행하고 상급관청의 간섭을 수치(받지) 아니함.

제46조 사법관은 형법의 선고 또는 징계의 처분에 의치 아니하면 면직함을 부득함(허용하지 않음).

제47조 법원의 재판은 공개하되 안녕질서 또는 선풍량속에 방해가 유하다 할 시(있는 경우에)는 공개치 아니함을 득함(허용함).

제7장 재정

제48조 조세를 신과하거나 세율을 변경할 시는 법률로써 차(이)를 정함.

제49조 현행의 조세는 경히 법률로써 개정한 자 외에는 구례에 의하여 징수함.

제50조 임시정부의 세입세출은 매년 예산을 임시의정원에 제출하여 의결함을 요함.

제51조 예산관항에 초과하거나 예산외의 지출을 유할 시는 차기임시의정원의 승인을 요함.

제52조 공공안전을 유지하기 위하여 긴급수용이 유한 경우에 임시의정원을 소집키 불능한 시는 임시정부는 재정상 긴급 필요의 처분을 행하고 제51조에 의함.

제53조 결산은 회계검사원이 차(이)를 검사한 후 임시정부는 기(그) 검사 보고와 공히 임시의정원에 제출하여 승인을 요함.

제54조 회계검사원의 조직 급(및) 직권은 법률로써 차(이)를 정함.

제8장 보칙

제55조 본 임시헌법을 시행하여 국토회복후 한일개년내에 임시대통령이

국회를 소집하되 기(그) 국회의 조직 급(및) 선거방법은 임시의정원 이 차를 정함.

제56조 대한민국헌법은 국회에서 제정하되 헌법이 시행되기 전에는 본 임시헌법이 헌법과 동일한 효력을 발함.

제57조 임시헌법은 임시의정원의 의원 3분의 2 이상이나 혹(또는) 임시대통령의 제의로 총원 5분의 4 이상의 출석과 출석원 4분의 3 이상의 가결로 개정함을 득함(허용함).

제58조 본 임시헌법은 공포일로부터 시행하고 원년 4월 11일에 공포한 대한민국 임시헌법은 본 헌법의 시행일로 폐지함.

지도부의 공백으로 위기에 처한 임시정부의 진로를 모색하기 위하여 안창호는 **1923년 1월 상하이에서 '국민대표회의'**를 소집한다. 독립협회와 만민공동회를 통해서 활동하던 안창호는 1902년 미국 유학을 떠났다가 귀국하여 1908년에는 국권회복운동을 전개하고자 비밀결사체 '신민회'를 조직했으며 1913년에는 인재 양성과 훈련을 위하여 '흥사단'을 조직했다. 그는 흩어진 임시정부의 통합을 주도했다. 다섯 달 동안 진행된 치열한 토론을 거치면서 임시정부를 해체하고 새로운 정부를 구성해서 무장투쟁에 집중해야 한다고 주장하는 창조파(신채호, 박용만, 윤해, 남형우), 기존의 임시정부를 개혁하자고 주장하는 개조파(안창호, 여운형, 이동휘, 김동삼), 임시정부의 전통을 유지해야 한다고 주장하는 유지파(김구, 이시영)로 분열되어 서로 대립하는 가운데 회의는 소득 없이 끝나고 만다. 대통령 이승만에 대한 임시의정원의 탄핵이 이루어진 뒤 박은식이 제2대 대통령으로 취임하지만 그마저도 취임 3개월 만에 병사한다. 그 사이에 대통령제에서 일종의 의원내각제(내각책임제)에 해당하는 **국무령제로 변경하**

는 헌법개정이 1925년 4월 이루어지기도 했다. 개정된 임시헌법에 따라 1919년 〈대한민국 임시헌법〉에서 삭제되었던 '민주공화국'에 관한 규정이 다시 등장하였다(제1조). 여러 차례 새로운 인물(이상룡 → 양기탁 → 안창호 → 홍진)이 임기 3년의 국무령으로 선출되지만 정작 본인이나 선임된 국무원이 취임하지 않거나 취임 후 사퇴하여 국무회의가 구성되지 못하다가 **1926년 12월 김구가 국무령에 취임**한 후에야 비로소 국무회의가 구성된다. 개정된 임시헌법에서는 현실적인 여건 때문에 사법권을 부여받은 법원에 관한 규정이 삭제된다.

1925년 개정 임시헌법 (1925년 4월 7일 개정, 임시정부법령 제3호)

제1장 대한민국

제1조 대한민국은 **민주공화국**임.

제2조 대한민국은 임시정부가 통치함.

제3조 대한민국은 광복운동중에서 광복운동자가 전인민을 대함(대신함).

제2장 임시정부

제4조 **임시정부는 국무령과 국무원으로 조직한 국무회의**의 결정으로 행정과 사법을 통판함. 국무원은 10인 이내 5인 이상으로 함.

제5조 국무령은 국무회의를 대표하여 그 결정을 집행 우(또)는 집행케 하고 임시의정원에 대하여 책임을 부함.

제6조 국무원은 국무회의의 일원으로 일체 국무를 의정함.

제7조 법률을 공포하며 명령을 발하며 법안을 제출하며 기타 중요문건을 발할 때는 국무령과 국무원의 연서로 함.

제8조 행정각부의 부서는 국무회의에서 정함.

제9조 행정각부의 책임주무자는 국무회의에서 호선함. 각부 책임자는 법령과 국무회의 결정에 의하여 주관사무를 집행함.

제10조 직원의 임면은 국무회의의 결정으로 국무령이 정함.

제11조 임시정부는 헌법 급(및) 기타 법률에 저촉되지 아니하는 범위내에서 행정상 필요한 명령을 발함을 득함(허용함).

제12조 임시정부는 임시의정원 폐원중에 긴급한 필요가 있는 때는 법률에 대한 명령을 발함을 득함(허용함). 차(이) 명령은 차기의회에서 승낙을 부득할 때는 향후로 효력을 실함을 공포함이 가함.

제13조 국무령은 임시의정원에서 선거하되 투표총수 3분지2 이상을 득한 자로함. 단, 2회 투표에도 결정치 못한 때는 3회에는 다수로 함.

제14조 국무령의 임기는 3개년으로 정하되 재선됨을 득함(허용함).

제15조 국무령이 유고한 때는 국무회의에서 대리 1인을 호선하여 그 직무를 대변케 함. 단, 국무령이 결원이 된 때는 국무령대리는 국무령의 명의까지 대리하되 지체없이 임시의정원에 요구하여 후임을 선거케 함.

제16조 국무원은 국무령의 추천으로 임시의정원에서 선임함. 단, 임시의정원 폐회중의 국무원 보결은 국무회의에서 자행하고 지체없이 임시의정원에 청하여 함투표결을 요함.

제17조 국무원의 면직은 국무회의에서 자행함.

제3장 임시의정원

제18조 임시의정원은 의원으로 조직한 입법기관임.

제19조 임시의정원 의원은 법률의 정한 바에 의하여 지방의회에서 선거함. 지방의회가 성립되지 아니한 지방에는 지방의회가 성립되기까지 그 지방에 본부를 유한 광복운동단체로 지방의회를 대케(대신하게) 함을 득함(허용함).

제20조 임시의정원은 매년 11월에 임시의정원이 자행 소집함. 임시정부의 요구나 의원 3분지1 이상의 청구가 있을 때는 임시 소집함을 득함(허용함).

제21조 임시의정원의 회기는 1개년 이내로 정하되 원의 의결 혹은 임시정부의 요구에 의하여 1개월 이내로 연장함을 득함(허용함).

제22조 임시의정원은 의원 3분지1 이상의 출석이 아니면 개의를 득치 못하고 출석의원 과반수의 찬동이 아니면 의안의 가부를 결치(결정하지) 못함.

제23조 임시의정원이 의결한 법률 급(및) 기타 사건은 임시정부가 차(이)를 공포 우(또)는 시행함. 법률은 자달후(도달한 날로부터) 10일 이내에 공포함.

제24조 임시의정원이 의결한 법률 급(및) 기타 사건을 임시정부가 부합하므로 인할 때는 자달후(도달한 날로부터) 7일 이내에 이유를 부하여 **재의를 요구**함을 득(허용)하되 기(그) 재의안에 대하여 전의(이전의 의결)를 고집할 때는 제23조에 의함.

제25조 임시의정원은 의장 부의장 각 1인을 선거하며 헌법 급(및) 기타 법률 범위 내에서 제반 내규를 정함.

제26조 임시의정원은 별조의 규정이 유한 이외에 좌의 직권을 유함.

1. 법률안을 의결함.
2. 선전 강화와 조약 체결과 국사 파견에 동의함.
3. 광복방약 급 기타에 관한 의견을 임시의정원에 건의함.
4. 국무령 급(및) 국무원의 실직 혹 위법 우는 범법행위에 대하여 심판처벌함.

제4장 광복운동자

제27조 광복운동자는 법령을 준수하며 재정을 부담하며 병역에 복하며 징

발에 응하는 의무를 유함.

제28조 광복운동자는 지방의회를 조직하여 임시의정원 의원을 선거하며 임시정부 급(및) 임시의정원에 청원함을 득함(허용함).

제5장 회계

제29조 조세와 세율은 법률로써 정함.

제30조 임시정부의 세입세출의 예산 결산과 국채와 기타 국고부담이 될만한 사건은 임시의정원의 의결을 요함.

제31조 임시정부의 회계는 임시의정원이 매년 1차 이상 검사함.

제6장 보칙

제32조 임시정부는 국토광복 후 1년 이내에 국회를 소집하여 헌법을 제정하되 국회성립 전에는 본 임시헌법이 헌법을 대함(대신함).

제33조 본 임시헌법에 의한 임시의정원이 성립되기 전에는 구임시헌법에 의하여 성립된 임시의정원이 임시의정원 잠행조례에 의하여 그 직권을 대행함.

제34조 본 임시헌법은 임시의정원 의원 3분지 1 이상이나 임시정부의 제의로 의원 과반수 출석과 출석원 3분지2 이상의 가결로 개정함을 득함(허용함).

제35조 본 임시헌법은 대한민국 7년(1925) 7월 7일부터 시행하고 동시에 원년(1919) 9월 11일에 공포한 임시헌법은 폐지함.

부칙

본 임시헌법은 대한민국 7년(1925) 7월 7일부터 시행하고, 동시에 원년(1919) 9월 11일에 공포한 임시헌법은 폐지함.

임시정부는 **1927년 3월에 다시 헌법개정**이 이루어져 〈대한민국 임시헌법〉은 〈대한민국 임시약헌〉으로 명칭이 바뀐다. 민주공화국과 함께 주권재민을 동시에 명시한 〈대한민국 임시약헌〉에 따르면 기본적으로 입법기관에 해당하는 임시의정원은 최고권력기관이고(제2조), 국무위원으로 구성된 **'국무회의'에서 국무를 총괄**함으로써(제28조) 합의제 형식의 집단지도체제가 출범한다. 국무령과 국무원으로 구성되었던 '국무회의'가 헌법개정으로 단지 국무위원으로만 구성됨으로써 단일지도체제로서 국무회의를 대표하는 **국무령에 관한 제도가 폐지**된 것이다. 다만 국무회의는 단지 회의를 주재하는 의장에 해당하는 주석을 두면서 국무위원들이 호선하도록 규정하였다(제36조). 이에 따라 1927년 8월과 1930년 11월에 각각 구성된 국무회의의 주석으로 이동녕이 선출되었다.

대한민국 임시약헌 (1927년 3월 5일 개정, 임시정부법령 제4호)

제1장 총강

제1조 대한민국은 **민주공화국**이라 **국권은 인민에게** 있음. 광복 완성 전에는 국권이 광복운동자 전체에 있음.

제2조 대한민국의 최고권력은 임시의정원에 있음. 광복운동자의 대단결인 당이 완성된 때에는 국가의 최고권력이 이 당에 있음.

제3조 대한민국의 인민은 법률상 평등이며 일체 자유와 권리가 있음.

제4조 대한민국의 인민은 조국을 광복하며 사회를 개혁하며 약헌과 법령을 수(준수)하며 병역에 복(복무)하며 조세를 납(납부)하는 일체 의무를 짐.

제2장 임시의정원

제5조 임시의정원은 대한민국 인민의 직접선거한 의원으로 조직함.

내지 각 선거구에서 선거할 수 없을 때는 각 해 선거구에 원적을 두고 임시정부 소재지에 교거하는 광복운동자가 각 해구(해당 선거구) 선거인의 선거권을 대행할 수 있음.

제6조 임시의정원 의원은 경기, 충청, 경상, 전라, 함경, 평안 각 도와 중령(중국) 교민, 아령(러시아) 교민에서 각 6인 강원, 황해 각 도와 미주(미국) 교민에서 각 3인을 선거함.

제7조 대한민국의 인민은 연령 만 18세 되고 완전한 공권이 있는 이는 선거권이 있으며 연령 23세 되고 선거권이 있는 이는 피선거권이 있음.

제8조 임시의정원 의원선거에 관한 규정은 선거법이 제정되기 전까지는 국무회의의 의결로 정함.

제9조 임시의정원은 매년 10월 제1화요일에 임시정부 소재지에서 자행(스스로) 소집하며 그 폐회기일은 자정함(스스로 결정함). 단 원의 결의나 정부의 요구나 총 의원 3분1 이상의 요구나 상임위원회의 요구가 있을 때는 임시의회를 소집함.

제10조 임시의정원은 총 의원 3분1 이상의 출석으로 개회하며 출석원 과반수의 찬동으로 의안을 결정함. 1차 부결된 의안은 같은 회기내에 다시 제출치 못함.

제11조 임시의정원은 의원이나 정부의 제출한 일체 법안과 국가의 예산, 결산을 의결하며 국무위원과 국사를 임면하며 조약체결과 선전, 강화에 동의하되 총 의원 과반수의 출석과 출석원 3분2의 찬동으로 함. 단 국무원과 국사임면에 대하여는 2회 투표에도 미결된 때는 다수로 함.

제12조 임시의정원의 의결한 법률 기타 조건은 임시정부가 공포 또는 시행함. 법률은 정부에 송달한 후 10일 이내에 공포함.

제13조 임시의정원 또는 상임위원회는 정무를 사핵(조사)하며 일체 정무에

관하여 국무위원에게 질문하며 그 일체 직무의 보고를 요구하는 권(권한)이 있음.

제14조 임시의정원은 의장 부의장 각 1인과 비서 약간인을 선거하며 그 제반 내규를 정함. 의장 부의장의 선거는 총 의원 과반수의 출석과 출석원 3분2의 찬동으로 하되 2회 투표에도 미결된 때는 다수로 함.

제15조 임시의정원은 폐원 중 그 직권을 행사키 위하야 7인으로 조직한 상임위원회를 둠.

제16조 상임위원회의 권한은 아래와 같음.

1. 국가의 회계를 검사하며 예산초과나 예산외의 지출을 동의함.
1. 국무위원과 국사의 사직을 수리함.
1. 국무위원이 5인 미만 될 때나 기타 중대한 사건이 날 때는 즉시 의회의 소집을 요구함.
1. 광복운동의 방략, 광복운동 총 역량의 집합방법, 외교에 관한 사항을 연구하며 심리할 사항을 심리함.

제17조 상임위원은 국무위원이나 기타 직원이 될 수 없음.

제18조 임시의정원은 의원의 당선증서를 심사하며 의원자격과 선거의 의의에 대한 최고판결권이 있음.

제19조 임시의정원은 국무위원과 국사의 실직이나 위법 또는 범죄행위가 있는 줄로 인할 때는 총 의원 과반수의 출석과 출석원 3분2의 가결로 심판 또는 면직함.

제20조 임시의정원의 의사는 공개함. 단 의장이나 의원 5인 이상의 제의나 정부의 요구가 있을때는 원의 결의로 비밀히 함.

제21조 임시의정원 의장은 원을 대표하며 회의를 소집하며 원의 의사를 정리하며 원의 행정을 판리하며 원내의 경찰권을 집행하며 원의 회계를 처리하며 5일 이내의 의원청유와 방청자를 허함.

제22조 의원이 의안을 제출할 때는 법률과 심판안은 5인 이상 기 타안은 3인 이상의 연서로 함.

제23조 의원이 무고히 당선증서를 개회 후 7일까지 제출치 아니하거나 무고히 연속 2주일까지 흠석할때는 그 직무는 자연해임되며 의원해직의 청허여부는 원의로 정함.

제24조 의원은 회기 중에는 의원의 허가가 없이는 그 자유의 방해를 받지 아니하며 원내의 언론과 표결에 관하여는 원외에서 책임을 지지 아니함.

제25조 의원은 3인 이상의 연서로 정부나 지정한 국무위원에게 질문하는 권(권한)이 있나니 국무위원은 5일 이내에 말이나 글로 답변하며 만일 답변치 아니할 때는 그 이유를 명시하며 질문한 의원이 요구할 시는 원에 출석 답변함.

제26조 의원의 징계는 발언이나 출석의 정지 제명으로 하되 총 의원 과반수의 출석과 출석원 3분2의 결의로 함.

제27조 의장이 위법 할 때는 5인 이상 의원의 제의로 심사를 경하여 전 조의 표결수로 면직함.

제3장 임시정부

제28조 **임시정부는 국무위원으로 조직한 국무회의**의 의결로 국무를 총판함. 국무위원은 5인 이상 11인으로 함.

제29조 국무회의는 그 결정을 집행 또는 집행케 하고 임시의정원에 대하야 책임을 짐.

제30조 국무회의는 약헌과 법률 범위 내에서 필요한 명령을 발하며 규정을 정함. 법률을 대할 명령을 발할때는 상임위원회의 동의를 얻고 그 다음 의회에 추인되지 못할 때는 그 뒤로부터 효력을 실함을 즉시 공포함.

제31조 국무회의에서 의결할 사항은 아래와 같음.

광복운동의 방략

법률, 명령, 예산, 결산, 예산초과나 예산 외의 지출

조약의 체결

선전, 강화

국사파견

외국대표원의 접수 기타 일체 사건.

제32조 법률을 공포하며 명령을 발하며 법안을 제출하며 기타 중요한 문건을 발할 때는 국무위원의 연서로 함.

제33조 국무위원의 임기는 3개년으로 정하되 재선될 수 있음.

제34조 국무위원이 연속 2개월 광직(직무를 게을리)할 때는 자연해직됨.

제35조 국무위원과 정부위원은 임시의정원과 그 각 위원회에 출석 발언할 수 있음.

제36조 **국무회의는 그 주석 1인을 국무위원이 호선**함.

제37조 국무회의의 의결은 총 위원 과반수의 찬동으로함.

제38조 국무회의의 회의규정과 그 소속직원의 둠은 국무회의에서 정함.

제39조 임시정부의 각 부는 그 소속직원을 두어 각 행정사무를 처리함. 단 광복운동 시기 중에서는 필요에 의하여 각 부의 행서를 적의한 지방에 둘 수 있음.

제40조 각 부는 내무, 외무, 군무, 법무, 재무로 정하되 시의에 의하여 그 수를 증감할 수 있음. 각 부나 행서의 조직과 그 직무범위에 관한 규정은 상임위원회의 동의를 얻어 국무회의에서 정할 수 있음.

제41조 행정각부의 책임주무원을 두되 국무회의에서 호선함.

제42조 행정각부의 책임주무원과 국무회의의 결의에 의하여 그 주관사무를 처리 집행하고 임시의정원에 대하여 책임을 짐.

제43조 행정각부의 직원은 각 기 주무원의 추천으로 국무회의에서 임명하며 또는 면직함.

제44조 지방행정조직은 자치행정의 원칙에 의하여 정하고 자치단체의 조직과 권한은 법률로 정함.

제45조 법원과 군법회의의 조직과 그 직무권한에 관한 규정은 법률로 정함.

제4장 회계

제46조 조세와 세율은 법률로 정함.

제47조 국가의 세입, 세출의 예산 결산과 국채와 기타 국고부담이 될 만한 것은 임시의정원의 결의로 함. 예산초과나 예산 이외의 지출은 상임위원회의 동의를 얻어서 행하고 그 다음 회의에 승인을 요함.

제48조 국가의 회계는 상임위원회가 검사함.

제5장 보칙

제49조 본 약헌은 임시의정원에서 총 의원 3분1 이상이나 정부의 제안으로 총 의원 4분3의 출석과 출석원 3분2의 찬동으로 개정함. 광복운동자의 대단결인 당이 완성된때는 이 당에서 개정함.

제50조 본 약헌은 대한민국 9년(1927) 4월 11일부터 시행하고, 대한민국 7년(1925) 4월 7일에 공포한 임시헌법은 동시에 폐지함.

부칙

본 약헌은 대한민국 9년(1927) 4월 11일부터 시행하고, 대한민국 7년(1925) 4월 7일에 공포한 임시헌법은 동시에 폐지함.

IV 이동 시기의 임시정부

1 한인애국단의 설립과 중일전쟁

외교독립론과 무장독립투쟁론의 내부적 갈등과 대립으로 임시정부가 침체기를 맞고 있을 때 1932년 김구의 주도로 항일무장투쟁조직인 '한인애국단'이 결성된다. 그리고 한인애국단 소속의 독립운동가 **이봉창과 윤봉길이 일본국왕과 군지도부에 대한 폭탄투척**으로 의거를 실행한다. 윤봉길 거사의 배후로 지목된 안창호는 체포되어 투옥되었으며 이때부터 임시정부는 고난의 시기를 맞이 한다. 또한 스스로 배후임을 고백한 김구와 그가 주도하는 임시정부의 요인들도 일제의 추적대상이 된다. 상하이로부터 항저우(杭州)로 이동한 임시정부는 1940년 충칭(重慶)에 정착할 때까지 여러 차례 이동한다(상하이上海 → 항저우杭州→ 전장鎭江 → 창사長沙 → 광저우廣州→ 류저우柳州→ 치장綦江→ 충칭重慶). 일제가 말하는 근대화, 즉 산업화와 자본주의화를 일찍이 입헌군주제를 채택한 메이지유신 이후 1870년대 이룬 일본은 1929년부터 시장의 법칙에 따른 자율적인 균형이 깨지면서 수요에 비해 공급이 과잉되는 전 세계적인 공황의 시대를 맞아 그 탈출구로 전쟁을 벌이기 시작한다. 1931년 9월 군사행동으로 만주사변을 일으켜 대륙으로 진출하기 위한 전략적 요충지인 만주를 불법적으로 강점하고 만주국이라는 괴뢰정부를 세운 일본은 1932년 상하이사변을 일으킨 데 이어 **1937년부터 중국과 전쟁**을 벌이고(중일전쟁), 난징(南京)을 점령하는 과정에서 중국인 수십만 명을 살해하는 대학살을 자행한다. 이때부터 임시정부는 일본군에 쫓기고 있던 장제스(蔣介石)의 국민당 정부를 따라 함께 이동한다.

2 국가총동원령에 의한 강제동원과 민족말살정책

중일전쟁 발발 이후 인적, 물적 자원의 충당을 위해 1938년 일제가 국가총동원령을 내리면서 국내적으로는 일제의 한국인 강제동원이 급증한다. 당시 한반도의 인구가 대략 2천5백만 명 정도로 가늠되는데 그 가운데 **5백만 명에 가까운 인원이 강제로 동원**된 것으로 추정되어 전체 조선인의 20퍼센트가 강제동원의 피해를 입게 된다. 노동력 제공이 어려운 어린이와 노인을 제외하면 사실상 국민의 절반 가까이가 강제동원에 희생되었다고 볼 수 있다. 강제로 징용된 1백만여 명은 대부분 탄광에서 강제노역을 해야 했고, 강제로 징병된 40만 명에 이르는 인원 중 절반 정도인 20만여 명은 전쟁에 동원되었다. 그 밖에도 5만 명 이상의 여성이 종군위안부로 성적 착취를 당했으며, 전쟁 막바지에는 20만 명에 이르는 여성들이 근로정신대로 강제로 동원되어 군수공장에서 강제노역을 감당해야 했다. 이처럼 국외로 강제동원된 인원은 2백만 명이 넘고, 국내에서 강제동원된 인원도 3백만 명에 이르렀다.

효과적인 강제동원을 위해 일본은 일본인(내지인)과 조선인이 하나라는 이른바 '내선일체(內鮮一體)'의 기만적인 슬로건을 내걸고 한국인의 정체성을 제거하는 **민족말살정책**을 실시한다. 한국인이 일본국왕(천황)의 신민(臣民)이라는 사실을 주입하는 황국신민의 선서가 강요되었고, 한국어와 한국역사에 대한 교육이 금지되었으며, 일본식 이름을 강요하는 창씨개명 정책이 실시된다. 민족의 고통에 공감하여 임시정부를 만들어 목숨을 걸고 독립운동을 하던 사람들이 있었던 반면에 이광수, 서정주와 같은 공감능력이 떨어지는 지식인들은 일본제국이 영원할 것으로 믿으며 각각 가야마 미쓰로(香山光郞), 다쓰시로 시즈오(達城靜雄)로 창씨개명을 한 뒤 일본의 민족말살정책을 선전하는 데 앞장서고 있었다. 지도자

대한민국 임시약헌에 따른 국무회의

제1차 국무회의 (1927년 구성)	김갑(재무), 김구(내무), 김철(군무), 이동녕(주석/법무), 오영선/조소앙(외무)
제2차 국무회의 (1930년 구성)	1930년: 김구(재무), 김철(군무), 안창호(외교위원회), 윤기섭(군사위원회), 이동녕(주석/법무), 조소앙/신익희(외무), 조완구(내무), 차리석 1932년: 김구(군무), 김철(재무), 안창호(외교위원회), 윤기섭(군사위원회), 이동녕(주석/법무), 조소앙/신익희(외무), 조완구(내무), 차리석 1933년(제25회 임시의정원 회의): 김구, 김규식, 송병조(주석), 신익희, 윤기섭, 이동년, 이승만, 이유필, 조성환, 차리석, 최동오
제3차 국무회의 (1933년 구성)	1933년(제26회 임시의정원 회의): 김규식(외무), 김철, 송병조(재무), 양기탁(주석), 윤기섭(군무), 조소앙(내무), 조욱(조성환), 최동오(법무) 1934년(제27회 임시의정원 회의): 김규식, 양기탁, 유동열, 송병조, 조소앙, 차리석, 최동오 1935년(제28회 임시의정원 회의): 김구(외무), 송병조(재무), 이동녕(주석), 이시영(법무), 조욱(조성환, 군무), 조완구(내무), 차리석(비서)
제4차 국무회의 (1936년 구성)	1936년(제29회 임시의정원 회의): 김구(외무), 송병조(재무), 이동녕(주석), 이시영(법무), 조성환(군무), 조완구(내무), 차리석(비서)
제5차 국무회의 (1939년 구성)	1939년(제31회 임시의정원 회의): 김구(재무), 송병조, 유동열(참모), 이동녕, 이시영(법무), 조성환, 조소앙(외무), 조완구, 이청천(지청천, 군무), 차리석(비서), 홍진(내무)

이든 일반인이든 타인의 고통을 공감할 수 있는 사람들과 그런 공감능력도 없으며 타인에게 고통을 주는 행위에 가담하면서 죄책감(죄의식)도 느끼지 못하는 사람들은 이미 백 년 전부터 한반도의 국가공동체 안에서 그렇게 함께 섞여서 살아가고 있었던 것이다.

V 충칭 시기의 임시정부

1 주석제의 도입과 정당활동

1940년 중국 쓰촨(四川)성 충칭에 정착한 임시정부는 집단지도체제를 폐지하고 다시 단일지도체제로 돌아가기 위하여 **주석제를 도입하는 헌법 개정**을 단행한다. 이에 따라 기존의 국무회의는 주석과 국무위원으로 구성되는 '국무위원회'로 명칭을 변경한다. 그동안 주권재민을 표현하기 위하여 사용되었던 '인민' 대신 '국민'이라는 용어가 등장하며(제1조) 임시의정원의 의원수가 57명으로 명시된다(제5조). 1930년 상하이에서 활동하던 민족주의자 김구, 안창호, 이동녕을 중심으로 창당되어 1935년 9월에 조소앙이 재건한 '한국독립당(재건 한국독립당)', 재건된 한국독립당을 탈당한 김구가 1935년 11월에 창당한 '한국국민당', 1935년 7월 난징에서 김규식, 김원봉, 조소앙, 신익희 등 다양한 정치세력이 모여 설립된 '민족혁명당'을 탈당한 지청천이 1937년 창당한 '조선혁명당'이 1940년 5월에 합당하면서 통합된 새로운 한국독립당(통합 한국독립당)이 창당됨으로써 임시정부의 중심적 역할을 수행한다. 김원봉과 김두봉 등 좌파 중심으로 재편된 민족혁명당은 '조선민족혁명당'으로 당명을 바꾸어 일종의 야당으로서 정당활동을 이어간다. 헌법이 지배하는 헌정국가에서 정치적 결사체인 정당은 중요한 역할을 수행하는데 임시헌법을 제정한 임시정부에서부터 정당의 맹아가 자라나고 있었다. 정당에 대한 국가의 보호와 위헌정당해산제도에 관한 헌법규정은 나중에 4·19혁명 이후에 제정된 1960년 헌법(제3차 개정헌법)에서 도입되었고(제13조 제2항), 그에 더하여 정당에 관한 독립된 조항을 신설하여 정당의 자유와 복수정당제도에

정당명	창당 연도	주도인물 및 전개
신한청년당	1918	여운형, 김철, 장덕수, 선우혁, 조동호, 한진교 → 1923년 해체
한국독립당	1930	김구, 안창호, 이동녕 → 한국독립당 재건(조소앙, 1935) → 조선혁명당(지청천) 및 한국국민당(김구)과 3당 합당 통합 한국독립당 창당(1940)
민족혁명당	1935	김규식, 김원봉(의열단), 조소앙(한국독립당), 신익희(신한독립당) → 지청천 탈당 조선혁명당 창당(1937)
한국국민당	1935	한국독립당을 탈당한 김구 창당 → 한국독립당으로 합당(1940)
조선민족혁명당	1937	지청천 및 조소앙 등이 탈당한 민족혁명당을 김원봉이 김두봉과 함께 사회주의 세력 중심으로 재편

대해서까지 보장한 것은 5·16군사쿠데타 이후에 만들어진 1962년 헌법(제5차 개정헌법)에서부터 시작된 뒤 현행 헌법에 이르기까지 존속한다.

2 한국광복군의 창설

1939년부터 독일이 주도하는 제2차 세계대전이 시작되는데 중국 장제스의 협조를 받아 임시정부에 의해 **1940년 9월 17일 한국광복군이 창설**된다. 광복군의 총사령은 일본 육군사관학교를 졸업한 뒤 3·1독립운동을 경험하면서 일본군에서 탈출하여 만주로 건너가 무장독립운동에 투신해오던 지청천이 맡았다. 태평양전쟁을 일으킨 일본은 한반도의 청년들, 특히 일본에 유학을 온 청년들까지 강제로 징용을 하는데 김준엽, 장준하 등 일본군에 징용되어 중국에 배속된 청년들 가운데 탈영한 뒤 중국대륙을 횡단하여 충칭에 있는 광복군에 합류한 이들도 있었다. 신사참배를 거부한 목사의 아들로 태어나 일본신학교를 다니다 학도지원병이라는 이름으로 징병된 장준하는 평양에서 군사훈련을 받고 간부후보생으로 중국에 파견되어 배치된다. 그 뒤 1944년 7월 7일 중일전쟁 7주년을 기념하는 행사로 부대의 긴장이 풀어진 틈을 이용해서 동료 3명과 함께 탈출하여 충칭까지 무려 2,400킬로미터에 이르는 장정(長征)을 떠난다.

광복군은 3개의 지대로 구성되어 각각 충칭과 시안(西安), 푸양(阜陽)에 위치하고 있었고, 중국군 훈련소 안에 별도의 훈련반(한국광복군훈련반)을 만들어 군사훈련을 받았다. 1941년 12월에 임시정부는 미국을 상대로 태평양전쟁을 일으킨 일본에 대해서 선전포고를 하기도 한다. 중국에 이어 동남아시아까지 침공한 일본에 대해서 미국이 석유수출을 금지하자 일본은 미국을 상대로 전쟁을 일으켰던 것이다. 3·1운동 직후 항일무장투쟁단체 의열단을 조직했던 김원봉이 창설한 군사조직인 '조선의용대'의 일부도 1942년 광복군에 합류한다. 김원봉은 무장독립투쟁을 결심하고 서간도에 있는 신흥무관학교에 입학해서 교육을 받았으며 1918년 11월 10여 명의 조선청년들과 함께 '천하의 정의로운 일(事)을 맹렬히 실행하기로 한다'는 공약 제1조를 내건 '의열단'을 결성한 인물이다. 그는 중일전쟁이 한창이던 1938년 10월 중국 정부의 승인을 받아 조선의용대를 창설하여 항일무장투쟁을 전개했다. 1945년 3월에 광복군은 미군과 함께 한국침투작전까지 계획하고 강도 높은 훈련을 진행하지만 일본의 갑작스러운 항복선언으로 침투작전은 실행에 옮겨지지 못한다.

1940년 개정 임시약헌(임시정부법령 제5호, 1940. 10. 9.)

제1장 총강

제1조 대한민국의 주권은 국민에게 있되, 광복완성 전에는 광복운동자 전체에게 있다.

제2조 대한민국의 인민은 일체 평등하며, 또한 법률의 범위내에서 자유 및 권리를 가진다.

제3조 대한민국의 국민은 조국광복, 사회개혁, 헌법 및 법령의 준수, 병역의 복무, 납세의 일체 의무를 진다.

제2장 임시의정원

제4조 임시의정원은 대한민국 국민의 직접선거에 의하여 선출된 의원으로 구성한다. 다만, 국내 각 선거구에서 선거실시가 불능할 때에는 임시정부의 소재지에 교거(僑居, 거주)하고, 각 당해선거구에 원적을 가진 광복운동자가 각 당해구 선거인의 선거권을 대행한다.

제5조 **임시의정원 의원의 수는 57인**으로 하되 경기, 충청, 경상, 전라, 함경, 평안 각도 및 중국령의 교민은 각각 6인을 선출하고 강원, 황해 각도와 미국령의 교민은 각각 3인을 선출한다.

제6조 대한민국의 국민으로서 만 18세에 달하고 공민권이 있는 자는 선거권을 가지며 또한 23세에 달하고 선거권이 있는 자는 피선거권을 가진다.

제7조 임시의정원 의원의 규정에 관하여는 선거법이 제정되기 전에는 국무위원회의의 의결로써 이를 규정한다.

제8조 임시의정원은 매년 10월 중순에 임시정부의 소재지에서 정기회의를 개최하며, 그 기간은 자체에서 정한다. 다만 원의 결의 및 정부의 요구 또는 총의원 3분의 1 이상의 요구가 있을 때에는 임시의회를

소집한다.

제9조 임시의정원은 총의원 3분의 1 이상의 출석과 출석원 과반수의 찬성으로써 의안을 결정한다.

제10조 임시의정원은 의원 또는 정부가 제출한 모든 법률안 및 국가의 예산, 결산을 의결하고, 국무위원회 주석 및 국무위원을 선거하며, 또한 주외사절의 임면 및 조약의 체결과 선전, 강화를 동의함에는 총의원 과반수의 출석과 출석의원 3분의 2 이상의 찬성이 있어야 한다. 다만, 국무위원회 주석 및 국무위원 선거에 있어서는 2차의 투표에도 결정이 나지 않을 때에는 다수로써 이를 결정한다.

제11조 임시의정원이 의결한 법률 및 기타 안건은 정부가 이를 공포하고 또한 이를 시행한다.

제12조 임시의정원은 의장, 부의장 각 1인을 선거하며, 또한 제반 내규를 제정한다. 의장, 부의장의 선거에는 총의원 과반수의 출석과 출석원 3분의 2의 찬성이 있어야 한다. 2차의 투표에도 결정이 나지 않을 때에는 다수로써 이를 결정한다.

제13조 임시의정원은 의원의 당선증서를 심사하며, 또한 의원의 자격 및 선거의 의의에 대하여 최고판결권을 가진다.

제14조 임시의정원은 국무위원회 주석 및 국무위원 또는 주외사절이 독직 또는 위법 그리고 내란 외환 등의 범죄행위가 있다고 총의원 과반수의 출석과 출석원 3분의 2의 가결로써 심판하여 면직하게 할 수 있다.

제15조 임시의정원의 의사는 공개한다. 다만 의장 또는 의원 5인 이상의 제의나 정부의 요구가 있을 때에는 의결로써 비밀로 할 수 있다.

제16조 임시의정원 의장은 의원을 대표하여 회의를 소집하며, 원내의 의사를 정리하며, 원의 행정을 변리(辨理, 처리)하며, 원내 경찰권을 집행하

며, 원의 회계를 처리하며, 또한 5일 이내의 의원의 청가(請暇, 휴가신청) 및 방청을 허가한다.

제17조 의원이 의안을 제출할 때에는 법률 및 심사안은 5인 이상 기타 안건은 3인 이상의 연서가 있어야 한다.

제18조 의원이 만약 이유 없이 개회 후 7일까지 당선증서를 제출하지 아니하거나 연속 2주일을 결석할 때에는 그 직무는 자연히 해임되며 의원사직의 청허(聽許, 허가) 여부는 원의로서 한다.

제19조 의원은 회기중에 원의 허가 없이는 자유의 방해를 받지 아니하며 원내의 발언 및 표결에 관하여 원외에서 그 책임을 지지 아니한다.

제20조 의원은 3인 이상의 연서로 정부 또는 지정한 국무위원에 대하여 질문권을 가지며, 국무위원은 5일 이내에 구두, 서면으로 답변하여야 하며 답변을 하지 아니할 때에는 그 이유를 명시하여야 한다. 다만, 질문의원의 요구가 있을 때에는 출석하여 답변하여야 한다.

제21조 의원의 징계에는 발언 또는 출석의 정지 및 제명이 있으며, 총의원 과반수의 출석과 출석원 3분의 2의 결의로써 처벌한다.

제22조 의원이 위법을 하였을 때에는 5인 이상의 의원의 제의로 심사하여 전조의 표결수에 의하여 면직한다.

제3장 임시정부

제23조 **임시정부는 국무위원회 주석 및 국무위원으로 조직**하며, 국무위원의 수는 6인 이상 10인 이내로 한다.

제24조 국무위원회는 국무를 의결하고 집행하며, 또한 행정각부를 두어 각 당해 행정사무를 처리하며 그리고 각부의 조직조례를 제정하여 이를 시행한다.

제25조 국무위원회 및 행정각부는 헌법 및 법률의 범위내에서 필요한 명령 및 결정한 규정을 발포한다.

제26조 국무위원회의 직권은 다음과 같다.

1. 광복운동 방략 및 건국방안을 의결한다.
2. 법률 및 명령에 관한 사항을 의결한다.
3. 예산, 결산, 예산초과 및 예산외의 지출안을 의결한다.
4. 선전, 강화 및 조약체결에 관한 모든 안을 의결한다.
5. 행정각부에 관한 사항을 의결한다.
6. 국무위원의 사직을 처리한다.
7. 고급관리 및 주외사절과 정부대표를 임면한다.
8. 외국사절을 접수한다.
9. 임시의정원에 보고 및 제안을 작성 제출한다.
10. 국무위원회의 회의규정 및 행정각부의 부서설치와 직원을 결정한다.

제27조 **국무위원회의 주석의 직권**은 다음과 같다.

1. 국무위원회를 소집한다.
2. 국무위원회의 회의시에 주석이 된다.
3. 임시정부를 대표한다.
4. 국군을 통감한다.
5. 국무위원의 부서로 법률을 공포하고 명령을 발한다.
6. 필요하다고 인정할 때에는 행정각부의 명령을 정지한다.
7. 국무위원회의 결의로 긴급명령을 발한다.
8. 신임장을 접수한다.
9. 정치범을 특사한다.
10. 국무위원회의 회의중 가부동수일 때에는 이를 표결한다. 다만 긴급명령을 발할 때에는 차기회의의 추인을 받아야 하며, 부결되었을 때에는 효력을 상실하였음을 즉시 공포하여야 한다.

제28조 국무위원회 주석 및 국무위원의 임기는 3년으로 하되, 재선될 수 있다. 국무위원회 주석이 유고할 때에는 국무위원회에서 대리 1인을 호선한다.

제29조 국무위원회 주석 및 국무위원과 정부위원은 임시의정원 및 각위원회에 출석하여 발언할 수 있다.

제30조 국무위원회는 총위원 과반수의 찬동으로 의결한다.

제31조 국무위원회는 비서장 1인을 두어 국무위원회의 사무 및 회의에 관한 사항을 관리하게 한다.

제32조 각부는 내무, 외무, 군무, 법무, 재무를 두되, 다만 시의에 따라 각부를 증감할 수 있다.

제34조 국무위원회 주석 및 행정각부의 부장은 법률규정 및 국무위원회의 결정에 따라서 주관사무를 처리, 집행하고 또한 임시의정원에 대하여 책임을 진다.

제35조 행정각부의 직원은 각 당해 부장의 추천으로 국무위원회에서 임면한다.

제36조 지방행정조직은 자치행정의 원칙에 따라서 정하며, 자치단체의 조직 및 권한은 법률로 정한다.

제37조 군법회의에 관한 법률 및 조직과 그 직무권한은 법률로 규정한다.

제4장 회계

제38조 조세 및 세율은 법률로 규정한다.

제39조 국가 세입 세출의 예산, 결산 및 국채와 기타 국고의 부담이 되는 경우에는 임시의정원의 의결을 얻어야 한다. 예산의 초과 또는 예산외의 지출은 차기 의회의 승인을 얻어야 한다.

제40조 국가의 회계는 회계검사원에서 검사한다.

제5장 보칙

제41조 본 약헌은 임시의정원에서 총의원 3분의 1 이상이 또는 정부가 제안하여 총의원 4분의 3 이상의 출석과 출석원 3분의 2의 찬동으로 개정한다.

제42조 본 약헌은 대한민국 9년(1927) 4월 11일에 공포한 약헌에 의하여 대한민국 22(1940)년 10월 9일부터 개정, 시행한다.

부칙

본 약헌은 대한민국 9년(1927) 4월 11일에 공포한 약헌에 의하여 대한민국 22년(1940) 10월 9일부터 개정 시행한다.

3 카이로선언과 일본의 패망

1941년 11월 임시정부는 총칙, 복국(復國), 건국(建國)의 세 개 장(章)으로 구성된 **〈대한민국 건국강령〉**을 제정하여 공포한다. 여기서 특히 주목해야 할 내용은 정부수립 후 국민에게 보장되어야 할 기본적 권리로 노동권, 휴식권, 피구제권, 피보험권, 면비수학권(免費受學權, 무상교육권)과 같은 사회적 기본권(사회권)과 함께 남녀평등권, 보통선거권(18세 이상의 남녀)을 열거하고 있다는 점이다. 한편 임시정부는 당시 미국 대통령이었던 루스벨트(Franklin D. Roosevelt)에게 수차례 독립청원서를 보내기도 했다. 1943년 김구는 장제스를 만나 대한민국의 독립에 대한 미국 등 열강의 지원을 요청해 주도록 부탁한다. 같은 해 11월 제2차 세계대전의 전후처리를 위하여 이집트 카이로(Cairo)에 열린 정상회의에서 장제스는 김구와의 약속을 지키기 위해 루스벨트와 영국 수상 처칠(Winston Churchill)에게 대한민국의 독립에 대한 지원을 요청한다. 영국 식민지의 독립을 우려한 처칠은 대한민국의 독립에 반대하지만 루스벨트는 장제스의 요청을 받아들였고, 결국 선언문에 전쟁이 끝나고 '적절한 시기에' 대한민국을 독립시킨다(The aforesaid three great powers, mindful of the enslavement of the people of Korea, are determined that in due course Korea shall become free and independent.)는 결의가 포함된다(카이로선언, Cairo Declaration, 1943).

1944년 국민의 헌법적 권리를 보장하는 헌법개정이 한 차례 더 이루어지고, **〈대한민국 임시약헌〉은 〈대한민국 임시헌장〉으로 명칭을 변경**하면서 부주석제가 도입된다. 임시정부 헌법의 명칭은 〈대한민국 임시헌장〉(1919)에서 출발하여 〈대한민국 임시헌법〉(1919/1925)으로, 다시 〈대한민국 임시약헌〉(1927/1940)으로 변경된 뒤 또 다시 처음의 〈대한민국 임시헌장〉(1944)으로 되돌아갔다. 〈대한민국 임시헌장〉에서는 사법권을 부여받은 '심판원'이 설치되어 재판을 담당하게 하였다. 일본이 패망하고 한반도 남쪽에 진주한 미군정은 임시정부를 인정하지 않아 **임시정부 지도자들은 1945년 11월에 미군의 수송기를 타고 개인 자격으로 입국**한다. 그렇지만 이미 언급한 대로 제헌헌법부터 3·1운동으로 대한민국이 건립되었다고 명시함으로써 임시정부의 헌법적 정통성을 인정하였으며 현행 헌법은 대한민국이 임시정부의 법통(정통성)을 계승하고 있음을 명시하고 있다.

대한민국 임시헌장 (임시정부법령 제6호, 1944. 4. 22.)

우리 민족은 우수한 전통을 가지고 스스로 개척한 강토에서 유구한 역사를 통하여 국가생활을 하면서 인류의 문명과 진보에 위대한 공헌을 하여왔다. 우리 국가가 강도 일본에게 패망된 뒤에 전민족은 오매에도 국가의 독립을 갈망하였고 무수한 선렬들은 피와 눈물로써 민족자유의 회복에 노력하여 **3·1대혁명에 이르러** 전민족의 요구와 시대의 추향에 순응하여 정치, 경제, 문화, 기타 일체 제도에 자유, 평등 및 진보를 기본정신으로 한 **새로운 대한민국과 임시의정원과 임시정부가 건립**되었고 아울러 임시헌장이 제정되었다. 이에 본원은 25년의 경험을 적하여 제36회 의회에서 대한민국 임시헌장을 범 7장 공 62조로 개수하였다.

제1장 총강

제1조 대한민국은 **민주공화국**임.

제2조 대한민국의 강토는 대한의 고유한 판도로 함.

제3조 대한민국의 인민은 원칙상 한국민족으로 함.

제4조 대한민국의 주권은 인민전체에 있음. 국가가 광복되기 전에는 주권이 광복운동자 전체에 있음.

제2장 인민의 권리 의무

제5조 대한민국의 인민은 좌렬 각항의 자유와 권리를 향유함.

1. 언론, 출판, 집회, 결사, 파업 급(및) 신앙의 자유
2. 거주, 여행 급(및) 통신, 비밀의 자유
3. 법률에 의하여 취학, 취직 급(및) 부양을 요구하는 권리
4. 선거 급(및) 피선거의 권리
5. 공소, 사소 급(및) 청원을 제출하는 권리
6. 법률에 의치(의하지) 않으면 신체의 수색, 체포, 감금, 심문 혹(또는) 처벌을 받지 않는 권리
7. 법률에 의치(의하지) 않으면 가댁의 침입, 수색, 출입제한 혹(또는) 봉폐(封閉, 출입금지)를 받지 않는 권리
8. 법률에 의치(의하지) 않으면 패산의 징발, 몰수 혹(또는) 추세(抽稅, 세금징수)를 받지 않는 권리

제6조 대한민국의 인민은 좌열 각항의 의무가 있음.

1. 조국을 광복하고 민족을 부흥하고 민주정치를 보위하는 의무
2. 헌장과 법령을 준수하는 의무
3. 병역과 공역에 복무하는 의무
4. 국세를 납입하는 의무

제7조 인민의 자유와 권리를 제한 혹(또는) 박탈하는 법률은 국가의 안전을 보위하거나 사회의 질서를 유지하거나 혹은 공공이익을 보장하는 데 필요한 것이 아니면 제정하지 못함.

제8조 광복운동자는 조국광복을 유일한 직업으로 인하고 간단없이 노력하거나 우(또)는 간접이라도 광복사업에 정력 혹(또는) 물력의 실천공헌이 있는 자로 함. 단 광복운동에 위해를 가하는 행위가 있을 시에는 광복운동자의 자격을 상실함.

제3장 임시의정원

제9조 임시의정원은 대한민국 인민이 직접 선거한 의원으로 조직함.

제10조 임시의정원 의원은 경기·충청·전라·경상·함경·평안 각도에서 각 6인, 강원·황해 각도에서 각 3인, 중령(중국) 급(및) 아령(러시아) 교민에서 각 6인, 미령(미국) 교민에서 3인을 선거함. 내지 각 선거구에서 선거할 수 없을 때에는 각 해(該, 그) 선거구에 원적을 두고 임시정부 소재지에 교거(僑居, 거주)하는 광복운동자가 각 해구(該區, 그 선거구) 선거인의 선거권을 대행할 수 있음.

제11조 대한민국의 인민은 연령 18세 되고 완전한 공권이 있는 자는 선거권이 있고, 연세 만 25세 되고 선거권이 있는 자는 피선거권이 있음. 국가가 광복되기 전에는 제8조 원항에 해당한 자는 선거권이 있고 제8조 원항 상일단에 해당한 만 3년 이상의 역사가 있는 자는 피선거권이 있음.

제12조 의원의 임기는 3개년으로 하되 연선될 수 있음. 의원의 개선은 원의

원의 임기만료 후 60일 이내에 행함을 요함.

제13조 임시의정원 의원선거에 관한 규정은 선거법이 제정되기 전까지는 국무위원회의 의결로써 정함.

제14조 의원이 무고히 당선증서를 개원 후 3일까지 제출치 아니하거나 무고히 연속 2주일까지 결석할 때에는 그 직무는 자연 해임됨.

제15조 의원은 회기중에 원의 허가없이는 그 자유의 방해를 받지 아니하며 원내의 언론과 표결에 관하여는 원외에서 책임을 지지 아니함.

제16조 의원은 3인 이상의 연서로 정부나 지정한 국무위원에게 질문하는 권리가 있고, 국무위원은 5일 이내에 말이나 글로 답변치 아니할 때에는 그 이유를 명시하며 질문한 의원이 요구한 때에는 원에 출석하여 답변함.

제17조 임시의정원의 직권은 아래와 같음.

1. 의원당선증서의 심사와 의원자격 급(및) 선거의 의의에 대한 심판
2. 의원자격에 대한 처리
3. 의원이나 정부에서 제출한 일체 법안의 의결
4. 조세급 세율과 국고와 기타 국고의 부담이 될 만한 사항의 의결
5. 국가의 예산 결산 급(및) 예산초과나 예산 외 지출의 의결
6. 국무위원회 주석 급(및) 부주석과 국무위원의 선거
7. 조약체결과 선전, 강화의 동의

제18조 임시의정원은 국무위원회 주석, 부주석 급(및) 국무위원이 실직, 위법 또는 내란, 외환 등 범죄행위가 있거나 혹은 신임할 수 없다고 인정할 때에는 탄핵안 혹은 불신임안을 제출하여 탄핵안이 통과되면 그를 면직하고 불신임안이 통과되면 그가 자행(그때부터) 사직함.

제19조 임시의정원은 의장 부의장 각 1인을 호선하며 그 제반 내규를 정함.

제20조 임시의정원 의장은 원을 대표하며 회의를 소집하며 원의 의사를 정

리하며 원의 행정을 판리하며 원내의 경찰권을 집행하며 원의 회계를 처리하며 5일 이내의 의원청유와 방청자를 허함. 부의장은 의장을 보좌하며 의장이 유고할 때에는 그를 대리함.

제21조 임시의정원은 매년 4월 11일에 임시정부 소재지에서 자행(그때부터) 소집함. 임시의정원의 회기는 3주일로 정하고 필요로 인할 때에는 연기함을 득(허용)하되 전회기의 3분지1을 초과함을 부득함(허용하지 않음). 의원의 결의나 정부의 요구나 총재적 의원 3분지1 이상의 요구가 있을 때에는 임시의회를 소집함.

제22조 임시의정원은 총재적 의원 반수 이상의 출석으로 개회함.

제23조 임시의정원은 출석의원 반수 이상의 찬동으로 의안을 결정함.

제24조 의원이 의안을 제출할 때에는 법률안은 5인 이상, 탄핵 혹(또는) 불신임안과 의장의 면직안은 총재적 의원 3분지 1 이상, 기타안은 3인 이상의 연서로 함. 1차 부결된 의안은 동일 회기내에 다시 제출하지 못함.

제25조 임시의정원의 의결한 법률과 기타 안건은 임시정부가 분포 또는 시행함. 법률은 정부에 송달한 후 10일 이내에 공포함.

제26조 의원이 결원될 때에는 의장이 정부로 통지하여 보선케 함.

제27조 의원의 징계는 발언 혹(또는) 출석의 정지와 제명으로 함.

제28조 의원이 위법할 때에는 제22조 제2항과 제24조 제1항에 의하여 면직함.

제4장 임시정부

제29조 **임시정부는 국무위원회 주석과 국무위원으로 조직한 국무위원회**로써 국을 총판함. 국무위원은 8인 이상 14인 이내로 함.

제30조 국무위원회의 직권은 아래와 같음.

1. 복국과 건국의 방책을 의결함

2. 법률, 명령 급(및) 제안에 관한 사항을 의결함
3. 예산, 결산, 예산초과 급(및) 예산외 지출을 의결함
4. 선전 강화 급(및) 조약체결에 관한 사항을 의결함
5. 행정 각부에 관한 중요사항을 의결함
6. 국무위원의 사직을 처리함
7. 중앙 각기관의 주무 책임자 급(및) 고급 문무 직원과 주외 사절 급(및) 정부대표를 임면함
8. 외국사절의 접수여부를 의결함
9. 군무에 관한 사항을 의결함
10. 대사, 특사, 감형 급(및) 복권을 의결함
11. 임시의정원에 제출할 보고와 제안을 작성함
12. 국무위원회의 회의규정을 정하며 소관 각 기관의 설폐(設廢, 설치 및 폐지)를 의결함

제31조 국무위원회의 의결은 총위원 반수 이상의 찬동으로 함.

제32조 국무위원회 주석의 직권은 아래와 같음.

1. 임시정부를 대표함
2. 국서를 접수함
3. 국군을 통감함
4. 국무위원회를 소집함
5. 국무위원회의의 주석이 됨
6. 국무위원회의의 가부 동수될 때에는 표결함
7. 국무위원의 부서와 법률을 공포하며 명령을 발함
8. 행정, 통일 혹(또는) 공익에 방해되거나 위법 혹(또는) 월권으로 인할 때에는 행정 각부서의 명령을 정지하고 국무위원회에 취결함
9. 국무위원회의 의결로 긴급명령을 발함. 단 긴급명령을 발할 때

에는 차기 의회의 추인을 요하되 추인되지 못할 때에는 그 뒤로 부터 효력이 상실됨을 즉시 공포함

제33조 **부주석은 주석을 보좌**하며 국무위원회에 열석하고 주석이 유고할 시에 그 직권을 대행함.

제34조 국무위원회 주석 급(및) 부주석과 국무위원의 자격은 제8조 원항 상일단 규정에 해당한 10년 이상의 역사(경력)가 있고 연령 만 40세 이상된 자로 함.

제35조 국무위원회 주석 급(및) 부주석과 국무위원의 임기는 3개년으로 정하되 연선될 수 있음.

제36조 국무위원회 주석, 부주석 급(및) 국무위원과 정부위원은 임시의정원과 그 각 위원회에 출석하여 발언할 수 있음.

제37조 국무위원회는 비서처를 두어 국무위원회의 사무와 회의에 관한 사항을 장리함.

제38조 국무위원회는 행정 각 부서와 통수, 심판, 검사 등 각 기관을 두어 각 해(해당) 주관사무를 판리하고 임시의정원에 부책함. 우항 각 기관의 조직조례는 국무위원회에서 제정, 시행하되 차기 의회의 통과를 요함.

제39조 행정 각부서는 내무, 외무, 군무, 재무, 문화, 선전 등 각부와 기타 각 위원회를 두되 시의에 의하여 그 수를 증감할 수 있음.

제40조 행정 각부서 사무의 연락과 통제를 위하여 각 주무 책임자 연석회의를 열되 국무위원회 주석이 주지함.

제41조 국무위원회와 행정 각부서는 헌장과 법률 범위 내에서 필요한 명령을 발함.

제42조 국무위원회 주석 급(및) 중앙 각 기관의 주무 책임자는 법률의 규정과 국무위원회의 결정에 의하여 각기 주관사무를 판리함.

제43조 중앙기관의 주무 책임자는 주석의 제천으로, 중앙기관의 소속직원은 각 해(해당) 기관 주무 책임자의 천보(추천)로써 국무위원회에서 임면함.

제44조 지방행정 조직은 자치행정의 원칙에 의하여 정하고 자치단체의 조직과 권한은 국무위원회에서 제정, 시행하고 차기 의회의 통과를 요함.

제5장 심판원

제45조 대한민국의 사법권은 중앙심판원, 지방심판소 급(및) 기타 특종심판위원회 등 기관에서 집행함.

제46조 중앙심판원은 심판위원장 1인 급(및) 심판위원 2인 내지 5인과 및 보조직원 약간인으로 조직함.

제47조 각급 심판기관의 조직은 법률로 정함.

제48조 각급 심판기관은 법률에 의하여 민사, 형사의 심판과 혁명자 징계처분에 관한 사항을 장리함. 민법, 형법, 혁명기율 급(및) 혁명자 징계조례는 법률로 정함.

제49조 국사심판, 행정심판, 군사심판 등 특별기관의 그 조직 급(및) 권한은 법률로 정함.

제50조 대사, 특사, 감형, 복권은 법률에 의하여 중앙심판위원장의 제출을 경하여 국무위원회에서 행함.

제51조 심판위원장 급(및) 심판위원은 독립하여 심판을 행하고 임가기관 혹(또는) 개인의 간섭을 받지 아니함.

제52조 각급 심판기관의 심판은 공개하되 안녕질서와 선량풍속에 방해가 있다고 인할 때에는 비밀히 함.

제53조 중앙심판위원장과 심판위원은 국무위원회에서 선임하되 임기는 3개년으로 함.

제54조 각급 심판기관의 소속직원은 중앙심판위원장의 제천으로 국무위원회에서 임명함.

제55조 심판위원장 급(및) 심판위원은 형의 선고나 혁명자 징계조례상의 중대한 처분에 의치 아니하면 임기 내에 면직하지 못함.

제56조 본장 각조의 규정을 실시할 가능이 있기 전까지는 심판안건의 발생을 따라 국무위원회에서 임시로 심판위원 약간인을 선출하여 판리함.

제6장 회계

제57조 조세와 세율은 법률로 정함.

제58조 국가의 예산, 결산 급(및) 회계는 검사 확정한 회계검사원의 보고와 같이 의정원에 제출하여 통과를 요함.

제59조 회계검사원에서는 국가의 일체 회계를 수시로 검사함.

제60조 회계년도는 4월 1일부터 익년 3월 말까지로 정함.

제7장 보칙

제61조 본 헌장은 임시의정원에서 총 재적(在籍)의원 3분지 1 이상이나 정부의 제안으로 총 재적의원 4분지 3의 출석과 출석의원 3분지 2의 찬동으로 개정함을 득함(허용함).

제62조 본 헌장은 공포일로부터 시행하고 대한민국 22년(1940) 10월 9일부터 시행한 임시약헌은 폐지함.

부 칙

본 헌장은 공포일로부터 시행하고 대한민국 22년(1940) 10월 9일부터 시행한 임시약헌은 폐지함.

연도	주요 사건	임시정부 주요 상황
1910	강제병합(경술국치)	
1914-1918	제1차 세계대전 (파리강화회의)	민족자결주의
1919	3·1운동 (독립선언)	• 4월: 상하이 임시정부 수립, 〈임시헌장〉 제정 • 9월: 통합 임시정부 출범, 〈임시헌법〉 제정 • 이승만 임시정부 대통령 선출
1923		• 국민대표회의 소집: 의장 김동삼, 부의장 윤해(좌)/안창호(우) 선임 • 임시정부 개조론과 새로운 임시정부 창조론의 논쟁 후 결렬
1924		이동녕 내각 사직 및 박은식 내각 출범
1925		• 이승만 대통령 탄핵 • 박은식 대통령 선출 • 〈임시헌법〉 개정: 내각책임제와 유사한 국무령제
1926		김구 국무령 취임
1927		〈임시약헌〉으로 헌법개정: 국무위원제
1931	만주사변	일본의 불법적 만주점령
1932		• 한인애국단(이봉창, 윤봉길) 의거 • 임시정부 피신
1937	중일전쟁	중국 국민당 정부를 따라 이동
1939	제2차 세계대전	
1940		• 임시정부 충칭 정착 • 광복군 창설 • 〈임시약헌〉 개정: 주석제 도입 및 김구 주석 취임
1941	태평양전쟁	미국을 상대로 한 일본의 전쟁 도발
1942		임시의정원 의원 선거
1943	카이로선언	한국의 독립에 관한 미국(루스벨트), 영국(처칠), 중국(장제스)의 결의
1944		〈임시헌장〉으로 헌법개정: 부주석제 도입 → 김규식 부주석 취임
1945	해방	임시정부 충칭에서 상하이로 이동 후 개별 귀국

VI 평가

청일전쟁과 러일전쟁에 연이어 승리하며 한반도에 대한 지배권을 획득한 제국주의 일본에 의하여 1910년 대한제국이 강제로 병합(합방)된다. 이후 1919년 무단통치를 자행하던 일제에 항거하여 조선의 독립을 선언하기 위해서 일어난 3·1운동을 기점으로 변곡점이 찾아오면서 중국 상하이에 망명정부인 대한민국 임시정부가 수립된다. 식민지 근대화론의 주장에 따르면 한국은 일본의 식민지가 됨으로써 비로소 근대화나 산업화 또는 자본주의 편입이 가능했다고 한다. 물론 당시 세계적인 흐름에 따라 한국(조선, 대한제국)의 국민(조선인, 한국인)도 근대화나 산업화 또는 자본주의 편입을 원했을 수 있다. 하지만 분명한 것은 한국의 국민이 일제의 식민지 노예국가가 되어 강압에 의하여 자주독립국가로서의 주권을 상실한 채 근대화나 산업화 또는 자본주의 편입을 이루는 것을 극렬하게 반대했다는 점이다. 일제로부터의 독립을 외치며 사실상 국민 전체가 3·1독립운동에 참여했고, 독립운동가들은 임시정부를 만들어 목숨을 걸고 조국의 독립을 위하여 해방이 될 때까지 지속적으로 활동했으며 한반도에 살거나 외국으로 이주한 조선인들은 임시정부에 독립자금을 지원하며 그들의 활동을 응원했기 때문이다. 당시 한국의 국민에게 조국의 근대화나 산업화 또는 자본주의 편입보다 더 중요한 가치는 조국의 자주독립이었다. 조국이 소극적 의미에서 일제의 간섭이나 속박에서 벗어난(free) '독립국'이며 더 나아가 적극적 의미에서 주권을 가지고 국가의사를 독자적으로 결정하는(independent) '자주국'이 되는 것이야말로 한국의 국민이 공유하던 시대정신이며 헌법적 정의였다.

민주공화국과 주권재민(국민주권)을 선포한 대한민국 임시정부는 군주

임시정부 헌법의 비교

임시헌장 (1919)	임시헌법 (1919)	개정임시헌법 (1925)	임시약헌 (1927)	개정임시약헌 (1940)	임시헌장 (1944)
정부형태조항 없음 (국무총리제 운영)	대통령제	국무령제	국무회의제	주석제	주석/부주석제
국민의 권리/ 의무	국민의 권리/ 의무	권리/ 의무조항 ×	참정권	참정권	국민의 권리/ 의무
임시의정원	임시의정원	임시의정원	임시의정원	임시의정원	임시의정원
임시정부	국무원 (국무총리+국무원)	국무회의 (국무령+국무원)	국무회의 (국무위원)	국무위원회 (주석+국무위원)	국무위원회 (주석+국무위원)
법원조항 ×	법원	법원조직 법률유보	법원조직 법률유보	군법회의	심판원

가 아니라 국민이 주권자인 '공화국'이고 국가권력은 국민에게서 나오는 '민주주의'를 기본으로 한다는 사실을 명확하게 밝혔다. 역사에 가정은 없다고 하지만 한국은 일제의 식민지가 되지 않았다면 자주적으로 민주공화국을 수립한 뒤에 자발적이고 성공적으로 근대화나 산업화 또는 자본주의 편입을 이룰 수도 있었다. 일본이 조선에 대해서 근대화나 산업화 또는 자본주의 편입을 강요한 본래의 목적도 의심스럽다. 일제는 한국을 강압적으로 병합하여 식민지로 삼으로써 기본적으로 착취와 수탈(약탈)이라는 목적을 설정한 뒤 그 수단으로서 부차적으로 식민지 한국의 근대화를 위한 개척과 개발을 수행했을 뿐이다. 조국의 자주독립을 위하여 무장독립투쟁을 벌이고 광복군을 만들어 연합국의 일원으로 참여하려 했지만 대한민국 임시정부가 미군정으로부터 인정받지 못한 채 임시정부 요인들이 개인 자격으로 귀국할 수밖에 없었던 비극적 상황은 한국헌법사의 첫 번째 질곡이 되었다. 대한민국의 정통성을 일본

제국주의에 저항하여 수립된 임시정부에서 찾고, 해방 직후 실정헌법의 이념적 기초인 헌법적 정의에 부합하도록 일본의 제국주의 지배에 부역한 친일파를 청산할 수 있는 기회를 상실했기 때문이다.

제2장

정부수립과 헌법

1945년부터
1960년까지의
헌법사

태양을 의논하는 거룩한 이야기는
항상 태양을 등진 곳에서만 비롯하였다.
달빛이 흡사 비 오듯 쏟아지는 밤에도
우리는 헐어진 성(城)터를 헤매이면서
언제 참으로 그 언제 우리 하늘에
오롯한 태양을 모시겠느냐고
가슴을 쥐어뜯으며 이야기하며 이야기하며
가슴을 쥐어뜯지 않았느냐?
그러는 동안에 영영 잃어버린 벗도 있다.
그러는 동안에 멀리 떠나버린 벗도 있다.
그러는 동안에 몸을 팔아버린 벗도 있다.
그러는 동안에 맘을 팔아버린 벗도 있다.
그러는 동안에 드디어 서른여섯 해가 지나갔다.
다시 우러러보는 이 하늘에
겨울밤 달이 아직도 차거니
오는 봄엔 분수(噴水)처럼 쏟아지는 태양을 안고
그 어디 언덕 꽃덤불에 아늑히 안겨 보리라.

신석정, 〈꽃덤불〉(1946)

1941년 12월 미국을 상대로 태평양전쟁을 일으켰던 일본은 히로시마(廣島)와 나가사키(長崎)에 투하된 원자폭탄이 만들어낸 참상을 마주하며 마침내 1945년 8월 15일, 항복을 선언한다. 유럽에서는 이미 같은 해 2월에 독일의 패전을 예견하고 미국, 소련, 영국의 지도자(루스벨트, 스탈린, 처칠)가 소련의 휴양지 얄타(Yalta)에서 회담을 진행하면서 전후처리에 대하여 논의하였다(**얄타회담, 1945년 2월**). 일본에 원자폭탄이 투하되기 한 달 전인 7월에 미국은 핵실험에 성공했고, 이미 5월 8일 독일이 연합군에 항복을 선언하면서 같은 7월에 미국, 소련, 영국의 지도자(트루먼, 스탈린, 처칠)가 다시 모여 전후 유럽재건과 태평양전쟁 종결에 관하여 독일 베를린(Berlin) 근교 포츠담(Potsdam)에서 회담을 진행하였다(**포츠담회담, 1945년 7월**). 당시 미국에서는 대통령 루스벨트의 갑작스런 사망으로 부통령이었던 트루먼(Harry S. Truman)이 대통령직을 승계한 상황이었다. 회담 과정에서 미국, 소련, 중국(트루먼, 스탈린, 장제스)이 일본의 무조건적 항복을 요구하는 '포츠담선언'이 발표되었다. 하지만 일본이 이를 거부하자 미국은 8월 6일과 9일에 각각 히로시마와 나가사키에 원자폭탄을 투하하여 도시를 불바다로 만들었다. 그 사이 8월 8일 소련도 일본과 체결한 중립조약을 파기하고 다음 날부터 대일본 전쟁에 참전한 뒤 일본군이 점령하고 있던 만주와 북한 지역을 차지한다.

Ⅰ 해방공간—미군정기

일본의 패망으로 35년이나 지겹도록 지속된 일본제국주의의 지배로부터 갑작스럽게 해방을 맞이한 대한민국은 9월 9일 한반도 남쪽에 진주한 미군의 군정통치를 받게 된다. 패전국 일본의 식민지배에서 해방된 것이 아니라 승전국 미국의 점령지가 되어 주권을 빼앗긴 대한민국의 지배자만 바뀌었을 뿐이었다. 미군정은 식민지 한국의 고통에 공감하고 있었을까? 미군정은 대한민국을 주권을 가진 독립된 자주국가가 아니라 패전국 일본의 식민지이며 패전국 영토의 일부로서 일본열도와 함께 당연하게 점령한 지역으로 인식했던 것으로 보인다. 일제를 상징하는 조선총독부 건물이었던 중앙청에 내걸렸던 일장기가 내려오고 미국의 국기인 성조기가 게양되었으며 다음 해 1946년 1월이 되어서야 비로소 태극기가 게양된다. 한국현실에 대한 정보가 많지 않았던 미군정은 일제의 악명 높은 상징이었던 친일경찰을 청산하지 않고, 오히려 활용했다. 또한 일제가 조선의 미곡을 수탈하기 위하여 시작한 공출제도를 폐지하지 않은 채 그대로 유지했다.

미군정은 기본적으로 태평양지역 미국 육군 최고사령관(Commander-in-Chief, United States Army Force, Pacific) **맥아더**(Douglas McArthur)가 1945년 9월 7일 남한을 점령하기 직전에 미군이 주둔하고 있던 도쿄(東京)에서 공포한 **〈포고 제1호〉**를 법적 근거로 통치했다. 이 포고(proclamation)에 근거하여 이어서 그 밖의 포고, 명령(ordinances), 규칙(regulation), 공고(notices), 지침(directives), 규정(enactments) 등 다양한 형태의 **'미군정 법령'**이 공포되었기 때문에 이 포고는 당시 남한의 최고법으로서 일종의 성문헌법에 해당한다. 반면에 같은 날 공포된 〈포고 제2호〉는 범죄 또는 법규위반에 관한 내용을 담고 있기 때문에 헌법보다 하위에 위치하는 법률의 일종으로 성문형법에 해당했다. 성문헌법에 필수적으로 담겨야 할 국민의 기본적 권리는 제헌국회 국회의원선거를 앞둔 1948년 4월이 되어서야 재조선미국 육군(주한미군) 사령관이 제정한 〈조선인민의 권리에 관한 포고(Proclamation on the Rights of the Korean People)〉로 공포된다. 나중에 제헌헌법은 "현행법령은 이 헌법에 저촉되지 아니하는 한 효력을 가진다"고 규정함으로써(제101조) 제헌헌법 제정 당시에 효력을 가지고 있던 〈포고 제1호〉를 포함한 미군정 법령에 대해서 '헌법에 위반되지 않을 것'을 전제조건으로 계속적 효력을 인정함으로써 헌법적 정당성을 부여하였다.

태평양지역 미국 육군 최고사령부 포고(Proclamation) 제1호

조선주민에게 포고한다. 태평양지역 미국 육군 최고사령관으로서 다음과 같이 포고한다.

일본국왕과 일본정부, 일본군 대본영을 대표하여 서명한 항복문서의 조항에 의하여 본관 지휘 하의 승전군은 오늘부터 북위 38도 이남의 조선지역을 점령한다.

조선인이 오랫동안 노예상태에 있었던 사실과 적당한 시기에 조선을 해방·독립시키기로 한 결정을 고려하여, 조선 점령의 목적이 항복문서의 이행과 조선인의 인격적 및 종교적 권리를 보호하는 데 있다는 점을 조선인에게 확인시키면서 이 목적을 위하여 적극적인 지원과 협력을 요청한다.

태평양지역 미국 육군 최고사령관인 본관에게 부여된 권한에 의하여 본관은 이 포고로 북위 38도 이남의 조선과 조선주민에 대하여 군정(military control)을 실시하고자 다음과 같은 점령 조건을 발표한다.

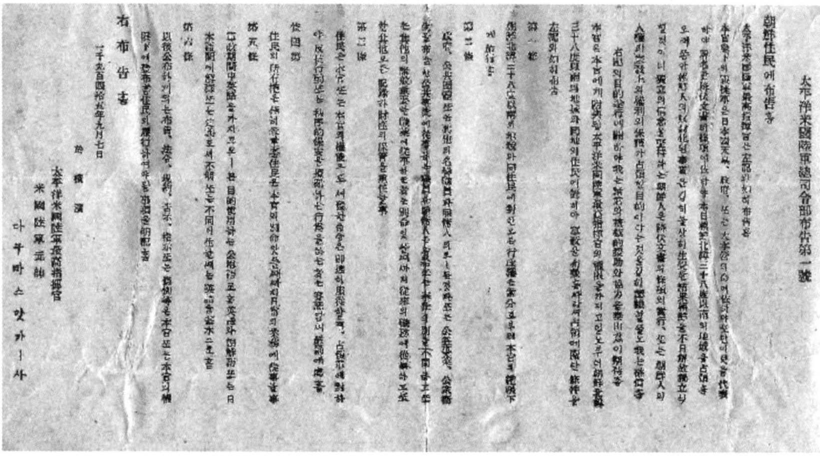

太平洋米國陸軍總司令部布告第一號

朝鮮住民에 布告함

布告書

太平洋米國陸軍最高指揮官
米國陸軍元帥
다구라스 맥아-사

태평양 미육군 총사령부 포고 1호—조선 주민에게 포고함(노동의 소리, https://www.nodong.com)

제1조 북위 38도 이남의 조선영토와 조선인민에 대한 모든 통치권(all powers of Government)은 당분간 본관의 권한하에 행사된다.

제2조 정부 또는 공공기관의 모든 공무원, 직원, 명예직 공무원 및 공공복지와 공중보건을 포함하여 모든 공공시설 및 공공서비스기관의 유급 또는 자원봉사 공무원과 직원, 필수적 업무에 종사하는 그 밖의 모든 사람은 추가적인 명령이 있을 때까지 그의 통상적인 직무와 책무를 계속해서 이행하고, 모든 기록과 재산을 보존하고 보호해야 한다.

제3조 모든 주민은 즉각적으로 본관의 모든 명령과 본관의 권한하에서 발령된 모든 명령에 복종하여야 한다. 점령군(occupying forces)에 대한 모든 반항행위 혹은 공공안녕을 해치는 일체의 행위에 대하여는 엄중하게 처벌할 것이다.

제4조 주민의 재산권(property rights)은 이를 존중한다. 주민은 본관의 별도 명령이 있을 때까지 일상의 업무에 종사하게 될 것이다.

제5조 군정 기간 중에는 모든 목적을 위하여 사용하는 공식언어는 영어다. 영어원문과 조선어 혹은 일본어 원문 간에 해석 혹은 정의에 관하여 어떤 애매한 점

이 있거나 동일하지 않은 점이 있을 때에는 영어원문이 적용된다.

제6조 새로운 포고, 명령(ordinances), 규칙(regulation), 공고(notices), 지침(directives), 규정(enactments)은 본관 혹은 본관의 권한하에서 발령되며 주민이 이행해야 할 사항을 명시한다.

1945년 9월 7일
태평양지역 미국 육군 최고사령관
더글라스 맥아더

태평양지역 미국 육군 총사령부 포고(Proclamation) 제2호
범죄 또는 법규위반

조선의 주민에게 포고한다.

본관은 본관 지휘하에 있는 점령군의 보전(保全, security)을 도모하고, 점령 지역의 공중 치안과 질서(public peace and order)의 안정을 기하기 위하여 태평양지역 미국 육군 최고사령관으로서 아래와 같이 포고한다.

항복문서(Instrument of Surrender)의 조항 또는 태평양지역 미국 육군 최고사령관의 권한 하에 발한 포고, 명령, 지시를 범한 자, 선량한 풍속(good order) 또는 미국인과 기타 연합국인(聯合國人)의 인명이나 소유물 또는 보안(保安, safety or security)을 해한 자, 공중 치안과 질서를 소란(擾亂)한 자, 사법행정(administration of justice)을 방해하는 자 또는 연합군에 대하여 고의로 적대행위를 하는 자는 점령군 군사법원(Military Occupation Court)에서 유죄로 결정한 후 동 법원의 결정하는 대로 사형 또는 그 밖의 형벌에 처한다.

태평양지역 미국 육군 최고사령관
미국 육군 대장
더글라스 맥아더

재조선미국 육군 사령부

조선인민의 권리에 관한 포고

조선인민에게 고한다.

이번 연합국임시조선위원단(the United Nations Temporary Commission on Korea)의 감시 아래 거행할 역사적 선거에는 조선인민의 대표를 선거할 것이며, 그 대표들은, 조선인민의 자유와 독립의 즉시 달성에 관하야 동위원단과 협의할 대표이며 국회를 구성하여 조선국가정부를 수립할 것임으로, 이때에 자유로운 분위기를 보장하기 위하야 이러한 선거에 참가할 조선인민의 고유한 자유를 열거함이 적당하다고 인정한다.

1. 모든 인민은 법앞에 동등(equal)이며 법 아래 동등의 보호를 받을 권리가 있고 성별, 출생, 직업, 신조의 특권을 인정치 않으며 국제법에 의하야 인정된 특권만이 예외가 된다.
2. 신체의 자유는 불가침이며, 합법적으로 제정·공포한 법률에 의한 이외에는 이를 제한하지 못한다.
3. 주소(dwellings)는 불가침이며 인민이 그 인신, 주거, 문서 및 재물을 불합리한 압수나 수색에 대하야 보장할 권리는 이를 침해할 수 없으며 이러한 압수나 수색은 오직 법의 규정에 의하야서만 이를 행할 수 있다.
4. 법에 적당한 규정(due process of law)과 법이 요구하는 절차(手續)에 의하지 않고는 생명, 자유 또(又)는 재산은 누구나, 이를 빼앗기지 않는다.
5. 범죄 당시에 시행된 법에 의하지 않고는, 아무런 형벌도 이를 과하지 못한다.
6. 범행의 이유로 구인(勾引)당한 자 또는 그 밖에 어느 모양으로든지 자유의 구속을 받은 자는 무슨 이유와 무슨 권위하에 그런 구속을 받는지 즉시, 알리워질 법적 권리가 있으며 변호인의 도움을 받을 권리가 있다.
7. 범죄로 인하야 기소된 자는 불합리한 지체(遲滯, delay)가 없이 재판을 받을 것이며,

법의 규정에 의하야 보장될 권리가 있다. 잔혹하고 비상(非常)한(unusual) 형벌은, 이를 가하지 못하며, 종류의 여하를 막론하고, 고문이나 강박에 의하야 유도된 고백(confessions)은 범인의 재판이나, 그 밖에 어떠한 법적 절차(手續)에도 이를 사용치 못한다.

8. 집회, 결사, 언론, 출판 그밖에 모든 표현의 자유는, 각종의 선전삐라나 벽포스타의 사용까지라도, 그것이 질서문란秩序紊亂)이나 정부전복을 소동(煽動)하는 정도까지, 소동적인 것만 아니라면 이를 인정한다.
9. 집회와 결사의 자유는 법에 의하야 규정된다. 모든 시민, 시민의 집단은 정부와 정부 각기관에 고정(苦情, grievances)의 구제를 청원할 권리가 있다.
10. 모든 종교는 법 아래 동등이며 공적 질서(public order) 또는 도덕에 위배되지 않는 한 종교적 실천의 자유가 있다. 국교가 없으며 종교와 정치의 분리의 원칙이 수립되어 있다.
11 소유권을 인정하며 소유권은 법에 의하지 않고는 이를 제한치 못한다. 공익을 위하야 필요한 처분은 오직, 관할 법원의 재판에 의하야 정한 합당한 보상에 의하야서만 이를 행할 수 있다.
12. 이상에 열거한 권리는, 오직 중대한 국가비상(national emergency) 시 또는 공안(public safety)의 이유로 필요한 때에 한하야 다만 임시로 이를 정지할 수 있다.

1948년 4월 5일
조선 서울에서 서명함.
재조선 미국 육군사령관
미국 육군 중장
존 알 하지

시민들은 미군이 중심인 연합군을 환영하는 의식과 미사를 거행하고, 체육대회도 개최하였다. 해방 후 두 달이 지난 1945년 10월 16일, 해외에 거주하던 독립운동 지도자 가운데 처음으로 이승만이 맥아더의 도움을 받아 김포공항으로 입국하였다. 주한미군사령관에 해당하는 한국 미군정사령관 미국 육군 중장 하지(John Reed Hodge)의 지원으로 성대한 입국축하행사를 치렀던 이승만과 달리 해방된 지 석 달도 더 지난 11월 23일에서야 다른 임시정부 요인들과 함께 개인 자격으로 귀국한 민족주의자 김구는 미군정으로부터 환영과 지지를 받지 못했다. 개인 자격으로 귀국한 이유를 질문받은 김구는 자신이 대한민국 임시정부 주석이라는 사실을 강조했다. 이승만은 귀국한 지 일주일째 되는 10월 23일 해방 후 자신이 범국민적, 범정당적 지도자임을 알리고 난립한 정당을 통합하기 위한 목적으로 정당대표자 회의를 개최하여 **'독립촉성중앙협의회'를 출범**시키면서 회장으로 선출된다. 여기에 우파인 한국민주당 송진우는 물론 중도좌파인 건국동맹 여운형과 좌파인 조선공산당 박헌영도 참여했다. 미군정은 여운형이 주도한 건국준비위원회(건준)로부터 출발하여 설립된 조선인민공화국(인공)은 물론 중국에서 활동하던 임시정부도 인정하지 않았다. 1886년생인 여운형은 신한청년당을 조직하여 파리강화회의에 김규식을 파견했고, 상하이에서 임시정부를 수립한 임시의정원에 참여하기도 했다. 그는 해방 직후 건국위원회를 구성했고, 9월 6일 조선인민공화국을 선포했다.

일본이 항복한 뒤 같은 해 12월 소련 모스크바(Moskva)에서 미국, 소련, 영국의 외무장관이 모여 한반도의 미래에 대해서 신탁통치를 주장하는 미국안과 즉시독립을 주장하는 소련안을 놓고 토론을 벌인다**(모스크바3상회의, 1945년 12월)**. 결론적으로 한반도에 민주적 임시정부의 수립과 미소공동위원회(미소공위)의 운영 및 최대 5년의 신탁통치 시행에 관한 합의가

해방공간의 정치지형

좌파	중도좌파	중도우파	우파
홍명희(1888년생)	허헌(1885년생)	김규식(1881년생)	이승만(1875년생)
김두봉(1889년생)	여운형(1886년생)	안재홍(1891년생)	김구(1876년생)
김철수(1893년생)	조소앙(1887년생)	신익희(1892년생)	조만식(1883년생)
김원봉(김약산, 1898생)	조봉암(1898년생)		송진우(1890년생)
박헌영(1900년생)			김성수(1891년생)
이현상(1905년생)			장덕수(1894년생)

이루어진다. 사실과 다르게 미국이 신탁통치를 반대(반탁)하고 소련이 신탁통치를 찬성(찬탁)한다는 보도가 이루어지면서 모스크바 합의를 거부하며 반탁을 주장하는 우파(우익)와 모스크바 합의를 존중하며 찬탁을 주장하는 좌파(좌익)는 극단적으로 격렬하게 대립한다. 동시에 반탁은 애국자, 찬탁은 공산주의자라는 단순한 흑백논리가 확산되며 우파와 손잡은 친일파는 청산되지 못한 채 반탁과 반공을 주장하며 애국자로 변모해 간다.

다음 해인 1946년 2월 미군정청과 협의하며 정부수립을 준비할 기구로서 우파는 해외독립운동을 주도한 이승만과 김구가 중심이 된 '대한국민대표 민주의원'을 결성하고, 좌파는 박헌영과 여운형이 주도하는 '민주주의 민족전선(민전)'을 결성한다. 좌우의 갈등과 대립이 격화되었지만 해방 후 처음으로 거행된 3·1운동 기념식에는 좌우를 아우르는 인사들이 모두 참석한다. 모스크바3상회의의 합의에 따라 1946년 3월과 1947년 5월에 각각 **서울과 평양에서 열린 두 차례의 미소공동위원회**는 합의를 도출하지 못한 채 '유엔소위원회'로 한반도의 운명에 대한 결정권이 넘어간다. 1947년 11월에 유엔소위원회는 한반도 전체에서 인구비례에 의한 총선거를 결의하지만 소련의 반대로 무산되자 1948년 2월에 선거가 가능한 한반도지역에서만 선거를 실시하기로 다시 의결한다. 당시 시대정신이며 헌법적 정의에 해당하는 '통일정부의 수립'이 불가능해질 수 있다는 여론의 우려가 커져가는 와중에 제1차 미소공위가 결렬되면서 이승만은 전국을 돌며 연설을 이어가던 1946년 6월부터 이미 남한만의 단독선거(단선)를 통한 단독정부(단정)의 수립을 주장하였다. 미군정은 극단적 반공주의자인 이승만에게 일정한 거리를 두고 중도파인 김규식과 여운형을 새로운 정치지도자로 지지한다.

제2차 미소공동위원회가 열리기 두 달 전인 1947년 3월, 공산주의의 전 세계적 확산을 저지해야 한다는 대소련 강경정책을 담은 **트루먼 독트린**이 발표되면서 세계는 자본주의 진영과 공산주의 진영의 대립이 본격화되는 냉전체제로 진입한다. 국내적으로는 미군정의 지원을 받아 1946년 5월부터 중도좌파 여운형과 중도우파 김규식을 중심으로 시작된 **'좌우합작운동'**이 제2차 미소공동위원회가 진행중이던 1947년 7월 **여운형의 암살**로 동력을 상실한다. 같은 해 12월에는 미군정에서 여운형을 대체할 수 있는 정치지도자로 낙점했던 것으로 짐작되는 장덕수마저도 암살당한다. 장덕수 암살사건의 배후로 지목된 김구는 재판에 회부되어 정치적 타격을 받고, 단독정부 수립에 반대하고 통일된 정부의 수립을 열망했던 김구와 김규식은 1948년 4월에 남북한 정당과 사회단체의 대표가 모이는 '남북연석회의'에 참석하기 위하여 북한을 방문하지만 아무런 소득 없이 돌아온다. 아직 성문헌법이 만들어지지 않은 상태에서 성문헌법에 명시되지는 않았지만 모스크바3상회의의 합의에서 명시되었던 '한국에서 장기간 지속된 일본 식민지배의 처참한 잔재에 대한 최대한 신속한 청산(the earliest possible liquidation of the disastrous results of the protracted Japanese Domination in Korea)'과 함께 해방 직후의 시대정신이면서 대부분의 시민들이 헌법적 정의으로 인식하고 있던 '통일조국의 건설'은 그렇게 멀어져 가고 있었다.

일제로부터 해방되었지만 미군이 점령한 남한은 친일청산을 이루어지지 못했다. 기본적으로 〈미군정 명령(ordinance) 제21호〉(1945년 11월 2일 제정)를 통해서 '이전 조선정부(former government of Korea)'로 지칭된 조선총독부가 공포한 모든 법령(law)의 효력을 존속시켰다.[1] **현상유지를 원했던 미군정**은 조선의 실정을 잘 알고 있던 친일관료와 친일경찰 및 친일군인을 활용하기로 했다. 친일경찰은 그대로 경찰의 업무를 수행했고, 만주국군관학교나 일본육군사관학교 출신들이 국군의 요직을 차지했다. 게다가 일제가 식량수탈을 위해 만든 공출제도도 미군정 법령(ordinance)인 〈미곡수집령〉(1946년 1월 25일 제정, 법령 제45호)을 제정하여 저렴한 가격으로 미곡을 강제매입한 뒤 배급하는 형태로 유지되었다. 심지어 친일경찰 출신의 노덕술이 여전히 경찰로 활동하며 독립운동가 김원봉을 체포하여 모욕을 주는 일도 발생한다. 농업사회에서 국민의 대부분을 차지했던 농민들이 간절하게 원했던 토지개혁조차 성공하지 못했다. 해방 직후의 시대정신으로서 묵시적인 헌법적 정의로 인정되고 있던 ① 통일된 자주독립국가의 건설, ② 친일반민족행위에 대한 과거청산, ③ 농자유전의 원칙을 구현하는 토지개혁 중 어느 것도 실현되지 못하자 해방의 기쁨에 들떠 있던 국민들의 불만은 점차 커져만 갔다. 미군정은 한국 국민의 고통에 공감하지 못하는 새로운 점령자일 뿐이었다.

---

1 〈미군정 명령 제21호〉: 별도의 지시가 있을 때까지 이미 폐지된 것을 제외하고, 이전 조선정부가 공포하여 1945년 8월 9일까지 법적 효력을 가지고 있던 규칙, 지시, 공고 또는 그밖의 문서와 같은 모든 법령은 조선 미군정의 긴급지시로 폐지될 때까지 완전하게 유효하다(Until further ordered, and except as previously repealed or abolished, all laws which were in force, regulations, orders, notices or other documents issued by any former government of Korea having the force of law on 9 August 1945 will continue in full force and effect until repealed by express order of the Military Government of Korea).

이런 가운데 중도파가 주도하는 좌우합작운동을 강력하게 지지하던 미군정이 민주적 정당성을 확보하기 위하여 설치한 **'남조선과도입법의원'이 1946년 12월 12일 개원**하여 좌우합작운동을 주도한 김규식이 의장에 취임한다. 미국인 선교사 언더우드(Horace Grant Underwood)의 비서를 지내다 미국유학을 다녀오고 중도적 정치색을 가진 김규식에 대해서 미군정은 호의적이었다. 일종의 대의기관이면서 입법기관이었던 남조선과도입법의원은 총 90명으로 민선 45명, 관선 45명으로 구성되었는데 미군정이 임명하는 관선의원에는 대체로 좌우합작운동을 주도한 김규식, 여운형 등 중도파 인사가 임명된다. 이때부터 미군정청의 법령 일부는 남조선과도입법의원의 법률(public act)이라는 형식으로 제정되어 군정장관의 인준을 받아 공포되는 절차를 거치게 된다.

남조선과도입법의원은 제헌국회가 구성된 뒤 **1948년 5월 20일 해산**할 때까지 1년 반 동안 〈하곡수집법〉(1947년 5월 8일 공포, 법률 제2호), 〈미성년자노동보호법〉(1947년 5월 16일 공포, 법률 제4호), 〈입법의원의원선거법〉(1947년 9월 3일 공포, 법률 제5호), 〈미곡수집법〉(1947년 9월 27일 공포, 법률 제6호), 〈공창제도 등 폐지령〉(1947년 11월 14일 공포, 법률 제7호), 〈식목일〉(1948년 3월 31일 공포, 법률 제10호), 〈조선과도입법의원의 해산〉(1948년 5월 19일 공포, 법률 제12호)과 같은 총 12개의 법률을 제정하며 활동한다. 이처럼 남조선과도입법의원이 제정한 법률의 숫자가 적었던 이유는 미군정청이 직접 법령(ordinance)의 형식으로 〈특허법〉(1946년 10월 5일 공포, 법령 제91호), 〈국회의원선거법〉(1948년 3월 17일 공포, 법령 제175호), 〈법원조직법〉(1948년 7월 1일 공포, 법령 192호), 〈변호사법〉(1948년 7월 1일 공포, 법령 제207호), 〈검찰청법〉(1948년 8월 2일 공포, 법령 제213호) 등 실질적으로는 법률에 해당하는 법규범을 제정했기 때문이다. 그만큼 남조선과도입법의원의 위상은 형식적이고 의례적이었다. 다만 1947년 5월 이후에 미군정청의 법령은 **'남조선과도정부'**

1945년 12월	1946년 3월	1946년 5월	1946년 12월	1947년 3월	1947년 5월
모스크바 3상회의	제1차 미소공위	좌우 합작운동	남조선 과도입법의원	트루먼 독트린	제2차 미소공위

의 명의로 공포된다. 미군정청은 〈조선정부 각부서의 명칭〉이라는 법령(1946년 3월 29일 공포)을 제정하여 한국인 민정장관 아래에 11개의 부(department)를 두고 행정권을 부여하면서 〈남조선과도정부의 명칭〉(1947년 5월 17일 공포, 법령 141호)이라는 법령을 통해 남한의 입법부, 행정부, 사법부를 통칭하는 명칭으로 남조선과도정부를 사용하기로 했기 때문이다. 사법권의 경우에 1948년 7월에 〈법원조직법〉이 제정될 때까지 행정권을 담당하는 11개의 부 가운데 하나인 사법부에서 관장하고 있었다.

1 대구 10월사건

'조선정판사 위조지폐사건'으로 시끄러웠던 **1946년, 그해 10월 1일 대구**에서 미군정이 실시한 식량 정책의 실패로 농업생산성이 떨어지면서 식량 사정이 악화되자 식량부족으로 배고픔을 견디다 못한 부녀자들이 거리로 뛰쳐나와 식량(쌀)의 배급을 요구하며 시위를 벌인다. 그해 5월 조선공산당 기관지 《해방일보》를 인쇄하던 조선정판사에서 위조지폐를 발행했다는 혐의로 조선공산당 당원 10여 명이 체포되어 재판을 받게 됨으로써 극좌에 해당하는 정치세력인 공산당은 지하화되는 경향을 보이게 된다. 이미 대구시위가 발생하기 일주일 전쯤인 9월 말부터 전국에서 총파업이 일어나 대구의 노동자들도 총파업에 동참했는데 이들 노동자들까지 부녀자들이 중심이 된 이른바 '기아시위'에 합세한다. 1945년 11월부터 최저임금보장과 근로시간준수 등을 주장하며 조선노동조합전국평의회(전평)가 결성되어 활동하고 있었다. 경찰이 시위대에 발포하여 사망자가 발생하고, 이에 항의하는 학생과 시민이 증가하며 경찰서까지 접수하여 무기를 탈취하자 **10월 2일 저녁에 미군정은 계엄**(계엄포고)을 선포한다. 미군정은 군인이 통치함으로써 계엄상태와 다르지 않았지만 적어도 미군정이 제정한 법령에 의한 통치가 이루어지고 있었으나 계엄이 선포됨으로써 평상시에 준수되어야 하는 법적 절차의 예외가 인정될 수 있게 되었다. 하지만 시위는 경북 지역 전체로 확산되면서 토지개혁이 실시되지 못해 여전히 지주로부터 경제적 수탈을 받으면서 불만이 쌓여가던 소작농들도 시위에 참여한다. 경찰이 시위를 진압하는 과정에서 총기를 발사하여 무고한 시민들에 대한 집단학살이 자행된다. 이 사건에 관련된 7천여 명이 체포되어 군사재판에 회부된 사람 가운데 30명은 사형선고를 받는다. 2010년 3월에 '진실·화해를 위한 과거사정리위원회'는 이 사건에 대해서 60여 명의 희생자가 발생했음을 확인하고, 미군정에게도 책임이 있음을 지적하며 진상규명을 결정한다.

2010년 3월 30일 진실·화해를 위한 과거사정리위원회 결정

1. 진실·화해위원회는 김제억 등이 1946년 10월 초부터 1948년 8월 15일 정부 수립 이전의 기간에 대구, 경북의 각 지역에서 소위 '대구10월사건' 진압을 위해 출동한 경찰에게 적법절차 없이 희생된 사실을 확인 또는 추정했다. 또한, 손진성이 소위 '대구10월사건' 진압을 위해 출동한 안강지서 경찰에게 상해를 입고 인권침해를 당했다는 사건을 조사했으나 손진성을 가해한 경찰의 신원을 정확하게 확인할 수 없어 그 불법성 여부를 밝히지 못하였으므로 이에 대해서는 진실규명불능으로 결정하였다.

2. 이 사건 희생자 수는 진실규명대상자 5명과 진실화해위원회 조사과정에 희생사실을 확인한 55명을 포함하여 60명으로 추산된다. 이는 대구, 칠곡, 영천, 경주 지역의 일부만 조사한 결과이므로 이 사건의 실제 희생자 수는 이보다 훨씬 많을 것으로 추정된다. 희생자들은 ① 대구10월사건 참가자, ② 이 사람들의 가족이나 친척, ③ 구장, 마을 대표 등 지역유지 중 비(非)교전, 비무장 상태에서 재판 등 적법절차를 거치지 않고 살해된 사람과 ④ 토벌작전 중이던 군경의 무차별총격에 의해 사살된 주민 등으로 구분된다.
3. 이 사건의 가해주체는 경상북도 5관구경찰청 특경대, 대구경찰서 부대, 남대구경찰서 부대 경찰과 경북 각 경찰서 경찰, 충남·충북·경기도에서 지원 온 경찰, 서북청년단, 지역청년단·특경대 등으로 확인되었다.
4. 이 사건의 일차적 책임은 민간인을 법적 절차 없이 임의로 살해한 현지의 경찰에게 있다. 그러나 이 사건은 대한민국 정부 수립 이전 미군정기에 발생한 사건으로, 당시에는 미군정이 남한의 치안과 행정을 담당했으므로 경찰의 행위를 관리·감독해야 할 책임도 지니고 있었다. 그러므로 미군정도 이 사건에 대한 책임을 면하기 어렵다고 판단된다.
5. 진실·화해위원회는 위령·추모사업 지원, 가족관계등록부 등 희생자와 관련된 공적 기록의 정정, 역사기록 수정 및 진실규명된 내용 등재, 평화·인권교육 강화 등을 통해 반 세기 이상 지속되어 온 유족의 고통과 아픔을 치유하고 국민 화해의 계기를 마련하도록 권고한다.

2 제주4·3사건

1947년 3월 1일, 28주기 3·1절을 기념하기 위하여 제주도 주민들이 대규모로 도심에 모여 집회를 진행한 뒤 가두시위를 벌이는 과정에서 여섯 살 아이가 경찰이 타고 있던 말에 치이는 사건이 발생한다. 사과하지 않는 경찰에 분노한 주민들은 경찰서로 몰려가 항의하고, 몰려오는 주민들을 폭도로 오인한 경찰은 그들을 향해 발포하여 6명이나 목숨을 잃는다. 이에 대한 분노와 항의의 표시로 민간은 물론 공무원, 경찰, 교사까지 파업투쟁으로 맞선다. 미군정은 부족한 경찰력을 보충하기 위하여 타지의 경찰을 '응원경찰'이라는 이름으로 투입한다. 게다가 북한출신들로 조직되어 반공주의 이념으로 철저하게 무장한 채 멸공을 외치며 공산주의자 색출에 폭력의 행사도 불사하던 '서북청년단'이 경찰의 완장을 차고 제주도로 입도하여 제주도를 공포 분위기로 몰아간다. 1년 넘게 지속된 서북청년단의 횡포와 독단적으로 결정된 남한단독선거에 저항하며 **1948년 4월 3일 새벽 3백여 명의 남로당**(남조선노동당) **계열 주민들이 주도한 무장봉기**가 일어난다. 그해 4월 말 무장해제와 신변보호를 조건으로 무장대와 진압군 사이에서 진행되던 평화협상이 결렬되면서 단독정부 수립을 위한 선거를 예정대로 진행하려는 목적으로 미군정은 강경진압을 선택한다. 하지만 제주도를 관할하던 9연대장 김익렬은 강경진압에 신중한 태도를 보이고, 연대장이 교체되는 사태까지 벌어진다.

제헌국회의 구성을 위하여 5월 10일 실시된 총선거에서 제주도에 할당된 3개 선거구 중 2개 선거구의 선거가 5월 18일 군정장관에 의하여 무효로 선언되었다. 1948년 3월 17일 제정과 동시에 시행된 〈미군정청 명령 제175호—국회의원선거법(Ordinance Number 175: Law for the election of representatives of the Korean people)〉(1948)에 따르면 천재지변 또는 폭동으로 인하여 한 선거구의 모든 투표구에서 선거가 실시되지를 못한 때에는 군정장관이 국회선거위원회와 협의하여 그 선거구 전제의 선거를 무효로 선포할 수 있었다(제44조 제1호).[2] 단독선거에 반대하는 운동은 전국적으로 일어났는데 특히 제주도에서는 선거사무소가 습격당하여 선거사무기록이나 투표용지가 탈취되었으며 투표소가 방화로 소실되거나 심지어 선거관리위원들이 피살당하기도 한다. 이러한 상황에서 투표율이 저조하여 선거무효가 된 2개 선거구에서는 각각 절반에도 못 미치는 투표구에서만 선거가 실시될 수밖에 없었다.

제주도의 2개 선거구에서 선거가 무산되자 무장대를 토벌하기 위한 초토화작전이 개시된다. 토벌작전을 효과적으로 수행하기 위하여 정부수립 이후 **1948년 11월 17일에 제주도 전역에 계엄**이 선포된다. **〈계엄법〉은 1949년 11월 24일에야 비로소 제정**되었기 때문에 당시의 계엄은 명백하게 법률적 근거 없이 선포된 것이었다. 물론 제헌헌법은 대통령에게 계엄선포권을 부여하고 있었다(제64조). 다만 대통령의 계엄선포권은 "법률의 정하는 바에 의하여" 행사될 수 있는 권한이었기 때문에 애초에 〈계엄법〉이 없이는 행사될 수 없었다. 더욱이 제헌헌법 부칙에 따르면 제헌헌법은 원칙적으로 "국회의장이 공포한 날"(1948년 7월 17일)로부터 시행되지만 "법률의 제정 없이 시행될 수 없는 규정은 그 법률이 시행되는 때부터 시행된다"고 명시하였다(제99조). 따라서 대통령의 계엄선포권에 관한 헌법규정도 법률의 제정 없이는 시행될 수 없는 규정에 해당하기 때문에 제정과 동시에 시행된 〈계엄법〉이 시행된 날인 1949년 11월 24일부터 비로소 효력을 발생했다고 보아야 한다. 헌법상 보장된 대통령의 계엄선포권은 헌법체계를 전체적으로 고려했을 때 〈계엄법〉의 시행과 동시에 비로소 헌법적으로 행사될 수 있는 권한이 되는 것이다.

만약 대통령이 계엄선포권을 행사할 수 있도록 그 전제가 되는 법률이 필요했다면 대통령은 먼저 헌법에 의해서 보장된 긴급명령권(제57조 제

2 Section 44. Within a period of two weeks after the date of the election, the Military Governor may, after consultation with the National Election Committee, declare the election in any of the electoral districts null and void if: (1) the election could not be held in all voting districts of such an electoral district on account of a calamity or violence; or (…)

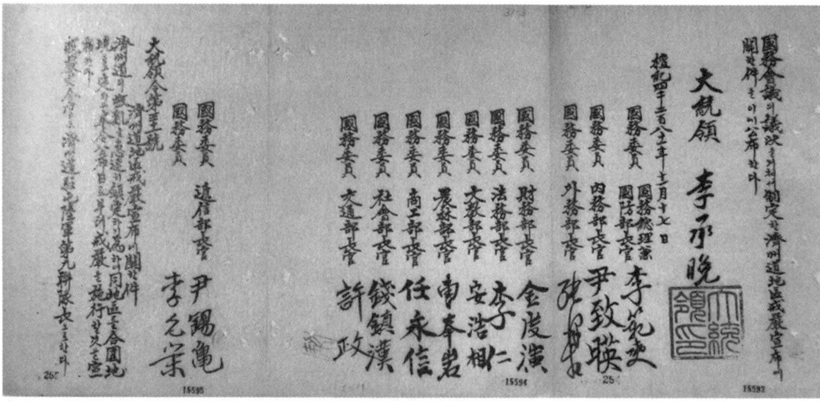

제주도지구 계엄선포에 관한 건(제주의 소리, https://www.jejusori.net)

1항)을 행사했어야 한다. 제헌헌법은 대통령에게 내우, 외환, 천재, 지변 등 국가비상사태에서 긴급한 조치가 필요할 때 '법률의 효력을 가지는' 명령을 발할 수 있는 권한(긴급명령권)을 보장했기 때문이다. 이승만은 계엄을 '대통령령'의 형식으로 선포하였다(위 참조). 그렇지만 대통령은 법률에서 위임받은 사항이나 법률을 실시하기 위하여 필요한 사항과 관련하여 명령(대통령령)을 발할 수 있었기 때문에(제58조) 아직 〈계엄법〉이 제정되지 않은 상태에서 계엄을 대통령령의 형식으로 선포하는 것도 헌법적으로 허용될 수 없었다. 이처럼 어떠한 헌법적 관점에서도 허용될 수 없는 계엄선포가 이루어진 상황에서 진행된 초토화작전으로 **3만여 명의 양민들이 집단적으로 학살**을 당한다. 철저한 이분법적 반공의식만 가졌을 뿐이지 공감의 능력을 갖추지 못한 이승만 정부에 의하여 수많은 민간인이 학살당한 4·3사건은 여전히 작별할 수 없는 과거이며 기억이다.

Ⅱ 정부수립

1948년 8월 15일 공식적인 대한민국 정부가 출범한다. 제헌헌법은 '정부'를 대통령과 국무원으로 조직하면서(제2장) 대통령을 "행정권의 수반"으로 규정하였다(제51조). 이 때의 정부는 오로지 행정권을 갖는 행정부만을 뜻하는 좁은 의미의 정부다. 대한민국 정부의 수립은 주권자인 국민이 직접 선거로 국민의 대표인 국회의원을 선출하여 입법부인 국회를 구성하고, 국회가 국민을 대표하여 헌법을 제정한 뒤 그 헌법이 정한 절차에 따라 행정부의 수반인 대통령을 선출함으로써 핵심적 국가기관이 구성되었음을 의미한다. 정부수립 직전인 **7월 12일에 국회에서 헌법이 제정**(의결)되어 7월 17일 공포되었고, 이 헌법의 제정을 위하여 **5월 10일에 전국에서 국회의원 총선거**가 실시되어 제헌국회가 구성되었다. 석 달 만에 제헌국회구성, 헌법제정, 정부수립이 초고속으로 이루어진 것이다(제헌국회선거 → 제헌헌법제정 → 정부수립).

남한만의 단독선거(단선) 실시와 단독정부(단정) 수립에 극렬하게 반대하던 제주도에서는 두 곳의 선거구에서 국회의원이 선출되지 못하여 제헌국회는 본래 계획했던 국회재적 의원수 2백 명을 다 채우지 못한 채 198명으로 출범하였다. 무소속 국회의원이 제일 많은 숫자를 차지했고, 이승만을 지지했던 정당인 대한독립촉성국민회와 한국민주당(한민당)의 국회의원을 합해도 무소속 국회의원의 숫자만큼도 되지 못했다(다음 표 참조). **제헌국회의 의장으로 선출된 이승만**은 5월 31일 개원한 제헌국회 개회사에서 "민국 연호는 기미년으로 기산할 것입니다"라고 하여 국회를 필두로 출범하는 정부가 1919년 3·1운동과 이에 따라 수립된 임시정부의 정통성을 계승하고 있음을 강조했다. 대한민국 정부는 이미 1919년

제헌국회(1948)의 구성 (단위: 명)

무소속	대한독립 촉성국민회	한국민주당	대동청년당	조선민족 청년당	기타	합계
85	55	29	12	6	13	200

대한민국 정부수립의 과정

1948. 5. 10.	제헌국회 총선거	21세 이상 선거권, 제헌국회 임기 2년
1948. 5. 31.	제헌국회 개원	국회의장 이승만 선출
1948. 7. 12.	제헌헌법 제정	헌법안 국회의결
1948. 7. 17.	제헌헌법 공포	제헌절
1948. 7. 20.	대통령선거	대통령 이승만, 부통령 이시영 선출
1948. 7. 24.	대통령 취임식	총독부 건물로 사용되던 중앙청 건물 앞에서 취임식 거행
1948. 8. 15.	정부수립 기념식	민주적 정당성을 가진 국회와 행정부로 구성된 공식적 정부의 출범

전 국민이 참여한 독립선언과 이어서 이루어진 임시정부의 수립과 함께 시작되었으며 일제와 미군정으로 인하여 민주적 정당성을 가진 공식적인 정부의 출범은 상당 기간 미루어졌다는 뜻이다.

국민의 선거로 선출된 국회의원으로 구성되어 **1948년 5월 31일 개원한 제헌국회가 만든 헌법**은 대통령 중심의 대통령제를 선택하였고, 초대 대통령으로 이승만이 7월 20일 국회에서 선출되었다. 엄밀하게 말하면 선거를 통해 획득되는 민주적 정당성이 일원화된 제도인 의회 중심의 의원내각제와 달리 대통령제는 민주적 정당성이 이원화된 제도이며 국회도 국민의 선거로 구성될 뿐만 아니라 대통령도 국민의 선거로 선출된다. 하지만 제헌헌법에 따르면 제헌국회는 국민의 선거로 구성되었으나 대통령은 국회에서 선출되었기 때문에 제헌헌법이 완전한 형태의 대통령제를 채택했다고 볼 수는 없다. 행정권을 가지는 정부의 수반을 국회에서 선출하는 제도는 그 수반을 수상이나 총리가 아니라 대통령으로 부른다 해도 국민의 선거를 통해 획득되는 민주적 정당성이 의회를 중심으로 일원화된 의원내각제에 가깝기 때문이다. 물론 현실적인 측면을 고려하면 그해 광복일(8월 15일)을 정부수립일로 예정하고, 그로부터 석 달 정도 남은 시점(5월 10일)에 제헌국회의 구성을 위한 국회의원선거가 실시된 뒤 서둘러 헌법을 제정하여 공포하고(7월 17일), 이어서 곧바로 대통령선거를 실시할 수 있는 여력이 없었다는 점은 부인할 수 없다. 제헌헌법의 전문(아래 참조)은 대한민국의 기반이 되는 오천 년의 유구한 역사성, 헌법제정의 주체, 3·1운동이 대한민국의 건립과 정부수립에서 가지는 역사적 의미, 민주주의 가치의 중요성, 국내적 수준에서 경제적 평등과 국제적 수준에서 평화주의 등을 강조하면서 현행 헌법에 이르기까지 헌법 전문의 모범이 되었다.

제헌헌법(1948) **전문**(前文)

유구한 역사와 전통에 빛나는 우리들 **대한국민은 기미 삼일운동으로 대한민국을 건립**하여 세계에 선포한 위대한 독립정신을 계승하여 이제 민주독립국가를 재건함에 있어서 정의, 인도와 동포애로써 민족의 단결을 공고히 하며 모든 사회적 폐습을 타파하고 민주주의 제(諸) 제도를 수립하여 정치, 경제, 사회, 문화의 모든 영역에 있어서 각인의 기회를 균등히 하고 능력을 최고도로 발휘케 하며 각인의 책임과 의무를 완수케 하여 **안으로는 국민생활의 균등한 향상**을 기하고 **밖으로는 항구적인 국제평화**의 유지에 노력하여 **우리들과 우리들의 자손의 안전과 자유와 행복**을 영원히 확보할 것을 결의하고 우리들의 정당 또 자유로히 선거된 대표로써 구성된 국회에서 단기 4281년 7월 12일 이 헌법을 제정한다.

1948년 정부수립을 전후로 발생한 제주4·3사건과 10·19여순사건이 정리되면서 좌익척결을 목적으로 그해 **12월 1일에 〈국가보안법〉이 공포**됨과 동시에 시행된다. 정부참칭이나 국가변란의 목적을 가진 결사나 집단의 구성원이라는 불명확한 구성요건은 자의적 적용에 의한 악용의 가능성을 열어두고 있었다. 여순사건의 발원지였던 군대에서부터 시작되어 학교, 언론사, 정당, 사회단체에 이르기까지 좌익색출이 진행되면서 전국의 형무소는 〈국가보안법〉 위반자로 넘쳐나게 된다. 이에 따라 다음 해인 1949년 4월에는 좌익세력의 사상전향을 위하여 조직된 '국민보도연맹'이 출범한다. 국가적 비전을 적극적으로 제시하지 않은 채 막연하기 그지없는 이념으로서 반공을 지향하는 이승만 정부의 성격을 명확하게 보여주는 대목이다. 더욱이 반공이념은 반정부활동에 공산주의의 색깔을 덧입혀 정부에 비판적인 모든 행위를 반국가행위나 반체제행위로 매도할 수 있는 길을 열어준다. 심지어 이 이념은 항일운동에 헌신한 좌익세력보다 친일파라도 반공정신에 투철하면 애국자로 변신할 수 있는 도피처를 마련해 준다. 정부수립 다음 해인 1949년 6월 26일 이승만의 정적이며 민족통일을 최고의 가치로 확신하며 이념보다 민족을 우선시한 **민족주의자 김구가 암살**당한다. 그는 포병부대 소속 현역 장교 안두희에 의해 암살되었는데 그 배후에는 이승만의 정적인 김구를 제거하려던 친일파 인물의 지시가 있었을 것으로 추정된다. 그의 죽음으로 통일정부에 대한 마지막 기대마저 사라지고, 대한민국의 최고가치로 반공의 이념이 지배하는 시대가 도래했다. 반공을 유지할 수 있는 분단은 반공을 거부할 수 있는 통일보다 우선적 가치로 선택된다. 6월 말 미군은 전격 철수하지만 이승만 정부는 계속해서 북진통일을 주장하여 미국 정부는 이승만을 우려스럽게 주목한다.

제정 국가보안법 (1948)

제1조 국헌을 위배하여 정부를 참칭하거나 그에 부수하여 국가를 변란할 목적으로 결사 또는 집단을 구성한 자는 좌에 의하여 처벌한다.

1. 수괴와 간부는 무기, 3년 이상의 징역 또는 금고에 처한다.
2. 지도적 임무에 종사한 자는 1년 이상 10년 이하의 징역 또는 금고에 처한다.
3. 그 정을 알고, 결사 또는 집단에 가입한 자는 3년 이하의 징역에 처한다.

제2조 살인, 방화 또는 운수, 통신기관건조물 기타 중요시설의 파괴 등의 범죄행위를 목적으로 하는 결사나 집단을 조직한 자나 그 간부의 직에 있는 자는 10년 이하의 징역에 처하고 그에 가입한 자는 3년 이하의 징역에 처한다.

범죄행위를 목적으로 하는 결사나 집단이 아니라도 그 간부의 지령 또는 승인하에 집단적 행동으로 살인, 방화, 파괴 등의 범죄행위를 감행한 때에는 대통령은 그 결사나 집단의 해산을 명한다.

제3조 전2조의 목적 또는 그 결사, 집단의 지령으로서 그 목적한 사항의 실행을 협의 선동 또는 선전을 한 자는 10년 이하의 징역에 처한다.

제4조 본법의 죄를 범하게 하거나 그 정을 알고 총포, 탄약, 도검 또는 금품을 공급, 약속 기타의 방법으로 자진 방조한 자는 7년 이하의 징역에 처한다.

제5조 본법의 죄를 범한 자가 자수를 한 때에는 그 형을 경감 또는 면제할 수 있다.

제6조 타인을 모함할 목적으로 본법에 규정한 범죄에 관하여 허위의 고발, 위증 또

는 직권을 남용하여 범죄사실을 날조한 자는 해당 내용에 해당한 범죄규정으로 처벌한다.

1 반민족행위특별조사위원회—반민특위

정부수립 이전에 제헌국회에 의해 만들어진 제헌헌법은 1945년 8월 15일 해방 이전의 "악질적인 반민족행위"를 처벌하는 법률을 제정할 수 있는 권한을 국회에 부여했다(제101조). 이에 따라 제헌국회는 헌법제정 이후인 **1948년 9월 〈반민족행위처벌법〉을 제정**한다. 이 법률에 근거하여 한 달 후인 10월 22일에는 일제강점기의 친일 매국행위와 독립운동 박해행위에 가담했던 반민족행위자를 처벌하기 위하여 설치된 특별한 위원회가 출범한다. '반민족행위특별조사위원회(반민특위)'라는 명칭이 붙은 이 위원회는 각도에서 1명씩 10명의 국회의원으로 구성되었다. 위원장은 일본유학 시절인 1919년 2·8독립선언문 작성에 주도적 역할를 한 뒤 중국으로 망명하여 항일독립운동에 투신했던 김상덕이 맡았다. 그는 임시정부 요인으로 활동하다가 해방 후 귀국하여 제헌국회 국회의원으로 선출되어 제헌헌법기초위원까지 지냈지만 안타깝게도 한국전쟁 때 납북되었다.

반민족행위자를 재판하는 '특별재판부'가 대법원에 설치되었는데 당시 **대법원장이었던 김병로가 맡았던 특별재판부 부장**과 함께 3개의 부로 조직되었으며 각각의 부는 1명의 부장재판관과 4명의 재판관으로 구성되어 총 15명이 재판관의 업무를 수행했다. 특별재판부에는 법관이나 변호사자격을 가진 사람도 6명이 포함되어 법률적 전문성을 제고하면서도 국회의원과 일반사회인사도 각각 5명씩 포함되어 민주적 대표성을 확보하고자 했다. 특히 친일파의 반민족행위를 처단하기 위한 재판을 담당하는 특별재판부였으므로 재판관은 독립운동의 경력이 있거나 친일부역의 경력이 없는 애국심이 강한 인물이 선정되었다.

제헌헌법은 법률이 정한 법관에 의한 재판을 받을 권리를 보장하였다(제22조). 따라서 반민특위에 설치된 특별재판부의 재판관은 법관도 아니고 변호사자격도 없는 국회의원이나 일반사회인사도 맡을 수 있었기 때문에 위헌의 문제가 제기될 수 있다. 특별재판부의 재판을 담당하는 재판관의 자격은 〈반민족행위처벌법〉에서 정하고 있으므로 특별재판부 재판관도 법률이 정한 자격을 가진 법관에 해당하여 재판을 받을 권리를 침해하지는 않는다고 볼 수 있다. 더욱이 반민족행위자를 처단해야 하는 시대정신과 헌법적 정의를 고려할 때 일종의 사법기관인 반민특위의 구성에서 전문성만큼 민주성(민주적 대표성)도 강조될 필요가 있었다. 반민족행위자의 기소는 검찰총장이 겸직한 특별검찰부 부장과 검찰관장 1명을 포함한 9명의 특별검찰관으로 구성된 '특별검찰부'가 맡았다. 이처럼 **특별재판부 부장이 대법원장이고, 특별검찰부 부장이 검찰총장**이었다는 점에서 반민특위의 특별한 위상을 짐작할 수 있다.

조선 최고의 기업인으로 일제침략을 지원하기 위해 군용비행기를 제작하여 납품한 박흥식, 일제의 밀정 출신으로 극우신문사 사장이었던 이종형, 3·1독립선언문 서명에 참여한 뒤 변절한 최린, 친일문학가로 활동한 최남선과 이광수, 독립운동가를 고문하던 친일경찰 출신의 경찰간부 노덕술 등이 체포되어 조사를 받은 뒤 기소되었다. 친일반민족행위를 한 자는 공소시효가 종료되기 전에 공무원이 될 수 없도록 규정한 〈반민족행위처벌법〉과 수사권과 기소권 및 재판권까지 부여받은 반민특위의 활동에 대해서 **친일파는 조직적이고 극렬하게 저항**했다. 금품으로 동원된 집회가 반공궐기대회라는 이름으로 수시로 열렸으며 심지어 반민특위 위원장과 부위원장, 특별재판부 부장(대법원장)과 특별검찰부 부장(검찰총장), 국회의장 등 20명을 암살하려는 음모가 사전에 발각되기도 했다.

일제 시대에는 모든 조선인이 친일행위를 할 수밖에 없었다든지, 특히 지식인인 그들이 우선적으로 친일에 동원되어 희생됨으로써 오히려 수난을 받았다든지, 친일파는 반공주의자이고 친일파 청산을 주장하는 사람들은 공산주의자라는 이분법적 궤변이 친일파의 입에서 등장했다. 친일반민족행위를 척결해야 하는 민족적 과업에 이념적 색깔론을 덧칠하는 비열한 만행의 역사는 해방을 지나 정부수립과 동시에 벌써 시작되었다. 이미 미군정 시절인 1947년 7월 남조선과도입법의원이 〈민족반역자, 부일협력자, 모리 간상배에 대한 특별법〉을 제정하기도 했다. 하지만 1946년 미군정 당시 군대(조선경비대)를 구성하고 있던 9개 연대의 모든 연대장은 만주군과 일본군 출신이었으며 1천2백여 명의 경찰간부 중 80퍼센트가 넘는 1천 명 가까이가 일제총독부 경찰 출신이었다. 따라서 남조선의 치안유지를 위해 친일경찰이 필요했던 미군정은 이 법률에 대한 인준을 거부함으로써 친일청산의 과제는 정부수립 이후로 미루어졌다. 이로써 해방 후 즉시 청산되어야 했던 친일파는 상당한 기간 동안 사회요직을 차지하며 친일잔재의 청산에 저항할 수 있는 조직과 논리를 정비할 수 있었다.

반민족행위처벌법(1948. 9. 22. 제정, 법률 제3호)

제1장 죄

제1조 일본정부와 통모하여 **한일합병에 적극협력한 자, 한국의 주권을 침해**

하는 조약 또는 문서에 조인한 자와 모의한 자는 사형 또는 무기징역에 처하고 그 재산과 유산의 전부 혹은 2분지 1 이상을 몰수한다.

제2조 **일본정부로부터 작**(작위)**을 수한**(받은) **자 또는 일본제국의회의 의원이 되었던 자**는 무기 또는 5년 이상의 징역에 처하고 그 재산과 유산의 전부 혹은 2분지 1 이상을 몰수한다.

제3조 **일본치하 독립운동자나 그 가족을 악의로 살상 박해한 자 또는 이를 지휘한 자**는 사형, 무기 또는 5년 이상의 징역에 처하고 그 재산의 전부 혹은 일부를 몰수한다.

제4조 좌의 각호의 1에 해당하는 자는 10년 이하의 징역에 처하거나 15년 이하의 공민권을 정지하고 그 재산의 전부 혹은 일부를 몰수할 수 있다.

1. 습작한(작위를 얻은) 자
2. 중추원부의장, 고문 또는 참의 되었던 자
3. 칙임관 이상의 관리 되었던 자
4. 밀정행위로 독립운동을 방해한 자
5. 독립을 방해할 목적으로 단체를 조직했거나 그 단체의 수뇌간부로 활동하였던 자
6. 군, 경찰의 관리로서 악질적인 행위로 민족에게 해를 가한 자
7. 비행기, 병기 또는 탄약 등 군수공업을 책임경영한 자
8. 도, 부의 자문 또는 결의기관의 의원이 되었던 자로서 일정에 아부하여 그 반민족적 죄적이 현저한 자
9. 관공리 되었던 자로서 그 직위를 악용하여 민족에게 해를 가한 악질적 죄적이 현저한 자
10. 일본국책을 추진시킬 목적으로 설립된 각 단체본부의 수뇌간부로서 악질적인 지도적 행동을 한 자

11. 종교, 사회, 문화, 경제 기타 각부문에 있어서 민족적인 정신과 신념을 배반하고 일본침략주의와 그 시책을 수행하는 데 협력하기 위하여 악질적인 반민족적 언론, 저작과 기타 방법으로써 지도한 자

12. 개인으로서 악질적인 행위로 일제에 아부하여 민족에게 해를 가한 자

제5조 일본치하에 고등관 3등급 이상, 훈 5등 이상을 받은 관공리 또는 헌병, 헌병보, 고등경찰의 직에 있던 자는 **본법의 공소시효 경과 전에는 공무원에 임명될 수 없다**. 단, 기술관은 제외한다.

제6조 본법에 규정한 죄를 범한 자 개전의 정상이 현저한 자는 그 형을 경감 또는 면제할 수 있다.

제7조 타인을 모함할 목적 또는 범죄자를 옹호할 목적으로 본법에 규정한 범죄에 관하여 허위의 신고, 위증, 증거인멸을 한 자 또는 범죄자에게 도피의 길을 협조한 자는 당해 내용에 해당한 범죄규정으로 처벌한다.

제8조 본법에 규정한 죄를 범한 자로서 단체를 조직하는 자는 1년 이하의 징역에 처한다.

제2장 특별조사위원회

제9조 반민족행위를 예비조사하기 위하여 특별조사위원회를 설치한다. 특별조사위원회는 위원 10인으로써 구성한다. 특별조사위원은 국회의원 중에서 좌기의 자격을 가진 자를 국회가 선거한다.

1. 독립운동의 경력이 있거나 절개를 견수하고 애국의 성심이 있는 자
2. 애국의 열성이 있고 학식, 덕망이 있는 자

제10조 특별조사위원회는 위원장, 부위원장 각 1인을 호선한다. 위원장은

조사위원회를 대표하며 회의에 의장이 된다. 부위원장은 위원장을 보좌하고 위원장이 사고가 있을 때에는 그 직무를 대리한다.

제11조 특별조사위원은 기 재임중 현행범 이외에는 특별조사위원장의 승인이 없이 체포 심문을 받지 않는다.

제12조 특별조사위원회는 사무를 분담하기 위하여 서울시와 각도에 조사부, 군부에 조사지부를 설치할 수 있다. 조사부책임자는 조사위원회에서 선거하여 국회의 승인을 받어야 한다.

제13조 특별조사위원회에서 채용하는 직원은 친일모리의 세평이 없는 자라야 한다.

제14조 조사방법은 문서조사, 실지조사의 2종으로 한다. 문서조사는 관공문서, 신문 기타 출판물을 조사하여 피의자명부를 작성한다. 실지조사는 피의자명부를 기초로 하고 현지출장 기타 적당한 방법으로 증거를 수집하여 조사서를 작성한다.

제15조 특별조사위원회로부터 조사사무를 집행하기 위하여 정부 기타의 기관에 대하여 필요한 보고기록의 제출 또는 기타 협력을 요구할 때에는 이에 응하여야 한다.

제16조 특별조사위원이 직무를 수행할 때에는 특별조사위원장의 신임장을 소지케 하며 그 행동의 자유를 보유하는 특권을 가지게 된다.

제17조 특별조사위원회가 조사를 완료할 때에는 10일 이내에 위원회의 결의로 조사보고서를 작성하고 의견서를 첨부하여 특별검찰부에 제출하여야 한다.

제18조 특별조사위원회의 비용은 국고부담으로 한다.

제3장 특별재판부구성과 절차

제19조 본법에 규정된 범죄자를 처단하기 위하여 대법원에 특별재판부를 부치한다. 반민족행위를 처단하는 특별재판부는 국회에서 선거한

특별재판부 부장 1인, 부장재판관 3인, 재판관 12인으로써 구성한다. 전항의 재판관은 국회의원 중에서 5인, 고등법원 이상의 법관 또는 변호사 중에서 6인, 일반사회인사 중에서 5인으로 하여야 한다.

제20조 특별재판부에 특별검찰부를 병치한다. 특별검찰부는 국회에서 선거한 특별검찰부 검찰관장 1인, 차장 1인, 검찰관 7인으로써 구성한다.

제21조 특별재판관과 특별검찰관은 좌의 자격을 가진 자 중에서 선거하여야 한다.

1. 독립운동에 경력이 있거나 절개를 견수하고 애국의 성심이 있는 법률가
2. 애국의 열성이 있고 학식, 덕망이 있는 자

제22조 특별재판부 부장과 특별재판관은 대법원장 및 법관과 동일한 대우와 보수를 받고 특별검찰관장과 특별검찰관은 검찰총장 및 검찰관과 동일한 대우와 보수를 받는다.

제23조 특별재판부의 재판관과 검찰관은 그 재임중 일반재판관 및 일반검찰관과 동일한 신분의 보장을 받는다.

제24조 특별재판부의 재판관과 검찰관은 그 재임중 국회의원, 법관과 검찰관 이외의 공직을 겸하거나 영리기관에 참여하거나 정당에 관여하지 못한다.

제25조 특별재판부에 3부를 두고 각부는 재판장 1인과 재판관 4인의 합의로써 재판한다.

제26조 특별검찰관은 특별조사위원회의 조사보고서와 일반검찰사실을 기초로 하여 공소를 제기한다. 특별검찰관은 검찰상 필요에 의하여 특별조사위원 또는 사법경찰관을 지휘, 명령할 수 있다.

제27조 특별검찰관은 특별조사위원회의 조사보고서를 접수한 후 20일 이내에 기소하여야 하며 특별재판부는 기소된 사건에 대하여 30일 이

내에 공판을 개정하여야 한다. 단, 특별재판부는 부득이한 사정이 있을 때에는 기간을 연장할 수 있으되 30일을 초과할 수 없다.

제28조 본법에 의한 재판은 단심제로 한다. 소송절차와 형의 집행은 일반형사소송법에 의한다.

부칙

제29조 본법에 규정한 범죄에 대한 공소시효는 본법 공포일로부터 기산하여 2년을 경과하므로써 완성된다. 단, 도피한 자나 본법이 사실상 시행되지 못한 지역에 거주하는 자 또는 거주하던 자에 대하여는 그 사유가 소멸된 때로부터 시효가 진행된다.

제30조 본법의 규정은 한일합병 전후부터 단기 4278년(1945) 8월 15일 이전의 행위에 이를 적용한다.

제31조 본법에 규정한 범죄자로서 대한민국헌법 공포일로부터 이후에 행한 그 재산의 매매, 양도, 증여 기타의 법률행위는 일체무효로 한다.

제32조 본법은 공포일로부터 시행한다

친일파가 주도하던 한국민주당이 자신의 주된 지지기반이었고 초대 내각의 대부분도 친일파로 구성했던 **이승만은 친일청산에 소극적**이었다. 실제로 그는 1949년 2월 〈반민족행위특별법〉이 삼권분립을 규정한 헌법에 위반된다고 주장하면서 이 법률의 개정을 추진한다. 삼권분립원칙으로도 불리는 '권력분립원칙'은 국가권력을 분할하여 서로 다른 국가기관에 분배함으로써 국가권력의 독점과 자의적 행사로 인한 국민의 기본권침해를 방지하기 위한 목적에서 요구되는 헌법적 원칙이다. 그렇지만 권력분립원칙이 개별적 국가가 처한 구체적 상황을 고려하지 않은 채 국가권력의 기계적 분할과 도식적 분배를 요구하는 것은 아니다. 특정한 국가가 놓인 구체적이고 특수한 상황에서 시대정신과 헌법적 정의를 고려하여 다른 국가기관의 기능을 본질적으로 침해하지 않으면서 평등원칙이나 비례성원칙과 같은 헌법적 원칙을 준수한다면 다양한 형태로 유동적일 수 있는 국가권력의 분할과 분배는 헌법적으로 허용된다. 친일 식민지잔재를 청산해야 하는 시대정신과 헌법적 정의를 실현하는 민족공동체의 중대한 공익적 과제는 입법부, 행정부, 사법부에 대한 국가권력의 기계적 분할과 도식적 분배를 요구하지 않았다.

그럼에도 불구하고 같은 해 5월에는 친일청산을 위한 〈반민족행위처벌법〉 제정에 적극적이었던 소장파 국회의원 3명이 남로당과 연루되었다는 혐의로 구속되는 이른바 **국회프락치사건**이 발생한다. 구속된 국회의원의 석방요구안은 가결에 필요한 찬성정족수의 부족으로 부결되었지만 이에 찬성한 국회의원들에게는 공산주의자(빨갱이)라는 공세가 쏟아진다. 게다가 반민특위의 활동을 지지했던 국회의원들이 한순간에 공산주의자로 지목되면서 그들 중 10여 명이 〈국가보안법〉 위반으로 추가적으로 체포된 것이다. 실제로 이들 중 5명은 유죄를 선고받는다. 시대정신과 헌법적 정의에 부합하도록 친일반민족행위자의 처단을 주장하면 공산주의자가 되어야 하는 역사적 퇴행의 반복된 현상은 그렇게 시작되었다. 반공이념은 시대정신과 헌법적 정의를 왜곡하면서 친일잔재를 청산하지 못하도록 만드는 첨병의 역할을 수행한다.

반민특위는 해산을 요구하는 관제데모가 이어지는 가운데 끝내 같은 해 6월 6일 반민특위 소속의 특별경찰대(특경대)를 해산하라는 이승만의 지시에 따라 친일경찰 출신의 경찰들이 주도한 습격을 받아 다수의 특경대원 등이 체포됨으로써 무력화된다. 당시 내무부차관 장경근, 서울시경찰국장 김태선, 서울시경찰국 사찰과장 최운하, 서울중부경찰서장 윤기병이 반민특위 습격사건을 주도한 인물들이었다. 친일청산을 위한 반민특위의 정신적 지주로서 유일하게 이승만에게 대항할 수 있었던 인물이었던 백범 김구마저 6월 26일 암살당하면서 반민특위의 민족주의적 동력은 상실된다. 마침내 7월 20일 반민족행위의 공소시효를 **1949년 8월 말일로 축소하는 〈반민족행위처벌법〉 개정안**이 국회를 통과한다(아래 참조). 이에 반발한 반민특위 위원들은 사퇴하고, 반민특위는 와해되고 만다. 반민족행위자로 기소되었던 이종형이 1950년에 실시된 국회의원 선거에서 당선되는 등 대부분의 반민족행위자들은 처벌을 면한 뒤 사회의 요직을 차지하게 된다.

반민족행위처벌법(1949년 7월 20일 개정, 법률 제34호)

부칙

본법에 규정한 범죄에 대한 공소시효는 단기 4282년 8월 말일에 완성된다. 단 도피한 자나 본법이 사실상 시행되지 못한 지역에 거주하는 자 또는 거주하던 자에 대하여는 그 사유가 소멸된 때로부터 시효가 진행된다.

2 여순사건

1948년 10월 19일 여수에 주둔하던 조선경비대(국군) 14연대 군인들 2천여 명은 제주4·3사건 진압을 위한 출동명령을 '동족에 대한 살육행위'라며 거부하면서 항명한다. 그들은 항명을 저지하는 상급자를 살해했으며 동료군인들이 항명에 동참하도록 위협하기도 했다. 이미 언급한 대로 제헌헌법에 따라 대통령에게는 계엄선포권이 부여되었지만 이를 구체화하는 〈계엄법〉은 1949년 11월 24일까지 아직 제정되지 않았다. 제헌 헌법에 따르면 대통령의 계엄선포권은 〈계엄법〉이 제정되어야 비로소 행사될 수 있는 헌법적 권한이었기 때문에 대통령에게 부여된 계엄선포권은 〈계엄법〉 제정 이전에는 사실상 존재하지 않는다고 볼 수 있다. 이런 상태에서 사건발생 후 사흘이 지난 10월 22일 여수와 순천을 관할하는 **지역사령관**(제5여단장)**에 의하여 계엄이 선포**되었으며 10월 25일에는 대통령 이승만에 의하여 다시 계엄이 선포되었다. 정부수립 후 최초로 계엄이 선포된 상황이 벌어진 것이다.

우선 지역사령관의 계엄은 기본적으로 대통령의 계엄선포를 보완하는 것으로 임시적 성격을 갖는다. 나중에 1년 뒤 제정된 〈계엄법〉에 따르면 "대통령의 계엄선포를 기다릴 여유가 없을 때" 해당 지역을 관할하는 사령관이나 지휘관에 의하여 임시로 계엄이 선포될 수도 있지만(제6조) 지체없이 '대통령의 추인'을 받아야 한다고 규정되었기 때문이다(제7조). 그렇지만 이와 같은 임시계엄선포권의 법적 근거가 되는 〈계엄법〉도 존재하지 않았을 뿐만 아니라 여순사건 한 달 후인 **1948년 11월 30일이 되어서야 비로소 제정된 〈국군조직법〉**도 아직 존재하지 않았기 때문에 여수와 순천을 관할하는 지역사령관의 법적 지위 자체가 문제될 수 있다. 게다가 대통령의 계엄선포권은 〈계엄법〉의 제정 이후에야 비로소 헌법적 효력을 가지기 때문에 여순사건 당시 지역사령관의 계엄선포를 추인할 수 있는 대통령에게는 추인의 전제가 되는 계엄선포권의 행사가 인정될 수도 없다. 여순사건에서도 대통령은 '대통령령'의 형식으로 계엄을 선포하였다(다음 관보). 법률의 효력을 가지는 긴급명령이 아니라 법률의 위임을 받은 사항을 규정하거나 법률을 집행하기 위하여 제정되는 대통령령을 근거로 계엄을 선포할 수는 없다.

항명을 일으킨 군인들이 여수와 순천을 점령하여 인민위원회를 조직

대통령령 제13호(1948년 10월 25일) **계엄선포에 관한 건**

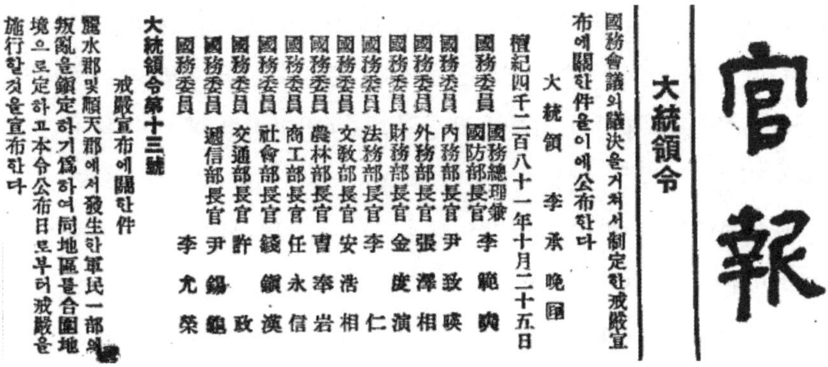
官報

大統領令

國務會議의議決을거처서制定한戒嚴宣布에關한件을이에公布한다

大統領 李承晩

檀紀四千二百八十一年十月二十五日

國務委員 國務總理兼國防部長官 李範奭
國務委員 內務部長官 尹致暎
國務委員 外務部長官 張澤相
國務委員 財務部長官 金度演
國務委員 法務部長官 李仁
國務委員 文教部長官 安浩相
國務委員 農林部長官 曺奉岩
國務委員 商工部長官 任永信
國務委員 社會部長官 錢鎭漢
國務委員 交通部長官 許政
國務委員 遞信部長官 尹錫龜
國務委員 李允榮

大統領令第十三號

戒嚴宣布에關한件

麗水郡및順天郡에서發生한軍民一部의叛亂을鎭定하기爲하여同地區를合圍地境으로定하고本令公布日로부터戒嚴을施行할것을宣布한다

함으로써 인민재판을 열어 우익인사를 처형하는 등 사실상 이 지역들을 지배하기 시작했기 때문에 아무런 법적 근거도 없었지만 사태를 수습하기 위하여 일단 계엄이 선포되었던 것으로 판단된다. 그들의 세력이 점차 전라남도 동부 지역으로 확장된 것도 계엄선포의 원인이 되었다. 10월 22일이 되면 순천 지역은 진압군에 의해 진압되었고, 10월 27일에는 여수 지역도 완전히 탈환되는데 이 과정에서 항명한 군인들과 민간인이 구분되지 않은 채 **대규모의 민간인 희생자가 발생**한다. 진압작전을 피해서 14연대 군인들은 지역 좌익세력들과 함께 주변 백운산, 조계산, 지리산 등으로 입산하여 관공서를 습격하고 주민들로부터 식량과 물자를 약탈하는 이른바 '빨치산'이 되어 활동한다. 이들에 대한 토벌작전은 한국전쟁이 끝난 1955년까지 이어지는데 이 과정에서도 불가피하게 빨치산에 협력하여 불순분자로 명명된 가담자(부역자/협력자)를 색출하는 작업이 진행되면서 적게는 3천여 명에서 많게 1만여 명의 무고한 민간인 사망자가 발생한다. 공감은 사라지고 광기로 가득 찬 이념만 남아 특정한 사상을 가졌다는 추정만으로 수많은 사람들이 잔혹하게 학살당한다. 사망

자 가운데에는 재판 없이 즉결처분으로 총살된 경우도 있었고, 군법회의에 회부된 102명은 사형선고를 받은 뒤 사형집행으로 사망하였다.

당시 군법회의에 관한 사항은 현재의 **실체법인 〈군형법〉과 절차법인 〈군사법원법〉을 통합한 법률에 해당하는 〈국방경비법〉**에서 규율하고 있었다. 기본적으로 이 법률은 조선경비대 소속 군인에게만 적용되었기 때문에 민간인에게 이 법률이 적용될 수 있는지 의문이다. 굳이 이 법률이 민간인에게 적용되려면 비상계엄이 선포되었을 때 군법회의에서 재판할 수 있다는 〈계엄법〉의 근거가 필요한데 이미 여러 번 언급한 것처럼 〈계엄법〉은 아직 제정되지 않은 상태였다. 현실적으로는 어쨌든 비상계엄이 선포된 상황이기 때문에 설령 〈국방경비법〉이 민간인에게 적용될 수 있다고 해도 이 법률은 1948년 7월 5일 제정되어 같은 해 8월 4일부터 시행되었기 때문에 일종의 '미군정 법령'으로 분류될 수 있다. 제헌국회의 구성(1948년 5월 10일)으로 남조선과도입법의원이 해산(1948년 5월 20일)된 이후 제헌헌법 시행(1945년 7월 17일) 이전에 제정되었지만 제헌헌법 시행 이후에야 비로소 시행되었다는 뜻이다. 이 법률이 제헌헌법 시행 이전부터 시행되었다면 제헌헌법 시행 이후에도 현행 법령으로서 계속해서 효력을 가지려면 제헌헌법에 저촉되지 않아야 한다(제100조). 그렇지만 제헌헌법 이전에 제정은 되었지만 시행은 되지 않았다는 점에서 제헌헌법 시행 당시의 현행 법령으로 볼 수 있는지, 현행 법령으로 본다고 해도 제정절차만 존재하고 공포절차가 생략된 이 법률이 미군정 법령에 요구되는 입법절차를 준수하여 절차적 정당성을 확보했는지에 대한 의문이 제기된다. 1955년 4월까지 비상계엄이 계속되면서 군법회의나 일반법원에서 유죄판결을 받은 뒤 형무소에 수용되어 있거나 형집행 종료로 출소 후에 국민보도연맹에 가입한 사람들은 한국전쟁 발발 후 집단학살됨으로써 희생자가 더 많이 발생했다.

2009년 '진실·화해를 위한 과거사정리위원회'(진실·화해위원회)는 여순사건의 공식적 민간인 희생자를 439명으로 진실규명하는 결정을 발표했다. 이 가운데 14명은 나중에 군법회의 판결자료가 발견되면서 확정판결이 있다는 이유로 진실규명결정의 대상에서 제외되었다. 〈진실·화해를 위한 과거사정리 기본법〉은 진실규명의 대상에서 법원의 확정판결이 있는 경우를 제외하고 있기 때문이다(제2조 제2항). 이에 따라 이들은 재심을 청구하여 비상계엄하에서 군법회의에 의해 내려진 판결에 대해서 2014년 광주지방법원 순천지원의 재심개시결정(2013재고합5)이 내려지고, 항고와 재항고를 거쳐 2019년 대법원에서 확정된 재심개시결정(2015모2229)에 따라 본격적으로 재심재판이 진행된다. 희생자들은 재심재판에서 불법체포·구속 사실이 인정되어 무죄판결을 받아 명예를 회복했으며(다음 판례 참조), 이어서 국가를 상대로 손해배상을 청구하는 소송을 제기한다. 제헌헌법은 체포나 구금을 할 때 원칙적으로 사전에 법관으로부터 영장을 교부받아야 한다고 규정하고 있었기 때문에(제9조 제2항) 이러한 헌법상 영장주의원칙에 위반되는 불법적인 체포나 구금에 따른 수사나 재판은 법적 효력을 인정할 수 없다.

〈형사소송법〉은 재심사유의 하나로 판결에 관여한 법관이나 공소제기 또는 수사에 관여한 검사나 사법경찰관이 그 직무에 관한 죄를 지은 것이 확정판결로 증명된 경우를 열거하고 있다(같은 법 제420조 제7호). 확정판결을 얻을 수 없을 경우에는 그 사실을 증명하면 재심을 청구할 수 있다(같은 법 제422조). 여순사건의 경우에는 군법회의의 판결과 공소제기의 기초가 된 수사에 관여한 검사나 경찰의 영장 없는 체포나 감금 등 적법절차 위반과 고문 등에 의한 직권남용죄가 인정된다. 그렇지만 이미 공소시효가 완성되어 확정판결을 얻을 수 없기 때문에 법원은 진실·화해위원회의 진실규명을 토대로 사실이 증명된 것으로 보고 재심개시를 결정하였다. 2021년 7월 20일에 〈여수·순천 10·19사건 진상규명 및 희생자 명예회복에 관한 특별법〉이 제정되어(시행은 2022년 1월 21일부터) 여순사건의 실체적 진실을 규명하여 희생자들의 명예를 회복시킬 수 있는 제도적 장치가 비로소 마련되었다. 다만 재심청구요건을 완화하는 특별재심이나 검사에 의한 직권재심에 관한 규정이 없으며 피해보상에 관한 규정도 생략되었다는 문제점이 지적된다.

대법원 2019년 3월 21일 선고, 2015모2229결정

'여순사건' 당시 내란 및 국권문란 혐의로 군법회의에 회부되어 사형을 선고받고 그 판결에 따라 사형이 집행된 피고인들의 유족들이 그 후 위 판결(이하 '재심대상판결'이라 한다)에 대해 재심을 청구하여 재심개시결정이 있게 되자 검사가 재항고를 한 사안에서, 형사소송법 제415조에서 정한 재항고의 절차에 관하여는 형사소송법에 아무런 규정을 두고 있지 않으므로 성질상 상고에 관한 규정을 준용하여야 하고, 사실인정의 전제로서 하는 증거의 취사선택과 증거의 증명력은 사실심 법원의 자유판단에 속하는 점, 형사재판에서 심증형성은 반드시 직접증거로 해야만 하는 것은 아니고 간접증거로 할 수도 있는 점, 재심의 청구를 받은 법원은 재심청구 이유의 유무를 판단함에 필요한 경우 사실을 조사할 수 있고(형사소송법 제37조 제3항), 공판절차에 적용되는 엄격한 증거조사 방식에 따라야만 하는 것은 아닌 점 및 대한민국헌법(1948. 7. 17. 제정된 것, 제헌헌법) 제9조, 구 형사소송법(1948. 3. 20. 군정법령 제176호로 개정된 것) 제3조, 제6조 등의 규정, 그리고 진실·화해를 위한 과거사 정리위원회의 여순사건 진실규명결정서를 비롯한 기록에서 알 수 있는 사정을 종합하면, 피고인들은 여순사건 당시 진압군이 순천지역을 회복한 후 군경에 의하여 **반란군에 가담하거나 협조하였다는 혐의로 체포되어 감금되었다가 내란죄와 국권문란죄로 군법회의에 회부되어 유**

죄판결을 받았고, **피고인들을 체포·감금한 군경이 법원으로부터 구속영장을 발부받았어야 하는데도 이러한 구속영장 발부 없이 불법 체포·감금하였다**고 인정하여 재심대상판결에 형사소송법 제422조, 제420조 제7호의 재심사유가 있다고 본 원심판단은 정당하다.

3 한국전쟁

(1) 배경

1950년 6월 25일 새벽, 소련제 전차(탱크)를 앞세운 북한군 2개 군단의 기습적인 선제공격으로 시작된 한국전쟁은 초반에 남한이 일방적으로 밀리면서 사흘 만에 서울이 함락되고, 한 달 만에 낙동강 인근까지 점령된다. 전쟁 발발 직전 해인 1949년 3월 김일성은 당시 미국과 일본 간 및 미국과 유럽 간의 연합으로 국제사회에서 소련의 영향력 감소를 우려하던 스탈린을 방문하여 경제지원과 군사원조를 받아냈다. 7월에는 조선의용군으로 중국의 내전에 참여했던 3만여 명의 한국인들이 북한 인민군에 편입되었기 때문에 20만 명에 가까운 북한의 병력은 10만여 명에 지나지 않은 남한의 병력을 압도했다. 전차, 전투기, 함정, 대포 등 무기나 장비에서도 소련의 지원을 받은 북한군은 남한군과 비교가 될 수 없을 정도로 막강했다. 동유럽의 공산국가화를 진행하면서 체제우위를 점하고자 했던 **소련은 1949년 8월 핵실험에 성공**하여 미국과 대등한 군사력을 가지게 되었다. 중국 대륙에는 공산당 지도자 마오쩌둥(毛澤東)을 중심으로 하는 **중화인민공화국이 1949년 10월 1일에 수립**되었다. 이미 같은 해 4월 공산당이 양쯔(揚子)강을 건너 국민당의 수도 난징(南京)을 점령했지만 부패한 장제스 정부에 실망한 미국은 8월에 그때까지 3년간 벌어졌던 국민당과 공산당의 내전(국공내전)에 대한 개입을 포기하는 상황이었다. 스탈린은 중국의 공산화과정을 지켜보면서 북한의 남침에 대해서도 미국은 불개입할 것이라는 오판을 했을 수도 있다.

독일과 소련 간에 벌어진 전쟁에 참여한 대가로 미국은 독일을 분할 점령하는데 동독 지역에 위치했던 베를린(Berlin)처럼 동독과 서독으로 분단된 독일은 이념의 전쟁터로 변한다. '냉전'으로 불리는 미국과 소련의 이념대립은 한반도에도 그대로 투영된다. 1948년 12월 남북한을 각각 점령하고 있는 미소점령군을 조속하게 철수시킨다는 유엔결의에 따라 12월 25일 소련군은 북한에서 완전히 철수하였고, 1949년 1월 15일 미군도 1개 연대 전투부대만 남겨둔 채 남한에서 철수한다. 1949년 6월 미군이 군사고문단만 남겨둔 채 남한에서 완전히 철수하는 가운데 동북아시아에서 미국의 대소련 봉쇄선(방어선)인 이른바 **'애치슨 라인'이 1950년 1월에 발표**된다. 트루먼 정부에서 활동한 미국 국무부 장관 애치슨(Dean Acheson)의 이름에서 따온 미국의 극동방위선으로부터 한반도가 제외되면서 이 사건은 한국전쟁의 발발에 중요한 원인을 제공한다. 이로 인해 스탈린과 김일성은 남한을 침공해도 미국이 개입하지 않을 것이라는 오판을 강화했을 것으로 추정되기 때문이다.

1991년 소련 붕괴 이후에 확인된 자료에 따르면 1950년 3월과 5월 각각 최종적으로 소련의 스탈린과 중국 마오쩌둥의 동의를 받아낸 북한은 소련 군사고문단의 지원을 받아 남한점령계획을 치밀하게 준비한 뒤 남한에 대한 침략을 감행한다. 이미 미소점령군이 남북한에서 완전히 철수한 1949년부터 북위 38도선 부근에서 유리한 고지를 점령하기 위한 남북한 군인 간의 국지전이 빈번하게 발생하고 있었기 때문에 북한군의 심상치 않은 동향에 대한 첩보를 입수하고도 남한은 전면전을 예상하고 대비할 수 없었다. 1948년 10월 이후 여순사건이 진압되는 과정에서 지리산 등으로 입산한 빨치산과 북한에서 남한으로 침투한 빨치산을 토벌하기 위하여 전방의 병력을 후방으로 이동시킬 수밖에 없는 상황도 대규모 전쟁에 대비할 수 없도록 만들었다.

(2) 전개

대통령 이승만은 전쟁이 발발한 지 이틀 만인 6월 27일 새벽 어느 누구에게도 알리지 않은 채 열차로 서울을 탈출하여 피난에 나서면서 셋째 날인 6월 28일 한강인도교를 폭파하도록 지시한다. 사전경고도 없이 폭파된 한강다리 위에서 피난에 나섰던 수많은 시민들이 사망하고, 미처 피난하지 못한 서울시민들은 북한군의 점령하에서 부역자가 될 수밖에 없는 신세가 되었다. **전쟁 발발 불과 사흘 만인 6월 28일 서울이 함락**되었기 때문이다. 중부전선인 춘천지역에서 국군의 예상치 못한 강력한 저항으로 전투가 계획보다 지체되면서 서부전선을 통해 남하한 북한군의 주력부대는 춘천방향에서 내려오는 지원부대를 기다리기 위해 3일이나 서울에 머물렀다. 이 때문에 그나마 미군은 한국전쟁 참전을 위한 시간을 벌게 된다.

1948년에 당선된 뒤 극단적 반공주의를 의미하는 매카시즘 세력의 정치적 공세에 직면해 있던 미국 대통령 트루먼은 공산진영이 일으킨 전쟁에 즉각 유엔군의 일원으로 참전을 결정한다. 미국 정부는 전쟁이 발발하자마자 유엔 안전보장이사회의 소집을 요구하여 여러 가지 이유로 상임이사국인 소련이 불참한 회의에서 북한군의 즉각적 철수를 요구하는 결의안이 채택되도록 하여 미국 등 16개국으로 구성된 유엔군의 참전을 정당화한다. 7월 1일이 되어서야 일본에 진주하던 미군은 처음으로 수송기를 타고 부산에 도착하지만 경기도 오산에서 벌어진 첫 번째 전투에서 대패하고 만다. 7월 14일 한국군의 작전지휘권이 유엔군으로 이전되었지만 미군 사단장이 포로가 되는 대전전투에서도 패전한 뒤 국군과 미군은 전쟁이 발발한 지 한 달 만에 낙동강까지 퇴각한다. 그 과정에서 7월 25일부터 나흘 동안 충청북도 영동 **노근리에서 미군의 소개명령**에 따라 피난을 가던 주민들이 미군 전투기의 폭격과 기관총 사격으로 희생된다. 미군은 작전에 방해가 된다는 이유로 무고한 피난민을 집단적으로 학살한 것으로 짐작된다. 다른 나라에서 벌어진 전쟁에 투입되어 자신의 목숨이 위태로운 미군에게 한국인의 고통에 대한 공감을 기대하는 것은 무리였을지도 모른다. 늦었지만 2004년 〈노근리사건 희생자심사 및 명예회복에 관한 특별법〉이 제정되어 노근리사건의 희생자와 그 유족의 명예가 회복될 수 있는 길이 마련되었다.

그해 8월 한 달 동안 낙동강 전선에서 유엔군과 북한군 간의 치열한 전투가 벌어지고, 전쟁이 시작된 지 석 달이 지난 9월이 되면서 미군을 중심으로 한 유엔군이 본격적으로 전쟁에 참여한다. 마침내 9월 15일, 조수간만의 차가 크고 섬들이 많은 위험성을 무릎쓰고 감행된 인천상륙작전의 성공으로 전세가 역전되면서 서울이 점령된 지 석 달이 되는 **9월 28일에 서울이 수복**된다. 성공적인 상륙작전으로 인천이 탈환되었음에도 불구하고 그로부터 두 주 가까이나 지나서야 인천에 근접한 서울이 수복될 수밖에 없었던 점에 대해서는 많은 의문이 제기된다. 서울이 조금 더 빨리 수복되었더라면 신속하게 북한지역까지 점령한 뒤 전쟁은 조속히 종료될 수도 있었기 때문이다. 전쟁발발과 동시에 법률의 효력을 가지는 대통령 긴급명령으로 〈비상사태하의 범죄처벌에 관한 특별조치령〉이 발령되었고, 이 명령을 위반한 범죄는 단심으로 진행되었는데 이 명령에 따라 전국적으로 북한군에 협조한 55만여 명에 이르는 부역혐의자에 대한 수사와 재판이 이루어졌다. 더욱이 경기도 고양 금정굴에서 150여 명이 집단으로 총살되는[3] 등 재판 없이 학살당한 민간인의 숫자도 한국전쟁 당시 학살당한 민간인 숫자가 1백만 명에 이른다는 추정에 비추어 보면 수십만 명에 이를 것으로 짐작된다.

어쨌든 이어서 10월 1일 북위 38도선을 넘은 한국군과 함께 며칠 뒤 유엔군의 북진이 진행되면서 마침내 **10월 19일에 평양도 함락**된다. 미국의 한국전쟁 참전에 관한 소식이 알려지면서 중국은 대만으로 도피한 장제스 정부가 미국의 지원을 받아 중국을 반격할 수 있다는 여론으로 동요한다. 본토를 상대로 하는 미국의 원자폭탄 투하에 대한 우려와 강력한 참전반대여론으로 인하여 주저하고 있다가 참전에 대한 김일성의 요청과 스탈린의 권고에 응하여 끝내 중국은 인민지원군을 보내 한국전쟁에 개입한다. 유엔군이 평양을 함락하던 바로 그 날 중국은 미국에 저항하기 위해 전쟁을 지원한다는 의미의 '항미원조전쟁'이라는 이름으로 30만이 넘는 대군을 이끌고 압록강을 넘어오면서 다시 서울이 함락된다. 유엔군의 북진으로 중국군이 개입함으로써 이제 전쟁은 미군 중심의 **유엔군과 중국군 간의 대결양상**으로 변한다.

유엔군 총사령관이었던 맥아더는 중국의 참전을 예상하지 못했으며 참전 후에도 중국군의 병력과 군사력을 과소평가하여 그해 크리스마스까지 전쟁이 종료되고 한반도에 통일된 정부가 수립될 것으로 기대했다. 실제로 중국군의 참전이 없었다면 맥아더의 희망대로 상황이 전개되었을지도 모른다. 더욱이 이미 일본과의 태평양전쟁에서 원자폭탄 투하를 명령하여 일본인 12만여 명의 희생으로 전쟁을 승리로 이끌었던 트루먼이 맥아더의 생각처럼 중국군에 대해서 동일한 작전을 명령하였다면 미국은 또다시 승전했을 수도 있다. 그러나 공군력을 갖추지 못한 중국군의 배후에는 소련 공군이 있었고, 소련의 전투기와 미국의 전투

---

3 금정굴 사건에 대한 상세한 내용은 진실과 화해를 위한 과거사정리위원회, 2007년 6월 26일 결정 참조.

기는 한반도 상공에서 격전을 치른다. 신속한 북진으로 남쪽에서 올라오는 보급이 원활하게 이루지지 못하는 문제도 발생한다. 게다가 **11월부터 시작된 북한 지역의 혹한과 험준한 산악지형**은 한국의 기후와 지형에 익숙하지 않았던 미군에게 상대적으로 더욱 불리하게 작용했다. 중국은 그런 기후적, 지형적 상황을 예상하여 산악지형을 충분히 활용하면서 야간에 이동한 뒤 산악에 매복하는 영리한 방식으로 미군에게 큰 피해를 입혔다.

개마고원에 위치한 인공호수인 장진호 부근에서 벌어진 전투에서 미국 해병 7백여 명이 사망하여 참패하는 등 고전하던 미군은 결국 함경남도 흥남으로 퇴각한다. **혹한으로 인한 동사자의 급증과 보급품 부족으로 인한 배고픔**은 미군뿐만 아니라 장진호 전투에서 4만여 명이 사망하고 그 가운데 3만 명 가까이는 동사한 것으로 알려진 중국군 모두에게 전투 없이도 치명상을 입혔다. 고향에서 크리스마스를 맞겠다는 맥아더의 희망적 예상과 정반대로 12월 24일 흥남에서 미군 수송선은 10만여 명의 미군과 한국군, 1만 4천여 명의 북한 주민을 태우고 남쪽으로 철수한다(흥남철수). **1951년 1월 4일 중국군의 서울 함락**으로 시민들은 전쟁을 피하여 다시 후퇴하기 시작한다. 미국 육군 제8군 사령관 워커(Walton Harris Walker)의 갑작스러운 사망으로 새롭게 부임한 리지웨이(Mattew B. Ridgway)가 지휘하는 유엔군은 중국군이 방어전략으로 주춤하는 사이에 1월 22일부터 반격을 시작하여 마침내 3월 14일 서울을 다시 탈환하고 3월 말에는 북위 38도선까지 회복한다.

(3) 휴전

아시아보다 유럽에 전략적 가치를 더 많이 두고 있던 미국 정부는 북대서양조약기구(NATO) 사령관에 아이젠하워(Dwight David Eisenhower)를 임명하고, 한반도에서 핵무기 사용은 물론 중국 본토에 대한 공격까지 염두에 두었던 유엔군 사령관 **맥아더를 1951년 4월에 해임**한다. 맥아더는 미국 하원에서 열린 퇴임식에서 "노병은 죽지 않고 사라질 뿐이다"라는 명언을 남긴다. 중국과의 확전을 주장하던 맥아더가 물러나면서 전쟁은 새로운 양상으로 전개된다. 밀고 밀리는 전투가 계속되면서 1년 넘게 전쟁이 이어져 오던 **1951년 7월 10일부터** 전쟁 재발을 우려하며 북진통일을 주장하면서 휴전(정전)을 반대하던 이승만의 고집에도 불구하고 전쟁이 세계대전으로 확전될 것을 염려한 참전국들의 강력한 주장으로 **휴전협상이 시작**된다.

휴전선의 설정과 포로교환을 둘러싸고 **휴전협상은 2년에 걸쳐 지루하게 진행**된다. 당시의 군사분계선(휴전 당시의 전선)을 주장하는 유엔군 측의 주장과 기존의 북위 38도선을 주장하는 공산군 측의 주장, 포로교환에서 본인의 의사에 따른 송환(자원송환)을 주장하는 유엔군 측의 의견과 본인의 의사와 상관없이 자동으로 강제송환을 주장하는 공산군 측의 의견, 정전협정 이행을 감시할 중립국을 소련이 제외된 제3국이 맡아야 한다는 유엔군 측의 주장과 거기에 소련이 포함되어야 한다는 공산군 측의 주장이 대립하였기 때문이다. 특히 남한 출신의 청년으로 북한이 남한을 점령하던 시점에 북한군으로 징용된 뒤 전쟁포로가 되어 북한으로의 송환을 거부한 이른바 '반공포로'와 중국으로의 송환을 거부하고 대만으로의 송환을 원한 중국군 포로의 문제는 협상의 걸림돌이 되었다. 체제경쟁에서 우위에 서고 싶었던 북한과 중국은 유엔군의 주장을 받아들일 수 없었기 때문이다. 미군의 전투기를 활용한 대규모 폭격으로 산업시설이 심각하게 파괴되고 있던 북한은 강력하게 정전을 원했다. 하지만 전쟁을 지속해서 소련의 지원을 받아 중국군의 현대화를 추진하려던 중국의 의도와 미군을 남한에 계속해서 주둔시킴으로써 유럽에 대한 미국의 영향력을 감소시키려 했던 소련의 의도가 맞아떨어지면서 휴전협상이 지연되었다. 이 와중에 한 뼘의 땅이라도 더 차지하기 위한 치열한 전투가 벌어지는데 특히 1952년 10월 강원도 철원 부근 백마고지를 차지하기 위해 열흘 동안 한국군과 중국군이 30만 발에 가까운 포탄을 쏘며 만 명에 가까운 사망자를 발생시킨 전투가 대표적이다.

1952년 11월 한국전쟁의 종식을 공약으로 내세운 군인 출신 아이젠하워가 미국 대통령에 당선되어 다음 해 1월 취임하고, 전쟁의 지속을 원하던 **스탈린이 1953년 3월 갑자기 사망**하면서 휴전협상은 급물살을 타며 신속하게 진행된다. 휴전에 반대하며 북진통일을 주장하던 이승만은 유엔군의 동의를 받지 않은 일방적 결정으로 같은 해 6월 18일, 헌병대를 동원하여 송환을 원하지 않는 3만 명에 가까운 북한군 반공포로 전원을 석방하며 휴전협상을 방해했다. 하지만 3년을 넘게 지루하게 진행되던 전쟁은 종전(전쟁의 종결)은 아니지만 마침내 **1953년 7월 27일 공식적인 휴전**(전쟁의 정지)을 맞는다. 전쟁포로들은 자신의 의사에 따라 송환 여부가 결정되었다. 북한군 포로는 7만여 명이 송환을 원했지만 8천 명 가까이 송환을 원하지 않았고, 중국군 포로는 5천6백여 명이 송환을 원했지만 1만 5천 명 가까이 송환을 원하지 않았다. 8천 명에 가까운 국군 포로와 5천 명에 가까운 유엔군 포로도 송환되었다. 한국 대통령은 서명하지 않은 채 유엔군과 북한군 및 중국군의 사령관들 사이에서 체결된 휴전협정으로 일제를 몰아내고 승리한 미군과 소련군의 점령지역 관리에 필요한 경계선에 불과했던 북위 38도선은 군사분계선으로 변경되면서 민족의 분단선이 되어버린다. 그나마 육상경계선에 지나지 않는 군사분계선은 해상경계선을 포함하지 않음으로써 유엔군이 일방적으로 설정한 북방한계선은 두고두고 남북갈등의 단초가 된다. 더불어 휴전협정의 반대급부로 1953년 10월 1일 미국 워싱턴(Washington D.C.)에서 **한미상호방**

위조약이 체결되어 이른바 '한미동맹'이 맺어지면서 한국군의 전시작전 통제권은 유엔군으로 이전되고, 미국은 한국군의 유지비를 지원하게 된다. 다만 미국 의회의 승인 없는 미군의 자동개입 조항은 북진통일을 주장하던 이승만 정부에 의한 한반도의 전면전을 우려한 미국 측의 의지에 따라 삽입되지 않았다. 1954년 1월 양국의 의회에서 한미상호방위조약에 대한 비준동의안이 의결된 뒤 같은 해 11월 17일부터 이 조약은 시행되었다.

'국방부 군사편찬연구소'가 2023년에 발간한 〈6·25전쟁 통계자료집〉에 따르면 한국전쟁에서 남북한을 합하여 총 130만여 명의 민간인과 14만 명에 가까운 국군, 그리고 40만여 명의 병력을 투입한 미국을 비롯하여 16개국에서 파병된 유엔군 중 4만 명에 이르는 군인이 사망했다. 북한군과 중국군도 50만여 명이 사망한 것으로 추정되므로 한국전쟁에서 민간인과 군인을 합쳐 모두 2백만 명에 이르는 희생자가 발생했을 것으로 짐작된다. **평화는 헌법적 정의를 구성하는 중요한 가치**이다. 평화를 파괴하는 전쟁은 헌법적 정의의 핵심적 가치인 인간존엄과 생명권을 무참하게 짓밟기 때문이다. 전쟁은 자신의 목숨을 잃지 않으려는 생존본능에 따라 타인의 고통에 대한 공감능력을 마비시킨다. 이에 따라 제헌헌법 전문에서 "항구적인 국제평화의 유지에 노력"하겠다는 다짐을 하는 것과 동시에 침략적 전쟁의 부인 및 국제법준수의 원칙이 포함되어(제5조 및 제6조) 현행 헌법까지 이어지고 있다. 이러한 '평화주의'는 남북관계에서도 적용되어 1972년 유신헌법에서 대통령에 부여된 "조국의 평화적 통일을 위한 성실한 의무"로 구체화되었다(제43조 제3항 및 제46조). 더욱이 현행 헌법은 "자유민주적 기본질서에 입각한 평화적 통일정책"의 수립과 추진을 국가과제로 제시하여(제4조) 남북통일의 방식을 평화통일로 한정함으로써 남북관계에서 구현되어야 하는 평화주의를 강조하고 있다. 참혹한 전쟁 중인 1952년에 계엄이 선포된 상황에서 대통령 직선제를 채택하는 헌법개정이 이루어지고, 개정된 헌법에 따라 대통령선거도 실시되었다. 이로써 헌법적 관점에서는 엄격한 권력분립원칙에 따라 국민의 선거를 통해 국회가 구성될 뿐만 아니라 대통령도 선출됨으로써 선거를 통해 부여되는 민주적 정당성이 이원화되는 대통령제가 비로소 구현되었다고 볼 수 있다. 다만 왜 그것이 반드시 전쟁 중에 실시되어야 했는지에 대해서는 의문을 제기할 수밖에 없다. 전쟁으로 죽어가는 시민들을 바라보면서도 전쟁의 중단보다 정권의 연장에 더 많은 관심을 가졌던 정치권력자들은 타인의 고통을 공감할 수도 없고 타인의 고통에 관심도 없는 호모 아파티쿠스가 아니었을까?

4 국민보도연맹 사건

1949년 6월에 정부는 공산주의의 확산을 막기 위하여 좌익사상을 가진 사람들을 전향시켜 계도한다는 취지에서 검찰의 주도로 좌익인사를 관리하고 통제하는 관변단체로서 '국민보도연맹'을 조직한다. 실제로 좌익에서 전향한 인사들도 국민보도연맹에 가입했지만 사상과 관계없이 고무신이나 보리쌀, 비료 등 선물을 받기 위하여 가입한 사람들도 많아서 1949년 말에는 가입자수가 대략 30만 명에 이르렀을 것으로 추정된다. 한국전쟁이 발발하면서 국민보도연맹원들이 북한에 동조하거나 협력할 것이라는 우려에서 **소집되거나 연행되어 구금되었다가 집단적으로 학살**되는데 가입자의 절반에서 3분의 2에 해당하는 적어도 15만 명에서 많게는 20만 명에 이르는 민간인이 학살당한 것으로 추정된다. 이 가운데는 사회주의 계열의 독립운동가도 상당수 포함되어 있는 것으로 파악되고 있다. 대표적으로 대전(골령골), 경북 경산(코발트 광산), 전남 함평(얼음재), 충북 청원(분터골) 등에서 학살피해자의 유골이 발견되었다. 특히 최소 1천8백여 명이 학살된 것으로 추정되는 대전 골령골의 경우에 당시 정치범 형무소로 알려져 있던 대전형무소에 수감된 국민보도연맹원뿐만 아니라 건국준비위원회나 남조선노동당(남로당) 활동 경력으로 수감된 좌익사범까지 한국전쟁 직후 세 차례에 걸쳐 집단학살의 대상이 되었다. 또한 '진실·화해를 위한 과거사정리위원회'가 2007년부터 실시한 공식적 유해발굴로 적어도 3천5백 명 이상이 학살되었다고 추정되는 경산 코발트 광산의 경우에도 예비검속으로 대구형무소에 수감되어 있던 국민보도연맹원 등 민간인을 총살 등의 방법으로 대략 100미터 깊이의 수직갱도에 떨어뜨려 학살하였다

단지 사상이 의심스러운 국민보도연맹원이라는 이유만으로 헌법적 정의의 관점에서 요구되는 최소한의 절차도 지켜지지 않은 채 아무런 법적 절차도 거치지 않고 체포·구금되어 자신을 항변하기 위한 재판조차 받아보지 못한 뒤 처형되는 광기와 야만의 시간들이었다. 타인의 고통에 대한 공감은 한줌도 남김 없이 사라지고, 대통령의 직접 지휘를 받는 육군본부 정보국 특무대(CIC, 대장 김창룡)의 주도로 이념으로 포장된 광기에 따라 수치심도 죄책감도 없이 야만적 학살이 자행되는 폭력의 시대를 살고 있었다. 2009년 11월 '진실·화해를 위한 과거사정리위원회'는 이 사건을 "정치적 집단학살"로 규정하여 이에 대한 진실규명을 결정하였다. 비록 전쟁 중이었다고는 하지만 제헌헌법에서도 체포나 구금을 당할 때 법관의 영장을 요구할 수 있는 권리(제9조), 재판을 받을 권리(제22조), 평등권과 차별을 받지 않을 권리(제8조)가 보장되어 있었다는 점에서 진실·화해위원회의 결정은 늦었지만 타당하다고 보인다.

2009년 11월 17일 진실·화해를 위한 과거사정리위원회 결정

1. 한국전쟁 직후인 1950년 6월 25일부터 9월 중순경까지 국민보도연맹원 등 '요시찰인'들이 육군본부 정보국 CIC와 경찰, 헌병, 해군정보참모실, 공군정보처 소속 군인과 우익 청년단원에 의해 소집·연행·구금된 후 집단학살되었다.
2. 전쟁이 발발하자 정부는 요시찰인으로 감시하던 보도연맹원 등을 곧바로 소집·연행·구금하였고, 전황이 불리해지자 후퇴하면서 이들을 집단학살하였다. 이는 정부가 보도연맹원 등 위험인물로 분류해오던 사람들을 예비구금하여 법적 절차 없이 살해했다는 점에서 '즉결처형' 형식을 띤 정치적 집단학살이라고 할 수 있다.
3. 국민보도연맹 사건 경위는 다음과 같다.
   가. 국민보도연맹원 등 요시찰인에 대한 경찰의 예비검속은 6월 25일 전쟁 당일부터 한강 이남 전국에서 실시되었다. 인민군이 곧바로 점령한 경기·강원 북부지역에서는 예비검속이 이루어질 수 없었다. 한강 이남 전국 각 지역에서 소집·연행된 사람들은 각 경찰서 유치장이나 창고, 공회당, 연무장, 그리고 인근 형무소 등에 짧게는 2-3일, 길게는 3개월 이상 구금되었다.
   나. 일부지역에서 CIC와 사찰계 경찰, 그리고 헌병 등이 구금된 예비검속자들의 과거 활동을 심사하였다. 구금자들은 과거 남로당이나 좌익 활동 등에 대해 취조를 받았고, 활동 정도에 따라 'A·B·C(D)'나 '갑·을·병'으로 분류되었다. 심사과정에는 폭력과 고문이 수반되었고, 구금기간이 길었던 영남 남동부 인민군 미점령지역에서는 심사가 가혹하게 진행되었다. 그러나 군·경이 인민군에 밀려 급히 후퇴한 충청과 전남·북 일부, 경북 북부지역에서는 구금자들이 연행된 후 심사·분류 등의 절차 없이 곧바로 집단살해되었다.
   다. 구금된 보도연맹원 중 'A(갑)'로 분류된 주요간부들은 대부분 7월 초순경에, 나머지 예비검속자들은 인민군이 점령하기 직전 즉, 군·경이 후퇴하기 직전에 살해되었다. 예비검속자 중 일부는 경찰의 묵인하에 도망치거나 사적 연고, 금품 제공 등을 통해 풀려나기도 했고, 일부지역에서는 경찰이 직접 그들을 풀어주기도 했다.

4. 보도연맹 결성을 관장했던 검·경 주요 간부들은 국민보도연맹원 규모는 약 30만 명에 달했다고 증언한 바 있다. 조사결과 희생자 수 추산이 가능한 몇 개 군의 경우, 보도연맹원 중 약 30-70%가 학살된 것으로 나타났다. 전쟁 발발 후 수복 직전까지 국민보도연맹원을 포함한 요시찰인 전체 희생규모는 알 수 없으나, 각 군 단위에서 적게는 100여 명 많게는 1,000여 명 정도가 살해된 것으로 추정된다.

5. 이 사건의 가해기관과 책임에 대해 살펴보면 다음과 같다.

   가. 국민보도연맹원 등을 소집·연행·학살한 기관은 경찰(정보수사과, 사찰계)과 육군본부 정보국 CIC(지구, 파견대)으로 밝혀졌으며, 그 외에도 일부 지역에서 검찰과 헌병. 공군정보처(G-2).해군정보참모실(G-2), 우익청년단체 등 국가기관이 관여하였음을 확인하였다. 이 중 수사정보기관인 경찰 사찰계와 CIC가 실질적으로 이 모든 과정을 관장하였다.

   나. 국민보도연맹원 등에 대한 예비검속 및 학살은 이승만 정부 최상층부의 결정에 의해 이뤄진 것으로 보인다. 그러나 이와 같은 예비검속과 사살명령이 누구로부터 내려왔으며 언제, 어떤 단위에서 결정되었는지는 밝히지 못했다. 당시 군·경 수사·정보기관을 비롯하여 여러 국가기관이 일사불란하게 이 사건에 동원되었다는 사실에 비추어 최고위층의 결정과 지시에 의한 실행으로 판단된다. 따라서 사건 가해자는 국가이다. 이승만 대통령은 국민보도연맹 조직·결성 및 이후 학살에 이르는 전 과정의 행정부 수반이자 군통수권자로서 사건에 대해 역사적 책임은 물론 실질적 책임이 있다.

6. 국민보도연맹원 학살배경과 이유를 살펴보면 다음과 같다.

   가. 국민보도연맹은 정부에 의해 결성·운영되는 관변단체였으며, 가맹 대상자들

은 자발적 의사보다는 대부분 정부의 강제적, 폭력적 행정집행절차를 거쳐 가입되었다. 애초 좌익경력자가 국민보도연맹의 주요 가입대상이었으나 그 규정이 광범위하고 자의적이어서 좌익관련자들뿐만 아니라, 정부에 비판적인 인사는 물론 무고한 국민들도 상당수 가입되었다.

나. 정부는 보도연맹원의 신분을 보장하고 완전히 전향했다고 판단되면 '국민'으로 받아들이겠다고 공표하였지만, 실제로는 이들을 요시찰대상으로 취급하였다. 특히 보도연맹원 등 요시찰인으로 감시대상이 된 사람들은 이승만 정권의 극우 반공주의하에서 정치·사회적으로 낙인찍히고 배제되었을 뿐만 아니라, 이들에 대한 공공연한 폭력행사도 빈발하였다.

다. 북한의 남침으로 혼란상태에 빠진 이승만 정부는 보도연맹원 등 요시찰인들이 수도권 일부지역에서 인민군을 환영하는 행동을 보인 예가 있고 또 나머지 지역의 요시찰인들이 장차 북한에 동조하여 정부에 위협이 될 것을 우려해 이들을 곧바로 연행·구금한 것으로 보인다. 그리고 전황이 불리해지자 정부는 후퇴하기 전 이들을 학살하였다.

7. 비록 당시가 전쟁이라는 국가위기와 비상사태였다고 하더라도, 정부가 국민의 인신을 구속하거나 '처형'하기 위해서는 적법한 근거와 절차가 있어야 한다. 그러나 당시 경찰과 CIC, 헌병, 우익단체 등은 임의적으로 예비검속한 구금자들을 집단학살하였다. 이는 인도주의에 반한 것이며 헌법에서 보장한 국민의 기본권인 생명권을 침해하고 적법한 절차와 공정한 재판을 받을 권리를 침해한 것이었다.

8. 이 사건으로 인한 피해는 희생자 당사자에게만 국한되지 않았다. 이승만 정부 이후 1980년대까지 역대 정부는 보도연맹원으로 사망한 사람의 가족과 친척들까지 요시찰 대상으로 분류하여 감시하였고, 요시찰인 명부 등을 작성하여 취업 등에 각종 불이익을 주면서 연좌제를 적용하였다. 따라서 유족들은 한국사회에서 사실상 일부 권리가 배제된 채 감시와 차별을 받아왔으며 경제적 곤궁과 피해의식, 사회적 소외, 정치적 박탈감을 안고 살아왔다.

5 국민방위군 사건

북한의 선제공격으로 시작된 한국전쟁으로 서울이 함락되고 임시수도가 부산까지 밀려난다. 유엔군의 개입으로 인천상륙작전이 성공하여 서울이 수복되고, 기세를 몰아 1950년 10월에는 북한으로 진격하여 평양까지 진입하지만 중국군의 개입으로 다시 서울이 위협을 받게 된다. 이와 같은 상황에서 이승만 정부는 청장년 남성이 북한의 의용군에 징집되는 것을 막기 위하여 평양에 진격하던 그즈음 법률안을 제출하여 1950년 말 **17세 이상 40세 이하의 국민으로 조직된 국민방위군**(제2국민병)을 창설하여 편성된 인원이 70-80만여 명에 이르렀다. 1951년 1월 중국군이 인해전술로 남하하여 오면서 국군과 유엔군이 다시 후퇴할 때 정부는 도착지만 정해지고 도착시한이 정해지지 않은 명령을 발령하여 이들을 본격적으로 소집한다. 식량과 방한복 등 보급품의 지원이 이루어지지 않으면서 전국 각지에서 소집된 이들 국민방위군은 공식적인 기록은 남아있지 않지만 **최소 5만 명에서 최대 10만 명이 사망**한 것으로 추정된다. 군복이나 무기조차 지급받지 못한 그들은 전투 중이 아니라 추운 한겨울에 도보로 부산, 제주도, 경상도 등 남쪽 지역에 위치한 교육대로 이동 중에 그야말로 해골 같은 모습으로 거지꼴이 되어 대부분 추위와 배고픔으로 인해서 동사나 아사로 사망했다. 그 밖에도 교육대의 열악하고 비위생적인 환경으로 인한 전염병으로, 아니면 불평불만을 이야기하다가 잔혹한 구타와 매질로, 그리고 귀향조치 후 도보로 귀향하던 도중에 사망한 것으로 짐작된다. 아무리 목숨의 부지를 장담할 수 없는 전쟁 중이라고 해도 타인의 고통에 대하여 요구될 수 있는 최소한의 공감마저 상실된 야만의 시간이 진행되고 있었다. 당시에 이루어진 국회와 국방부의 조사로 국방부와 국민방위군 지휘부가 이들에게 지급되어야 할 보급품의 비용을 횡령했다는 사실이 확인되었다. 이에 따라 이승만의 총애를 받던 우익반공단체 대한청년단 단장으로 국민방위군 사령관에 임명된 김윤근을 비롯한 국민방위군 간부 5명이 사형선고를 받고 공개처형을 당했다.

국민방위군설치법(1950년 12월 21일 제정)

제1조 본법은 국민방위군의 설치, 조직과 편성의 대강을 정하여 국민개병의 정신을 앙양시키는 동시에 전시 또는 사변에 있어서 병력동원의 신속을 기함을 목적으로 한다.

제2조 국민으로서 연령 만 17세 이상 40세 이하의 남자는 지원에 의하여 국민방위군에 편입할 수 있다.

제3조 좌(다음)의 각호에 해당하는 자는 국민방위군에 편입할 수 없다.

1. 현역군인, 군속
2. 경찰관, 형무관
3. 병역법 제66조 각호의 1에 해당하는 자
4. 비상시향토방위령에 의한 자위대대장, 부대장
5. 병역법 제78조에 의하여 군사훈련을 받는 학생, 생도

제4조 국민방위군은 지역을 단위로 하여 편성함을 원칙으로 한다. 단 국방부장관이 정하는 다수인원이 근무하는 관공서, 학교, 회사 기타 단체에 있어서는 그 단위로 편성할 수 있다.

제5조 국민방위군은 육군총참모장의 명에 의하여 군사행동을 하거나 군사훈련을 받는 이외에는 정치운동, 청년운동과 일반치안에 관여할 수 없다.

제6조 전시 또는 사변에 제하여 군작전상 필요한 때에는 병역법의 정하는 바에 의

하여 집단적으로 국민방위군을 소집할 수 있다.

제7조 국민방위군에 사관을 둔다. 사관은 육군총참모장의 상신에 의하여 국방부장관이 임면한다. 사관의 등급은 육군편성직위에 준한다.

제8조 육군총참모장은 국방부장관의 지시를 받아 국민방위군을 지휘 감독한다.

제9조 국민방위군 사관 및 사병은 육군총참모장의 지휘하에 작전에 종사하거나 동원되었거나 훈련을 받는 기간에 한하여 군복을 착용한다. 전항의 기간중에는 군사에 관한 법령의 적용을 받는다.

제10조 국민방위군의 병력, 배치, 편성, 훈련 및 소속사관, 사병의 임면, 복무연한 기타 필요한 사항은 본법에 규정한 이외는 대통령령으로써 정한다.

제11조 본법의 규정은 병역법의 적용을 배제할 수 없다.

사건이 발생하고 60년이 지난 2010년 6월 '진실·화해를 위한 과거사정리위원회'는 이 사건에 대하여 정부의 준비와 대책 없이 무리하게 진행된 이동작전과 수용관리 및 사령부의 부정한 재정운용으로 국민방위군 병사들이 아사와 동사, 전염병으로 사망한 반인도적 사건으로 규정하면서 진실규명을 결정하였다.

2010년 6월 30일 진실·화해를 위한 과거사정리위원회 결정

1. 1950. 12. 17. 공포된 국민방위군 설치법에 의해 창설된 국민방위군은 국가 비상사태에 대비하는 예비병의 성격이 강하였다. 이미 창설 이전에 제주도와 경상남·북도에 49개의 교육대를 설치하고 제2국민병을 남쪽으로 이동시키고 있었던 정부는 미처 관리대책 등을 마련하기도 전에 중공군의 남침으로 인하여 급속히 수

십만에 달하는 국민방위군을 남쪽으로 무리하게 이동시키기 시작하였다.

2. 이러한 과정에서 주민통제가 강화되고, 소집의 예외를 인정하지 않는 등 무리가 잇따랐다. 또한 워낙 급작스런 이동작전이었으므로, 피복, 식량, 의약품, 수용시설 등 모든 면에서 준비가 부족하여 대규모의 피해가 발생할 수 있는 소지가 충분하였다.
3. 당시 유엔군이 모든 기간도로를 MSR(주 보급로)로 지정하여 민간인의 출입을 통제 하고 있었으므로 이들은 샛길, 산길 등을 도보로 이동해야 했다. 남하코스는 서울 장정의 경우 창경궁 홍화문 - 덕소 - 양평 - 여주 - 괴산 - 이화령(혹은 문경새재) - 문경 - 상주 - 신녕(영천) - 경산까지 온 후 부산 방면, 마산 방면, 진주 방면, 울산 방면 등으로 나뉘었다.
4. 주요 목적지인 대구, 경산, 마산, 부산, 통영 등에 도착하면 신체검사가 행해졌다. 일단 신체가 건강한 장정은 현역병이나 국민방위군 기간병으로 선발되었으며, 여기서 불합격한 인원은 재편성되어 영천이나 울산, 사천, 진주 등 방면의 교육대로 다시 보내졌다. 거기서도 본부대와 지대로 재편성되어 인근의 수용시설로 보내졌는데, 이러한 과정을 통해 병약한 자는 자꾸 걸러져서 열악한 환경으로 밀려나 죽음으로 결국 내몰리는 상황이 되었다.
5. 국민방위병에게 배급이 예정된 식량은 4홉으로 전쟁포로들보다 적은 양이었다. 더욱이 치료할 의약품은 거의 전무하였다. 그런데 교육대 간부들은 그 부족한 식량을 빼돌려 부정처분, 횡령을 하기 일쑤였다. 일부 교육대 간부들은 장정들에게 줘야 할 주먹밥을 떼어내어 돈을 받고 팔아먹거나, 수령해 온 쌀을 통째로 상인에게 팔아먹는 지경에 이르렀다.
6. 국민방위군의 조직구성은 청년방위대의 인적 구성을 그대로 이어받은 것이었다. 애초에 군 경력이 거의 전무한 대한청년단 배속장교나 청년방위대 장교 출신들에게 벼락 진급을 시켜 관리를 맡겼던 것부터 부실의 원인이 되었으며, 국민방위군 사령부 자체가 부정을 일삼았으므로 내부 감시체계마저 마비되어 교육대

가 해체될 때까지 부정과 횡령이 계속되었다.

7. 이러한 상황이었으므로 수용되었던 국민방위병들은 극심한 고통을 겪을 수밖에 없었다. 배급되는 식사의 양은 갈수록 줄어들어 나중에는 계란만 한 소금 주먹밥이 나왔고, 굶주림에 직면한 국민방위병들은 민가에 뛰어들어 구걸이나 약탈을 하고, 너무나 배가 고파 소나무 껍질, 땅속의 메뿌리, 정미소 벽에 붙은 왕겨, 인분을 뿌린 밭작물도 마다하지 않고 닥치는 대로 먹었다. 심지어 우물가 수채에 버려진 밥풀을 주워 먹기도 하였고, 바닷물을 먹고 사망에 이른 경우도 있었으며, 밥을 훔쳐 먹다 기간사병에게 맞아죽기도 했다.

8. 이렇게 열악한 영양공급 상태와 비위생적인 환경 속에서 다수의 인원을 집단수용 하게 되자 발진티푸스 등 유행병도 급속히 퍼져 사망자가 속출하기 시작하였다. 그러나 교육대는 별 대책이 없었다. 환자가 생기면 닭장, 옹기가마, 창고 등 별도의 장소에 따로 격리했다가 죽으면 들것에 실어 아무 곳이나 묻어버리면 그만이었다. 그나마 교육대 근처에서 사망한 사람은 암매장지라도 추정할 수 있었으나, 귀향 도중에 길가에서 죽은 수많은 장정들은 파악조차 할 수 없었다. 사망자 명단도 가족에게 통지도 거의 없었다. 고향 친구가 살아 돌아와 가족에게 사망사실을 알리는 것이 전부였다.

9. 그러나 국가는 너무 안일하게 대처하였다. 국방 관계자는 국회에서 유엔 구호물자는 유엔 중앙구호위원회의 정책상 민간 이외에는 배정할 수 없으며, 또 국민방위군은 정규군이 아니기 때문에 원조물자를 배정할 수 없다는 말만 반복하였다. 또한 제2국민병에 잘 조치하라는 이승만대통령의 지시(1951. 1. 11.자)에도 불구하고 3월 중순이 되어서야 귀향이 시작되었다. 그동안 교육대에 구호물자가 즉각 지급되지 않았던 것은 물론이다.

10. 진실규명 대상자 진남용, 갈재원, 이현환, 김종운, 강용선, 신해문, 이평주, 한기학, 이종완, 김월봉이 국민방위군으로 소집되어 사망 또는 실종된 사실이 확인되어 진실규명되었다.

11. 국가는 1950년 11월-1951 8월경까지 국민방위군의 소집·수용 등의 과정에서 발생된 국민방위군의 사망, 실종 등 전반적 실태에 대하여 조사할 필요가 있고, 조사결과에 따라 사망자, 실종자 등과 그 가족에게 공식적 사과, 위령제 실시, 가족관계등록부 정정 및 전사 또는 순직자에 준하는 국가유공자로서 예우를 갖추는 등 화해를 위한 적절한 조치를 할 필요가 있다.

6 거창양민학살사건

한국전쟁이 발생한 다음 해인 1951년 2월 경상남도 거창에서 지리산에 입산한 빨치산(좌익게릴라)을 토벌하는 과정에서 719명의 **무고한 민간인이 집단으로 학살**당한다. 유엔군의 인천상륙작전과 북진 과정에서 낙오한 인민군 패잔병과 지역의 토착 좌익세력은 지리산에 입산하여 빨치산이 되었는데 그 숫자가 적게는 4만여 명, 많게는 10만여 명에 이르렀을 것으로 추정된다. 이러한 빨치산을 토벌하기 위한 전담부대로 1950년11월에 11사단(사단장: 최덕신)이 창설되었는데 이 사단은 지리산 지역을 담당하는 9연대, 전라북도 지역을 담당하는 13연대, 전라남도 지역을 담당하는 20연대로 구성되었다. 사단의 공비소탕을 위한 이른바 '견벽청야(堅壁淸野)' 작전에서 거창 지역을 담당하던 부대는 9연대(연대장: 오익경)였고, 이 부대 소속 3대대(대대장: 한동석)에 의하여 학살당한 양민 가운데 절반 이상이 14세 이하의 아동(359명)과 60세 이상의 노인(66명)이었다.

당시 사건 발생 직후 제2대 국회에서 조사단이 구성되어 진상규명이 이루어졌다. 이 사건에 책임을 지고 내무부장관 조병옥, 법무부장관 김준연, 국방부장관 신성모가 사임했고, 직접적 책임이 없었던 부통령 이시영도 주위 사람들의 만류에도 불구하고 사임했으며 후임 부통령으로 국회에서 김성수가 선출된다. 1952년 10월 연대장과 대대장 등 지휘관에게 군법회의에서 각각 무기징역과 10년의 징역형이 선고되었지만 그들은 다음 해 사면과 복권을 받은 뒤 현역으로 복직한다. 1960년에 일어난 4·19혁명 이후에 유족단체가 구성되었는데 5·16군사쿠데타 이후에 이 유족단체는 반국가단체로 규정되어 유족단체에 가입하여 진상규명과 명예회복을 운동을 전개한 회원들은 처벌을 받게 된다. 나중에 거창뿐만 아니라 근처 산청과 함양에서도 민간인 집단학살이 발생했다는 사실이 확인되었다. 1996년에 〈거창사건 등 관련자의 명예회복에 관한 특별조치법〉이 제정되어 거창 등에서 공비토벌을 이유로 국군병력의 작전수행 중 주민들이 희생당한 사건에서 사망한 사람과 그 유족들의 명예회복을 위한 조치가 이루어질 수 있게 되었다.

7 제1차 헌법개정(1952)

제헌헌법에 따라 제헌국회 국회의원은 임기가 2년이어서(제102조) **제2대 국회의원 선거는 한국전쟁이 발발하기 한 달 전쯤인 1950년 5월 30일**에 실시되었다. 제헌국회선거에 참여하지 않았던 조봉암, 조소앙, 안재홍 등 남북협상파의 중도세력이 대거 출마하면서 무소속과 내각책임제 개헌을 주장한 민주국민당(민국당) 등 야당이 다수의 의석을 차지한다(다음참조). 민국당은 친일파가 중심세력이지만 이승만 정부에서 소외된 한민당과 독립운동가 출신으로 제헌국회 의장을 지낸 신익희가 창당한 대한국민당, 한국광복군 총사령관을 지낸 지청천이 설립한 대동청년단이 1949년 2월 합당하여 만들어진 정당으로 이승만에 대항하기 위하여 내각책임제를 주장하였다. 대통령직선제를 공약으로 내걸고 재창당한 대한국민당(국민당)을 포함하여 대한독립촉성국민회, 우익청년단체가 통합

제2대 국회(1950)**의 구성** (단위: 명)

무소속	민주국민당	대한국민당	대한독립 촉성국민회	대한청년당	기타*	합계
126	24	24	14	10	12	210

* 기타: 일민구락부(3), 대한노동총연맹(2), 사회당(2), 민족자주연맹(1), 대한부인회(1), 중앙불교위원회(1), 대한여자국민당당(1)

되어 이승만을 총재로 조직된 대한청년단(지청천의 대동청년단도 민국당에서 탈당하여 참여) 등 이승만을 지지하는 정당들은 초라한 성적을 거두는 데 그친다. 제헌국회보다 10명이 늘어난 총 210명으로 구성된 제2대 국회의원의 임기는 1950년 5월 31일부터 1954년 5월 30일까지로 한국전쟁 전후 시기와 정확하게 맞물린다.

무소속 126명 등 여소야대로 구성된 국회에서 간선하는 제도로 대통령 재선이 어려워진 이승만은 전쟁으로 피난한 임시수도 부산에서 무소속 의원의 영입을 통한 인위적 정계개편과 함께 **1952년 대통령직선제를 골자로 하는 헌법개정**을 추진한다. 한국전쟁에서 보여준 미숙한 대처능력, 국민방위군 사건에서 나타난 무능력과 무책임, 거창양민학살 사건에서 나타난 국가폭력의 잔혹성 등 이승만 정부는 국민은 물론 국민의 대표기관인 국회로부터도 지지를 받을 수 없는 상황이었다. 1952년 1월 대통령직선제 개헌안이 대통령선출권을 유지하려 했던 국회에서 압도적으로 부결되고(1952년 1월 18일), 오히려 야당은 헌법개정에 필요한 찬성 숫자를 채운 국회의원의 발의로 같은 해 4월 내각책임제 개헌안을 제출하자(1952년 4월 17일) 여당은 부결된 대통령직선제 개헌안을 일부 수정하여 같은 해 5월에 다시 제출한다(1952년 5월 14일).

대통령중심제와 내각책임제를 절충하여 '발췌개헌'으로도 불리는 첫 번째 헌법개정이 이루어지고, 개정된 헌법에 따라 대통령과 부통령은 모두 국민의 보통, 평등, 직접, 비밀 투표에 의하여 선출되었다(제53조 제1항). 당시 한국전쟁이 발발한 지 2년쯤 지난 상태에서 전쟁은 여전히 끝나지는 않았지만 소강상태에 들어갔음에도 후방 지역의 무장공비 소탕을 명분으로 전라북도, 전라남도, 경상남도 일부 시와 군에 **1952년 5월 25일 비상계엄이 선포**되는데(1952년 5월 24일 국무원 공고 제37호) 거기에 임시수도가 위치한 부산시도 포함된다. 중도파 민족주의자인 김규식, 조소앙 등 납북된 국회의원이 발생하는 등으로 헌법개정은 정상적인 분위기에서 진행될 수 없었다. 무엇보다도 **'부산정치파동'으로 불리는 공포정치**가 자행되었는데 군의 정치적 중립을 주장하는 육군참모총장 이종찬의 반대로 계엄군의 동원이 어려워지자 당시 계엄사령관이던 원용덕이 사령관을 맡고 있던 헌병대를 동원하여 통근버스를 타고 가던 수십 명의 국회의원들이 불법적으로 연행되어 일부가 체포되었다. 수시로 관제데모를 벌이던 동원된 관변단체에 의하여 압박을 받던 국회의원들이 피신하는 사태까지 벌어진다. 국회의장 신익희와 국회부의장 조봉암은 대통령 이승만을 항의 방문하지만 결국 대통령 직선제 헌법개정이 이루어진다. 7월에 실시된 표결의 방식이 기립투표인 데다가 헌법에 명시된 30일의 공고기간이 자의적으로 단축됨으로써 명백하게 헌법개정절차를 위반하는 일도 발생한다. 제헌헌법에서 단원제로 출발한 국회는 **제1차 헌법개정을 통해 민의원과 참의원으로 구성되는 양원제**를 선택하게 된다. 민의원은 임기 4년의 의원으로, 참의원은 임기 6년의 의원으로 구성되도록 규정되었다. 이승만은 자신의 뜻대로 직선제 개헌을 통해 다시 대통령에 당선되어 1952년 8월 15일에 취임한다. 부통령에는 이승만을 지지하는 단체 민족청년단(족청)을 조직하는 데 주도적 역할을 수행했으며 초대 국무총리까지 지낸 자유당 후보 이범석이 아니라 무소속으로 이승만보다 나이가 많은 함태영이 당선된다. 이승만이 자유당을 장악하려 한 이범석을 견제하여 지원하지 않았기 때문이다.

III 제2차 헌법개정(1954)과 이승만의 3선

한국전쟁이 여전히 진행되고 있던 상태에서 공식적 선거운동이 단지 열흘 동안만 허용되었던 **제2대 대통령 선거는 1952년 8월 5일에 직선제로 실시**되었는데 헌법개정을 주도했던 이승만은 자신의 뜻대로 재선된다. 이 당시 초대 부통령을 지낸 유력한 야당후보 이시영을 제치고 무소속으로 출마하여 2등으로 낙선한 조봉암에 대한 이승만의 견제와 탄압이 시작된다. 한국전쟁이 휴전된 뒤 1954년 발효된 한미상호방위조약에 따라 미국은 한국에 군사비를 지원했는데 한국 정부는 공식 환율을 조작하여 시장의 실제 환율보다 낮게 책정함으로써 한화의 가치를 과대평가하는 방식으로 미국 정부로부터 많은 군사비의 지원을 받아내는 꼼수를 부린다.

재선에 성공한 이승만은 재선에 의한 1차 중임만을 허용함으로써(제55조 제1항) 3선을 금지하는 내용의 헌법을 다시 개정하는 시도를 한다. 제1차 개정헌법에 따라 국회는 양원제로 구성되었는데 휴전이 되고 1년쯤 지난 **1954년 5월 20일에 실시된 제3대 민의원 선거**에서부터 처음으로 정당공천제가 도입되고, 경찰력을 활용하여 여당에 유리하게 선거개입이 이루어짐으로써 개헌을 지지하는 의원들로 국회가 구성되기에 이른다. 많은 친일행위자가 국회의원으로 당선된 반면에 조봉암, 허정 등 야

제2대 대통령선거(1952) **득표 현황** (단위: 명)

선거인수	투표수	자유당 이승만	무소속 조봉암	무소속 이시영	무소속 신흥우	무효 투표수	기권수
8,259,428	7,275,883	5,238,769 (74.6%)	797,504 (11.4%)	764,715 (10.9%)	219,696 (3.1%)	255,199	983,545

당 후보자들은 입후보서류 강탈이나 후보등록 거부 등 선거방해로 출마를 포기해야 했다. 1952년 헌법개정을 앞두고 벌어진 부산정치파동 당시에 이승만은 자신의 지지세력(국민회, 대한청년단, 대한노동조합총연맹, 대한농민조합총연맹, 대한부인회)을 중심으로 자유당을 창당하지만 제3대 민의원 선거에서 자유당은 114석을 차지하는 데 그친다. 자유당은 무소속으로 당선된 60여 명의 국회의원 중 20여 명을 영입하여 헌법개정에 필요한 136석을 겨우 넘긴다.

새로운 국회가 구성된 지 반년쯤 지난 1954년 11월 29일에 공포되어 시행된 제2차 개정헌법은 부칙(제4조)에서 오로지 재선에 의한 1차 중임만을 허용하는 **삼선제한규정의 적용을 헌법개정 당시의 대통령, 즉 초대 대통령에게는 적용하지 않는 예외**를 규정하였다(3선 개헌). 제2차 헌법개정 과정에서 이른바 '사사오입'이라는 꼼수로 정족수 미달을 벗어나는 기이한 일이 발생한다. 당시 재적 국회의원은 203명이어서 헌법개정에 필요한 3분의 2 이상(제98조 제4항)의 국회의원 숫자는 135.3명 이상, 즉 136명이었기 때문에 135명의 찬성만으로는 부결되어야만 했다. 실제로 자유당도 이 사실을 인지하고 있었기 때문에 136명에 맞추어 무소속 의원을 영입했다. 하지만 소수점 아래의 숫자가 0.5 미만인 경우 이를 삭제하는 사사오입 계산방식에 따라 135명의 국회의원이 찬성하면 재적 국회의원의 3분의 2 이상이 찬성한 것으로 보아야 한다는 기상천외한 발상이

제3대 국회(민의원, 1954)**의 구성** (단위: 명)

자유당	민주국민당	대한독립 촉성국민회	대한국민당	제헌국회의원 동지회	무소속	합계
114	15	3	3	1	67	203

제시되면서 11월 27일에 실시된 투표에서 부결된 헌법개정안은 가결되어야 하는 주장이 제기된다. 결국 이미 부결된 헌법개정안은 이틀 뒤에 계산착오에서 비롯한 의결정족수의 수정으로 다시 가결된 것으로 선포되기에 이른다.

이승만의 심복인 특무대장 육군 소장 김창룡이 암살된 1956년, 개정된 헌법에 따라 그해 5월 15일에 제3대 대통령선거가 실시된다. 만주 주둔 일본관동군 헌병 출신으로 해방 후 육사 3기로 입학한 김창룡은 1948년 중위로 진급한 뒤 여순사건 이후 육군본부 정보국 방첩대(제3과)를 중심으로 벌어진 숙군작업을 주도하며 초고속으로 승진했다. 그때 육군 소령 박정희도 체포되어 심문을 받았으며 1949년 7월까지 진행된 숙군과정에서 5천 명에 가까운 군인이 처벌받았고, 그 공로로 김창룡은 방첩대 대장이 되고 중령으로 진급했다. 그는 방첩대장으로 한국전쟁 발발과 동시에 전국에서 조직적으로 이루어진 국민보도연맹원 학살을 주도했으며 서울수복 이후 1951년 5월까지 법적 근거 없이 존속한 군·검·경 합동수사본부장으로 55만여 명에 이르는 부역자를 양산하여 처벌받게 하면서 대령으로 진급하고, 서울에서만 1천3백 명에 이르는 부역자가 처형당한다. 1948년 제헌국회선거에서 이승만의 선거구에 출마하려 했다는 이유로 정치보복을 받아 용공조작사건으로 구속되어 재판을 받다가 한국전쟁이 발생하여 북한군이 서울을 점령하자 출옥해서 정전운동을 벌였던 최능진도 부역자처벌 시기에 이적죄로 사형을 당했다.[4] 그는 일제강점기 미국으로 유학을 떠나 안창호가 설립한 민족운동단체 흥사단에서 활동하였고, 귀국하여 항일운동에 투신했으며 해방 후 미군정 경무부에서 수사국장을 지내면서 친일경찰 청산을 주장하다가 파면당한 뒤 제헌국회선거에서 이승만의 당선을 저지하려는 목적으로 출마하였으나 후보등록이 취소되었다. 이러한 방식으로 평화통일을 주장하던 민족주의 계열의 독립운동가들은 친일파에 의하여 제거당한다. 부역자 청산 작업 이후 곧바로 방첩대의 후신인 특무대의 대장으로 임명된 김창룡은 사실상 이승만의 직할부대로서 대공보안업무를 전담하는 특무부대를 오랫동안 이끌었던 인물이었는데 갑작스럽게 암살을 당한 것이었다.

1875년생으로 당시 만으로 81세였던 이승만은 선거일을 겨우 열흘 앞둔 시점에서 발생한 유력한 **야당 후보 신익희의 갑작스런 사망**으로 운 좋게도 또다시 대통령에 당선된다. 신익희는 독립운동가 출신으로 제헌국회와 제2대 국회에서 국회의장을 역임하였으며 대한민국 최초의 야당인 민주국민당(민국당)을 창당하여 이승만의 장기집권 음모가 드러나자

---

4 2009년 8월 18일 진실화해위원회는 최능진에 대한 군법회의 사형선고는 위법한 공권력의 행사라고 진실규명을 결정하였다.

1. 최능진이 1948. 5. 10. 제헌의회 선거에서 친일경찰을 중용하는 이승만의 당선을 저지하기 위해 이승만과 같은 지역구에 출마하였으나, 최능진의 후보자 등록이 취소되고, 혁명의용군 사건에 연루된 것으로 구속하였다.
2. 1950. 7.경 서울이 수복되지 않은 상태에서의 활동내용에 대한 사실관계를 왜곡하여 국방경비법 제32조(이적죄)를 적용, 군법회의에서 사형을 선고(1951. 1. 20.)하고 총살(1951. 2. 11.) 집행하였다.
3. 최능진에 대한 판결은 당시 헌법상 근거가 없는 군법회의에서의 재판이므로 법원의 확정판결로 볼 수 없다.
4. 또한 최능진에게 사형판결을 한 군법회의 판시 내용에 대해서도, 동족상잔을 피하고 평화적으로 전쟁을 종식시키려 노력하였던 최능진의 행위를 지나치게 편향적으로 해석하여 객관적인 사실관계가 왜곡되었다고 보기에 충분하다.
5. 결국 최능진은 설치 근거도 없고 법관의 자격도 없으며 재판부에 의해 사실관계가 오인된 판결로 사형이 선고되고 총살당함으로써 중대한 인권인 생명권을 침해받은 것이다.
6. 따라서 국가는 재판권 없는 군법회의에서 최능진에게 선고한 사형이 위법한 공권력에 의한 것이라는 점에 대하여 유가족에게 사과할 필요가 있으며, 재심청구가 있는 경우 사법부는 위법한 판결 형식을 바로잡기 위하여 재심 수용에 따른 판결 등 적절한 조치를 취하는 것이 필요하고, 국회는 1954년 개정헌법에 의하여 합법화되기 전의 군법회의에 의하여 내려진 판결에 대하여 피해자들이 구제될 수 있도록 특별법 제정을 검토할 필요가 있다.

제3대 대통령 선거(1956) **득표 현황** (단위: 명)

선거인수	투표수	자유당 이승만 (득표율)	무소속 조봉암 (득표율)	무효투표수	기권수
9,606,870	9,067,063	5,046,437 (70%)	2,163,808 (30%)	1,856,818	539,807

그에게 비판적인 입장을 견지하였던 인물이다. 3선 개헌에 반대하던 그는 한국전쟁 중에 납북된 조소앙과 해외순방 중간기착지인 인도에서 비밀리에 회동했다는 주장으로 용공음해를 받는 난처한 상황에 처했을 뿐만 아니라 나중에 거짓으로 판명된 이러한 주장으로 인해 자유당은 선거에서 유리한 결과를 얻어낸다. 다른 야당후보인 조봉암과 후보단일화를 추진하다 친공산주의자로 몰리며 장소를 구하지 못해 한강 백사장에서 열린 그의 강연회에 30만 명에 가까운 인파가 몰렸지만 그는 선거유세를 위해 기차를 이용해 지방으로 이동 중 열차 안에서 심장마비로 사망한다. 해공 신익희를 지지하던 시민들은 그의 사망 소식을 듣고도 그에게 투표하여 무표투표수 185만여 표는 거의 그가 득표한 것으로 추정된다.

1 진보당 사건

제3대 대통령선거에서 부통령을 지낸 이시영과 함께 또 다른 야당 후보로 돌풍을 일으켰던 **조봉암은 몇 년 후 진보당 사건으로 사형**을 선고받는다. 일제강점기에 공산주의 계열에서 독립운동을 하다 여러 차례 투옥되기도 했던 조봉암은 미군정하에서 박헌영에게 보내는 서한이 경찰의 수색 과정에서 압수된 뒤 그를 비판하는 내용이 언론에 공개되면서 공개적으로 좌익에서 전향한 후 이승만 정부에서 당시 최대과제였던 농지개혁을 담당하는 농림부장관까지 지냈다. 제헌국회와 제2대 국회에서 국회의원까지 지낸 그는 3선 개헌에 반대입장을 표명했고, 대통령선거 이전부터 창당을 추진하다가 선거 이후인 1956년 11월 평화통일을 기본강령으로 하는 진보당을 창당하여 당수가 되었다. 당시는 북진통일 궐기대회가 수시로 열리는 상황이었는데 이승만 정부는 평화통일을 주장하는 것이 북한의 주장과 일치한다는 이유만으로 국회의원선거(제4대)

제헌헌법(1948)	**제1차 헌법개정**(1952)	**제2차 헌법개정**(1954)
대통령 간선제	대통령 직선제	대통령 직선제
국회 단원제	국회 양원제	국회 양원제
국회 단원제	양원제: 참의원 2년마다 ⅓ 개선	양원제: 참의원 3년마다 ½ 개선
재의결 정족수: 재적 ⅔, 출석 ⅔	재의결 정족수: 재적 ⅔, 출석 ⅔	재의결 정족수: 재적 ⅔, 출석 ½
국무총리제	국무총리제	국무총리제 폐지
국민투표제 없음	국민투표제 없음	주권제약/영토변경에 관한 국민투표제 도입
군법회의 설치근거 없음	군법회의 설치근거 없음	군법회의의 설치근거 마련
지하자원과 수산자원 등 국유제	지하자원과 수산자원 등 국유제	지하자원과 수산자원 등 국유제 폐지
공공성을 가진 기업의 국·공영제	공공성을 가진 기업의 국·공영제	공공성을 가진 기업의 국·공영제 폐지
사영기업의 국·공유화 원칙적 허용	사영기업의 국·공유화 원칙적 허용	사영기업의 국·공유화 원칙적 금지
국민의 헌법개정 제안권 없음	국민의 헌법개정 제안권 없음	국민의 헌법개정 제안권
헌법개정금지조항 없음	헌법개정금지조항 없음	헌법개정금지조항

를 겨우 넉 달 앞둔 1958년 1월 진보당의 당수와 간부들을 모두 〈국가보안법〉을 위반한 국가변란죄 혐의로 체포하여 다음 달 기소했던 것이다. 기소가 된 바로 그달, 아직 재판도 시작되지 않은 상황에서 진보당은 등록이 취소된다. 현행 헌법에서 평화통일은 헌법적 정의에 해당하는데 당시에는 평화통일을 주장하면 공산주의자라는 낙인이 찍혔다.

이승만은 '많은 사람이 고루 잘 살 수 있는 세상'을 꿈꾸던 조봉암을 공산주의자로 의심하고 있었고, 제거되어야 할 위험분자로 지목하고 있었다. 공교롭게도 1958년 12월 25일 기존의 〈국가보안법〉을 폐지하면서 새롭게 제정된 〈국가보안법〉이 1959년 1월 16일부터 시행되었다. 〈국가보안법〉 위반과 간첩죄로 대법원에서 유죄가 확정되고 다섯 달이 지난 1959년 7월에 사형당한 죽산(竹山) 조봉암은 50년도 더 지난 재심에서 무죄판결을 받는다. 2007년 '진실·화해를 위한 과거사위원회'가 조봉암에 대한 사형을 비인도적, 반인권적 인권유린이자 정치탄압으로 규정하여 사과와 화해 및 명예회복을 위한 재심 등 조치를 권고하는 결정(2007년 9월 18일, 바-4107 결정)을 했기 때문에 이 결정에 근거하여 재심이 청구되었던 것이다.

> 피고인(조봉암)이 평화통일의 실현 등을 강령·정책으로 하여 결성한 '진보당'은 그 경제정책이 사회적 민주주의의 방식에 의하여 자본주의 경제체제의 부작용이나 모순점을 완화·수정하려고 하였을 뿐 사유재산제와 시장경제체제의 골간을 전면 부인하는 취지가 아니고, 정치형태 역시 주권재민과 대의제도, 국민의 자유와 권리의 보장 등을 목표로 하였을 뿐 자유민주주의를 부정하는 내용이 아니어서 그 결성 목적이 대한민국헌법에 위배된다고 할 수 없고, 또한 진보당의 통일정책인 평화통일론이 북한의 위장평

화통일론에 부수하는 것으로 인정되지 아니하고 이를 인정할 다른 아무런 증거도 없어 그 결성이 북한에 부수하여 국가를 변란할 목적으로 이루어진 것으로 볼 수 없으므로, 구 국가보안법(1958. 12. 26. 법률 제500호로 폐지제정되기 전의 것) 제1조, 제3조에 정한 '불법결사'에 해당하지 않는다.[5]

2 국가보안법 파동

부정선거로 얼룩진 **1958년 제4대 민의원 선거**는 진보당마저 등록취소가 된 상태에서 자유당이 126석을 차지하여 다수당이 된다(다음 참조). 1954년 사사오입 개헌 당시에 이에 반대하여 자유당에서 탈당한 국회의원들과 야당 국회의원들은 함께 1955년 9월 야권통합의 차원에서 민주당을 창당하는데 민주당은 이 선거에서 79석을 차지하여 나름 선전한다. 이런 상황에서 2년 뒤에 실시되는 다음 대통령·부통령선거를 앞둔 언론말살책략이라는 야당의 반대에도 불구하고, 1958년 12월 크리스마스 전날 자유당은 국회 본회의장에서 며칠 동안 철야농성을 하던 야당 국회의원들을 무술경관을 동원하여 강제로 끌어낸 뒤 〈국가보안법〉 개정안의 의결을 밀어붙인다. 장기집권을 원하는 독재자는 반대세력을 제거하기 위하여 '반공'이라는 주문(呪文)을 다시 한번 불러내고 있었다.

1958년 12월에 제정되어 1959년 1월부터 시행된 새로운 〈국가보안법〉에 따르면 우선 직접적으로 정부를 참칭하는 북한과의 연계가 없어도 단지 국가변란을 목적으로 구성된 결사나 집단은 적용대상에 포함되는

5 대법원 2011. 1. 20. 선고 2008재도11 판결.

제4대 국회(민의원, 1958)**의 구성** (단위: 명)

자유당	민주당	통일당	무소속	합계
126	79	2	67	203

내용으로 적용대상이 확대된 제1차 개정과 제2차 개정의 취지를 명확하게 규정하였다(제6조). 정부참칭의 목적을 전제로 그에 부수하여 국가변란의 목적이 추가된 경우뿐만 아니라 단순히 국가변란의 목적만을 가진 경우에도 〈국가보안법〉이 적용된다. 또한 이적행위의 개념을 확대하여 적을 이롭게 할 목적으로 국가의 정치, 경제, 사회, 문화, 군사에 관한 정보를 수집하는 행위로 정의하여 사실상 모든 정보의 수집이 이적행위에 해당할 수 있게 되었다(제12조). 게다가 공연히 허위의 사실을 허위인 줄 알면서 적시 또는 유포하거나 사실을 고의로 왜곡하여 적시 또는 유포함으로써 인심을 혹란케 하여 적을 이롭게 하는 행위도 처벌됨으로써(제17조 제5항) 언론탄압을 위한 악용의 위험성을 열어놓았다. 그 밖에도 헌법기관에 대한 명예훼손죄가 신설되어 국헌을 위배하여 정부를 참칭하거나 또는 국가를 변란할 목적으로 구성된 결사, 집단 또는 단체를 위하여 또는 그 지령을 받고 집회하거나 문서, 녹음반, 도화 기타 표현물을 반포하여 공연히 헌법상 기관인 대통령, 국회의장, 대법원장에 대한 명예를 훼손한 자에게 형벌을 부과할 수 있었다(제22조). 더욱이 〈국가보안법〉을 위반한 범죄는 〈형사소송법〉에 규정된 자백의 증거능력제한에 관한 예외가 인정되어(제37조) 피고인이 법정에서 부인한 자백에 대해서도 증거능력이 인정되었다. 헌법적 정의에 포함되는 내용 가운데 하나가 '법치주의'이고, 법치주의는 모든 법률, 특히 범죄와 형벌을 규정하는 형사법률에 대해서 **엄격한 '명확성원칙'**을 요구한다. 이 원칙에 따라 법률에서

사용하는 개념과 용어는 평균적인 일반인의 관점에서 그 의미가 명확하게 인식될 수 있어야 한다. 그렇다면 새로운 〈국가보안법〉에서 사용된 개념과 용어는 그 의미가 광범위하여 자의적 해석과 적용을 허용함으로써 헌법적 원칙인 명확성원칙의 관점에서 위헌의 의심을 불러일으키기에 충분하다.

IV 평가

권력에 대한 이승만의 과도한 욕망, 유력한 야당 후보의 불운한 사망, 야당의 분열로 인한 사표의 발생, 정치적 경쟁자(정적)에 대한 부당한 정치탄압과 사법살인 등으로 대한민국은 정부수립 이후 조속하게 평화적 정권교체에 의한 **민주주의를 실현할 수 있는 기회를 상실**하였다. 제헌헌법 이후에 두 차례의 헌법개정을 거치면서 지하자원과 수사자원 등의 국유제, 운수·통신·금융·수도·전기 등 공공성을 가진 기업의 국영제나 공영제, 사영기업의 국유화나 공유화는 폐지되거나 원칙적으로 금지됨으로써 **자본주의적 시장경제질서가 정착**되는 방향으로 경제질서가 자리를 잡아간다. 민주주의와 국민주권을 강화하는 취지에서 제한적이기는 하지만 국민투표제가 도입되었으며 민주공화국이나 국민주권과 같은 내용은 헌법개정을 금지하는 명시적인 규정(개정금지조항)을 두기도 하였다.

정부수립 이후 이승만의 장기집권, 친일청산의 미완성, 한국전쟁과 민간인학살, 극단적 반공이념과 진보세력제거 등으로 다원주의를 본질로 하는 민주주의나 인간존엄을 핵심으로 하는 인권처럼 **정의를 구현하기**

위한 헌법의 핵심적 가치들이 실현되지 못하였지만 오히려 그러한 가치들의 중요성이 시민들의 의식 속에 점차 각인되어 간다. 제헌헌법 제정 이후 등장한 이른바 '제1공화국'이라고도 부르는 이승만 정부가 12년 동안 지배한 시기는 헌법이 존재하기는 했지만 실현되지는 못했던 미성숙한 시절이었다. 그 시절 한국전쟁과 장기독재를 거치면서 타인의 고통을 공감할 수 없는 호모 아파티쿠스가 권력의 최정점에서 일말의 죄책감도 없이 떳떳하게 활보하고 있었지만 신기하게도 그럴수록 더욱 강렬하게 시민들의 내면에 숨어있던 호모 엠파티쿠스의 본성은 자극받아 성장하고 있었다.

제3장

4·19혁명과 헌법

1960년부터
1961년까지의
헌법사

홀로 피는 꽃은 그저 꽃이지만
와르르 몰려
숨 넘어가듯
엉겨 피어 쌓는 저 사건 뭉치들
개나리 진달래 산수유
벚꽃 철쭉들
저 집합의 무리는
그저 꽃이 아니다
우루루 몰려 몰려
뜻 맞추어 무슨 결의라도 하듯이
그래 좋다 한마음으로 왁자히
필 때까지 피어보는
서럽고 억울한 4월의 혼령들
잠시 이승에 불러모아
한번은 화끈하게
환생의 잔치를 베풀게 하는
신이 벌이는 4월의 이벤트

신달자, 〈4월의 꽃〉(시집 《오래 말하는 사이》, 2004)

전란 중이던 1952년에 피난으로 내려간 임시수도 부산에서 대통령직선제 헌법개정을 추진한 것도 모자라 전쟁이 끝나자마자 1954년에 초대 대통령의 3선 및 종신집권을 허용하는 헌법개정을 주도한 이승만은 여든이 넘은 노령에도 불구하고 자신의 뜻대로 1956년에 세 번째로 대통령에 당선된다. 그 뒤 '반공청년단'의 결성을 비호하고, 반정부적 기사와 논설을 게재한《경향신문》을 폐간하였으며 유력한 정치적 경쟁자를 사법살인의 방식으로 제거한 뒤 **1960년 다시금 네 번째 대통령 당선을 위하여 선거에 도전**한다. 배제와 제거를 기초로 하는 이러한 권력을 향한 집착, 그리고 노욕에 기반한 부정과 불의는 국민의 저항에 부딪혀 망명길에 오르는 비극적인 결말에 이르게 된다. 대통령직을 향한 권력의지가 오로지 공익만을 지향해야 할 필요는 없지만 단지 사익만을 추구하기 위하여 수단과 방법을 가리지 않는다면 그것은 헌법적 정의에 반하는 불의한 것이다. 심지어 그 과정에서 타인에게 고통을 주고, 그 고통을 공감하지 못한 채 부끄러움조차 느끼지 못한다면 더욱 불의한 것이다. 그리고 그러한 불의에 저항하는 것이야말로 가장 정의로운 것이다. 불의에 대한 저항은 그 불의로 희생되고 있는 사람들의 고통을 공감하면서 고통받은 사람들을 그 고통으로부터 해방시키기 위하여 헌신할 수 있는 호모 엠파티쿠스만이 선택할 수 있는 최후수단이다.

| 4·19혁명

통상적으로 5월에 실시되었던 그동안의 정·부통령선거와 달리 **1960년 3월 15일에 실시된 제4대 대통령 및 제5대 부통령 선거**에서 이승만 정부는 사전투표, 공개투표, 대리투표, 투표함 바꿔치기, 득표수조작 등 투·개표를 조작하는 방법으로 노골적인 부정선거를 자행한다. 일부 후보의 경우에 후보등록서류가 미비되었다며 등록 자체가 거부되거나 후보등록서류가 등록과정에서 강탈당하기도 한다. 야당인 민주당 내부의 신파와 구파가 격렬하게 대립하면서 겨우 세 표 차이로 신파가 지지하던 장면을 누르고 야당인 민주당의 대통령후보로 지명된 **조병옥이 신병치료를 위해 미국으로 건너갔다가 사망**한다. 조병옥은 일제 강점기 항일운동을 하다가 여러 차례 투옥되었고, 해방 후 미군정에서 현재의 경찰청장에 해당하는 경무부장을 지내면서 1948년 제주4·3사건이 발생했을 때 민간인에 대한 토벌까지 포함한 강경진압을 지시했던 인물이다. 그는 정부수립 이후 이승만 정부에서 내무부장관을 지내기도 했으나 삼선개헌이 완료되면서 1955년 이승만의 장기집권에 반대하는 세력을 규합하여 민주당을 창당하였다. 조병옥의 급사로 대통령 선거에 단독으로 출마하게 된 이승만은 당시 1952년에 제정되었던 〈대통령·부통령선거법〉에 따라 선거인 총수의 3분의 1 이상이 찬성하면 당선될 수 있었는데도(같은 법 제64조 제1항) 부정투표를 감행한다. 현재는 그 가능성이 매우 희박하지만 대통령선거에서 후보자가 단 한 명만 출마한 경우에 대비하는 법률의 규정은 5·16군사쿠데타 이후에 1962년에 제정되고 1963년부터 시행된 개정헌법에 그대로 수용되어 '선거권자 총수의 3분의 1 이상의 득표수'를 얻어야 한다(제65조 제2항)는 내용으로 현행 헌법까지 이어지고 있다(제67조 제2항).

1960년 당시에 대통령선거와 부통령선거는 동시에 실시되었지만 대통령후보와 부통령후보가 러닝메이트로 함께 출마하지 않고, 각각의 선거에 각자 출마하여 서로 다른 정당의 공천을 받은 대통령과 부통령이 당선될 수 있는 가능성도 있었다. 여든다섯 살의 고령으로 인하여 당선된 후에도 임기 중에 사망하거나 직무수행이 불가능해질 가능성이 높았던 이승만은 본인이 사망하거나 직무수행을 더 이상 계속할 수 없으면 **야당에서 당선된 부통령이 대통령이 될 수도 있다고 염려**했던 것으로 보인다. 실제로 1956년에 실시된 직전 부통령선거(제4대)에서 야당(민주당) 후보인 장면이 여당(자유당) 후보인 이기붕을 이기고 당선된 적이 있었다. 1954년에 개정된 당시 헌법에 따르면 대통령이 궐위된 경우에 부통령은 대통령이 되고, 남은 대통령임기 동안 재임하도록 규정되어 있었는데(제55조 제2항) 하필이면 1960년 부통령 선거에서도 다시금 여당에서 이기붕, 야당에서 장면이 후보로 출마하였다.

현재와 같은 사전투표제도가 도입되지 않았던 시절임에도 불구하고, 경찰의 제지를 뚫고 투표소에 진입한 뒤 투표시간이 시작되기도 전에 이미 빼돌린 투표용지로 투표가 상당히 진행되어 버린 황당한 상황을 확인한 민주당 마산시당은 선거포기와 선거무효를 선언한다. 이와 더불어 부정선거에 항의하여 선거 당일 **마산에서 일어난 시위**(3·15의거)를 진압하던 경찰은 시민들을 향해 총기를 발사하였고, 이로 인해 8명의 사망자와 수많은 부상자가 발생한다. 그로부터 한 달쯤 지난 4월 11일 오전, 부정선거에 항의하는 시위에 참여했다가 실종되었던 예비 고등학생 김주열이 군사용 최루탄에 얼굴을 관통당한 채 마산 앞바다에 시신으로 발견되자 시민들은 분노했고, 시위는 전국적으로 확산된다. 김주열에게 최루탄을 발사한 경위 박종표는 일제 헌병으로 항일운동가를 잔혹하게 고문한 혐의로 반민특위에서 기소되었으나 무죄를 선고받고 이후에 경찰로 변신한 인물이었다.

서울에서는 4월 18일 고려대학교 학생들 3천여 명이 부정선거에 항의하며 '한 마디로 대학은 반항과 자유의 표상이다'로 시작하는 선언문을 낭독한 뒤 광화문에 있던 국회(현재 서울시의회) 쪽으로 행진하며 가두시위를 벌인다. 학생들은 시위 중 연행된 학생들의 석방을 요구하면서 국회 앞에서 연좌농성을 벌이다가 저녁쯤 연행학생 전원이 석방된 뒤 총장 유진오의 설득을 받아들여 평화롭게 귀가한다. 그때 반공청년단이 동원한 정치깡패들에 의하여 순식간에 수백 명의 학생들이 무자비하게 폭행을 당하는 사건이 발생한다. 이로 인하여 다음 날인 4월 19일부터 서울 시내 대학생들은 각 대학별로 수천 명씩 대규모로 시위에 참여하고, 고등학생들까지 시위에 동참하게 된다. 위기를 감지한 경찰은 대통령 관저인 경무대 앞에 모인 시민들에게 발포하여 화요일이던 그날 180여 명의 사망자가 발생한다.

경찰력으로 시위 진압이 어려워지자 정부는 그날 오후 경비계엄을 선포한다(1960년 4월 19일 국무원공고 제82호). 당시 〈계엄법〉은 국가비상사태로 인한 사회적 혼란의 정도에 따라 계엄을 비상계엄과 경비계엄으로 구분하였다(제2조 및 제3조). 유혈사태가 벌어진 부산, 대구, 광주, 대전도 계엄 지역에 포함되었다. 사태가 악화되면서 오후 늦게 경비계엄은 비상계엄으로 변경된다(1960년 4월 19일 국무원공고 제83호). 4월 25일 대학교수들이 시국선언문을 발표한 뒤 "학생의 피에 보답하라"고 쓰인 플래카드를 들고 이승만의 하야를 외치며 시위를 벌이면서 수만 명의 시민들이 이에 합세하였고, 계엄군조차 시민들의 시위를 방관하는 지경에 이르렀다. 그 전날 부산, 대구, 광주, 대전 지역의 비상계엄은 경비계엄으로 변경되었는데(1948년 4월 24일 국무원공고 제85호), 대학교수들의 시위가 있은 다음 날

다시 비상계엄으로 변경된다(1948년 4월 26일 국무원공고 제88호). 시민혁명이라는 위대한 명칭이 붙을 만한 4·19항쟁이 시작된 지 일주일이 지난 **4월 26일 오전, 마침내 이승만은 사임**을 발표한다. 이승만은 하와이로 망명을 떠나고, 부통령에 당선된 이기붕은 일가족 모두와 함께 권총으로 생을 마감하는 극단적 선택을 한다. 장면도 부정선거에 대한 책임을 지고 부통령직에서 사임하고, 당시 외무부 장관이던 허정이 과도내각을 이끌게 된다.

1 의원내각제

4·19혁명으로 의회중심의 **의원내각제**(내각책임제)**를 기본으로 하는 새로운 헌법**이 만들어진다(제3차 헌법개정). 국민은 의회를 구성하는 선거에만 참여함으로써 민주적 정당성이 일원화되는 의원내각제를 선택한 1960년 헌법은 행정권을 '국무원'에 부여하였는데 국무원은 국무총리와 국무위원으로 구성되었다(제68조). 국무총리는 민의원 재적의원 과반수의 동의를 받아 대통령이 지명하도록 규정되었는데(제69조) 부통령을 지낸 **장면이 국무총리로 지명**되었다. 민의원의 동의를 받지 못한 뒤 새로운 인물이 지명되지 않거나 두 번 계속해서 민의원의 동의를 받지 못하면 민의원에서 국무총리를 선거할 수 있기 때문에 사실상 민의원은 국무총리 선출권을 가지고 있었다. 의원내각제의 기초가 되는 정당제도를 강화하기 위하여 정당에 대한 국가의 보호조항이 추가되었다(제13조 제2항). 국가원수로서 국가를 대표하는 대통령은 민의원과 참의원이 함께 개최하는 양원합동회의에서 선출되고(제53조), 그 임기는 5년으로 1차에 한하여 중임이 허용되었다(제55조). 대통령에게는 긴급처분·명령권(제57조), 국군통수권(제61조), 사면권(제63조), 계엄선포권(제64조) 등의 권한이 부여되었다.

다만 긴급처분·명령권의 경우에 원칙적으로 국회의 사후적 승인을 얻어야 그 처분이나 명령은 효력이 유지되었으며 사면권이나 계엄선포권의 경우에도 국무회의의 의결을 전제로 했기 때문에 의례적 권한에 지나지 않았다. 양원합동회의에서 **윤보선이 대통령으로 선출**된다. 1960년 헌법은 양원합동회의에서 재적 국회의원 3분의 2 이상의 투표를 얻어야 대통령으로 당선되도록 규정하였다(제53조 제1항).

2 양원제

국회는 2개의 원(chamber)으로 구성되는 양원제(bicameral system)가 채택된다. 양원제는 이미 1952년 헌법에서부터 도입되었지만 상원(upper house, senate)에 해당하는 참의원 선거가 계속해서 실시되지 않아 실제로는 하원(lower house)에 해당하는 민의원만 작동하고 있었다. 1960년 헌법에 따라 7월 29일에 헌정사상 처음으로 참의원 및 민의원 선거가 동시에 실시되었는데 참의원의 경우 서울 및 도 단위의 총 10개 선거구에서 각 선거구 당 2명에서 8명을 선거하는 중선거구제가 시행되었다. 헌법사항이던 선거권 연령은 기존의 21세에서 20세로 인하되었으며(제25조) 참의원 의원정수가 민의원 의원정수의 4분의 1을 초과할 수 없다는 헌법규정(제32조 제4항)에 따라 **민의원 의원 233명, 참의원 의원 58명**이 선출되었다. 민의원과 참의원 모두 민주당이 압승을 거두었으며 자유당은 정당의 존립이 어려울 만큼 초라한 성적을 거둔다(다음 참조). 부정선거를 원천적으로 봉쇄하기 위하여 선거관리를 전담하는 독립된 헌법기관으로 **중앙선거관리위원회가 설치**되었다. 중앙선거관리위원회는 9명의 위원으로 구성되며 그 가운데 3명은 대법관 중에서 호선으로 선출되고, 나머지 6명은 정당에서 추천하도록 규정하였다(제75조의2 제2항). 독립된 헌법기관인

제5대 국회 민의원선거(1960) **의석수 현황** (단위: 명)

민주당	무소속	자유당	사회대중당	한국사회당	통일당	기타	합계
171	53	2	4	1	1	1	233

제5대 국회 참의원선거(1960) **의석수 현황** (단위: 명)

	민주당	무소속	자유당	사회대중당	한국사회당	혁신동지 총연맹	합계
합계	30	20	5	1	1	1	58
서울	3	2	1	-	-	-	6
경기	3	2	1	-	-	-	6
강원	3	1	-	-	-	-	4
충북	3	-	1	-	-	-	4
충남	2	2	1	1	-	-	6
전북	4	2	-	-	-	-	6
전남	4	3	1	-	-	-	8
경북	3	4	-	-	1	-	8
경남	4	3	-	-	-	1	8
제주	1	1	-	-	-	-	2

중앙선거관리위원회 위원의 상당수를 대법관이 겸직하고, 위원장도 대법관이 맡는 좋지 못한 관행이 이때부터 형성되었다.

3 표현의 자유 강화와 헌법재판소의 설치

언론, 출판, 집회, 결사의 자유, 즉 표현의 자유에 대한 보장을 강화하기 위하여 헌법에서 **허가제나 검열제를 금지하는 명시적인 규정**을 두었다

(제28조 제2항). 동시에 헌법이 보장하는 모든 자유와 권리를 오로지 법률에 의하거나 근거해서만 제한할 수 있도록 하는 '일반적 법률유보조항'에서 기본권제한의 한계로서 '본질내용침해금지원칙'을 명시함으로써 기본권보장을 강화하였다. 기본권보장의 강화는 이를 실질화할 수 있는 헌법재판제도를 필요로 하는데 이에 따라 헌법재판을 전문적으로 담당하는 '헌법재판소'가 설치되었다. 9명의 심판관으로 구성되는 헌법재판소는 ① 법률의 위헌여부에 대한 심사권, ② 헌법에 관한 최종적 해석권, ③ 국가기관 간의 권한쟁의 심판권, ④ 정당해산심판권, ⑤ 탄핵재판권, ⑥ 대통령·대법원장·대법관의 선거에 관한 소송의 재판권을 부여받았다. 헌법재판소에 대법원장과 대법관 선거에 관한 소송의 재판권을 부여한 것은 대법원장과 대법관이 법관의 자격이 있는 자로 조직되는 선거인단에서 선거되었기 때문이다(제78조). 헌법재판소가 실제로 구성되어 출범하지는 못했다.

II 제4차 헌법개정(1960)

4·19혁명을 촉발시킨 부정선거 관련자를 처벌하고 반민주행위자의 참정권을 제한하며 부정축재자의 재산을 환수하기 위한 **소급입법의 헌법적 근거**를 마련하기 위하여 헌법개정이 이루어진다. 이와 같은 내용을 담은 헌법의 부칙은 다음과 같다.

1960년 11월 29일 헌법 부칙

이 헌법 시행 당시의 국회는 단기 4293년(1960) 3월 15일에 실시된 대통령, 부통령선거에 관련하여 부정행위를 한 자와 그 부정행위에 항의하는 국민에 대하여 살상 기타의 부정행위를 한 자를 처벌 또는 단기 4293년 4월 26일 이전에 특정지위에 있음을 이용하여 현저한 반민주행위를 한 자의 공민권을 제한하기 위한 특별법을 제정할 수 있으며 단기 4293년 4월 26일 이전에 지위 또는 권력을 이용하여 부정한 방법으로 재산을 축적한 자에 대한 행정상 또는 형사상의 처리를 하기 위하여 특별법을 제정할 수 있다.

법률의 효력이 발생하는 시점을 해당 법률이 제정되기 이전의 법률관계나 사실관계가 이루어진 시점으로 소급시키는 소급입법은 **헌법상 요구되는 불소급원칙**에 따라 원칙적으로 금지된다. 다만 헌법에 따라 금지되는 소급입법은 법률이 제정되기 전에 시작되어 완성된 법률관계나 사실관계에 해당 법률의 효력이 소급적으로 발생하는 진정소급입법을 의미한다. 이러한 진정소급입법도 중대한 공익을 실현하기 위한 예외적 경우에는 허용될 수 있는데 그러한 예외적 경우를 헌법에 명시하는 것이 합리적이다. 어떠한 경우가 그러한 예외적 경우에 해당할 수 있는지에 대해서 논란이 발생할 수 있기 때문이다. 제3차 개정헌법은 이러한 논란을 미리 차단하기 위하여 소급입법의 목적과 내용을 헌법에 명시한 것이다. 이에 근거하여 〈부정선거관련자처벌법〉이 1960년 12월 31일 제정과 동시에 시행되었다. 또한 같은 날 〈반민주행위자공민권제한법〉이 제정과 동시에 시행됨으로써 법무부장관이 공고하는 공민권제한자 명단에 포함되면 일정 기간 동안 공무담임권과 참정권(선거권 및 피선거권)이 제한되었다.

III 평가

정의의 가치들 가운데 하나라고 볼 수 있는 민주주의를 정면으로 부정하는 불의한 독재에 저항하여 일어난 1960년의 시민혁명은 시민들에게 비로소 민주주의의 가치를 실제로 경험하게 만든다. 헌법적 정의에 해당하는 민주주의를 수호하는 주체도 시민이고, 무너진 민주주의를 복원하는 주체도 시민이라는 사실을 4·19혁명은 명확하게 보여주었다. 이제야 비로소 타인의 고통을 공감하며 그 고통의 제거에 참여할 수 있는 호모 엠파티쿠스의 본성이 시민들의 가슴에서 되살아나고 있었다. 다양성(다원주의)을 기본으로 하는 민주주의는 다양한 정치적 견해를 봇물처럼 쏟아내도록 만들었지만 그러한 현상은 누군가에게 무질서와 혼란으로 보일 수도 있었다. 특히 위계질서에 따른 일사불란한 명령복종관계에 익숙한 군인들에게는 더욱 그러했을 것이다. 한국전쟁을 거치면서 미국의 지원을 받아 급속도로 팽창한 군부는 은밀하게 헌법적 절차가 아닌 병력을 동원한 국가권력의 찬탈을 준비하고 있었다. 그것은 타인을 고통스럽게 희생시켜서라도 자신의 욕망을 실현시키고야 마는 호모 아파티쿠스가 일으킨 군사반란이고 내란이었다. 이러한 군사반란과 내란으로 어렵게 쟁취한 민주주의는 겨우 1년을 버텨내는 데 그친다.

제4장

5·16군사쿠데타와 헌법

1961년부터
1972년까지의
헌법사

서울이라 장안 한복판에 다섯 도둑이 모여 살았겄다.
남녘은 똥덩어리 둥둥
구정물 한강가에 동빙고동 우뚝
북녘은 털 빠진 닭 똥구멍 민둥
벗은 산 만장 아래 성북동 수유동 뾰죽
남북 간에 오종종종 판잣집 다닥다닥
게딱지 다닥 꼬딱지 다닥 그 위에 불쑥
장충동 약수동 솟을대문 제멋대로 와장창
저 솟고 싶은 대로 솟구쳐 올라 삐까번쩍
으리으리 꽃궁궐에 밤낮으로 풍악이 질펀 떡 치는 소리 쿵떡
예가 바로 재벌, 국회의원, 고급공무원, 장성, 장차관이라 이름하는,
간뗑이 부어 남산만 하고 목 질기기가 동탁 배꼽 같은
천하흉포 오적(五賊)의 소굴이렸다.

김지하, 〈오적〉(1971) 중에서

시민들 스스로 헌법적 가치인 민주주의를 지켜낸 4·19혁명이 일어난 지 한 해가 조금 더 지난 **1961년 5월 16일에 군사쿠데타**(정변)가 발생한다. 쿠데타 직후 민정이양을 약속했던 박정희 군사정부는 1년 반이 지난 1962년 말이 되어서야 비로소 헌법을 개정한다. 박정희는 자신의 약속을 저버리고 대통령 직선제를 채택한 1962년 헌법에 따라 **1963년 12월 제5대 대통령으로 선출**된다. 결국 2년 반이나 초헌법적인 군정이 실시되었고, 군복을 벗은 군인 출신 대통령의 시대가 시작된 것이다. 1967년 재선에 성공한 그는 3선 개헌과 유신 개헌을 통해 정권을 연장함으로써 18년 넘게 지속된 군사독재는 1979년 10월 26일 종신집권을 소망했던 그가 사망할 때까지 이어진다. 종신대통령을 꿈꾸며 만들어진 유신헌법 이전까지만 해도 그는 군사쿠데타로 정권을 찬탈하기는 했지만 어쨌든 헌법에 따라 국민의 직접선거로 선출된 대통령이었다. 이른바 처벌할 수 없다는 '성공한 쿠데타'로 정치권력을 쟁취하여 민주적 정당성 없이 출발하였지만 세 번 연속 대통령에 당선될 때까지만 해도 헌법에서 정한 민주적 선거절차에 따라 대통령직에 올랐던 것이다. 정의의 가치를 담아야 하는 헌법은 민주적 정당성을 갖추지 못한 불의한 그의 정권을 정당화하고 연장하는 제도적 수단에 지나지 않았다. 정의를 담기는커녕 불의한 권력을 정당화하는 장식으로 전락한 헌법으로서는 헌법적 정의가 사라진 20년에 가까운 암흑과 죽음의 시대가 이어진 것이다.

I 5·16군사쿠데타

해방 이듬해인 1946년 9월, 1917년생인 박정희는 이미 결혼도 하고 딸도 있는 늦은 나이임에도 다시 육군사관학교(육사)의 전신인 조선경비사관학교의 2기생으로 입교한다. 그는 일제강점기에 사범학교를 졸업하고 보통학교(초등학교)에서 교사생활을 하다가 그만둔다. 일본군이 만주지역을 침략하여 만든 괴뢰국 만주국의 수도 신징(新京, 현재의 창춘, 長春)에 설치된 만주국육군군관학교(만군)를 1942년 봄에 1등으로 졸업한 그는 그해 가을 일본육군사관학교에 편입한다. 1944년 봄 일본육사를 졸업한 그는 일본군 장교가 되어 만주군(관동군)으로 활동했고, 이 경력을 세탁하고자 해방 후 잠시 광복군에 들어가기도 했다. 석 달 만에 육사를 졸업한 박정희는 1947년 대위로 임관한 뒤 육사 중대장이 되어 같은 해 10월 입교하여 나중에 그와 함께 쿠데타를 일으킨 육사 5기생들을 지도하며 그들과 교류를 갖게 된다. 군 내 좌익세력을 척결하는 숙군작업에서 남로당 경력에도 불구하고 수사에 적극적으로 협력함으로써 간신히 살아남은 그는 군에서 파면당한 뒤 주변의 도움으로 문관으로 임용되어 육군본부 정보국에서 일하면서 군사쿠데타의 주역인 김종필, 차지철, 김형욱 등 육사 8기생들과도 인간관계를 형성하게 된다. 한국전쟁 발발로 박정희는 구사일생으로 파면 당시 계급인 소령으로 복직하여 정전(휴전) 후에 준장으로 진급한다. 좌익사상으로 군에서 파면되었다는 낙인을 달고 평생 볼품없이 살았을지도 모를 그의 인생에 한국전쟁으로 반전이 일어난 것이다.

육사 5기생과 8기생을 중심으로 당시 육군 소장으로 제2야전군(한국군은 경기/강원 지역을 방어하는 제1야전군과 충청/경상/전라 지역을 방어하는 제2야전군으로 구성) 부사령관이었던 박정희가 주도한 쿠데타는 **1961년 5월 16일** 새벽 육군참모총장이 보낸 진압병력을 뚫고 한강을 건너 서울 강북 쪽으로 진입하여 육군본부와 주요기관을 장악하면서 시작된다. 쿠데타를 주도한 세력은 군대 내 극소수집단이었음에도 불구하고 군 내부의 유혈사태를 염려한 국방부와 육군본부 등 군최고지휘부는 반란의 진압에 대한 확고한 의지를 보여주지 못하며 오락가락하는 사이에 오히려 반란세력에 의해 진압을 당하는 처지가 된다. 최종적으로 쿠데타 발생 사흘째 되는 5월 18일 오전, 육군사관학교 생도들의 서울시내 지지행진으로 성공한 쿠데타는 정점에 도달한다. 시가행진의 종착점인 서울시청 앞에서 열린 혁명기념식으로 쿠데타를 마무리지은 반란세력은 자신들을 진압도록 지시했던 육군참모총장 장도영을 의장으로 하는 **'군사혁명위원회'를 조직**하여 쿠데타를 정당화하고, 입법, 행정, 사법의 권한을 모두 행사한다. 장도영은 박정희의 만주군관학교 선배로 군 내 좌익세력 척결과정에서 그가 파면되자 직제에 없던 육군본부 문관을 만들어 그를 임명했고, 한국전쟁 발발 후 그를 현역에 복직시킨 인물이었다.

혁명위원회라는 근사한 이름을 달았지만 헌법적 근거도 없는 초헌법적 기관이 반헌법적 방법으로 이제 모든 국가권력을 장악하게 되었다. 군의 지휘체계를 뒤엎은 군사반란을 진압하고자 애썼던 당시 1군 사령관 이한림과 쿠데타에 반대한 육사 교장 강영훈은 구금되었고, 사단장 김웅수, 이상국, 정강 등은 혁명재판에서 유죄를 선고받는다. 특히 이한림은 박정희와 만주군관학교, 일본육사 동기이기도 했다. 4·19혁명으로 시민의 압도적인 지지를 얻어 집권당이 된 민주당은 구파와 신파로 나뉘어 서로 갈등을 빚고 있었다. 1960년 10월 구파세력이 탈당하여 신민당을 창당하면서 **대통령 윤보선**(구파)**과 국무총리 장면**(신파)**은 쿠데타에 대해서 모호한 입장**을 취한 채 신속하고 효과적인 진압에 성공하지 못했다. 의원내각제하에서 의례적 국가원수에 지나지 않던 윤보선은 쿠데타가 실질적 행정부 수반인 장면을 겨냥했다고 판단했을 수도 있다. 실제로 쿠데타 당일 새벽 장면은 수녀원으로 피신하여 잠적하고, 그날 오전 윤보선은 유엔사령관을 만난 자리에서 유혈충돌을 우려하면서 반란군의 진압에 반대하는 의견을 표명한다. 한국전쟁 직후 체결된 한미상호방위조약에 따라 국군의 작전통제권을 가지고 있던 미국도 1959년 공산주의 혁명에 성공한 쿠바에 대응하기 위하여 1961년 4월에 시도한 침투작전이 실패한 직후라서 한국의 쿠데타에 섣불리 개입할 수 없었다. 좌익활동 경력이 있는 박정희의 쿠데타로 한국의 공산화를 염려하고 있을 뿐이었다.

박정희는 시민혁명으로 등장한 장면 정부의 혼란과 무능, 부패를 지적하며 쿠데타를 일으킨 뒤 기성정치인들에게 나라를 맡길 수 없어서 불가피하게 혁명을 일으켰다고 주장한다. 그는 이른바 '혁명공약'에서 반공을 국시(國是, 국가의 기본이념)로 삼아 부패를 일소한 뒤 민생고를 해결하고 사회가 안정화되면 민정이양과 원대복귀를 하겠다고 약속했지만 끝내 그 약속을 지키지 않았다. 쿠데타 당일 저녁 '군사혁명위원회' 의장이 발령한 **포고 제1호로 전국에 비상계엄**을 선포함과 동시에 집회금지, 국외여행금지, 언론사전검열실시, 유언비어금지 등과 함께 이를 위반 시 영장 없이 체포되어 사형에 처해질 수 있다는 내용이 포고문에 포함된다. 게다가 포고 제4호로 **국회**(양원)**는 해산**된다. 헌법적 근거도 없이 설치되어 아무런 헌법적 권한도 부여받지 못한 임의적 기관에 의하여 비상계엄이 선포되고, 헌법기관인 국회가 해산되는 초헌법적이고 헌법파괴적인 사건이 발생한 것이다. 병력을 동원하여 비합법적인 방법으로 국회를 해산시키는 전형적인 쿠데타를 벌이고도 그들은 '혁명'이라는 이름을 갖다 붙였다. 한반도의 점령을 선포하는 맥아더의 포고에서 따온 것으로 보이는 '포고'라는 명칭도 〈계엄법〉에 따른 정식 명칭이 아니다. 제헌헌법부터 계엄에 대해서는 일관되게 선포라는 명칭을 사용하면서 〈계엄법〉은 계엄선포에 따른 계엄사령관의 특별한 조치의 '공고'(제9조 제1항)라고 표현하고 있을 뿐이다. 계엄사령관의 특별조치에 관한 공고를 포고라고 지칭한 이유는 쿠데타세력이 자신들을 점령군으로 인식하는 데 있었는지도 모른다.

쿠데타 사흘 뒤 국무총리 장면은 국무회의를 열어 이미 선포된 비상계엄을 사후 승인하고, 자신을 포함한 **내각은 총사퇴**한다. 의회중심의 정부형태인 의원내각제를 채택한 당시 헌법에 따르면 **계엄의 선포는 국무회의가 의결**하고, 대통령은 형식적인 선포권과 계엄선포가 부당하다고 인정될 때 이를 거부할 수 있는 권한만 가지고 있었다(제64조 제1항 및 제2항). 계엄선포에 관한 최종적 결정권을 가진 국무회의의 의결은 원칙적으로 계엄선포 이전에 이루어져야 하기 때문에 사후적인 승인이 계엄선포의 절차적 불법성을 정당화할 수는 없다. 물론 계엄제도를 구체화한 당시 〈계엄법〉에 따르면 대통령은 사전에 계엄을 선포할 수도 있지만 먼저 계엄선포가 되고 사후에 추인할 수도 있었다(계엄법 제5조). 이 규정에 따라 군사혁명위원회는 먼저 계엄사령관 이름으로 비상계엄을 선포한 뒤 국무회의의 추인을 받은 것으로 추정된다. 대통령의 계엄선포나 그에 대한 추인은 국무회의의 의결을 전제로 하기 때문이다. 하지만 〈계엄법〉에 따른 비상계엄은 전쟁이나 전쟁에 준하는 사변이 발생하여 적의 포위공격으로 사회질서가 극도로 교란된 지역에 선포할 수 있는데(계엄법 제4조) 당시 전쟁이나 전쟁에 준하는 사변으로 사회질서가 극도로 교란된 상황은 어디에서도 발생하지 않았다. 따라서 계엄사령관의 이름으로 선포된 비상계엄은 사후에 국무회의의 추인을 받았다고 하더라도 그 요건을 충족하지 않아 위법한 것으로 판단된다.

마치 계획된 것처럼 내각이 총사퇴한 다음 날인 **5월 20일 군사혁명위원회는 '국가재건최고회의'**로 명칭을 변경한 뒤 의장에 장도영, 부의장에 박정희가 취임하여 본격적으로 군정을 실시한다. 국가재건최고회의의 법적 정당성을 사후적으로 부여하기 위하여 6월 10일 〈국가재건최고회의법〉을 만들어 헌법의 효력도 정지시킨다. 형식적 의미의 법률에 관한 입법권을 헌법으로부터 부여받지 못한 국가재건최고회의가 법률을 제정한 것이며, 그 법률로 헌법의 효력을 정지시키는 헌법파괴가 일어난 것이다. 〈국가재건최고회의법〉은 세 차례 개정되면서 정비되었는데 기본적으로 국가재건최고회의를 상임위원회와 7개의 분과위원회로 조직하고, 의장과 부의장 및 분과위원장이 상임위원회를 구성하였다. 군사반란 성공 후 두 달도 채 안 되는 7월 초 허수아비 노릇을 하던 장도영은 정부전복음모 등의 혐의로 체포되고, **박정희가 국가재건최고회의 의장**이 된다. 반공을 국시로 내건 쿠데타세력은 7월에 〈반공법〉을 제정하여 〈국가보안법〉에 따른 정부참칭이나 국가변란 목적에서 구성된 단체 중 공산계열의 노선에 따라서 활동하는 반국가단체를 구분하여 독자적으로 규율하게 된다. 이것은 박정희를 공산주의자로 의심하던 미국을 안심시킬 수 있는 조치였다. 〈반공법〉의 첫 희생자는 북한을 찬양했다는 이유로 사형을 당한《민족일보》사장 조용수였다. 그는 반세기에 가까운 시간이 흐른 뒤 재심에서 무죄를 선고받는다. 쿠데타 성공 후 6개월쯤 지난 11월 14일, 박정희는 군사반란으로 획득한 정권의 정당성과 경제적 지원을 얻어내기 위하여 한국군의 작전통제권을 가지고서도 군사반란을 방관했던 미국의 대통령 케네디(John F. Kennedy)를 방문하여 1953년부터 내전을 벌이던 월남(베트남)에 대한 파병을 제안하기도 했다.

쿠데타 발발 다음 해인 1962년 3월 22일 윤보선도 대통령직에서 사퇴하고, 다음 날 **박정희가 대통령권한대행**을 맡게 된다. 당시 효력을 가지고 있던 1960년 11월 공포된 제4차 개정헌법에 따르면 대통령 유고시에는 참의원의장, 민의원의장, 국무총리 순으로 대통령권한대행을 맡도록 규정되어 있었다(제52조). 따라서 쿠데타 직후 참의원과 민의원은 해산되고 국무총리도 사퇴한 상태에서 대통령마저 사퇴했다고는 하지만 초헌법적 기관인 국가재건최고회의의 의장이 대통령권한대행이 된 것을 헌법적으로 정당화할 수는 없다. 그해 5월에는 정치자금을 마련하고자 쿠데타세력의 핵심인 김종필 등이 주가조작으로 천문학적 수익을 가로채면서 증권파동이 일어나고, 6월에는 지하자금을 동원해 경제개발에 사용한다는 목적으로 화폐개혁이 실시되었으며 동시에 예금동결이 진행되면서 경제가 마비되는 현상마저 발생한다. 이때부터 미국 정부는 경제원조를 무기로 한국의 경제정책 수립에 개입하면서 한국 정부가 수출주도형 산업구조를 만들도록 유도하기 시작한다. 정부수립 이후 최초로 **국민투표를 거쳐 1962년 12월에 헌법개정**(제5차 개헌)이 이루어지고, 개정된 헌법은 공포된 뒤 이 헌법에 따라 구성된 국회가 최초로 집회한 날부터 시행되었다(부칙 제1조 제1항). 이 헌법에 따라 국회는 단원제로, 정부형태는 대통령제로 다시 돌아간다. 박정희는 다음 해 8월까지 민정이양을 약속하는 담화를 발표하기도 한다. 1963년 2월에 그를 지지하는 정치세력에 의하여 '민주공화당'이 창당되었지만 그는 눈물까지 흘리며 여전히 민정에 참여하지 않는다는 주장을 고수하였다. 하지만 3월에는 군정의 4년 연장을 암시하고, 8월 30일에 여전히 현역군인으로서 국가재건최고회의 의장을 맡고 있던 박정희는 "다시는 본인과 같은 불운한 군인이 없도록 하자"는 궤변과 함께 전역한 뒤 같은 날 민주공화당에 입당한다.

그는 새로운 헌법에 따라 1963년 10월 15일에 실시된 대통령선거(제5대)에 민주공화당 후보로 출마하여 당선된 뒤 **1963년 12월 17일 대통령**

제5대 대통령 선거(1963) **후보자별 득표 현황** (단위: 명)

선거인수	투표수	민주공화당 박정희	민정당 윤보선	추풍회 오재영	정민회 변영태	신흥당 장리석	무효투표수
12,985,015	11,036,175	4,702,640 (46.6%)	4,546,614 (45.1%)	408,664	224,443	198,837	954,977

에 취임함으로써 본격적으로 정치에 참여한다. 군사쿠데타를 일으킨 지 2년 7개월이 지나 민정이양의 약속을 깨고 마침내 대통령직에 오른 것이다. 해방 후 1948년에 일어난 여수·순천(여순)사건[1] 이후 군대 내 공산주의자를 척결하는 과정에서 박정희의 남로당 가입 사실이 확인되었지만 그는 군 내 남로당 조직원을 밀고하는 대가로 검찰의 사형 구형과 법원의 무기징역 선고에도 불구하고 10년의 유기징역으로 감형된다. 그마저도 형집행을 면제받아 형사처벌을 면하게 되는데 대통령선거 과정에서도 경쟁자인 윤보선은 그의 남로당 가입 사실에 대해서 강력하게 문제제기를 하였다. 그 때문인지 박정희는 자신에 대한 공격을 낡은 매카시즘으로 받아쳤지만 윤보선보다 득표수에서 겨우 15만여 표(득표율 1.5%)를 앞서 힘겹게 당선된다(위 참조). 박정희와 윤보선을 제외한 나머지 세 명의 후보자는 모두 각각 15만 표 이상을 얻었기 때문에 이 세 사람 중 한두 사람만 사퇴하거나 윤보선과 단일화를 했다면 선거결과는 정반대가 될 수도 있었다.

이 당시 1961년 8월 남북 비밀접촉을 추진하던 남한의 의도를 파악하기 위하여 북한에서 특사로 밀파되었다가 간첩혐의로 체포된 황태성

---

1 이 책 제1장 참조.

의 사형집행이 이루어진다. 황태성은 박정희의 친형이자 김종필의 장인이기도 한 박상희의 친구로 공산주의 계열에서 항일운동을 하다가 여러 차례 투옥되었으며 1946년 10월에 발생한 대구사건 이후 수배를 받다 월북하여 북한정권에서 차관에 해당하는 부상을 지낸 인물이다. 그는 검거되자 자신은 김일성의 지시를 받아 최고회의의장 박정희와 중앙정보부장 김종필을 만나기 위해 남쪽에 내려왔다고 주장하지만 재판을 받고 1963년 사형이 확정되었다. 대통령선거 결과에서도 알 수 있듯이 좌익경력 때문에 곤란한 처지에 놓였던 박정희가 자신을 만나기 원하던 황태성의 사정을 모른 척했을 수도 있다.

1 6·3시위

1962년 개정된 헌법에 따른 대통령선거보다 한 달 뒤인 **1963년 11월 26일에 실시된 국회의원선거**(제6대)에서 민주공화당은 총 의석수 175석 가운데 지역구 87석과 현재의 비례대표에 해당하는 전국구 22석을 합해서 모두 109석을 차지하여 다수당이 된다(다음 참조). 선거 나흘 전 미국 대통령 케네디가 암살된 사건은 아무래도 민주공화당에 유리하게 작용했을 것이라는 것이 일반적인 평가다. 전체 국회의원 수가 대폭 축소되었고, 정당의 공천을 받지 않은 무소속 출마가 금지되었으며 **정부수립 이후 처음으로 실시된 전국구 선거**는 지역구 선거에서 당선된 국회의원의 숫자를 해당 국회의원을 공천한 정당별로 합산하여 전체 지역구 국회의원 총수 가운데 정당별로 차지한 '의석비율'에 따라 전국구 의석을 배분하는 방식으로 실시되었다.

그해 봄부터 경제개발에 필요한 일본의 경제지원을 받을 목적으로 정부는 한일외교를 정상화하기 위한 한일회담의 재개를 추진한다. 전 세

제6대 국회의원선거(1967) **정당별 당선인수 현황** (단위: 명)

	민주공화당	민정당	민주당	자유민주당	국민의당	추풍회	합계
지역구	87	26	9	6	2	1	131
전국구	22	14	5	3	0	0	44
합계	109	40	14	9	2	1	175

계적인 공산주의 확산을 경계하면서 공산화의 근본적 원인을 경제적 빈곤에서 찾은 미국 정부도 태평양지역의 전략적 요충지인 한국의 공산화를 저지하기 위하여 한국에 대한 경제지원과 함께 한국의 경제성장을 위한 일본의 지원을 이끌어내기 위하여 막후에서 한일외교 정상화를 추동한다. 한국에 대한 경제지원을 통해 한국의 산업구조를 일본에 예속시킴으로써 한국을 일본의 경제적 식민지로 만들고 싶었던 일본 정부의 입장에서도 한일외교 정상화는 나쁜 선택이 아니었다. 더욱이 박정희가 메이지유신의 정신을 지지하는 일본육사 출신의 친일파로 일본의 이익에 배치되는 행동을 하지 않을 것이라는 기대도 일본 정부를 안심시켰다. 일본 정부도 한국에 대한 경제지원을 자발적으로 선택한 것이다.

한일회담에 반대하는 대규모의 격렬한 시위가 범국민적으로 벌어지면서 **1964년 6월 3일 서울 지역에 비상계엄**이 선포된다(1964년 6월 3일 대통령공고 제11호). 군사쿠데타가 발생하고 비상계엄이 선포된 지 3년 만에 다시 비상계엄이 선포된 것이다. 그 다음 해인 1965년 6월 22일 일본 도쿄에서 한국에 대한 일본의 경제적 지원을 핵심으로 하는 **한일협정이 체결**되고, 8월 14일 국회에서 협정비준동의안이 의결된다. 제5차 개정헌법은 조약의 체결·비준권을 대통령에게 부여하면서(제71조) 상호원조나 안전보장에 관한 조약 등에 대해서 국회에 동의권을 부여하였다(제56조 제1

항). 식민지배에 대한 일본의 불법성 인정이나 진정한 사과 또는 정당한 피해배상에 대한 아무런 언급도 없이 3억 달러 상당의 일본 생산물과 일본인 용역을 무상으로 지원하며 2억 달러의 차관을 제공한다는 내용의 협정이었다. 이 협정에는 대한제국과 일본제국 간의 이전 조약을 '이미 무효가 된(already null and void)' 것으로 확인한다는 규정이 포함되어 있었는데 한국 측은 1910년 한일강제병합조약이 체결된 시점으로, 일본 측은 1948년 한국 정부가 출범한 시점으로 각각 다르게 무효의 시점을 해석한다. 한국 측의 해석에 따르면 일본의 식민지 지배는 무효인 조약에 따른 불법적인 것이지만 일본 측의 해석에 따르면 일본의 식민지 지배는 유효한 조약에 따른 합법적인 것이 된다.

일본은 한반도에 대한 식민지배가 합법적이었다고 주장하면서도 이 협정을 근거로 일본의 불법적 한반도점령에 대한 한국의 손해배상청구권 문제가 최종적으로 완전하게 해결되었다는 모순된 주장을 계속한다. 군인으로 강제징용이 되거나 근로자나 위안부로 강제동원이 된 피해자들은 한일협정을 인정하지 않는다. 한국 정부가 피해자의 배상금을 일괄적으로 지급받았다는 점에서 **피해자 개인에 대한 개별적인 손해배상은 이루어지지 않았다**고 보기 때문이다. 2012년 대법원은 한일협정으로 강제징용 피해자의 개인적 손해배상청구권이 소멸되었다고 볼 수 없다고 판시하였다(다음 참조). 이러한 대법원의 입장은 개인적 손해배상청구권(정신적 피해에 대한 위자료청구권)은 한일협정 적용대상에 포함되지 않는다고 판시한 2018년 판례에서도 다시 확인된다(다음 참조). 한일협정 체결 및 일본의 지원금 액수와 관련된 결정에 미국 정부가 깊숙하게 개입되어 있다는 몇 가지 문서가 발견되고 있다. 국제적인 냉전 상황에서 베트남 전쟁에 참전한 미국의 입장에서는 한국과 일본의 국교정상화는 국익에 부합하는 문제였기 때문인 것으로 추정된다.

강제징용 피해자의 개인적 청구권(1)—
대법원 2012. 5. 24. 선고 2009다22549 판결

'대한민국과 일본국 간의 재산 및 청구권에 관한 문제의 해결과 경제협력에 관한 협정'(이하 '청구권협정'이라 한다)은 일본의 식민지배 배상을 청구하기 위한 협상이 아니라 샌프란시스코 조약 제4조에 근거하여 한일 양국 간의 재정적·민사적 채권·채무관계를 정치적 합의에 의하여 해결하기 위한 것으로서, 청구권협정 제1조에 의해 일본 정부가 대한민국 정부에 지급한 경제협력자금은 제2조에 의한 권리문제의 해결과 법적 대가관계가 있다고 보이지 않는 점, 청구권협정의 협상과정에서 일본 정부는 식민지배의 불법성을 인정하지 않은 채, 강제동원피해의 법적 배상을 원천적으로 부인하였고, 이에 따라 한일 양국 정부는 일제의 한반도 지배의 성격에 관하여 합의에 이르지 못하였는데, 이러한 상황에서 일본의 국가권력이 관여한 반인도적 불법행위나 식민지배와 직결된 불법행위로 인한 손해배상청구권이 청구권협정의 적용대상에 포함되었다고 보기는 어려운 점 등에 비추어 보면, **청구권협정으로 개인청구권이 소멸하지 아니하였음**은 물론이고, 대한민국의 외교적 보호권도 포기되지 아니하였다고 보아야 한다. 나아가 국가가 조약을 체결하여 외교적 보호권을 포기함에 그치지 않고 국가와는 별개의 법인격을 가진 국민 개인의 동의 없이 국민의 개인청구권을 직접적으로 소멸시킬 수 있다고 보는 것은 근대법의 원리와 상충되는 점, 국가가 조약을 통하여 국민의 개인청구권을 소멸시키는 것이 국제법상 허용될 수 있다고 하더라도 국가와 국민 개인이 별개의 법적 주체임을 고려하면 조약에 명확한 근거가 없는 한 조약 체결로 국가의 외교적 보호권 이외에 국민의 개인청구권까지 소멸하였다고 볼 수는 없는데, 청구권협정에는 개인청구권의 소멸에 관하여 한일 양국 정부의 의사의 합치가 있었다고 볼 만큼 충분한 근거가 없는 점, 일본이 청구권협정 직후 일본국 내에서 대한민국 국민의 일본국 및 그 국민에 대한 권리를 소멸시키는 내용의 '재산 및 청구권에 관한 문제의 해결과 경제협력에 관한 일본국과 대한민국 간의 협정 제2조의 실시에 따른 대한민국 등의 재산권에 대한 조치에 관한 법률'을 제정·시행한 조치는 청구권협정만으로 대한민국 국민 개인의 청구권이 소멸하지 않음을 전제로 할 때 비로소 이해될 수 있는 점 등을 고려해 보면, 국민의 개인청구권이 청구권협정의 적용대상에 포함된다고 하더라도 **개인청구권 자체는 청구권협정만으로 당연히 소멸한다고 볼 수는 없고, 다만 청구권협정으로 그 청구권에 관한 대한민국의 외교적 보호권이 포기됨**으로써 일본의 국내 조치로 해당 청구권이 일본국 내에서 소멸하더라도 대한민국이 이를 외교적으로 보호할 수단을 상실하게 될 뿐이다.

강제징용 피해자의 개인적 청구권(2)—
대법원 2018. 10. 30. 선고 2013다61381 판결

일제강점기에 강제동원되어 기간 군수사업체인 일본제철 주식회사에서 강제노동에 종사한 갑 등이 위 회사가 해산된 후 새로이 설립된 신일철주금 주식회사(이하 '신일철주금'이라 한다)를 상대로 위자료 지급을 구한 사안에서, 갑 등의 손해배상청구권은, 일본 정부의 한반도에 대한 불법적인 식민지배 및 침략전쟁의 수행과 직결된 일본 기업의 반인도적인 불법행위를 전제로 하는 강제동원 피해자의 일본 기업에 대한 위자료청구권(이하 '강제동원 위자료청구권'이라 한다)인 점, '대한민국과 일본국 간의 재산 및 청구권에 관한 문제의 해결과 경제협력에 관한 협정'(조약 제172호, 이하 '청구권협정'이라 한다)의 체결 경과와 전후 사정들에 의하면, 청구권협정은 일본의 불법적 식민지배에 대한 배상을 청구하기 위한 협상이 아니라 기본적으로 샌프란시스코 조약 제4조에 근거하여 한일 양국 간의 재정적·민사적 채권·채무관계를 정치적 합의에 의하여 해결하기 위한 것이었다고 보이는 점, 청구권협정 제1조에 따라 일본 정부가 대한민국 정부에 지급한 경제협력자금이 제2조에 의한 권리문제의 해결과 법적인 대가관계가 있다고 볼 수 있는지도 분명하지 아니한 점, 청구권협정의 협상 과정에서 일본 정부는 식민지배의 불법성을 인정하지 않은 채 강제동원 피해의 법적 배상을 원천적으로

부인하였고, 이에 따라 한일 양국의 정부는 일제의 한반도 지배의 성격에 관하여 합의에 이르지 못하였는데, 이러한 상황에서 강제동원 위자료청구권이 청구권협정의 적용대상에 포함되었다고 보기는 어려운 점 등에 비추어, 갑 등이 주장하는 신일철주금에 대한 **손해배상청구권은 청구권협정의 적용대상에 포함되지 않는다.**

2 베트남파병

베트남을 '월남(越南)'으로 부르던 시절 한국은 1964년 9월과 1965년 2월 베트남 전쟁에 두 차례에 걸쳐 의사, 간호사, 태권도 교관, 공병(건설지원)부대, 후송(운송)부대로 구성된 비전투부대를 먼저 파병하였다. 전세가 불리해진 미국 측의 강력한 요구에 따라 8월 국회의 파병동의를 얻어 10월부터 육군 맹호부대를 필두로 2만여 명의 전투부대가 추가로 파병되기 시작했다. 국군의 베트남파병은 계속되었으며 **1973년까지 10년 가까이 여섯 차례에 걸쳐 연인원 30만여 명이 파병**된다. 1963년 11월 미국 대통령 케네디가 암살당한 뒤 케네디와 함께 부통령으로 당선되어 1964년 1월 대통령직을 승계한 존슨(Lyndon Johson)은 베트남전에 대한 미국의 개입에 적극적인 인물이었다. 그는 같은 해 8월 베트남 북부 통킹만에서 미군 구축함이 월맹(북베트남)군의 어뢰공격을 받아 침몰하자 본격적으로 전쟁을 확전시키면서 한국에도 파병을 강력하게 요청하였다.

프랑스의 식민지배로부터 벗어나기 위한 전쟁에서 승리한 베트남은 1954년 체결된 제네바협정에 따라 남북으로 분단되었다. 미국의 경제적, 군사적 지원을 받고 있었지만 부패하고 무능한 정부가 통치하면서 군사쿠데타가 반복되던 남베트남(베트남공화국)에서는 정규군과 북베트남(베트남민주공화국)의 지원을 받는 게릴라(베트콩) 간의 내전이 계속된다. 이처럼 처음에는 내전의 성격을 가졌던 베트남 전쟁은 1955년 11월부터 시작하여 여기에 개입한 미군이 철수하고 베트남이 통일된 1975년 4월까지 **무려 20년에 걸쳐 장기간 진행**되었다. 베트남의 공산화로 인도차이나반도를 포함한 동남아시아의 공산화가 도미노처럼 진행될 것을 우려한 **미국은 1964년 북베트남을 폭격하면서 본격적으로 개입**하였다. 한국정부는 이미 1962년 5월 군사고문단을 파견하는 등으로 월남전에 개입하고 있었는데 명분 없는 전쟁으로 국제적 비판을 받고 있던 월남전에 파병함으로써 유엔가입의 지체 등을 우려하면서 의용군(민간인 지원병) 파병을 대안으로 놓고 고민했다. 하지만 국민결속, 반공의식 강화, 한국전쟁을 지원한 국제사회에 대한 신의확보, 특히 국가안보상 필요한 주한미군 주둔유지의 목적으로 효율적인 관리나 통제가 어려운 점 등 복잡한 문제점을 안고 있는 의용군 대신 정규군의 파병을 결정한다.

1965년 5월 미국 대통령 존슨의 초청을 받은 박정희가 미국을 방문하면서 양국 정상 간에 전투부대파병과 군사지원 및 경제지원이 본격적으로 논의되었다. 군사적 목적으로 시작된 **월남파병에서 경제적 목적이 주된 목적으로 변경**되고 있었다. 한국은 미국으로부터 파병의 대가로 한국군의 현대화와 참전용사 지원금, 경제지원을 받게 된다. 전투부대파병은 한국의 젊은이가 미국의 이익을 위해서 다른 나라의 전쟁에 참여하여 희생될 수 있다는 뜻이기 때문에 한국 청년의 목숨을 대가로 미국 측의 군사원조와 경제지원을 제공받는다는 의미를 갖는다. 파병된 국군이 소비하는 전투복(군복), 전투화(군화), 전투식량 등 군수물자를 한국에서 직접 수출함으로써 수출량은 증가했다. 한국군의 현대화를 목적으로 미국의 전차와 전투기, 구축함, 최신무기가 지원되었다. 월남파병으로 제공받은 미국차관으로 1970년 7월 경부고속도로가 개통되기도 했다. 미국은 한국기업에 건설기술도 이전하면서 중동에서 발주된 건설사업에 참여할 수 있는 기초를 마련하게 된다. 미국의 내수시장에 대한 수출의 길도 이때 열리기 시작한다.

전투부대 파병이 시작된 1965년 한국의 국민총생산(GNP)이 3천만 달러 정도였는데 파병이 막바지에 접어든 1972년 국민총생산은 1억 달러에 이를 정도로 한국은 **월남파병으로 인한 경제적 특수**를 누리게 되었다. 병사 월급이 500원을 겨우 넘기던 시절 1964년 5월 급격한 물가상승의 위험에도 불구하고 파격적인 환율조정이 이루어져 1달러 환율은 대략 130원에서 250원 정도로 두 배 가량 인상되었는데 미국은 한국군 병사 일인당 매월 30달러에서 60달러, 위관급(소위/중위/대위) 장교 일인당 120달러에서 150달러, 영관급(소령/중령/대령) 장교 일인당 160달러에서 200달러 정도의 지원금을 지급했다. 이에 따라 돈을 벌기 위해 목숨을 걸고 월남파병을 기다리는 청년들이 줄을 설 수밖에 없었다. 미국 측의 입장에서도 자국 군인에게 소요되는 비용보다 절반 이상 저렴한 비용으로 한국군을 활용할 수 있는 이점이 있었다. 파병된 군인들은 대부분의 지원금을 한국으로 송금하였다. 다만 미국 정부로부터 지급된 지원금이 완벽하게 한국군 참전용사들에게 지급되었는지에 대해서는 여전히 확인이 필요한 부분이다.

군사반란으로 정권을 획득하여 정치적(민주적) 정통성을 획득하지 못한 박정희 정부는 경제적 성장을 통해 이를 극복하려 했다. 월남파병은 그러한 경제적 성장을 실현하기 위하여 불가피하게 선택할 수밖에 없는 교두보가 되었다. 정치적으로는 장기집권한 독재자로 규정되는 박정희가 경제적으로는 월남파병에 기반하여 이룩한 경제성장 덕분에 산업화의 지도자로 기억되기도 한다. 하지만 **월남파병으로 5천 명에 가까운 한국청년이 목숨을 잃었다**는 사실을 잊지 말아야 한다. 또한 부상당한 수만 명의 참전용사, 베트남 밀림을 고사시키기 위해 미군이 비행기를 동원해 살포한 고엽제로 인한 13만 명에 이르는 후유(의)증 환자가 발생했으며 국제적으로 한국은 미국의 용병국가로 전락했다는 사실을 기억할 필요가 있다. 한국군이 부락에서 게릴라토벌작전을 벌이며 5천여 명의 베트남 민간인을 학살한 범죄도 잊지 말아야 한다. 무엇보다도 주목해야 할 지점은 베트남파병 기간 동안 미국의 묵인하에 3선 개헌(1969)과 나중에 설명할 유신헌법 제정(1972)이 이루어짐으로써 장기독재의 초석이 마련되고 미국이 그렇게도 강조하는 민주주의의 가치가 철저하게 훼손되었다는 점이다. 쿠테타로 등장한 군부가 제정한 1962년 헌법에서도, 대통령의 3선을 허용할 목적으로 탄생한 1967년 헌법에서도 대통령은 국군통수권자(최고사령관)로서(제72조 제1항) 국회의 동의를 얻어(제56조 제2항) 국군을 파병할 수 있는 권한을 가졌다. 국군의 해외파병으로 얻는 경제적, 군사적 국익도 고려해야 하겠지만 파병된 수십만 명에 이르는 장병의 생명이 걸린 해외파병이라는 중대한 사안에서 국민의 대표기관으로서 대통령과 국회가 신중을 다해야 할 필요가 있는 이유를 월남파병에서 분명하게 확인할 수 있다.

3 동백림사건

1967년 독일, 프랑스 등 유럽에서 유학하거나 체류하는 한국인 30여 명이 불법적으로 체포되어 재판을 받는 동백림(동베를린)사건이 발생한다. 주요 인사로는 작곡가 윤이상, 화가 이응로, 시인 천상병 등이 연루되었는데 이들 중에는 현지에서 사실상 납치되다시피 연행되어 국내로 송환된 인물도 있었다. 중앙정보부의 주장에 따르면 이들은 독일 통일 전 동독 주재 북한대사관과 평양을 드나들며 북한 노동당에 가입하고 간첩교육을 받았다고 한다. 실제로 동베를린 출입이 자유롭던 시절 서독에 유학하거나 체류하던 한국인들도 동베를린을 출입하며 거기에 거주하던 북한교포들이나 북한유학생들과 접촉하는 일이 일상적으로 빈번하게 일어났다. 이 사건으로 모두 6명에게 사형이 구형되었지만 이 가운데 실제로 사형이 선고된 사람은 2명이고, 1명은 무기징역, 8명은 유기징역을 선고받았는데 이들은 대부분 1970년 성탄절에 특별사면을 받는다. 특히 세계적으로 유명한 윤이상은 1심에서는 무기징역을 선고받았지만 2심에서 15년 징역형으로 감형되고, 최종적으로 10년 징역형을 선고받은 뒤 교도소에서 구금생활을 이어간다. 독일 정부와 전 세계 예술가들이 그의 석방을 요구하면서 그는 1969년 2월에 특별사면을 받고 독일로 추방된다. 국가정보원 과거사건 진상규명을 통한 발전위원회는 2006년 단순한 대북접촉행위를 과장하여 국가보안법 위반 및 형법상 간첩죄를 적용하였다는 조사결과를 발표하였다. 1971년 독일 국적을 취득한 윤이상은 한국 입국이 금지되어 고국을 방문하지 못한 채 1995년 11월에 독일에서 사망했다. 그의 유족은 2020년 5월 법원에 재심을 청구했고, 서울고등법원은 2023년 5월 재심개시를 결정하였다.

대표적인 간첩조작사건으로 평가되는 동백림사건은 시기적으로 **1967년 6월 8일 실시된 국회의원선거**(제7대)와 맞물려 있다. 1963년 12월부터 시행된 5차 개정헌법에 따르면 대통령과 국회의원의 임기는 1967년 6월 30일에 종료되었기 때문이다(부칙 제2조). 그로부터 2년 뒤인 1969년 박정희는 3선 개헌을 추진하는데 헌법개정을 위해서는 반드시 국회의원 3분의 2 이상의 찬성이 필요하다는 점에 주목할 필요가 있다. 실제로 헌법개정에 필요한 의석수를 확보하기 위하여 대규모의 부정선거가 자행되었으며 선거 후에는 이에 항의하는 시민들의 규탄시위가 이어졌다. 이 사건은 중앙정보부의 발표 초기에 '동백림을 거점으로 한 북괴대남공작단사건'으로 대대적으로 언론에 보도되었지만 실제로 형법상 간첩죄(제98조)로 유죄판결을 받은 사람은 한 명도 없었다. 그때나 지금이나 적국(적대국가)을 위하여 간첩행위를 하면 형사처벌을 받는다. 윤이상을 포함하여 이 사건 관련자들은 중앙정보부로 연행되어 가혹한 고문을 받은 것으로 알려지고 있다. 현행 헌법처럼 당시 헌법도 명시적으로 **고문금지원칙 또는 고문받지 않을 권리**를 보장하고 있었다(제10조 제2항). 더욱이 피고인의 자백이 고문 등에 의하여 자의로 진술된 것이 아니면 그 자백을 유죄의 증거로 삼거나 이것을 이유로 처벌할 수 없다는 규정도 두고 있었다(같은 조 제6항). 반공이념 앞에서 고문과 관련된 헌법적 정의는 그렇게 철저히 무시되고 있었다. 박정희 정부 시절 당시 분단되어 있던 독일의 서독 지역에 8천 명이 넘는 광부와 1만 명이 넘는 간호사를 파견했는데 동백림 사건은 한국과 서독의 우호적인 외교관계에 악영향을 미치기도 했다.

II 3선 개헌

중화학공업의 육성을 핵심과제로 삼은 '제2차 경제개발 5개년 계획'이 시작되는 1967년, 그해 5월 3일에 실시된 대통령선거(제6대)에서 다시금 윤보선 후보자와 겨루어 **재선한 박정희**는 2년 뒤 자신의 3선을 위한 헌법개정을 시도한다. 신한당 후보 윤보선과 민중당 후보 유진오는 야당을 통합하여 신민당을 창당하고, 윤보선이 통합야당의 대통령 후보로 선출되었지만 야당의 베트남 파병 이슈보다 여당의 경제개발 이슈가 주목받으면서 대통령선거에서 패배한 것이다. 1968년 1월 김신조를 포함한 31명의 북한 특수부대 일당이 청와대 근처까지 침투하고, 미국 군함 푸에블로(Pueblo)호가 납북되면서 박정희 정권은 안보위협을 이용하여 장기집권의 욕망을 노골적으로 드러낸다. 헌법개정과 대통령에 대한 신임을 결부시킨 국민투표가 실시되었던 것이다. 미국 대통령에 취임한 닉슨(Richard M. Nixon)이 그해 7월 외국에 대한 군사적 개입의 자제와 해외 주둔 미군 철수 등을 주요 내용으로 하는 닉슨독트린을 발표하여 미군에 대한 의존도가 높았던 한국 정부에 충격을 주었던 1969년, 당시 국회의원 총수는 175명이었다. 이 가운데 사망한 두 명 중 한 명의 지역구에 대한 보궐선거가 미뤄지고, 개헌에 반대하는 신민당이 자진 해산하면서 3명이 국회의원직을 상실함에 따라 재적 국회의원은 171명으로 줄어들어 헌법개정안 의결에 필요한 재적의원 3분의 2 이상의 최소수는 114명이었다.

관권을 동원한 부정선거가 자행된 1967년 국회의원 총선거에서 공화당은 헌법개정이 가능한 129석을 차지했지만(다음 참조) 공화당에서도 정구영과 김종필을 중심으로 개헌에 반대하는 움직임이 생기면서 개헌반대에 서명한 공화당 소속 국회의원이 40명에 이른다고 추정되기도 했다. 1969년 4월 교육부장관에 대한 해임결의안에 대해서 개헌에 반대하는 공화당 국회의원들이 찬성함으로써 해임결의안이 통과되는 일까지 벌어진다. 이 일로 오히려 박정희는 개헌을 강하게 추진하게 되고, 반대하는 국회의원에 대한 회유와 협박이 이어지면서 개헌반대파가 주도한 연구단체인 국민복지회를 이끌던 김용태는 당에서 제명되고, 그들이 차기 대통령으로 옹립하려 했던 김종필은 탈당하여 의원직을 상실한다. 최종적으로 국회의원 122명이 개헌에 찬성하여 헌법개정안은 국회에서 의결된다. 개헌에 저항하는 시민들의 시위가 계속되는 가운데 개헌에 반대하는 국회의원들은 국회의사당 본관에서 농성을 벌이고 있었다.

제6대 대통령 선거(1967) **후보자별 득표 현황** (단위: 명)

선거인수	투표수	민주공화당 박정희	신민당 윤보선	통한당 오재영	민중당 김준연	한국독립당 전진한	정의당 이세진	무효투표수
13,935,093	11,645,215	5,688,666 (51.4%)	4,526,541 (40.9%)	264,533	248,369	232,179	98,433	586,494

제7대 국회의원 선거(1967) **정당별 당선인수 현황** (단위: 명)

	민주공화당	신민당	대중당	합계
지역구	102	28	1	131
전국구	27	17	0	44
합계	129	45	1	175

제7대 대통령 선거(1971) **후보자별 득표 현황** (단위: 명)

선거인수	투표수	민주공화당 박정희	신민당 김대중	정의당 진복기	국민당 박기출	자민당 이종윤	무효투표수
15,552,236	12,417,824	6,342,828 (53.2%)	5,395,900 (45.3%)	122,914	43,753	17,823	494,606

이를 피하기 위하여 국회의사당 별관에서 **9월 14일 새벽에 공화당 국회의원들만 모여 기습적으로 헌법개정안에 대한 표결**이 실시되어 표결에 참여한 국회의원 모두가 찬성한 것이었다.

그의 의지대로 3선 개헌에 성공한 **박정희는 1971년에 실시된 대통령선거**(제7대)**에서 다시 세 번째로 당선**된다. 그의 3선을 위해 적극적으로 선거유세를 벌였던 김종필은 국무총리에 임명된다. 당시 대통령선거에서 한반도 평화보장론과 단계적 통일론, 대중경제론을 설파하며 유세를 펼친 사십대의 야당 후보 김대중의 부각은 박정희에게 정치적 부담으로 작용한다. 압도적인 선거자금과 행정력을 동원하고 선거 막판에 지역감정까지 조장했음에도 불구하고 두 후보의 득표수는 채 1백만 표도 나지 않았기 때문이다(앞 참조). 이승만이 자신의 정치적 경쟁자(정적)인 조봉암에게 그랬듯이 박정희도 자신의 정치적 경쟁자인 김대중을 가혹하게 탄압한다. 김대중은 의문의 교통사고로 다리에 평생의 장애를 입고, 일본 체류중에 납치되어 바다에 수장될 위기를 맞았으며, 오랫동안 가택연금을 받다가 박정희의 후광 아래 성장한 뒤 그의 사망 후 군사반란으로 권력을 찬탈한 전두환이 통치하는 정권하에서 사형선고까지 받게 된다. 타인의 고통을 공감하지 못하는 최고권력자는 자신의 정적을 고통의 나락으로 내몰아 희생시켜서라도 권력을 유지하고 연장시켰다.

1 요정정치

3선 개헌에 따른 대통령 선거를 한 해 앞 둔 1970년 3월 서울 마포의 대로에 정차해 있던 고급 외제승용차 안에서 친오빠가 20대 여동생을 총격으로 살해하는 충격적인 사건이 발생한다. **살해된 젊은 여성의 이름은 정인숙**이며 그녀는 여성 접대부가 고위층 인사들을 상대로 술시중을 드는 고급 요정에서 일하는 종원업으로 밝혀졌다. 그녀의 수첩에는 고위공직자 수십 명의 이름이 적혀 있었다. 사건은 신속하게 종결되었지만 그녀에게 어린 아들이 있다는 사실이 알려지면서 그녀와 고위공직자의 내밀한 관계를 추정하는 소문들이 시중에 돌아다녔다. 그 소문에는 친오빠가 아니라 그녀와 사적 관계를 맺고 있던 고위공직자에 의해서 그녀가 살해되었다는 내용도 포함되어 있었다. 실제로 그녀의 오빠는 사형에서 무기징역형으로, 다시 20년 징역형으로 감형을 받고, 형기를 대부분 채운 뒤 가석방으로 출소한 후에도 줄곧 무죄를 주장하였다.

대중들에게 유포된 소문이나 그녀의 오빠가 주장하는 사실의 진위와 상관없이 당시 술과 요리가 제공되고 여성이 성접대를 포함한 접대를 제공하는 요정이라는 밀실에서 정치와 정책결정이 이루어지면서 우후죽순처럼 생겨난 요정은 부정부패의 온상으로 변질되고 있었다. 헌법적 정의를 구성하는 민주주의의 핵심가치인 투명성과 공정성은 사라지고 밀실에서 접대와 향응으로 맺어진 인간관계에 따라 은밀하게 정치와 정책결정이 이루어지고 있었던 것이다. 사회정화를 명분으로 등장한 군부가 정치권력을 획득한 뒤 시간이 흐르면서 요정정치의 중심에서 부패한 권력으로 타락하고 있었다. 정인숙 살해사건은 이러한 밀실의 요정정치가 낳은 폐해의 단면을 고스란히 보여주고 있다.《김형욱 회고록》에서는 여러 가지 정황을 통해 정인숙을 살해한 범인이 대통령이라고 강하게 추정하고 있다. 만주군관학교와 일본육군사관학교를 졸업한 뒤 만주에서 일본군 헌병장교를 지냈으며 해방 후 국군장교로 임명되어 한국전쟁이 휴전되면서 육군참모총장을 지내고 박정희 정부에서 1964년부터 정인숙 사건 당시까지 국무총리를 지낸 정일권도 유력한 범인으로 지목되었다.

2 전태일의 분신

3선 개헌이 이루어진 다음 해인 1970년 4월, 착공 6개월 만에 초고속으로 완공된 와우아파트 한 동 전체가 완공된 지 불과 4개월 만에 붕괴되어 수십 명의 사망자가 발생한다. 서울 판자촌에 사는 도시빈민이 거주할 수 있는 대규모의 서민아파트 건설을 명분으로 내걸었지만 오로지 속도와 성과만을 강조하면서 건설사의 부실시공과 정부의 부실감독이 만연한 한국경제의 민낯이 드러난 사건이었다. 외형적 성장에만 몰두하면서 인권을 비롯한 다른 가치들이 희생되는 한국경제의 현실은 이것만이 아니었다. 그해 11월 서울 청계천 평화시장 앞에서 〈근로기준법〉의 준수 등 노동자의 인간다운 삶을 요구하며 만 스물두 살의 **청년 노동자 전태일이 분신자살**을 기도한다.

청계천 주변은 한국전쟁 후 북한에서 피난을 내려온 실향민들이 다닥다닥 모여 살던 판자촌이었다. 청계천을 복개하고 판자촌을 재개발하면서 1961년에 봉제(의류제조)공장이 집중되어 있는 평화시장이 만들어졌다. 시간이 지나 주변에 통일상가와 동화시장, 신평화시장까지 세워지면서 빽빽하게 들어선 8백여 개의 작업장에는 2만여 명의 노동자가 밀집되어 일을 하고 있었다. 1층에 의류판매점이 위치하여 생산, 유통, 판매가 동시에 이루어지는 평화상가 3층짜리 건물 안에만 1만여 명이 미싱사, 재단사, 보조, 시다로 나뉘어 일을 했다. 그는 다른 노동자와 마찬가지로 3미터 높이의 건물 한 층 가운데를 가로로 나누는 칸막이를 설치하여 두 층으로 만든 공간에서 채광도 통풍도 없이 허리를 숙인 채 매일 14시간에서 15시간 가까이 노동을 해야 했다. 1953년에 제정되어 1961년에 개정된 당시 〈근로기준법〉에 따르면 하루 8시간, 일주일 48시간, 당사자간 합의로 일주일 최대 60시간까지(제42조), 특히 13세 이상 16세 미만의 소년의 경우에 하루 7시간, 일주일 42시간, 정부의 인가를 받아 하루 최대 2시간의 추가시간까지(제55조) 노동이 가능했는데 일주일에 100시간 가까이 일하는 현실은 이런 법의 내용과 매우 달랐다.

전태일은 1948년 대구에서 태어나 일곱 살 때 아버지의 사업 실패로 가족과 함께 서울로 올라온 뒤 초등학교를 중퇴하고 열두 살 때부터 가족의 생계를 책임져야 했다. 그는 신문팔이, 구두닦이 등 힘든 일을 전전하다가 가출도 하고, 다시 고향으로 돌아와 야간중학교에 편입도 했다. 서울에 올라와 다시 신문팔이와 구두닦이, 우산장사, 껌팔이 생활로 연명하다가 열일곱 살이 되던 1964년 봄부터 봉제공장 견습공(시다)으로 일을 시작한다. 당시 견습공의 일당은 짜장면 한 그릇 값인 100원에도 못 미치는 커피 한 잔 값 50원 정도였다. 이런 형편없는 임금을 받고서도 열두 살부터 열 다섯 살 정도의 여성 견습공들이 아침 8시에서 밤 11시까지 하루 종일 소음과 먼지와 악취가 가득한 열악한 노동환경에서 폐병(폐결핵)에 걸려 각혈까지 하며 일하는 것을 지켜보면서 그는 분노할 수밖에 없었다. 평화시장 부근에서 일하는 대부분의 미싱사와 시다는 여공으로 전체 노동자의 80퍼센트 이상을 차지했다. 어릴 적 그는 일기장에 이렇게 썼다. "나는 언제부터인지 모르지만 감정에는 약한 편입니다. 조금만 불쌍한 사람을 보아도 마음이 언짢아 그날 기분은 우울한 편입니다." 그가 바로 타인의 고통을 이해하고 안타까워하며 연민할 줄 아는 호모 심파티쿠스를 넘어 타인의 고통에 자신의 감정을 이입시켜 공감할 수 있는 호모 엠파티쿠스의 전형이었다. 그런 그는 극단적 저임금에 최악의 노동조건에서 일하는 여공들의 고통을 공감하지 않을 수 없었다. 박정희 정부가 추진하는 국가주도 경제발전모델에서 핵심가치인 **수출중심의 근대화는 장시간 저임금 노동자의 희생을 바탕으로 진행**되고 있었다. 한강의 기적을 이루어냈던 노동집약형 산업의 과실은 공평하게 분배되지 않았고, 소득의 불균형은 심각했다.

미싱보조와 미싱사를 거쳐 어린 여공들을 돕기 위해 재단사가 되기로 마음먹은 그는 다시 재단보조로 시작해 1967년 2월 재단사가 된다. 노동조합의 맹아인 재단사 친목단체 '바보회'를 만들고, 독학으로 〈근로기준법〉을 공부한 전태일은 평화시장 노동자들의 노동환경실태를 조사하여 노동청과 언론에 알리면서 노동자를 선동하는 위험한 인물로 낙인이 찍혀 해고당한다. 1970년 9월 평화시장으로 돌아와 재단사로 취직한 그는 평화시장의 열악한 노동현실을 언론에 알리고 다시 노동환경실태조사를 실시하여 노동청에 진정서를 제출하는 등으로 〈근로기준법〉 준수운동을 전개한다. 하지만 운동은 경찰의 방해를 받아 뜻대로 이루어지지 않고, 그는 다시 해고된다. 절망한 그는 **1970년 11월 13일 항의집회를 열어 〈근로기준법〉 화형식**을 거행하면서 "우리는 기계가 아니다"라고 외치며 분신한다. 그의 뜻을 이어받아 마침내 청계피복노조가 만들어진다. 그의 헛되지 않은 죽음은 1970년대 이후 전개된 노동운동과 인권운동 및 민주화운동의 불쏘시개가 된다. 대통령의 3선을 허용한 1969년 헌법에서도 노동3권은 근로자의 헌법적 권리로 보장되었다(제29조 제1항). 그렇지만 나중에 유신헌법은 헌법적 권리인 노동3권마저도 법률이 정하는 범위에서 보장되는 권리로 축소한다(제29조 제1항). 그럼에도 불구하고 전태일의 죽음으로 시작된 노동운동은 박정희 정부의 몰락에 중요한 계기를 제공한 와이에이치(YH)무역 여공들의 노동조합결성으로 이어진다.

3 사법파동

한편 헌법개정으로 박정희가 세 번째로 대통령에 당선된 1971년, 그해 6월 군인이나 경찰을 국가배상청구권의 주체에서 배제하는 〈국가배상법〉에 대해서 대법원이 위헌결정을 내린다. 대통령의 삼선을 허용하는 당시 1969년 헌법에 따르면 법률의 위헌 여부에 대한 최종적 심사권은 대법원에게 부여되었으며(제102조 제1항) 공무원의 직무상 불법행위로 피해를 입은 국민은 누구나 국가를 상대로 손해배상을 청구할 수 있는 권리를 가졌다(제26조). 군인이나 경찰이 전투나 훈련 중에 다른 군인이나 경찰의 불법행위로 손해를 입은 경우에도 국가를 상대로 손해배상을 청구할 수 있었던 것이다. 그런데 헌법보다 하위의 법률인 〈국가배상법〉은 군인이나 경찰이 전투나 훈련 중에 다른 군인이나 경찰의 불법행위로 손해를 받을 수 있는 사건이 빈번하게 발생할 수 있는 현실, 특히 수십만 명의 군인이 베트남에 파병된 현실을 고려하여 군인이나 경찰을 국가배상청구권의 주체에서 배제하였다. 이러한 〈국가배상법〉 조항에 대해서 대법원이 위헌결정을 하면서 사법파동이 발생한다. 대법원의 결정으로 대통령의 심기가 불편해질 무렵 자신이 담당하던 재판의 담당변호사로부터 대접을 받은 부장판사 1명에 대한 구속영장이 청구되면서 이에 항의하는 법관들이 집단적으로 사표를 제출한 것이다. 이 사건으로 유신헌법 제정 이후 최초로 실시된 법관재임용절차에서 국가배상법 위헌결정에 참여한 9명을 포함하여 무려 48명이나 되는 법관이 탈락한다.

한편 1971년 8월 현재 행정구역상 인천에 속하는 서해 실미도에서 특수훈련을 받은 북파공작원 24명이 탈출하는 사건이 발생한다. 교전 중 사망한 1명을 제외한 23명은 시외버스를 탈취하여 인천을 거쳐 서울까지 진출했다가 진압군과 교전을 벌이다 수류탄을 터트려 자폭하는데 4명을 제외한 모든 인원이 사망한다. 정부는 이들을 북한 무장공비라고 발표한다. 그해 12월 크리스마스에 서울 명동에 위치한 **대연각호텔에서 화재가 발생**하여 당시 최고층 호텔에 투숙하던 163명이 사망한다. 방화벽이 설치되지 않은 21층 건물을 뒤덮은 화재에도 최대 7층까지밖에 올라가지 않는 고층사다리가 그나마 한 대밖에 없던 터라 구조를 기다리다 열기를 참지 못한 투숙객 38명은 창문으로 뛰어내리다 목숨을 잃는다. 군인이나 경찰의 국가배상청구권을 제한해야 할 만큼 국가재정이 부족한 상황에서 소방장비의 구입도 여의치 못했을 것으로 추정되지만 생명이나 안전보다 경제성장이 우선하던 시절의 슬픈 자화상을 보는 듯해 씁쓸하다.

III 평가

쿠데타(coup d'état)가 비합법적이고 폭력적인 방법으로 정부를 전복시키거나 의회를 해산하여 정치권력을 쟁취하는 국가전복행위(stroke of state)를 의미한다면 여러 가지 비합법적인 방법 가운데 군사력(병력/무력)을 동원하는 방법을 동원하는 쿠데타를 '군사쿠데타'로 부를 수 있다. 대표적으로 장군 출신으로 황제에 지위까지 오른 나폴레옹(나폴레옹 1세)은 1799년 11월 9일 프랑스 혁명정부를 전복시키는 쿠데타를 일으켰고, 루이 나폴레옹(루이 나폴레옹 4세)은 1851년 제2공화국의 의회를 해산시키는 쿠데타를 일으킨다. 박정희가 1961년 5월 16일 병력을 동원하여 국회를 해산시킨 행위도 명백하게 군사쿠데타에 해당한다. 그렇게 권력을 찬탈한 박정희는 3선 개헌까지 감행했지만 아무튼 국민의 선거를 통해 대통령으로 선출됨으로써 민주적 정당성을 확보했다. 여기서 민주주의에서 중요한 것은 결과가 아니라 과정과 절차라는 사실을 확인하게 된다. 대통령선거에서 후보자에 대한 충분한 검증과 후보자가 제시한 공약에 대한 완벽한 토론이 보장되었다면 과연 박정희는 세 번에 걸쳐 대통령에 당선될 수 있었을까?

제5장

유신쿠데타와 헌법

1972년부터
1979년까지의
헌법사

자유를 수출한다는 지역이 아닌
수출을 자유롭게 한다는 지역에서
일하는 그녀들의 이름은
당국에서는 근로자라 부르고
노동청에서는 노동자라 부르고
(…)
누구는 여공이라 부르고
누구는 공순이라 부르는데
그 지역 정문 아닌 후문에
정오만 되면 어김없이 나타나는
이동식 포장마차 대열
거기에 차려놓은
번개식당의 다양한 메뉴
1분 막국수 2분 짜장면 3분 김밥

이선관, 〈번개식당을 아시나요〉(1979) 중에서

그로부터 10여 년 전 군사정변으로 박정희가 한국정치의 전면에 등장할 때처럼 1972년 10월, 그가 종신집권을 꿈꾸며 만든 유신헌법이 등장한 방식은 대단히 반헌법적이었다. 헌법개정의 절차를 무시한 채 헌법적 권한을 부여받지 않은 기관에 의하여 헌법이 개정되었기 때문이다. 바로 직전 해에 실시된 대통령선거에서 정권교체가 이루어지지 않으면 "영구집권의 총통시대가 도래할 것"이라는 야당 후보 김대중의 예언은 적중했다. 세 번에 걸쳐 대통령직에 취임할 때마다 '국헌을 준수하겠다'고 선서했지만 그 선서는 결국 지켜지지 않았다. **10월 17일 오후 7시를 기점으로 전국에 비상계엄**이 선포되면서 헌법적 근거 없이 국회는 해산되고, 국회의 권한은 아무런 헌법적 근거도 없이 설치된 **'비상국무회의'**가 대신 행사함으로써 결과적으로 헌법 일부조항의 효력이 정지되어 버렸다. 헌법보다 우위에 서는 제왕(군주) 같은 대통령의 출현을 목도하게 된 것이다.

비상계엄을 선포한 대통령공고(1972년 10월 17일 대통령공고 제32호)에서 볼 수 있듯이 비상계엄이 선포된 이유는 통일과 개혁을 단행하면서 수반되는 **사회질서혼란을 '미연에' 방지**하겠다는 것이었다. 계엄은 국가비상사태로 인한 사회적 혼란에 대한 사후적 조치로 선포될 수는 있지만 아직 발생하지도 않은(미연未然의) 국가비상사태로 인한 사회적 혼란에 대비하기 위한 사전적 조치로 선포될 수는 없다. 대통령의 3선을 허용한 당시 1969년 제6차 개정헌법에 따르면 계엄선포의 요건은 명시적으로 "내우·외환·천재·지변 또는 중대한 재정·경제상의 위기에 있어서"로 규정되어 있었기 때문에(제73조 제1항) 그러한 국가비상사태의 발생을 전제로 계엄이 선포될 수 있을 뿐이고, 그와 같은 국가비상사태의 발생을 예상하여 미리 계엄이 선포될 수는 없다는 점은 분명하다.

1969년 11월 21일 실시된 국민투표로 확정된 제6차 개정헌법은 대통령에게 국회해산권을 부여하지 않았으며 비록 대통령이 계엄선포권을 부여받기는 했지만 계엄이 선포된 경우에도 단지 정부나 법원의 권한에 관해서만 특별한 조치를 취할 수 있을 뿐이었다. 유신헌법의 부칙은 초헌법적 기구인 비상국무회의의 활동을 나중에 헌법적으로 정당화하기 위한 규정까지 두는 치밀함을 보였다.[1] 독재를 법적으로 교묘하게 정당화하는 이른바 '법기술자'에 지나지 않았던 법전문가들이 유신헌법의 제정과정에 개입했던 사실을 확인할 수 있는 지점이다. 전국에 선포된 비상계엄에 따라 계엄사령관인 육군참모총장이 공고한 〈계엄포고 제1호 포고문〉은 정당활동과 정치활동을 모두 금지하고, 모든 언론활동에 사전검열이 실시되었으며 모든 대학을 강제로 휴교시켰다(다음 참조). 유신헌법이 만들어지기 석 달 전 남북한 당국 간에 민족통일에 관한 세 가지 원칙으로 자주, 평화, 민족대단결을 제시하는 〈7·4남북공동성명〉이 서울과 평양에서 동시에 발표되어 남북통일의 준비에 필요한 헌법을 만들겠다는 밑자락이 이미 깔려진 상태였다. 박정희는 이미 1970년 경제성장에 따른 체제우위의 자신감으로 광복절성명에서 북한과 대화할 의도를 내비쳤으며 1971년 9월 판문점에서 남북적십자회담이 열려 이산가족상봉에 관한 논의도 이루어졌다. 국제적으로도 1969년 냉전체제의 대립과 긴장을 완화시키고 화해분위기(데탕트)를 만들어낸 닉슨 독트린이 발표되었으며, 1972년 미국과 중국의 정상(닉슨/마오쩌둥) 간에 정상회담이 성사되어 미중관계가 복원되었다. 이러한 국제적 분위기 속에서 남한 중앙정보부장 이후락의 평양 방문과 북한 부수상 박성철의 서울

1 유신헌법 부칙 제4조 1972년 10월 17일부터 이 헌법에 의한 국회의 최초의 집회일까지 **비상국무회의가 대행한 국회의 권한**은 이 헌법 시행 당시의 헌법과 이 헌법에 의한 국회가 행한 것으로 본다.

방문으로 사전에 준비된 남북공동성명이 발표되면서 잠시 평화체제가 유지되는 듯하지만 남북대화는 2년 만에 중단된다.

계엄포고 제1호

포 고 문

1972년 10월 17일 19시를 기하여 하기 사항을 포고함.

1. 모든 정치활동 목적의 실내외 집회 및 시위를 일체 금한다. 정치활동 목적이 아닌 실내외 집회는 허가를 받아야 한다. 단, 관혼상제와 의례적인 비정치적 종교행사의 경우는 예외로 한다.
2. 언론, 출판, 보도 및 방송은 사전검열을 받아야 한다.
3. 각 대학은 당분간 휴교조치한다.
4. 정당한 이유 없는 직장이탈이나 태업행위를 금한다.
5. 유언비어의 날조 및 유포를 금한다.
6. 야간통행금지는 종전대로 시행한다.
7. 정상적 경제활동과 국민의 일상생업의 자유는 이를 보장한다.
8. 외국인의 출입국과 국내여행 등 활동의 자유는 이를 최대한 보장한다.

이 포고를 위반한 자는 영장 없이 압수, 수색한다.

1972년 10월 17일
계엄사령관 육군대장 노재현

Ⅰ 유신헌법

1 통일주체국민회의

1972년 12월 27일에 공포된 유신헌법은 대통령의 권한을 강화하는 내용으로 가득 채워졌다. 벼려(불에 달구어 날카롭게 되도록 두들겨) 새롭게 만든다는 뜻의 유신(維新)은 무엇을 벼려 새롭게 만들기 위한 것이었을까? 그것은 혹시 타인의 고통에 관심도 공감도 없는 최고권력자의 독재연장이나 장기집권이 아니었을까? 대통령은 중임제한 없이 6년의 임기로 **'통일주체국민회의'**에서 선출되었다(제39조 제1항 및 제47조). 이것은 국민의 직접선거가 아닌 일종의 선거인단이 개입하는 간접선거로 통일주체국민회의의 구성방식에 따라 종신집권이 가능한 체제인 것이다. 일종의 대통령선거인단에 해당하는 통일주체국민회의는 **6년의 임기가 보장된 대의원**으로 구성되는데 대의원이 될 수 있는 자격은 ① 국회의원의 피선거권이 있고, ② 선거일 현재 30세에 달하여야 하며 ③ "조국의 평화적 통일을 위하여 국민주권을 성실히 수행할 수 있는 자"여야 한다(제37조 제1항). 그리고 대의원의 정당가입은 금지되었다(제37조 제3항).

조국의 평화적 통일을 위하여 국민주권을 성실히 수행할 수 있는 가늠하기 어려운 능력을 가진 자만이 후보자가 될 수 있고, 대의원이 된 후에는 정당가입도 금지된 상태에서 심지어 법률로 후보자가 선거운동기간 동안 연설을 하면서 특정인이나 정당 또는 정치단체나 사회단체를 지지하거나 반대하는 행위마저 금지되었다(통일주체국민회의대의원선거법 제42조 제1항). 이처럼 정치적 지향성을 전혀 갖지 않은 무색무취의 인사만 대의원이 될 수 있다면 대체로 정부정책에 무비판적인 인사가 대의원으로 선출될 개연성이 높다. 물론 누구나 대통령후보로 출마할 수 있었지만 이미 결론이 정해진 대통령선거에 예상되는 탄압을 견디면서까지 출마할 의지를 가진 사람은 없었으며 박정희는 연임에 대한 제한도 없이 출마만 하면 당선될 수 있는 대통령선거제도의 헌법적 틀을 마련한 것이다. 유신헌법은 실정헌법이 반드시 헌법적 정의와 일치하는 것은 아니라는 사실을 확인시켜 준다.

통일주체국민회의는 행정부의 수반인 대통령을 선출할 수 있는 권한뿐만 아니라 입법부의 구성원인 **국회의원 정원의 3분의 1을 선출할 수 있는 권한**도 가져갔다(제40조 제1항). 문제는 통일주체국민회의에서 선출되는 국회의원 후보자는 모두 대통령이 추천한다는 점이다(같은 조 제2항). 거수기에 지나지 않는 대의원들이 대통령에 의하여 추천된 후보자들을 전부 선출한다면 사실상 대통령이 국회의원의 3분의 1을 임명할 수 있는 권한을 가지게 되었다는 뜻이다. 게다가 대통령이 추천한 국회의원 후보자 개인에 대해서 개별적으로가 아니라 전원에 대해서 일괄적으로 통일주체국민회의에 의한 찬반투표가 실시되었다. 추천된 명단에 부적합한 인물이 일부 포함되어 있어도 전부를 반대할 가능성보다 전부를 찬성할 가능성이 높은 것이다. 통일주체국민회의에서 선출된 국회의원의 임기는 3년인 반면에 국민이 선거로 선출한 국회의원의 임기는 6년이라는 차이가 있을 뿐이었다.

국회의원의 선거에 관한 상세한 사항은 헌법의 위임을 받은 법률에서 정해졌는데 당시 〈국회의원선거법〉(1972년 12월 30일 개정된 것)에 따르면 **1개 선거구에서 2명의 국회의원을 선출하는 중선거구제**가 채택되어 한 선거구에서 반드시 한 명은 여당의 후보자가 당선될 수밖에 없는 구조를 가지고 있었다. 결국 국회의원의 3분의 1은 사실상 대통령이 지명하고, 또 다른 3분의 1은 현실적으로 여당에서 차지하여 언제든지 헌법의 개정이 가능하고 야당 국회의원의 제명도 가능한 재적의원 3분의 2를 여당이 독차지할 수 있는 제도적 틀이 마련되었다. 통일주체국민회의는 국회의원이 제안하고 의결한 헌법개정안을 최종적으로 의결할 수 있는 권한도 가졌다. 국회에서 의결한 헌법개정안이 대통령의 친위대에 지나지 않는 통일주체국민회의에서 의결될 가능성도 사라졌다는 뜻이다.

2 제왕적 대통령의 권한

더욱이 대통령에게는 **'긴급조치권'**, 특히 헌법이 보장한 국민의 자유와 권리를 잠정적으로 정지하거나 헌법이 부여한 정부나 법원의 권한을 제한하는 긴급조치권이 부여되었으며 이에 대해서는 사후의 사법적 심사마저 배제되었다(제53조 제1항, 제2항 및 제4항). 대통령은 행정권을 부여받은 정부의 수반이므로 정부의 권한을 제한하는 긴급조치는 특별히 문제될 바 없으나 사법권을 부여받은 법원의 권한을 제한할 수 있는 긴급조치권을 대통령에게 부여한 것은 권력분립원칙에 대한 심각한 훼손을 의미하는 것이다. 또한 유신헌법에 따르면 일반 국민은 원칙적으로 군사재판을 담당하던 군법회의의 재판을 받지 않을 권리를 가졌는데 예외적으로 대통령이 법원의 권한에 대하여 **긴급조치를 한 경우에는 군법회의의 재판**을 받게 되었다(제24조 제1항 및 제2항).

심지어 대통령에게는 **국회를 해산할 수 있는 권한**까지 부여되어 대통령과 국회의 관계에서 대통령이 절대적 우위에 놓이게 되었다(제59조 제1항). 사법부의 구성원인 법관의 경우에도 이전까지는 대법원판사는 법관추천회의의 동의를 받아 대법원장이 추천하면 대통령이 임명해야 하고, 대법원판사가 아닌 법관은 대법원판사회의의 의결을 거쳐 대법원장이 임명할 수 있었다. 그런데 유신헌법에 따르면 대법원장이 아닌 모든

법관임명제도의 변화

1962년 헌법 및 1967년 헌법	1972년 헌법(유신헌법)
① **대법원장인 법관**은 법관추천회의의 제청에 의하여 대통령이 국회의 동의를 얻어 임명한다. 대통령은 법관추천회의의 제청이 있으면 국회에 동의를 요청하고, 국회의 동의를 얻으면 임명하여야 한다. ② **대법원판사인 법관**은 대법원장이 법관추천회의의 동의를 얻어 제청하고 대통령이 임명한다. 이 경우에 제청이 있으면 대통령은 이를 임명하여야 한다. ③ **대법원장과 대법원판사가 아닌 법관**은 대법원판사회의의 의결을 거쳐 대법원장이 임명한다.	① **대법원장인 법관**은 대통령이 국회의 동의를 얻어 임명한다. ② **대법원장이 아닌 법관**은 대법원장의 제청에 의하여 대통령이 임명한다.

법관은 대법원장의 제청으로 대통령이 임명할 수 있게 되었다(제103조 제2항). **대통령이 대법원장을 포함하여 모든 법관의 임명권**을 가지게 됨으로써 사법부의 독립성이 상당히 훼손된 것이다. 사법부의 독립성 보장은 권력분립원칙을 구현하기 위한 핵심적 원칙이므로 대통령의 국회해산권과 함께 법관임명권은 권력분립원칙과 정면으로 부딪힐 수밖에 없다.

한마디로 제왕적 대통령을 헌법적으로 정당화하는 헌법이 바로 유신헌법이었다. 하지만 그는 유신헌법을 경제적 효율성을 강화하는 이른바 '한국적 민주주의'를 실현하기 위한 수단으로 합리화하였다. 유신헌법은 당시 중앙정보부장이었던 이후락을 중심으로 종신집권을 허용하는 대만의 총통제를 모델로 삼아 같은 해 5월부터 추진되었던 것으로 알려져 있다. 유신헌법은 1972년 11월 21일 공포분위기 속에 진행된 국민투표를 거쳐 통과된다. 그때부터 일사천리로 후속절차가 이어지는데 12월 15일에는 통일주체국민회의 대의원선거가 실시되고, 그날 밤 자정부터 비상계엄이 해제된 12월 23일에는 **통일주체국민회의에서 박정희가 대통령**(제8대)으로 선출되었으며 유신헌법이 공포된 당일인 12월 27일 오전에 박정희가 대통령에 취임한다. 통일주체국민회의 대의원이 될 수 있는 헌법적 자격이나 선거운동과정에서 정치적 의견표명을 금지하는 법률규정에서 이미 예상할 수 있었듯이 재적 대의원 2,359명 중 단 2명의 무효표를 제외하고 전원이 유일하게 출마한 후보자 박정희에게 찬성하였다. 유신헌법에 따라 대통령은 통일주체국민회의에서 토론없이 무기명투표로 선출했으며(제39조 제1항) 재적 대의원 과반수의 찬성을 얻은 후보자를 대통령당선자로 결정하였는데(같은 조 제2항) 사실상 만장일치의 찬성이 나온 것이다.

3 헌법개정의 불가능성

유신헌법이 공포된 이후 장기집권을 정당화하는 유신헌법에 반대하던 10여 명의 야당 국회의원은 중앙정보부나 육군보안사령부(보안사)에 강제로 연행되어 알몸 상태에서 야만적인 고문을 받는다. 비상계엄이 해제된 1972년 12월(1972년 12월 23일 대통령공고 제35호), 대통령 선거 직전에 실시된 국회의원 선거에서 통일주체국민회의에 의해 선출되도록 규정된 국회의원 정수의 3분의 1인 73명과 함께 지역구에서 선출되는 국회의원 73명을 당선시킨 여당(민주공화당)은 헌법개정에 필요한 3분의 2 이상의 의석을 독차지하였다(다음 참조). 유신헌법에 따르면 헌법개정은 두 가지 경로로 가능했는데 하나는 대통령이 헌법개정을 발의한 경우로 국민투표로 확정되며 다른 하나는 **국회의원이 헌법개정을 발의한 경우로 국회의 의결을 거쳐 통일주체국민회의의 의결로 확정**되었다(헌법 제124조 제1항 및 제2항). 국회의원이 헌법개정을 발의한 경우 최종적으로 대통령을 지

제9대 국회의원 선거(1972년 12월 12일) **정당별 의석분포** (단위: 명)

민주공화당	신민당	민주통일당	무소속	합계
73	52	2	19	146
제9대 국회의원의 정원은 통일주체국민회의에서 선출된 73명을 포함하여 총 219명				

지하는 인사들로 구성된 통일주체국민회의의 의결을 거쳐야 한다는 점부터 유신헌법의 개정을 사실상 불가능하게 하는 장치였다. 게다가 이전 단계인 국회의 의결은 재적의원의 3분의 2 이상의 찬성을 얻어야 하는데 통일주체국민회의에서 대통령이 추천한 후보자로 재적의원의 3분의 1이 선출되고 중선거구제로 지역구에서 반드시 1명은 여당 후보자가 선출될 수 밖에 없는 구조에서 여당이 3분의 2 이상의 의석을 차지하도록 제도적으로 보장하는 장치도 유신헌법의 개정을 애초에 불가능하게 만들었다. 같은 맥락에서 국회의원의 헌법개정 발의는 재적의원 과반수로 가능한데 겨우 재적의원 3분의 1 정도의 의석을 차지할 수 있는 야당이 유선헌법의 개정을 발의하는 자체가 원천적으로 불가능한 구조가 만들어졌다.

II 민청학련 사건과 인혁당 사건

1972년 12월, 유신헌법에 따라 통일주체국민회의에서 단독으로 출마한 **박정희는 다시 네 번째로 대통령으로 선출**되자 박정희 정부에 대한 국민의 분노가 극단으로 치닫는다. 1973년 말부터 대학을 중심으로 유신반대운동이 전국적으로 확산되면서 1974년 1월 유신헌법에 대한 논의 자체를 전면적으로 금지하기 위하여 유신헌법을 비판하거나 그 개정을 주장하는 모든 행위를 금지하면서 위반자를 법관의 영장 없이 체포, 구속하여 처벌할 수 있도록 하는 〈긴급조치 제1호〉가 발령된다. 긴급조치는 국회가 제정한 법률에 해당하지 않아 대법원이 그에 대한 위헌심사의 권한을 가진다고 보는 대법원은 2010년에 〈긴급조치 제1호〉가 대통령의 긴급조치권을 규정한 유신헌법에서 정한 요건을 충족하지 않아 헌법이 보장한 기본권을 침해하여 위헌으로 결정하였다.

긴급조치 제1호의 위헌성—대법원 2010년 12월 16일 선고, 2010도5986 판결

구 대한민국헌법(1980. 10. 27. 헌법 제9호로 전부 개정되기 전의 것, 이하 '유신헌법'이라 한다) 제53조에 근거하여 발령된 대통령 긴급조치(이하 '긴급조치'라 한다) 제1호는 그 발동 요건을 갖추지 못한 채 목적상 한계를 벗어나 국민의 자유와 권리를 지나치게 제한함으로써 헌법상 보장된 국민의 기본권을 침해한 것이므로, 긴급조치 제1호가 해제 내지 실효되기 이전부터 **유신헌법에 위배되어 위헌**이고, 나아가 긴급조치 제1호에 의하여 침해된 각 기본권의 보장 규정을 두고 있는 **현행 헌법에 비추어 보더라도 위헌**이다. 결국 이 사건 재판의 전제가 된 긴급조치 제1호 제1항, 제3항, 제5항을 포함하여 긴급조치 제1호는 헌법에 위배되어 무효이다. 이와 달리 유신헌법 제53조에 근거를 둔 긴급조치 제1호가 합헌이라는 취지로 판시한 대법원 1975. 1. 28. 선고 74도3492 판결, 대법원 1975. 1. 28. 선고 74도3498 판결, 대법원 1975. 4. 8. 선고 74도3323 판결과 그 밖에 이 판결의 견해와 다른 대법원판결들은 모두 폐기한다.

이런 폭압적인 상황에서도 대학생들은 1974년 4월 3일 전국에서 동시에 시위를 벌이기로 계획한다. 그 중심에는 민중, 민족, 민주의 이념으로 결합되었지만 아직은 조직의 형태를 미처 갖추지 못한 민청학련(전국민주청년학생총연맹)이 있었다. 마치 미리 준비를 하고 있었다는 듯이 같은 날 밤 정부는 **민청학련을 불순세력의 조종을 받는 불법단체로 규정**하면서 민청학련 가입이나 지원, 학생의 교내외 집단행동을 금지하는 〈긴급조치 제4호〉를 발령한다. 이철, 유인태, 김지하 등 민청학련 관련자들은 〈긴급조치 제4호〉 위반으로 비상군법회의에 회부된다. 또한 민청학련이 인혁당재건위의 조종을 받아 조직된 전국적 대학생조직이라는 수사결과가 발표된다. 인혁당(인민혁명당)은 1964년 6월 한일협정에 반대하던 운동을 배후에서 조종하던 반국가단체로 기소되었지만 재판 결과 사실상 실체가 없는 것으로 확인되었다. 정부정책에 반대하는 세력을 반국가세력으로 몰아 탄압하는 방식은 그렇게 계속되고 있었다.

헌법적 정의를 실현하기 위한 최소한의 절차적 전제조건은 **정치적 표현의 자유**에 대한 보장인데 헌법적 정의에 반하는 유신헌법을 기초로 탄생한 박정희 정부는 정치적 표현의 자유를 억압하면서 그러한 자유를 주장하는 시민들에게 반국가나 반체제의 누명을 씌웠다. 민청학련 사건 관련자 7명과 인혁당 관련자 7명에게 1심에서 사형이 선고되었고, 이 가운데 인혁당 사건 관련자 전원과 민청학련 사건 관련자 1명은 상고가 기각되어 최종적으로 사형이 확정된 1975년 4월 8일의 다음 날 새벽 곧바로 사형이 집행되었다. 사법제도를 활용한 잔혹한 학살이 타인의 고통을 공감할 수 없는 권력자들에 의해서 정권유지의 목적으로 버젓이 자행되고 있었다. 2013년 대법원은 〈긴급조치 제4호〉가 위헌으로 무효라고 판시하였다.

긴급조치 제4호는 이른바 유신체제의 정권에 반대하는 전국민주청년학생총연맹과 이에 관련되는 제 단체를 조직하거나 이에 가입하는 행위, 그 단체나 구성원의 활동에 동조하거나 구성원과 회합, 통신 기타 방법으로 연락하는 행위, 그 구성원의 활동을 위한 장소, 물건, 금품 기타 편의를 제공하는 행위 및 기타 방법으로 그 단체나 구성원의 활동에 직간접으로 관여하는 일체의 행위, 그리고 학교관계자 감독하의 정상적 수업·연구활동을 제외한 학교 내외의 집회·시위 기타 일체의 개별적·집단적 행위 등을 금지하고, 이와 같이 금지된 행위를 권유, 선동, 선전하거나 방송, 보도, 출판 기타 방법으로 이를 타인에게 알리는 일체의 행위를 금지하며(제1, 3, 5, 6항), 이 조치를 위반하거나 비방한 자는 법관의 영장 없이 체포, 구속, 압수, 수색하고 비상군법회의에서 심판하여 사형, 무기 또는 5년 이상의 유기징역에 처하며, 이 경우 15년 이하의 자격정지를 병과할 수 있고(제8, 9항), 문교부장관은 긴급조치 위반학생에 대한 퇴학·정학처분이나 학생의 조직·결사 기타 학생단체의 해산은 물론, 이 조치 위반자가 소속된 학교의 폐교처분을 할 수 있으며(제7항), 군지역사령관은 서울특별시장, 부산시장 또는 도지사로부터 치안질서 유지를 위한 병력출동의 요청을 받은 때에는 이에 응하여 지원하여야 하도록(제11항) 규정하고 있다. 이러한 긴급조치 제4호는 오로지 유신체제를 유지하고 그에 대한 국민적 저항을 탄압하기 위한 것임이 분명하여 긴급조치권의 목적상의 한계를 벗어난 것일 뿐만 아니라, 위 긴급조치가 발령될 당시의 국내외 정치 및 사회 상황이 긴급조치권 발동의 대상이 되는 비상사태로서 국가의 중대한 위기상황이라거나 국가적 안위에 직접 영향을 주는 중대한 위협을 받을 우려가 있는 상황에 해당한다고 할 수 없으므로, 그러한 상황에서 발령된 위 긴급조치는 유신헌법 제53조가 규정하고 있는 발동 요건을 결여한 것이다.

또한 국가가 국민의 기본적 인권을 최대한으로 보장하도록 한 유신헌법 제8조나 현행 헌법 제10조의 규정에도 불구하고, 긴급조치 제4호의 내용은 위에서 본 바와 같이 유신헌법 제18조(현행 헌법 제21조)가 규정한 언론·출판과 집회·결사의 자유를 침해하고, 영장 없는 체포 등을 허용하고 민간인을 비상군법회의에서 심판하도록 함으로써 유신헌법 제10조와 제24조(현행 헌법 제12조와 제27조)가 규정한 영장주의 원칙에 위배됨은 물론 법관에 의한 재판을 받을 권리를 침해하며, 학교관계자 감독하의 수업·연구활동을 제외한 일체의 행위 등을 금지하고 문교부장관이 긴급조치에 위반한 학생 및 그 소속 학교에 대한 퇴학·폐교 등 조치를 하게 하는 등으로 유신헌법 제19조(현행 헌법 제22조)가 규정한 학문의 자유를 침해할 뿐만 아니라 현행 헌법 제31조 제4항이 규정하는 대학의 자율성도 침해한 것이다.

이처럼 긴급조치 제4호는 그 발동 요건을 갖추지 못한 채 목적상 한계를 벗어나 민주주의의 본질적 요소인 **표현의 자유를 침해하고, 영장주의에 위배되며, 법관에 의한 재판을 받을 권리와 학문의 자유 및 대학의 자율성 등 헌법상 보장된 국민의 기본권을 침해**하는 것이므로, 그것이 폐지되기 이전부터 유신헌법은 물론 현행 헌법에 비추어 보더라도 위헌·무효라 할 것이다.

III 유신헌법의 유지를 위한 정치적 억압

1 유신헌법 찬반 국민투표와 긴급조치 제9호

미니스커트와 장발을 본격적으로 단속하기 위한 〈경범죄처벌법〉 개정으로 개인의 자기결정권까지 침해하는 억압적 분위기가 사회 전체를 지배했던 1973년, 그해 겨울 12월 유신헌법에 반대하여 '개헌청원 백만인 서명운동'이 전개된다. 그해 개정된 〈경범죄처벌법〉은 "성별을 알아볼 수 없을 정도의 장발을 한 남자, 또는 미풍양속을 해하는 저속한 옷차림을 하거나 장식물을 달고 다니는 자"를 처벌하도록 규정하였다(제1조 제49호). 이런 상황에서 앞서 언급한 대로 1974년 1월 〈긴급조치 제1호〉가 발령되었고(다음 참조), 8월 15일에 열린 광복절기념행사에서 대통령부인 육영수가 총격으로 사망하면서 10년 가까이 대통령 경호실장을 지낸 박종규가 해임되었으며 경호실의 권한이 강화된다. 유신에 반대하는 언론의 투쟁도 강화되면서 정부비판적 신문사의 광고를 중단시키고 강제로 기자들을 해직시키는 언론탄압도 자행된다. 그런 와중에 **1975년 2월 유신헌법에 대한 찬반 국민투표**가 실시되었다. 압도적인 찬성으로 나타난 투표결과에도 유신헌법에 대한 저항이 지속되면서 4월에는 유신반대를 외치며 서울대학교 학생 김상진이 할복을 감행한다.

1975년 캄보디아와 베트남이 차례로 공산화되는 국제적 상황을 활용하여 국민의 저항에 대한 위기의식을 느낀 정부는 같은 해 5월에 국론분열을 막겠다는 취지에서 〈긴급조치 제9호〉가 발령한다. 이에 따르면 유신헌법에 대한 반대나 폐지를 주장하는 헌법부정행위가 모두 금지되고, 학생의 정치집회나 정치관여도 전면적으로 금지되며 이를 위반한 자는 법관이 발부한 영장 없이 체포나 구속하여 처벌할 수 있었다. '교수재임용제도'를 도입하여 유신체제에 비판적인 교수들을 합법적으로 제거할 수 있도록 만들어 정부에 비판적인 교수들은 강제로 해직시켰다. 같은 해 6월에는 정부의 공연활동 정화대책이 발표되면서 〈아침이슬〉, 〈상록수〉, 〈고래사냥〉, 〈동백아가씨〉 등 금지곡이 양산되었으며 대학에서 학생회가 해체되는 대신 〈학도호국단설치령〉(1975년 6월 7일 제정 및 시행)에 따라 '학도호군단'이 설치되어 학원에 대한 통제가 강화되었다. 시민들에게 보장된 표현의 자유를 억압하면서 학생들에게는 제복을 입혀 군사훈련을 시키는 사회 전체의 병영화가 진행되고 있었다.

대통령 긴급조치 제1호—1974년 1월 8일 선포

1. 대한민국 헌법을 부정, 반대, 왜곡 또는 비방하는 일체의 행위를 금한다.
2. 대한민국 헌법의 개정 또는 폐지를 주장, 발의, 제안 또는 청원하는 일체의 행위를 금한다.
3. 유언비어를 날조, 유포하는 일체의 행위를 금한다.
4. 전 1, 2, 3호에서 금한 행위를 권유, 선동, 선전하거나, 방송, 보도, 출판 기타 방법으로 이를 타인에게 알리는 일체의 언동을 금한다.
5. 이 조치에 위반한 자와 이 조치를 비방한 자는 법관의 영장 없이 체포, 구속, 압수, 수색하며 15년 이하의 징역에 처한다. 이 경우에는 15년 이하의 자격정지를 병과할 수 있다.
6. 이 조치에 위반한 자와 이 조치를 비방한 자는 비상군법회의에서 심판, 처단한다.
7. 이 조치는 1974년 1월 8일 17시부터 시행한다.

대통령 긴급조치 제9호(국가안전과 공공질서의 수호를 위한 대통령긴급조치)—1975년 5월 13일 선포

1. 다음 각 호의 행위를 금한다.
   가. 유언비어를 날조, 유포하거나 사실을 왜곡하여 전파하는 행위
   나. 집회·시위 또는 신문, 방송, 통신 등 공중전파수단이나 문서, 도화, 음반 등 표현물에 의하여 대한민국 **헌법을 부정·반대·왜곡 또는 비방하거나 그 개정 또는 폐지를 주장·청원·선동 또는 선전하는 행위**
   다. 학교당국의 지도, 감독하에 행하는 수업, 연구 또는 학교장의 사전 허가를 받았거나 기타 예외적 비정치적 활동을 제외한, **학생의 집회·시위 또는 정치관여행위**

라. 이 조치를 공연히 비방하는 행위

2. 제1에 위반한 내용을 방송·보도 기타의 방법으로 공연히 전파하거나, 그 내용의 표현물을 제작·배포·판매·소지 또는 전시하는 행위를 금한다.
3. 재산을 도피시킬 목적으로, 대한민국 또는 대한민국 국민의 재산을 국외에 이동하거나 국내에 반입될 재산을 국외에 은닉 또는 처분하는 행위를 금한다.
4. 관계서류의 허위기재 기타 부정한 방법으로 해외이주의 허가를 받거나 국외에 도피하는 행위를 금한다.
5. 주무부장관은 이 조치 위반자, 범행 당시의 그 소속 학교, 단체나 사업체 또는 그 대표자나 장에 대하여 다음 각 호의 명령이나 조치를 할 수 있다.
   가. 대표자나 장에 대한 소속 임직원·교직원 또는 학생의 해임이나 제적의 명령
   나. 대표자나 장, 소속 임직원·교직원이나 학생의 해임 또는 제적의 조치
   다. 방송·보도·제작·판매 또는 배포의 금지조치
   라. 휴업·휴교·정간·폐간·해산 또는 폐쇄의 조치
   마. 승인·등록·인가·허가 또는 면허의 취소조치
6. 국회의원이 국회에서 직무상 행한 발언은 이 조치에 저촉되더라도 처벌하지 아니한다. 다만, 그 발언을 방송·보도 기타의 방법으로 공연히 전파한 자는 그러하지 아니한다.
7. 이 조치 또는 이에 의한 주무부장관의 조치에 위반한 자는 1년 이상의 유기징역에 처한다. 이 경우에는 10년 이하의 자격정지를 병과한다. 미수에 그치거나 예비 또는 음모한 자도 또한 같다.
8. 이 조치 또는 이에 의한 주무부장관의 조치에 위반한 자는 **법관의 영장 없이 체포·구속·압수 또는 수색**할 수 있다.
9. 이 조치 시행후, 특정범죄가중처벌 등에 관한 법률 제2조(뇌물죄의 가중처벌)의 죄를 범한 공무원이나 정부관리기업체의 간부직원 또는 동법 제5조(국고손실)의 죄를 범한 회계관계직원 등에 대하여는, 동법 각조에 정한 형에, 수뢰액 또는 국고손

실액의 10배에 해당하는 벌금을 병과한다.

10. 이 조치 위반의 죄는 일반법원에서 심판한다.
11. 이 조치의 시행을 위하여 필요한 사항은 주무부장관이 정한다.
12. 국방부장관은 서울특별시장·부산시장 또는 도지사로부터 치안질서 유지를 위한 병력출동의 요청을 받은 때에는 이에 응하여 지원할 수 있다.
13. 이 조치에 의한 주무부장관의 명령이나 조치는 사법적 심사의 대상이 되지 아니한다.
14. 이 조치는 1975년 5월 13일 15시부터 시행한다

대법원은 위헌·무효인 〈긴급조치 제9호〉의 적용이나 집행으로 영장 없이 강제수사를 받거나 유죄선고를 받고 복역한 사람의 피해에 대해서는 국가가 손해배상을 해야 한다고 판결하였다. 사실 이전에 대법원은 〈긴급조치 제9호〉가 위헌·무효라고 하더라도 당시는 시행 중이었고 위헌·무효임이 선언되지 않은 이상 〈긴급조치 제9호〉에 근거하여 영장 없이 피의자를 체포·구속하여 수사를 진행한 뒤 공소를 제기한 수사기관의 직무행위나 〈긴급조치 제9호〉를 적용하여 유죄판결을 선고한 법관의 재판상 직무행위는 공무원의 고의나 과실에 의한 불법행위에 해당하지 않는다고 보아 피해자의 국가배상청구권을 인정하지 않았다(대법원 2014. 10. 27. 선고 2013다217962 판결). 대법원 스스로 이러한 부끄러운 판결을 8년이 지나서야 변경한 것이다.

대법원 2022년 8월 30일 선고, 2018다212610

보통 일반의 공무원을 표준으로 공무원이 직무를 집행하면서 객관적 주의의무를 소홀히 하고 그로 말미암아 그 직무행위가 객관적 정당성을 잃었다고 볼 수 있는 때에 국가배상법 제2조가 정한 국가배상책임이 성립할 수 있다. 공무원의 직무행위가 객관적 정당성을 잃었는지는 행위의 양태와 목적, 피해자의 관여 여부와 정도, 침해된 이익의 종류와 손해의 정도 등 여러 사정을 종합하여 판단하되, 손해의 전보책임을 국가가 부담할 만한 실질적 이유가 있는지도 살펴보아야 한다. 구 국가안전과 공공질서의 수호를 위한 대통령긴급조치(1975. 5. 13. 대통령긴급조치 제9호, 이하 '긴급조치 제9호'라고 한다)는 위헌·무효임이 명백하고 긴급조치 제9호 발령으로 인한 국민의 기본권 침해는 그에 따른 강제수사와 공소제기, 유죄판결의 선고를 통하여 현실화되었다. 이러한 경우 긴급조치 제9호의 발령부터 적용·집행에 이르는 일련의 국가작용은, 전체적으로 보아 공무원이 직무를 집행하면서 객관적 주의의무를 소홀히 하여 그 직무행위가 객관적 정당성을 상실한 것으로서 위법하다고 평가되고, **긴급조치 제9호의 적용·집행으로 강제수사를 받거나 유죄판결을 선고받고 복역함으로써 개별 국민이 입은 손해**에 대해서는 국가배상책임이 인정될 수 있다.

2 장준하와 김형욱의 의문사

1973년 10월 간첩단 사건으로 수사를 받던 서울대학교 법과대학 교수 최종길이 범죄를 시인하고 투신하여 사망했다는 중앙정보부의 발표가 보도된다. 사실 그는 조작된 간첩단사건에서 고문으로 사망했다는 의혹이 꾸준히 제기되었으며 2002년 의문사진상규명위원회는 그가 중앙정보부의 고문을 받으면서도 자백을 거부했지만 자백한 것으로 수사결과가 조작되었다는 조사결과를 발표했다. 그의 유족은 국가를 상대로 손해배상을 청구하였는데 법원은 국가가 주장하는 소멸시효의 완성을 인정하지 않았고, 중앙정보부가 불법구금과 고문으로 그를 사망에 이르게 하였으며 사건의 은폐를 위하여 간첩으로 조작하여 그의 명예를 훼손했다며 국가의 손해배상책임을 인정했다.[2] 한편 1975년 8월에는 박정희 정권과 맞서 싸우던 정치인 **장준하가 의문사**를 당한다. 경기도 포천에 위치한 급경사의 절벽에서 추락하여 계곡에서 발견된 것으로 발표된 그의 시신에서는 추락사를 추정할 수 있는 아무런 증거도 발견할 수 없었다. 실족하여 높은 벼랑에서 떨어졌다고 발표된 그의 시신은 큰 상처 없이 깨끗했다. 오히려 등산을 갔다가 타살을 당한 후 시신이 그곳으로 옮겨졌다는 추정이 설득력을 얻었다. 1918년에 태어난 장준하는 일제강점기에 강제로 징용되어 일본군이 되었다가 중국에 배치된 뒤 탈출하여 광복군이 된다. 이처럼 무장독립운동에 투신했던 그는 해방 후 이범석이 조직한 조선민족청년단(족청)에서 활동했으며 한국전쟁이 아직 끝나지 않은 1953년 3월 《사상계》라는 잡지를 발행하여 4·19혁명을 촉발시키는 정신적 토대를 제공한다. 한일외교정상화를 위한 한일협정을 비판하다가 투옥되었으며 1967년 국회의원 선거에서 옥중에서 출마하여 당선되기도 했다. 국회의원 장준하는 재야세력을 규합하여 3선 개헌에 반대하는 반독재투쟁을 주도했다.

유신헌법이 제정된 뒤 장준하는 개헌청원운동을 주도하며 유신독재에 항거하는 투쟁에서 최선봉에 섰다. 1974년 〈긴급조치 제1호〉 위반으로 기소되어 군법회의에서 징역 15년형을 선고받은 그는 1년 가까이 수형생활을 하다가 지병이 악화되어 형집행정지로 가석방된다. 그는 분열

---

2 서울고등법원 2006년 2월 14일 선고 2005나27906 판결 참조. 이 판결은 법무부가 대법원 상고를 포기함으로써 확정되었다.

된 야권 정치인은 물론 범민주세력을 통합시킴으로써 〈긴급조치 제9호〉에 반대하는 등 효과적으로 반독재 투쟁을 전개하려 했으며 박정희 정권은 그를 위해분자로 분류하여 감시대상으로 삼고 불법도청까지 일삼는다. 이것이 바로 그의 죽음은 단순한 추락사가 아니라 타살이라는 추정을 가능하게 만드는 배경이다. 사망한 지 37년이 지난 2012년 여름 폭우로 그의 무덤이 파헤쳐지며 이장을 하는 과정에서 두개골의 함몰부위가 둔기의 가격에 의한 것으로 확인되면서 그의 죽음에 대한 의문이 다시 한번 세상에 등장한다. 2002년과 2004년 두 번에 걸쳐 '의문사진상규명위원회'는 그의 사인을 규명하고자 시도했지만 추락사가 아닐 것이라는 추정만 내놓았을 뿐 결과적으로 실체적 진실은 규명하지 못했다. 헌법적 정의를 실현하기 위해 목숨을 걸고 싸우는 사람들은 늘 그렇게 박해를 받다가 의문의 죽음을 당하는 현실이 안타깝기만 하다.

유신헌법 제정, 김대중 납치사건 등으로 한미관계가 악화되자 중앙정보부의 지시를 받은 재미교포 박동선이 미국 의회 의원들에게 뇌물을 제공하다 발각되는 이른바 '코리아 게이트'가 1976년 발생한다. 그해 여름 8월, 판문점 공동경비구역(JSA) 안에서 시야를 가려 관측업무를 방해하는 미루나무의 가치치기 작업을 하던 미군을 북한군이 막아서며 양측 간의 충돌이 발생하면서 두 명의 미군 장교가 북한군이 휘두른 도끼와 쇠파이프에 맞아 사망하는 사고가 발생했다. 결국 문제가 된 미루나무는 절단되고 한국군은 보복행위로 북한군초소를 파괴하는데 이 사건으로 갈등이 고조된 한반도가 전쟁위기까지 치닫지만 다행히도 북한군의 공식적 유감표명으로 마무리된다. 남북 간 긴장이 최고조에 달했던 여름이 지나고 발생한 코리아 게이트와 관련하여 박동선 본인은 지금까지도 한국 정부의 지시를 받은 적이 없고 미국 의원들에게 제공한 자금은 자신이 사업으로 번 것이며 합법적인 정치자금이었다고 주장한다. 인권의 가치를 강조하는 지미 카터(James Carter)가 1976년 11월 미국 대통령에 당선되면서 한미관계는 더욱 악화된다. 미국 의회는 1977년 3월부터 뇌물스캔들과 관련된 청문회를 개최하는데 이 **미의회 청문회에서 중앙정보부장을 지냈던 김형욱은 증인으로 출석**하여 박정희 정부의 비리에 대하여 증언한다. 그는 김종필 등과 함께 육군사관학교 제8기 동기로 육군 중령 시절 5·16군사쿠데타에 가담했으며 박정희의 신임을 얻어 1963년 7월부터 1969년 10월까지 최장기간 동안 국가정보기관인 중앙정보부의 수장을 지냈다. 중앙정보부는 5·16쿠데타 한 달 뒤 〈중앙정보부법〉이 제정됨으로써 설치되었고, 박정희의 조카사위인 김종필이 초대 수장을 맡았는데 반공과 국가안보를 최고의 가치로 내세운 박정희 정부에서 감시와 불법체포, 고문 등 국가폭력에 의한 공포정치의 상징이 되었다.

우직하고 저돌적인 성격의 김형욱은 정치탄압이나 언론탄압 등을 통해 한일회담 반대시위나 3선개헌 반대여론 등 박정희 정부에 부담이 되는 현안들을 해결함으로써 군사정부를 유지시키는 데 핵심적 역할을 수행했다. 1969년 개헌에 반대하는 국회의원들을 반국가단체 활동으로 체포하여 고문하거나 물리적 테러를 가하거나 사찰을 통해 획득한 내밀한 정보로 협박함으로써 삼선개헌을 성공시키는 데 중요한 역할을 수행한 인물도 바로 김형욱이었다. 그는 헌법개정 국민투표가 끝난 지 사흘 만에 국회의 요구에 따라 중앙정보부장에서 해임된 뒤 한 차례 전국구 국회의원으로 당선되기도 하지만 1972년 유신헌법이 제정되면서 통일주체국민회의에서 선출되는 국회의원(유신정우회) 후보에서 탈락한다. 이를 정치보복으로 이해하여 신변의 위협을 감지한 그는 **1973년 미국에 망명하여 박정희 정부에 반대하는 운동**에 몰두한다. 미국 의회 청문회 증언과 함께 회고록 출간을 계기로 박정희의 제거대상이 된 그는 1979년 10월 프랑스 파리에 여행을 떠났다가 실종된다. 그가 파리에 간 이유는 회고록 출간을 중지하는 대가로 박정희 측으로부터 받기로 했던 거액의 돈을 받기 위해서라고 전해진다. 2004년에 출범한 '국가정보원 과거사건 진실규명을 통한 발전위원회'는 2005년 김형욱이 파리에 도착한 지 일주일째 되는 날 당시 중앙정보부장이었던 김재규의 지시를 받은 이상열 주프랑스 공사의 주도로 살해되었다는 조사결과를 발표한다.[3] 이상열 공사는 사건 전후로 비밀리에 귀국하여 김재규를 여러 차례 면담한 것으로 확인되었다. 박정희의 심복이었던 김형욱이 살해되고 얼마 후 그의 살해를 지시한 김재규의 총격으로 박정희도 살해당한다.

3 저항과 견고한 유신체제

1976년 3월 1일 재야인사들은 폭압적인 유신체제와 〈긴급조치 제9호〉에 저항하여 '민주구국선언'을 발표하였고 이에 참여한 김대중, 문익환, 함세웅 등 열한 명의 민주인사들은 구속된다. '제4차 경제개발 5개년 계획'의 첫 해이면서 100억 달러 수출과 1,000달러 1인당 국민소득을 달성한 1977년, 그해 11월 이리역(현재 익산역)에서 20톤이 넘는 다이너마이트를 싣고 가던 화약수송열차가 폭발하는 사고가 발생한다. 이 사고로 신원확인이 가능한 공식적 사망자가 59명에 이르렀고, 1천4백여 명이 부상을 당한다. 이처럼 정권 말기에는 늘상 정권의 위기를 알리는 경고음이 울린다. 다음 해인 1978년 7월에 실시된 대통령선거에서 통일주체국민회의는 다시 박정희를 대통령으로 선출하지만 12월에 실시된 국회의원선거(제10대)에서 무소속을 포함한 **야당이 득표율과 의석수에서 앞서는 결과**가 나온다(다음 참조). 물론 대통령이 추천하여 통일주체국민회의에서

3 연합뉴스, 〈국정원 진실위 김형욱사건 중간발표 요약〉, 2005년 5월 26일 참조.

제10대 국회의원 선거(1978년 12월 12일) **정당별 의석분포** (단위: 명)

민주공화당	신민당	민주통일당	무소속	합계
69	61	3	22	154
제10대 국회의원의 정수는 통일주체국민회의에서 선출된 77명을 포함하여 총 231명				

선출된 유신정우회(유정회) 소속 국회의원 77명을 포함하면 여당은 전체 국회의원 231명 중 145명을 보유하여 여전히 다수당을 차지한다.

IV 부마항쟁과 유신의 종말

1 부산대학교에서 시작된 부산시민의 항쟁

유신헌법 제정 7주기를 하루 앞둔 **1979년 10월 16일**, 부산대학교 강의실에 "청년학도여, 지금 너희들은 어디서 무엇을 하고 있는가"로 시작되는 선언문이 뿌려진다. 유신헌법 철폐, 공평한 소득분배, 학원사찰 중지, 반윤리적 기업주 엄단 등의 내용이 포함된 선언문을 배포하던 학생 한 명이 교내에 상주하던 사복경찰에 의해 체포되려는 순간 주위에 있던 다른 학생들이 모여들기 시작한다. 최루탄을 쏘며 학교에 진입하는 경찰에 맞서기 위해 순식간에 재학생의 절반에 육박하는 수천 명의 학생들이 모였다. 장기독재로 인한 시민들의 고통에 공감하는 젊은 호모 엠파티쿠스의 본성이 대학캠퍼스에서 불타오르고 있었다. 이렇게 유신철폐와 독재타도를 외치며 부산대학교에서 시작된 시위는 학생들이 경찰의 봉쇄를 뚫고 10킬로미터 이상 떨어진 부산 시내 번화가인 남포동과 광복동, 국제시장으로 쏟아져 나오면서 시민항쟁으로 확산된다. **1960년 4·19혁명 이후 거의 20년 만에 처음으로 대규모의 시민항쟁이 발생**한 것이다. 학생들의 시위에 이를 지지하는 대규모의 시민들이 동참하면서 저녁 무렵부터는 학생중심의 시위가 시민중심의 항쟁으로 변한다. 다음 날에는 진상을 보도하지 않는 신문사와 방송사, 세무서 등 관공서가 습격을 당하고 10여 개의 파출소가 방화로 소실된다.

경찰은 시민들을 진압용 곤봉으로 내리치며 강경진압에 나섰지만 오히려 이를 보며 격분하여 시위에 동참하는 시민들이 급증한다. 경찰력만으로 시위진압이 어려워지자 시위발생 다음 날 자정, 그러니까 **10월 18일 새벽 0시를 기준으로 부산 지역에 비상계엄이 선포**된다(1979년 10월 18일 대통령공고 제65호). 유신헌법에서도 계엄선포권은 대통령의 권한이었다(제54조 제1항). 다만 대통령의 계엄선포권은 전시나 사변(무력충돌) 또는 이에 준하는 국가비상사태의 경우에 병력을 동원하여 군사상 필요하거나 질서유지가 필요한 경우로 한정되었다. 계엄선포에 따라 지역계엄사령관인 육군군수사령관 육군중장 박찬긍의 포고(계엄포고 제1호)에 따라 모든 집회와 시위가 금지되고, 언론과 보도에 대한 사전검열이 시행되었으며 포고를 위반한 자는 영장 없이 체포나 구속이 가능해졌다. 계엄사령관의 포고는 대통령이 계엄을 선포하면 〈계엄법〉에 따라 계엄사령관이 내리는 '특별한 조치'(제13조)의 형식으로 이 조치를 위반하면 〈계엄법〉에서 정해진 형사처벌을 받게 된다(제15조). 광주항쟁 직전 비상계엄을 전국으로 확대하는 새로운 비상계엄이 선포될 때까지 모두 아홉 차례의 포고가 발령된다. 대법원은 계엄사령관의 특별한 조치(계엄포고)를 〈계엄법〉의 관련 조항과 결합하여 '법규명령'의 효력을 갖는 것으로 본다.[4] 이처럼 법규명령의 성격을 가지는 계엄포고 제1호는 대법원에 따르면 그

법적 요건을 충족하지 않으며 헌법적 원칙을 준수하지 않은 채 헌법적 권리를 침해하는 내용을 포함하여 헌법과 법률에 위배된다.

계엄포고 제1호의 내용은 일체의 집회·시위·기타 단체활동과 유언비어를 날조·유포하는 행위, 국론분열 언동, 정당한 이유 없는 직장이탈이나 태업행위를 금지하고, 언론·출판·보도·방송은 사전 검열을 받아야 하며, 각 대학은 당분간 휴교 조치를 하고(제1항 내지 제5항), 이를 위반한 자는 영장 없이 체포·구금·압수·수색한다(제7항)는 것이다. 이러한 내용은 이른바 **유신체제에 대한 국민적 저항인 부마민주항쟁**(부마민주항쟁 관련자의 명예회복 및 보상 등에 관한 법률 제2조 제1호)을 **탄압하기 위한 것**이었을 뿐이고, 계엄포고 제1호가 발령될 당시의 국내외 정치상황과 사회상황이 구 계엄법 제13조에서 정한 '군사상 필요할 때'에 해당하였다고 보기 어렵다. 따라서 계엄포고 제1호는 유신헌법 제54조 제1항, 구 계엄법 제13조에서 정한 요건을 갖추었다고 볼 수 없다.

계엄포고 제1호의 내용은 국가가 국민의 기본적 인권을 최대한으로 보장하도록 한 유신헌법 제8조[현행 대한민국헌법(이하 '현행 헌법'이라 한다) 제10조]에도 불구하고, 유신헌법 제18조(현행 헌법 제21조)가 정한 언론·출판과 집회·결사의 자유를 침해하고, 유신헌법 제10조(현행 헌법 제12조)가 정한 영장주의 원칙에 위배됨은 물론 유신헌법 제19조(현행 헌법 제22조)가 정한 학문의 자유를 침해할 뿐만 아니라 현행 헌법 제31조 제4항이 정하는 대학의 자율성도 침해한다. 또한 '유언비어를 날조·유포하는 일체의 행위(제4항)' 등 범죄의 구성요건이 추상적이

4 대법원 2018. 11. 29. 선고 2016도14781 판결 참조.

고 모호할 뿐만 아니라, 그 적용 범위가 너무 광범위하고 포괄적이어서 통상의 판단능력을 가진 국민으로서 무엇이 법률에 의하여 금지되는 행위인지를 예견하기 어려우므로 죄형법정주의의 명확성 원칙에도 위배된다.

요컨대, 계엄포고 제1호는 **헌법과 법률에서 정한 요건을 갖추지 못한 채 발령**되었고, 그 내용도 **영장주의와 죄형법정주의의 명확성 원칙에 위배**되며, 표현의 자유·학문의 자유·대학의 자율성 등 **헌법상 보장된 국민의 기본권을 침해**하는 것이므로, 계엄포고 제1호가 해제 또는 실효되기 이전부터 이미 유신헌법, 구 계엄법에 위배된다. 따라서 **계엄포고 제1호는 위헌이고 위법한 것으로 무효**이다.

박정희가 권력을 찬탈하기 위하여 ① 1960년 군사쿠데타를 일으키며 비상계엄을 선포한 후 ② 1964년 한일국교정상화를 위한 한일회담과 ③ 1972년 종신집권을 목적으로 설계된 유신헌법에 반대하는 시민들의 시위를 진압하기 위하여 선포한 비상계엄에 이어 부마항쟁과 관련하여 부산에 선포된 비상계엄은 **박정희 정부에서 선포된 네 번째 비상계엄**이었다. 박정희 정부는 비상계엄으로 시작하여 비상계엄으로 끝나가고 있었다. 계엄선포와 함께 탱크를 앞세우고 6천 명에 가까운 계엄군 병력이 시위진압을 위하여 부산에 투입된다. 그 가운데는 악명 높았던 특수전사령부(특전사) 3공수여단도 포함되어 있었다. 3공수여단은 다음 해 5월 광주항쟁이 일어났을 때 광주역 앞에서 시민들을 향하여 최초로 집단발포를 시작한 바로 그 부대다.

1978년 한미연합군사령부(한미연합사)가 출범하면서 한국군의 작전통제권은 한미연합사가 가지고 있었기 때문에 병력의 이동을 위해서는 한미연합사의 승인이 필요했는데 유일하게 특전사 공수여단만은 예외로 분류되었다. 당시 한미연합사 사령관은 한국인을 들쥐에 비유한 인물로 1979년 초에 취임한 위컴(John Wickham)이 맡고 있었는데 한미연합사의 작전통제권하에 있었던 **해병대도 한미연합사의 승인을 받아 시위진압을 위해 포항에서 부산으로 병력을 이동**하여 계엄군으로 투입되었다. 미국이 부마항쟁과 이를 진압하려던 군부를 바라보았던 시각을 확인할 수 있는 대목이다. 미국은 남한에 소요사태가 벌어져 북한의 남침으로 한반도가 공산화되는 것을 염려했다. 민주주의를 부정하는 군부가 시민을 탄압하는 것보다 군부가 한반도에서 공산주의의 확산을 막아주는 데 더 관심이 많았던 것이다.

당시 국군보안사령부(보안사) 사령관이었던 **전두환이 부산에 비상계엄이 선포된 날 오후 부산을 방문하여 지역계엄사령부의 진압작전회의에 참석**하여 계엄사령관과 공수여단장에게 강경진압을 지시하고 병사들을 격려했다는 기록이 남아있다. 박정희 군사정부가 몰락하는 계기를 만들었던 부마항쟁의 현장에 그가 사망한 뒤 군사반란과 집단학살로 정권을 찬탈한 전두환이 다녀갔던 것이다. 1979년 초 보안사령관에 임명된 그는 여기서 계엄군을 통해 시민항쟁을 초기부터 신속하고도 무자비할 정도로 강경하게 타격하여 최대한 효과적으로 진압하는 방법을 터득했고, 이 방법을 광주항쟁에 적용했을지도 모른다.

2 경남대학교에서 시작된 마산시민의 항쟁

비상계엄이 선포된 부산에 투입된 공수부대원들은 대검을 착검한 소총의 개머리와 곤봉으로 시민들과 이에 항의하던 경찰들까지 무자비하게 구타한다. 천여 명의 부산시민들이 체포되어 구금된다. 계엄군이 조성한 공포분위기 속에서 시민항쟁의 열기는 식어간다. 부산에서 통학하는 학생들을 통해서 부산의 소식이 전달되자 **10월 18일 4·19혁명의 기폭제가 되었던 마산의 경남대학교에서도 대규모의 시위**가 일어난다. 부산 시위의 영향을 받은 학생들의 시위발생을 우려한 대학 측에서 오후에 예고도 없이 무기한 휴교를 공지하자 일방적인 휴교조치에 불만을 가진 학생들이 강의실에서 뛰쳐나와 하나둘씩 도서관 앞으로 모이기 시작한다. 최장기간 박정희의 경호실장을 지낸 박종규가 이사장으로 있었으며 심지어 유신을 지지하는 시위를 벌인 덕분에 유신대학으로 낙인이 찍혀 있던 경남대학교에서도 이미 반정부 시위를 준비하고 있었던 학생들이 있었다.

이들은 갑작스런 휴교결정으로 계획보다 일찍 폭발한 시위대의 중심에 서서 시위를 지도한다. "자유의 나무는 피를 마시며 성장한다"는 대학생 정인권의 격정적인 선동연설이 끝나자마자 학생들은 스크럼을 짜서 사복경찰의 저지를 뚫고 도심으로 뛰쳐나온다. 미처 학교를 빠져나오지 못한 학생들은 오후 5시에 3·15의거 기념탑에서 다시 만나기로 구두로 공지한다. 1960년 부정선거에 대한 저항정신을 기념하는 3·15의거탑 앞으로 저녁 무렵 학생들이 집결하지만 경찰의 저지로 시위가 불가능해지자 시내로 진출한 학생들에게 **시민들이 동조하여 시위는 시민항쟁으로 발전**한다.

마산수출자유지역과 창원기계공단에서 일하던 노동자들 가운데 마산에 거주하던 사람들도 시위에 동참한다. 근로자들의 시위참여를 염려한 사용자들이 일상적으로 실시해 오던 잔업을 취소하자 근로자들은 정시에 퇴근하여 통근버스로 귀가하다가 마산 시내의 시위로 인하여 길이 막히면서 시내에서 하차할 수밖에 없었기 때문이다. 밤이 되면서 파출소가 습격당해 불에 타고, 방송사와 민주공화당 당사도 습격을 당한다. 당시 마산의 국회의원은 대통령경호실장을 지낸 민주공화당 소속 박종규였다. 시민들이 마산경찰서를 습격하기 위하여 경찰서 건물 앞에 모여있던 다음 날 새벽부터 향토사단인 39사단 군인들이 출동한다. 아직 군사시설을 보호하기 위한 위수령이 마산 지역에 공식적으로 발령되기도 전이었다. 위수령은 정확하게 말하면 위수지역에 주둔하는 군부대의 '병력출동명령'을 의미하고, 이러한 병력출동명령의 법적 근거가 대통령령인 〈위수령〉이다. 병력출동명령의 법적 근거인 〈위수령〉을 통상적으로 개별적인 병력출동명령의 명칭으로 사용해 오던 관행은 오해의 여지가 있으므로 시정될 필요가 있다. 대규모 병력의 출동으로 유신철폐와 독재타도를 외치는 시민들의 시위는 잠잠해졌지만 밤이 되면서 다시 격화된다.

20일 정오, 사후에 시·도지사의 요청 없이 법적 절차를 위반하여 이루어진 것으로 알려진 공식적인 병력출동명령의 발동과 함께 특전사 공수부대(5공수여단)가 투입되어 시민들에 대한 무자비한 구타가 시작된다. **육군시설의 보호와 경비를 위한 위수근무의 법적 근거가 되는 〈위수령〉**은 대통령령으로 1950년에 제정되었고, 부마항쟁 당시의 〈위수령〉은 1970년에 개정된 것이었다. 이에 따르면 육군참모총장이 위수지역(위수지)을 결정하고, 원칙적으로 위수지역에 주둔하는 군대의 부대장이 위수사령관을 맡되, 예외적으로 군사상 필요가 있으면 육군참모총장이 위수사령관을 임명할 수 있었다(위수령 제2조). 재해나 비상사태가 발생했을 때 관할 시장, 군수, 경찰서장과 협의하여 치안유지에 필요한 조치를 할 수 있으며(위수령 제10조), 서울특별시장이나 부산시장 또는 도지사의 병력출동 요청이 있으면 위수사령관은 원칙적으로 육군참모총장의 승인을 받아 병력을 출동시킬 수 있다(위수령 제12조).

여기서 중요한 지점은 〈위수령〉에 따른 위수지역 병력의 출동은 반드시 대통령령에 열거된 지방자치단체장의 요청이 사전에 있어야 한다는 점이다. 마산의 경우에 마산이 속한 경상남도 도지사의 병력출동 요청과 병력출동에 대한 육군참모총장의 승인이 사전에 있었는지가 핵심인데 2018년에 발간된 '부마항쟁진상규명위원회 결과보고서'에 따르면 그러한 요청과 승인이 없었던 것으로 확인되고 있다. 시위진압을 위한 병력출동의 근거로 남용되었던 **〈위수령〉은 2018년 9월 문재인 정부에서 폐지**되었다.

항쟁기간 중 세 명의 시민이 사망했고, 그 가운데 단지 한 명만이 40년이 지난 2019년에서야 비로소 희생자로 인정되었다. 시위 참여 여부와 상관없이 5백여 명의 학생과 시민이 무차별적으로 체포되었다. 심지어 사복을 입은 이른바 '편의대' 군인들의 시위참여를 유도하는 함정수사에 걸려 체포된 사람들, 고문을 받은 지인으로부터 이름이 발설되어 영문도 모른 채 연행된 사람들도 포함되어 있었다. 체포되어 경찰서에 끌려온 학생과 시민에게는 북한과의 연계, 공공시설 방화, 경찰관 폭행 등의 범행에 대한 자백이나 시위에 참여했다는 허위자백을 강요하기 위하여 가혹한 구타와 고문이 가해졌다. 특히 마산의 시민항쟁을 북한의 사주를 받은 국가전복행위로 몰아가기 위해 당시 남민전(남조전민족해방전선준비위원회) 가담자와 시위참여자를 억지로 연결하는 과정에서 무자비한 고문이 자행되었다. 반정부운동에 참여한 사람을 반국가행위자로 몰아 제거하려는 시도는 군사독재정권이 종말에 이르는 시점까지 지속적으로 이어지고 있었다. 시위를 주도했던 여학생들의 증언에 따르면 여성들에게는 성추행도 자행되었다. 긴급조치 위반으로 군법회의 즉결심판에 회부되어 유죄판결을 받은 사람들은 전과자라는 낙인 때문에 정상적인 사회생활을 영위할 수 없었다. 유신의 종말에 서막을 울린 '부마민주항쟁'은 그렇게 시작되어 전개되고 있었다.

3 부마항쟁의 배경

유신철폐와 독재타도를 외치는 학생들의 시위에 시민들이 적극적으로 동참한 이유가 있었다. 1978년부터 시작된 이란의 석유수출 중단조치로 인하여 석유의 국내수입이 급감하면서 석유공급 부족으로 제2차 석유파동(오일쇼크)이 발생하였다. 그 여파로 1979년 7월 유류비와 전기세가 폭등하면서 살인적인 물가상승으로 인한 시민들의 불만이 누적되었다. 수출만이 국가의 살길이라며 정부가 수출을 독려하면서 특히 중동에 진출한 건설업체의 특수로 100억 달러 수출을 달성한 1977년 7월부터 이미 안정적인 조세징수의 목적으로 부가가치세(부가세)가 도입되었다. 이에 따라 조세부담이 늘어난 상인들의 고통이 가중되고, 부가가치세만큼 물가가 상승함으로써 시민들이 체감하는 경제사정도 악화되고 있었다. 그런 와중에서도 1978년 8월에는 고급주택의 상징이었던 현대아파트 특혜분양 사건이 발생하면서 사회지도층의 부패에 대한 비판의 목소리도 커진다.

이러한 민심을 반영하듯 **1978년 12월에 실시된 제10대 국회의원 선거에서 야당이 선전**하면서 여당인 민주공화당은 유리한 선거제도에 따라 다시 다수당이 되었지만 득표율은 31.7퍼센트에 그쳐 야당과 무소속의 득표율을 합한 68.4퍼센트에 훨씬 미치지 못하였다. 총선거 다음 해인 1979년의 경제상황을 보여주는 지표들은 최악이었다. 수출로 유지되는 한국경제는 무역적자가 심화되고, 경제성장률은 예년에 비하여 급감하면서 노동집약적 생산으로 지탱되고 있던 중소기업들이 줄줄이 도산했으며 기업의 체불임금은 증가했다. 박정희 정부 내내 경제발전 5개년 계획을 실시하며 국가주도로 대기업이 선도하는 중화학공업 중심으로 성장한 한국경제는 성장의 실과가 공평하게 분배되지 않고 있었다.

반민주적 독재체제와 투쟁해야 하는 과제만큼 경제적 불평등을 해소해야 과제도 한국사회가 해결해야 할 중요한 과제로 등장하였다. 민주주의만큼 경제적 평등이나 정의도 핵심적인 헌법적 가치에 해당하기 때문이다.

1979년 6월 말에는 인권과 민주주의의 가치를 강조하는 미국 대통령 카터(James E. Carter)가 한국을 다녀갔고, 8월 말에는 태풍 주디의 영향으로 130여 명이 사망하는 등 막대한 인명피해와 재산피해가 발생했다. 그 태풍이 발생하기 직전인 8월 11일 새벽, 파장이 더 큰 사회적 태풍이 불고 있었다. 이틀 전부터 신민당 당사에 진입하여 농성하고 있던 **와이에이치(YH)무역 소속 180여 명의 여성노동자들을 경찰이 강제로 진압**했던 것이다. 그들은 노동조합 와해를 목적으로 행해진 사업주의 일방적인 폐업과 직장폐쇄에 항의하며 당시 제1야당이던 신민당의 당사에서 이틀째 농성 중이었다. 그들을 고용한 기업은 수출목적의 대형 가발제조업체로 정부의 경제정책기조에 맞게 천만 달러의 수출을 달성하여 대통령으로부터 수출훈장까지 받을 만큼 큰 규모를 가지고 있었지만 여성노동자들에게는 저렴한 인건비를 지급하며 열악한 노동환경을 제공했다.

그 와중에 무리한 사업확장으로 경영상태가 악화되자 여성노동자들은 노동조합을 결성하여 회사의 상황을 시민들에게 알렸다. 직장폐쇄 조치 후에도 기숙사에 남아 고립되어 있던 여성노동자들은 경찰의 진입을 예상하면서 새벽 일찍 경찰의 감시를 피해 서너 명씩 한 조를 이루어 기숙사를 빠져나간 뒤 신민당 당사로 진입하였던 것이다. 강제진압 과정에서 농성에 참여한 여성노동자들은 물론 국회의원과 야당 당직자, 기자들도 곤봉을 든 사복경찰에 의해 무자비한 구타를 당하여 심한 부상을 입게 된다. 특히 스물두 살의 젊은 여성노동자 한 명(김경숙)이 추락사하여 시신으로 발견되면서 노동자를 포함한 많은 국민의 분노가 일어난다. 그녀는 중학교 진학을 포기한 채 당시 일당 100원도 안 되는 임금을 받으며 몇 년 동안 하청 공장을 전전하다가 가발공장에 취직하여 일하고 있었다. 가족의 동의 없이 부검이 실시되었으며 사실상 강요를 받아 가족들은 그녀의 화장에 동의하게 된다. 8월 28일에 거행된 그녀의 장례식에는 동료노동자와 함께 야당 국회의원까지 참석하여 억울한 죽음을 애도하였다.

이 사태에 격렬하게 항의하면서 대통령의 퇴진을 주장하던 신민당 총재 **김영삼은 10월 4일 국회의원에서 제명**된다. 박정희는 와이에이치 여공 신민당사 농성사건의 배후에 김영삼이 있다고 확신한 것으로 추정된다. 제명의 이유는 외국신문과 인터뷰에서 폭압적인 박정희 정부에 대한 미국 정부의 적극적 개입을 주장했다는 것이다. 김영삼은 '아무리 닭의 목을 비틀지라도 새벽이 온다는 것을 믿는다'고 말하며 저항했다. 하지만 그는 민주공화당과 통일주체국민회의에서 선출된 유정회 소속 국회의원들이 주도하는 날치기 의결로 제명이 결정되었다. 당시 〈국회법〉은 국회의원의 취임선서에 관한 조항(제26조)에서 국회의원은 임기 초에 "국헌을 준수하고 국민의 자유와 복리의 증진에 노력하며 국력의 배양과 조국의 평화적 통일을 위하여 국회의원의 직무를 성실히 수행할 것을 엄숙히 선서한다"는 선서를 하도록 규정하였다. 국회의원인 김영삼에 대한 제명 결정의 명시적인 이유는 그가 국회의원으로서 국헌(헌법)을 준수하지 않았다는 것이었다. 대통령을 비판하는 것이 국헌을 준수하지 않은 것인지, 오히려 국헌을 준수하지 않는 대통령을 비판하는 것이 국헌을 준수하는 것은 아닌지에 대한 의문이 제기되는 대목이다. 곧바로 야당(신민당) 의원들은 전원 사직서를 제출한다.

여성 노동자의 죽음과 야당 지도자의 국회의원 제명으로 1979년 10월 16일부터 김영삼의 고향으로 지역구가 있는 부산과 마산에서 학생과 시민의 시위가 본격화된다. 특히 마산에서는 경제불황으로 이른바 '공장새마을운동'이 진행되던 수출자유지역 내 기업체에서 수많은 실업자가 발생했다. 열악한 노동조건에서 임금체불까지 당하며 일하던 노동자들과 그들의 사정을 공감하는 시민들의 분노도 커져갔다. 부산과 마산의 시위가 걷잡을 수 없이 확대되자 17일 자정 30분 전에 국무총리 주재로 열린 국무회의의 결정으로 18일부터 부산지역에 대한 비상계엄이 선포되었던 것이다. 곧이어 20일부터는 마산과 창원 지역에 시·도지사의 요청으로 군병력이 출동할 수 있는 위수령이 선포되었던 것이다.

유신헌법에 따르면 계엄은 전시·사변이나 이에 준하는 국가비상사태에 선포될 수 있었다(제54조 제1항). 과연 부마항쟁 당시 부산의 상황이 계엄선포의 요건을 충족하였는지에 대해서는 비상계엄선포를 심의하기 위한 국무회의에 참석한 국방부장관을 포함한 국무위원들 사이에서도 논란이 되었다. 부산에 비상계엄이 선포되기 몇 시간 전 대통령경호실장은 부산시장 등에게 전화로 미리 계엄선포를 예고하였다. 박정희는 계엄과 위수령을 선포해야 하는 상황까지 치달은 부마항쟁의 배후로 김영삼과 북한을 염두하고 있었거나 그렇게 몰아가고 싶었던 것으로 추정된다. 반정부운동과 반국가행위를 등치시키려는 반지성적 행태 패턴의 연속에 지나지 않았다. 부마항쟁에 이어 발생한 대통령의 사망, 군사반란, 광주항쟁에 대한 무력진압이 계속되면서 부마항쟁은 시민들의 관심에서 사라진다. 2019년이 되어서야 문재인 정부는 **부마항쟁 40주년을 맞아 항쟁이 시작된 날을 국가기념일로 지정**하고 정부가 주도하는 기념식을 거행한다.

4 부마항쟁의 결과

비상계엄 선포와 공수부대 투입으로 부마항쟁이 진압되어 소강상태로 변해갈 때쯤 역사적인 그날인 10월 26일, 부산과 마산의 시위 상황에 대응하기 위한 대책을 논의하던 자리에서 **중앙정보부장 김재규의 총격에 맞아 대통령이 사망**하게 됨으로써 유신체제는 막을 내리게 된다. 대통령을 살해한 그는 박정희의 고향 후배이면서 육사 동기로서 한일회담을 반대하는 1964년 6·3시위로 비상계엄이 선포되자 제6사단장으로 병력을 이끌고 시위를 진압했다. 박정희의 후원을 받아 육군보안사령관, 국회의원, 건설부장관 등 국가요직을 두루 거친 그는 1976년 12월부터 중앙정보부장을 맡고 있었는데 부마항쟁 발생 이틀 후 직접 부산을 방문한 뒤 당시의 상황을 대통령에게 가감 없이 전달하였다. 부산과 마산의 시위상황이 심상치 않으며 전국적 확산까지 우려된다고 자신이 직접 목격한 대로 전달한 김재규는 대통령에게 변화의 필요성과 민심수습책을 촉구하지만 동석했던 경호실장 차지철은 탱크를 동원한 집단학살까지 포함하는 강경한 진압을 건의한다. 차지철은 박정희가 주도한 쿠데타에 20대의 육군 대위 신분으로 참여했고, 여러 차례 국회의원을 역임하다가 대통령부인이 저격당한 1974년부터 경호실장에 임명된 뒤 경호실을 과도하게 확장시켜 대통령 친위대로 운영했으며 경호실장을 장관급으로 격상시켜 대통령 다음의 권력자처럼 군림했던 인물이었다. 본인의 주장에 따르면 김재규는 대통령이 발포명령까지 암시하는 강경진압을 주장하며 경호실장의 의견에 동조하자 부마항쟁으로 인한 유혈사태를 막기 위하여 대통령과 경호실장에게 총격을 가하는 선택을 하게 된다.

1공수여단과 5공수여단을 추가로 투입해서 시위는 진압되었지만 전국으로 확산될 수도 있었던 부마항쟁의 열기는 대통령의 갑작스런 사망으로 급속하게 냉각된다. 부마항쟁 참여자 가운데 체포되어 구금된 많은 시민들 중 60여 명은 실제로 군법회의에 회부되어 재판을 받았고, 유죄판결을 받은 사람도 있었다. 나머지는 대통령의 사망과 함께 불기소처분이나 면소판결을 받고 석방되었다. 일주일 가량 구금된 이들은 구금기간이 30일 미만이라는 이유로 부마항쟁 피해자의 범위에서 배제된다. 이러한 내용을 담은 〈부마항쟁 피해자보상에 관한 특별법〉에 대해서 헌법재판소는 합헌결정을 한다(아래 판례 참조). 아무튼 독재자에게 총격을 가하는 테러의 방식에 대해서는 논란이 있으며 오히려 이로 인하여 시민항쟁을 통한 민주화의 실현이 방해받았고 신군부가 등장하게 되는 계기를 만들었다는 비판도 가해진다.

헌법재판소 2019년 4월 11일 선고, 2016헌마418 결정

부마항쟁보상법에 따라 지급되는 보상금 등 수급권은 부마항쟁보상법에 의하여 비로소 인정되는 권리로서, 그 수급권에 관한 구체적인 사항을 정하는 것은 입법자의 입법형성의 영역에 속한다. 이 사건 보상금 조항이 보상금의 지급대상으로 규정하고 있는 관련자는 그 희생의 정도가 다른 관련자에 비하여 크고, 그 유족도 다른 관련자의 가족에 비하여 희생의 정도 및 사회·경제적 어려움에 처했을 가능성이 더 크므로, 이 사건 보상금 조항에서 부마민주항쟁과 관련하여 생명 또는 신체의 손상을 입은 경우에만 보상금을 지급하도록 한 것이 현저히 불합리하다고 보기 어렵다. 생활지원금을 비롯한부마항쟁보상법상 보상금 등은 국가가 관련자의 경제활동이나 사회생활에 미치는 영향, 생활정도 등을 고려하여 지급대상자와 지원금의 액수를 정하여 지급할 수 있으므로, 이 사건 생활지원금 조항이 일정한 요건을 갖춘 자들에 한하여 생활지원금을 지급할 수 있도록 하는 것이 불합리하다고 보기 어렵다. 따라서 심판대상조항은 청구인의 평등권을 침해하지 아니한다.

부마항쟁 당시 국군보안사령관으로 정보수집을 위해 부산을 방문했던 전두환은 같은 날 중앙정보부장으로 역시 부산을 방문하여 정보를 수집했던 김재규가 8일 후 대통령을 살해한 뒤 합동수사본부장으로 그를 수사하게 된다. 1968년 1월 발생한 북한공작원의 청와대 습격기도사건 이후 육군방첩대장으로 부임하면서 육군방첩대를 육군보안사령부로 격상시켰던 인물이 바로 김재규다. 1977년 육군보안사령부는 국군보안사령부로 명칭을 변경한다. 두 사람은 당시 보안사령관과 중앙정보부장이라는 국가권력의 핵심적 지위에서 부마항쟁이라는 동일한 사건을 직접 목격했다. 한 사람은 헌법적 가치인 민주주의를 원하는 시민의 열망과 헌법적 가치를 짓밟는 군사독재의 몰락을 보았지만 다른 한 사람은 권력의 유지를 위해서는 헌법적 가치를 훼손하는 방식으로 무력을 동원해서라도 강경하고 신속하며 무자비한 시위진압이 필요하다는 사실을 깨달았던 것으로 보인다. 부마항쟁 당시에 보안사령관으로 공수부대가 투입되고서야 부마항쟁이 완벽하게 진압되었던 상황을 목격했던 전두환이 일곱 달 후 광주항쟁 당시에 여전히 보안사령관이면서 실질적 최고권력자로서 항쟁 초기부터 대규모의 공수부대를 투입하여 광주항쟁을 과격하고 무자비하게 진압해야만 했던 이유를 짐작할 수 있다.

대통령이 피살되던 그날 중앙정보부장 김재규는 사건이 벌어진 서울 종로구 궁정동에 위치한 안가로 육군참모총장 정승화를 저녁 식사에 초대한다. 대통령, 비서실장, 경호실장과 함께 같은 시각 저녁 식사를 하기로 한 김재규가 이중으로 약속을 잡고 육군참모총장을 초대한 것은 무엇 때문일까? 먼저 별관에서 대통령과 식사를 시작한 뒤 본관에서 자신의 부하와 식사하던 육군참모총장에게 잠시 들른 김재규는 양해를 구하고 자리를 뜨더니 잠시 후 별관에서 총소리가 났다. 먼저 대통령과 경호실장이 총격을 받고, 대통령 경호원들도 중앙정보부 직원들의 총격으로 사망하였다. 두 사람에 대한 확인사살을 마친 김재규는 상황을 인지하지 못한 채 본관에서 기다리고 있던 육군참모총장을 차에 태우고 사건 장소를 황급하게 떠난다. 총격을 당한 대통령은 피신했던 비서실장에 의해 병원으로 옮겨진다. 상황을 묻는 육군참모총장에게 김재규는 대통령이 총격 피습을 당해 사망했다는 사실을 알린다. 두 사람은 함께 육군본부로 가지만 김재규는 자신이 범인이라는 사실을 숨긴다. 하지만 사건 현장에 있던 비서실장의 신고로 김재규는 육군참모총장의 지시를 받아 육군본부에서 비로소 체포된다. 기소되어 법정에 선 김재규는 종신집권을 위해 정권을 연장하는 독재정권을 끝장내기 위해 '야수의 심정으로 유신의 심장을 쏘았다'고 주장한다. 장기간 집권한 독재자를 저격한 김재규는 일제에 저항한 독립운동가와 비교될 수 있을지, 아니면 무고한 시민을 죄의식 없이 살해한 사이코패스 성향의 연쇄살인범에 지나지 않을지 궁금하다. 실제로 김재규와 그의 변호인단은 그의 행위를 민주주의의 회복을 위한 저항권의 행사라고 주장하였다. 김재규를 포함하여 사건에 가담한 다섯 명 중 현역 육군 대령으로 중앙정보부장 수행비서관이던 한 명은 단심으로 사형선고를 받은 뒤 3월 6일 처형되었으며, 김재규와 해병대 대령 출신의 의전과장을 포함한 나머지 네 명에게는 비상계엄이 전국으로 확대된 지 사흘이 지난 1980년 5월 20일에 사형이 선고되고, 선고 후 나흘 만인 토요일 이른 아침 사형이 집행된다.

V 평가

헌법이 지배하는 헌법국가(헌정국가)는 헌법이 정한 절차에 따라 헌법을 개정한다. 유신헌법은 헌법이 정한 절차를 따르지 않고 개정된 헌법이다. 국민투표를 거쳤다고 헌법개정이 모두 정당화되는 것은 아니다. 국민투표는 결과보다 과정이 더 중요하기 때문이다. 유신헌법에 대한 국민투표는 유신헌법에 대한 충분한 비판과 토론의 과정을 거쳐 진행되었는지 의문이다. 더욱이 유신헌법은 헌법이 담아야 할 내용을 담지 못했다. 정의를 구체화하는 헌법적 가치 가운데 하나가 법치주의인데 법치주의를 구현하는 원칙이 권력분립원칙이다. 국가권력을 분할하여 서로 다른 국가기관에 분배함으로써 국민의 자유와 권리를 확장하도록 요구하는 권력분립원칙에 대한 요청은 국가권력이 독점되었을 때 국민의 자유와 권리가 침해되는 역사적 경험으로부터 나온다. 유신헌법은 이러한 권력분립원칙을 무시한 채 대통령에게 국가권력을 집중시켰다. 국회를 해산할 수 있는 권한, 국회의원을 지명할 수 있는 권한, 국민의 권리와 법원의 권한까지 제한하는 긴급조치를 할 수 있는 권한마저 부여받은 대통령은 **형식적 선거로 선출된 군주**에 가까웠다. 제왕적 대통령으로서 종신집권을 꿈꿨던 그는 비명횡사를 당함으로써 아이러니하게도 죽을 때까지 대통령이 되고 싶었던 자신의 꿈을 이룬다.

제6장

5·18광주민주화운동과 헌법

1979년부터
1987년까지의
헌법사

바람에 지는 풀잎으로 오월을 노래하지 말아라
오월은 바람처럼 그렇게 서정적으로 오지도 않았고
오월은 풀잎처럼 그렇게 서정적으로 눕지도 않았다
(…)
노래하지 말아라 오월을 바람에 지는 풀잎으로
바람은 야수의 발톱에는 어울리지 않는 시의 어법이다
노래하지 말아라 오월을 바람에 일어서는 풀잎으로
풀잎은 학살에 저항하는 피의 전투에는 어울리지 않는 시의 어법이다
피의 학살과 무기의 저항 그 사이에는
서정이 들어설 자리가 없다 자격도 없다
적어도 적어도 광주 1980년 오월의 거리에는!

김남주, 〈바람에 지는 풀잎으로 오월을 노래하지 말아라〉 중에서

장기간 집권한 독재자 박정희의 갑작스러운 피살, 절대권력자의 죽음으로 인한 국가권력의 커다란 공백, 새로운 군부세력에 의한 군사반란과 군권찬탈, 정권을 장악하기 위한 불법적인 비상계엄 선포, 이에 저항하여 민주주의를 외치는 시민들에 대한 계엄군의 무력진압과 집단학살. 정부수립 이후 이승만 정부와 박정희 정부를 거치면서 30년이나 실현이 지체된 민주주의와 인권의 가치는 또 다시 12년 동안이나 어두운 동굴에 갇히는 비극적인 운명에 처한다. 죽은 자에게는 누구나 장례식을 거행해 주어야 한다는 정의관에 따라 오라버니의 장례를 치렀다는 이유만으로 동굴에 갇힌 뒤 스스로 목숨을 끊은 안티고네처럼 말이다. 독재자는 교언(巧言)으로 대통령 직선제에 대한 국민의 요구를 거부해 보지만 주권자인 국민은 이에 항거하여 집단적 함성으로 일어선다.

I 12·12군사반란

1 서울의 봄

1979년 10월 26일 자신의 심복이었던 중앙정보부장 김재규의 총격으로 대통령이 사망하자 **국무총리였던 최규하가 대통령권한대행자**를 맡게 된다. 유신헌법에서도 대통령 유고 시 제1순위 대통령권한대행자는 국무총리였기 때문이다(제48조). 이미 부마항쟁으로 부산에 국한되어 선포되었던 **비상계엄은 제주도를 제외한 전국으로 확대**된다. 헌법은 대통령에게 계엄선포권을 부여하고 있었기 때문에(제54조 제1항), 헌법상 대통령

권한대행자인 국무총리가 대통령의 권한을 대행하여 대상 지역을 확대하는 새로운 계엄을 선포한 것이다. 물론 대통령권한대행자가 대통령의 계엄선포권까지도 행사할 수 있는지, 설령 그렇다고 하더라도 단지 대통령의 사망만으로 사회질서의 혼란이 없어도 비상계엄을 선포할 수 있는 상황에 해당하는지에 대해서는 의문이 제기될 수 있다. 그는 11월 특별담화를 통해 일단 당시 효력을 가진 유신헌법에 따라 먼저 새로운 대통령을 선출하고, 새로운 대통령은 신속하게 헌법개정을 단행한 뒤 임기를 채우지 않은 채 퇴임하며, 개정된 헌법에 따라 다시 대통령선거가 실시될 것을 제안한다.

당장 폐기되어야 할 유신헌법에 따른 대통령선출 대신에 조속한 개헌을 주장하는 함석헌, 백기완 등 재야세력의 반대에도 불구하고, 12월 6일 유신헌법에 따라 대통령궐위로 실시된 **제10대 대통령선거에서 최규하가 선출**되어 보름이 지난 12월 21일 취임한다. 그는 대통령권한대행자가 된 지 두 달 만에 대통령직에 오른 것이다. 유신헌법에 따르면 대통령이 사망 등으로 궐위된 경우 3개월 이내에 후임 대통령을 선출하도록 규정되어 있었다(제45조 제2항). 3개월이라는 시한을 지키지 않은 경우에 어떤 헌법적 효력이 발생하는지에 관한 규정이 없기 때문에 강제규정이라기보다는 훈시규정에 지나지 않지만 어쨌든 대통령의 공백을 신속하게 해결하라는 취지의 이 시한은 지켜졌다. 유신헌법 자체의 정당성이나 국민적 요구와 상관없이 아무튼 헌법에 정해진 절차대로 후임 대통령이 선출되었다는 점에서 헌법적 절차는 준수되었다. 유신헌법에 따라 통일주체국민회의에서 박정희에 이어 두 번째로 선출된 최규하는 대통령 취임사에서 현 정부가 한시적 과도정부임을 다시 한번 시사하며 유신헌법에 대한 국민의 비판과 저항을 고려한 듯 반드시 1년 이내에 헌법개정을 단행할 것을 약속한다. 대통령선거가 실시된 다음 날인 12월 7일 자정

(12월 8일 0시)부터 유신시대의 상징과도 같았던 **긴급조치 제9호가 해제**되면서 정치인, 교수, 학생, 지식인 등 긴급조치 관련 구속자 전원이 석방된다. 제적된 대학생들이 복학하고, 해직된 교수들도 복직되었으며 윤보선, 김대중 등 정치활동이 금지된 정치인들도 복권되었다. 시민들은 박정희 정권 장기독재의 서슬 퍼런 겨울공화국이 종말을 고하면서 애타게 기다리던 '서울의 봄'을 기대하게 된다. 국민의 뜻에 부응하기 위하여 국회도 헌법개정을 위한 특별위원회를 가동시킨다.

2 신군부의 등장

박정희 사망 후 육군사관학교(육사) 11기와 군 내 사조직(파벌)인 '하나회'를 중심으로 하는 신군부가 정치의 전면에 등장하여 군사반란을 도모한다. 군인들이 무리(세력)를 지어 무기를 들고 반란을 일으키는 〈군형법〉상 반란죄(제5조)를 준비하고 있었던 것이다. 한국전쟁 중이던 1952년 1월 피난 중이라 경상남도 진해의 초라한 연병장에서 열렸지만 대통령 이승만과 국회의장 신익희가 참석하여 비중 있게 입교식을 거행한 **육사 11기는 육사 설립 이후 처음으로 4년의 정규교육을 받은 기수**로 자신들을 선배들과 비교하여 '정규 육사'로 부를 만큼 엘리트 의식이 강했다. 이들은 전두환을 중심으로 영남 출신 장교(노태우, 김복동, 최성택, 박병하, 백운택, 손영길, 정호용, 권익현, 노정기 등)로 이루어진 군 내 불법적 사조직인 하나회를 만들어 유지하면서 진급을 독점하고 주요보직을 독차지한다. 1973년, 이제 나이가 있는 박정희 대통령 이후를 준비해야 한다고 주장하다 고초를 겪은 윤필용 수도경비사령관의 설화사건를 계기로 육군보안사령부(보안사)가 그의 비리를 수사하면서 그가 배후로 지목된 하나회의 존재가 발각되었다. 보안사는 1977년 9월 제정된 대통령령인 〈국군보안부대령〉

에 따라 국군보안사령부로 명칭을 변경하는데 군사보안과 군방첩, 〈군형법〉에 따른 범죄의 수사를 담당하였다. 윤필용과 육사 8기 동기로 철저한 수사를 진행했던 보안사령관 강창성은 나중에 12·12군사쿠데타를 주도한 하나회 소속 신군부의 보복을 받는다. 그는 1980년 7월 합동수사본부에 의해 불법적으로 체포되어 고문 등 강압수사를 받은 뒤 수형생활을 하면서 삼청교육대에서 고초를 당하기도 한다.[1] 전두환과 노태우는 자신들의 후원자였던 윤필용을 옹호하면서 오히려 강창성을 '자신의 라이벌인 윤필용을 제거하기 위해 지나치게 가혹한 수사를 한 사람'이나 '성격이 원만하지 못하고, 군의 주도세력을 제거하기 위해 무자비한 숙청을 자행한 사람'으로 묘사한다. 박정희는 전두환이 5·16군사쿠데타를 지지하는 육사 생도의 행진을 주도했던 일로 그동안 그를 주목하며 총애하여 왔기 때문에 그에 대한 보안사의 수사를 중단하도록 지시한다.

1961년 전두환은 육군 대위로서 서울대학교에서 학군단(ROTC) 교관으로 복무하던 중 군사쿠데타가 발생하자마자 육군본부에 위치한 군사혁명위원회 사무실을 찾아가 박정희를 만나 지지선언을 한다. 그 자리에서 육사생도의 지지행진을 박정희에게 건의하여 동의를 받아낸다. 박정희는 전두환의 장인인 이규동과 육사 동기다. 쿠데타 지도부는 국가재건최고회의로 명칭을 바꾸는데 전두환은 최고회의의장 비서관으로 근무했다. 박정희가 대통령이 된 뒤 그는 1967년 8월 청와대를 지키는 수도경비사령부(수경사) 30대대장으로 임명되어 1968년 1월 군사분계선을 넘어 청와대 근처까지 습격한 북한 특수부대 일당을 소탕한다. 나중에

1 제2기 진실·화해위원회는 2024년 5월 30일 해운항만청장과 국회의원을 지낸 강창성에 대한 1980년 당시 불법적 체포와 구금 및 강압적 수사에 대해서 인권침해를 확인하고 재심사유에 해당한다고 결정하였다.

대통령경호실 차장보로 임명된 그는 박정희를 지근에서 보좌했다. 그렇게 박정희의 묵인으로 하나회는 12·12군사반란을 주도할 때까지도 계속 유지될 수 있었고, 군의 공식적인 지휘계통을 무시하는 군사반란의 중심이 된다. 사실 전두환이 군 내 최고보직인 보안사령관을 맡을 수도 있었던 것도, 심지어 그가 제1사단장이 된 지 겨우 1년 2개월 만에, 그것도 육군 중장이 맡아오던 보안사령관직을 육군 소장인 그에게 맡긴 파격적 인사도 하나회의 중심인물로서 그에 대한 박정희의 신뢰로 인한 것이었다. 박정희는 하나회를 사실상 지원하였고, 하나회는 박정희를 태양과 같은 존재로 숭상하였다. 전두환을 중심으로 하는 군부세력을 마치 박정희 사후 등장한 새로운 정치세력인 것처럼 '신군부'로 구분하기보다 박정희 군사정부의 연장이나 확대로 보는 이유가 바로 여기에 있다. 박정희는 세상을 떠났지만 타인의 고통을 공감할 줄 몰라 거리낌없이 타인에게 고통을 끼치는 호모 아파티쿠스에 속하는 박정희 아바타들이 봄 기운이 조금씩 일어나던 세상을 활보하고 다녔다.

보안사령관으로서 대통령피살사건을 수사하기 위하여 계엄사령부에 설치된 합동수사본부의 수장을 맡고 있던 전두환이 주도하여 끝내 군사반란을 일으키고 만다. 이들은 새로 선출된 대통령이 취임하기 직전인 1979년 12월 12일, 대통령권한대행자이면서 동시에 대통령당선자의 신분을 가지고 있던 국무총리의 허가 없이 무장한 군인을 동원하여 **계엄사령관인 육군참모총장을 불법적으로 체포**하는 군사반란을 일으켰다. 신군부 세력의 입장에서 보면 12월 12일을 거사일로 정한 이유는 무엇보다도 대통령피살사건에 대한 1심 재판의 심리가 급속하게 진행되어 거의 끝나가는 시점에서 그들이 공범으로 의심하고 있던 육군참모총장이 이 사건을 공모했다는 혐의를 신속하게 확정할 필요가 있었기 때문으로 추정할 수 있다. 게다가 차기 대통령이 취임 전에 지명한 국무총리 후보자

(신현확)에 대한 임명동의안이 국회를 통과하여 조만간 내각구성이 완료될 수 있는 단계에서 자신들의 의지를 내각구성에 반영할 필요도 있었기 때문에 그날을 거사일로 정한 것으로 짐작된다.

비상계엄이 선포된 상황에서 헌법 제54조 제3항과 〈계엄법〉에 따라 계엄사령관은 체포나 구금에 관한 '특별한 조치'를 취할 수 있었다(제13조). 여기서 특별한 조치는 헌법이 요구하는 영장주의원칙에 예외를 두는 것인데 계엄포고에 따르면 이 포고를 위반한 경우에만 영장주의원칙이 적용되지 않았다. 따라서 포고위반과 관련 없는 계엄사령관을 구속하려면 원칙적으로 사전영장이 필요하고, 사후영장이 요구되는 불가피한 긴급구속이라고 하더라도 합동수사본부장이 계엄사령관을 합법적으로 구속하기 위해서는 계엄군의 지휘계통에 따라 계엄사령관을 지휘·감독할 수 있는 국방부장관의 허가를 받아야 했다. 당시 〈군법회의법〉에 따르면 검찰관은 관할관의 구속영장을 받아 피의자를 구속할 수 있고, 군사법경찰관은 검찰관에게 청구하여 **관할관의 구속영장**을 받아 피의자를 구속할 수 있다고 규정하였다(제237조 제1항). 물론 군사법경찰관은 긴급을 요하여 관할관의 구속영장을 받을 수 없는 경우에는 영장 없이 피의자를 구속할 수도 있지만 원칙적으로 검찰관의 지휘를 받아야 하고, 급속을 요하여 미리 지휘를 받을 수 없으면 **사후에 즉시 승인**을 받아야 한다고 규정하였다(제242조 제1항 및 제2항). 12·12군사반란 당시 계엄사령관인 육군참모총장의 구속에 관한 관할관은 육군참모총장을 지휘·감독할 수 있는 권한을 가진 국방부장관이었으므로 원칙적으로 사전에 국방부장관의 구속영장을 받아 육군참모총장을 구속하거나 예외적으로 군사법경찰관에 해당하는 합동수사본부장이 영장 없이 육군참모총장을 구속하려면 검찰관의 지휘나 사후승인이 필요했다. 영장 없이 육군참모총장을 구속해야만 되는 긴급한 상황도 아니었으며 실제로 대통령권한대행자이던 국무총리도 공관으로 자신을 찾아와 육군참모총장의 구속을 압박하는 신구분 세력에게 먼저 국방부장관의 허가를 받아오도록 지시했다.

군사반란의 주도세력인 열두 명의 장성과 영관급 장교는[2] 나중에 대통령경호실장과 안기부장을 지내게 되는 장세동이 단장으로 있던 수도경비사령부(수경사) 제30경비단에 모여 **육군참모총장의 체포과정을 실시간으로 보고**받고 있었다. 사실상 쿠데타 지휘부가 모여 있던 제30경비단은 대통령의 집무실과 관저가 있는 청와대를 지키는 부대로 청와대에서 가까운 경복궁 근처에 위치하고 있었다. 마침 국무총리 공관과 보안사 건물까지도 바로 인근에 자리잡고 있어서 군사반란의 본부로 낙점된 것으로 짐작된다. 당일 저녁 7시경 불법적 체포가 이루어졌던 서울 한남동 육군참모총장 공관에서는 경호병력과 반란군 사이에 총격전이 발생한다. 소식을 들은 육군본부는 육군참모차장(윤성민)을 중심으로 **제30경비단에 모여 있던 군인들을 반란군으로 규정**하여 이들에 대한 진압을 명령하기 위하여 국방부장관(노재현)을 찾지만 그의 행방은 묘연했다. 육군참모총장 공관 바로 옆에 위치한 자신의 공관에 머물던 국방부장관은 총격소리를 듣고 가족과 함께 피신했던 것이다. 이처럼 국방부와 육군본부를 중심으로 반란군을 신속하게 진압해야 하는 시점에 군지휘부는 일일사불란하게 행동하지 못한 채 우왕좌왕했다. 특전사령관이 지휘하는 공수여단을 보내 반란군의 진압을 시도해 보지만 보안사의 감청으로 첩보가 새어나가면서 반란군은 역으로 유혈충돌의 가능성을 언급하며 진압군에 항의한다. 이에 따라 차량지원이 되지 못해 지체되다가 자정이 넘어서야 겨우 시작된 공수여단 투입은 결국 중지되어 병력은 철수하

---

2 제33경비단에 모인 쿠데타 지휘부 12명은 차규헌(중장), 유학성(중장), 황영시(중장), 노태우(소장), 백운택(준장), 박준병(소장), 박희도(준장), 최세창(준장), 장기오(준장), 장세동(대령), 김진영(대령), 이학봉(중령)이었다.

고, 오히려 반란군의 역공을 받아 국방부와 육군본부가 점령을 당하는 신세가 된다.

보안사 대공분실로 연행된 육군참모총장 정승화(육군 대장)는 대통령피살사건 발생 당시 피의자 김재규의 식사 초대를 받아 사건 현장인 서울 종로 소재 궁정동 안가의 별관에 있었으면서도 적절한 조치를 취하지 않았으며 평소에 김재규로부터 돈을 받았다는 이유로 대통령살해사건을 공모했다는 혐의가 덧씌워졌다. 실제로 그는 군법회의 재판에 회부되어 실형선고를 받고 이등병으로 강등되는 치욕을 당한다. 나중에 확인된 사실이지만 대통령피살사건을 수사하면서 전두환은 대통령비서실장의 진술을 바탕으로 전직 대통령의 비자금으로 추정되는 9억 원 정도를 발견하는데 그 가운데 2억 원을 육군참모총장에게 가져와 그를 회유하려는 시도를 한다. 육군참모총장은 법대로 일을 처리하지 않는 전두환의 정치적 의도를 간파하고 그를 한직으로 좌천시키려는 계획을 국방부장관에게 사적으로 표명하기도 했다. 오히려 이러한 의도를 알아차린 전두환은 육군참모총장을 제거하기 위하여 체포하기로 결심하면서 '생일집 잔치'로 이름 붙여진 역사적인 군사반란이 발생한다. 사건 당일 김재규가 사건현장에 육군참모총장을 초대했던 이유는 미리 사건을 계획하고 대통령 사망 시 발생할 수 있는 계엄선포상황을 대비하거나 박정희 암살이 군 전체가 주도하고 있다는 인상을 주기 위한 것으로 추정할 뿐이다.

3 군사반란의 완성

자신들의 지휘하에 있던 공수여단을 동원하여 국방부와 육군본부를 점령한 반란세력은 계엄사령관의 체포에 반대했던 특전사령관 정병주와 수경사령관 장태완까지 체포한다. 그 뒤 대통령권한대행자인 국무총리를 압박하여 다음 날 새벽 마침내 **육군참모총장의 체포와 구속을 사후적으로 재가**받는다. 국방부와 육군본부를 점령하는 과정에서도 경비병력과 반란군 사이에 벌어진 총격전으로 또다시 수많은 사상자가 발생한다. 특전사령관의 체포가 그의 지휘를 받는 특전사령부(특전사) 제3공수여단에 의해 진행되었고, 경기 지역을 방어하는 야전군 3군사령부에 소속된 제9사단(사단장 노태우)은 서울을 지키는 서부전선의 전방부대임에도 불구하고 사령관(육군중장 이건영)의 명령을 어기고 중앙청으로 병력을 출동시켰다. 노태우는 직속상관인 제1군단장(제3군 → 제1군단 → 제9사단) 황영시의 허가를 받았다고 주장하지만 군사반란 다음 날 황영시가 육군참모차장에 임명된 것을 보면 그의 허가가 순수한 의도로 이루어졌다고 추정하기는 어렵다. 한국군의 작전지휘권을 가지고 있는 주한미군사령관이 제9사단의 병력이동을 묵인한 것도 곱씹어볼 대목이다. 사건 당일 전두환은 대통령의 권한을 대행하는 국무총리에게 육군참모총장의 체포를 위한 허가를 받으려 가면서도 같은 시간에 특전사령관과 수경사령관을 만찬에 초대하였다. 이 점을 고려하면 의도하지 않은 돌발적 상황이었다는 그의 변명에도 불구하고, 그는 대통령권한대행자인 국무총리의 허가 없이 육군참모총장을 체포할 때 발생할 수 있는 무력충돌을 염두에 두고 육군참모총장을 보호할 수 있는 병력을 지휘하는 두 명의 사령관을 미리 격리한 것으로 추정할 수밖에 없다.

결국 국무총리의 허가를 받아내지만 당시 국무총리는 국군통수권자인 대통령의 권한대행자이기 때문에 국무총리에 대한 압박이 무력을 동원한 것이라면 군사반란죄의 혐의가 하나 더 추가될 수 있는 대목이다. 〈군형법〉에 규정된 군사반란죄는 "작당하여 병기를 휴대하고 반란을 일으킨" 범죄를 말하며 군사반란죄의 수괴는 사형에 처해지는 중범죄다

(군형법 제5조). 여기서 반란은 대통령과 같은 국가기관의 권한에 도전하여 반항함으로써 사회질서를 어지럽히고 사회혼란을 야기하는 행위를 뜻한다. 대법원은 1997년 전두환 등 16명이 기소된 군사반란 및 내란 등의 범죄에 관한 재판에서 신군부가 대통령권한대행자의 허가 없이 병력을 동원하여 육군참모총장을 불법적으로 체포하는 행위가 국가기관인 대통령의 **군통수권에 반항하는 반란행위로 군사반란죄에 해당**한다고 설시하였다.

> 군형법상 반란죄는 다수의 군인이 작당하여 병기를 휴대하고 국권에 반항함으로써 성립하는 범죄이고, 여기에서 말하는 국권에는 군의 통수권 및 지휘권도 포함된다고 할 것인바, 반란 가담자들이 대통령에게 육군참모총장의 체포에 대한 재가를 요청하였다고 하더라도, 이에 대한 대통령의 재가 없이 적법한 체포절차도 밟지 아니하고 육군참모총장을 체포한 행위는 육군참모총장 개인에 대한 불법체포행위라는 의미를 넘어 대통령의 군통수권 및 육군참모총장의 군지휘권에 반항한 행위라고 할 것이며, 반란 가담자들이 작당하여 병기를 휴대하고 위와 같은 행위를 한 이상 이는 반란에 해당한다.(대법원 1997. 4. 17. 선고 96도3376 판결)

12·12군사반란 주도세력 및 가담세력

이름(계급)	당시 보직	이후 경력 및 처벌
전두환(소장)	보안사령관/계엄사 합동수사본부장	제11대 및 제12대 대통령, 무기징역
노태우(소장)	육군 제9사단장(육사 11기)	수도경비사령관, 제13대 대통령, 징역 17년
정호용(소장)	육군 제50사단장(육사 11기)	육군참모총장, 국회의원, 징역 7년
유학성(중장)	군수차관보(정훈 1기)	3군사령관, 안기부장, 국회의원, 징역 6년
차규헌(중장)	육군 수도군단장(육사 8기)	육군사관학교장, 교통부장관, 징역 3년 6월
황영시(중장)	육군 제1군단장(육사 10기)	육군참모총장, 감사원장, 징역 8년
이상규(준장)	제2기갑여단장(육사 12기)	
박준병(소장)	육군 제20사단장(육사 12기)	보안사령관, 국회의원, 무죄
박희모(소장)	육군 제30사단장(갑종 9기)	
백운택(준장)	제71방위사단장(육사 11기)	제9사단장
박희도(준장)	특전사령부 제1공수여단장(육사 12기)	육군참모총장, 징역 5년
최세창(준장)	특전사령부 제3공수여단장(육사 13기)	합참의장, 국방장관, 징역 5년
장기오(준장)	특전사령부 제5공수여단장(육사 12기)	총무처장관
장세동(대령)	수도경비사령부 제30경비단장(육사 16기)	대통령경호실장, 안기부장, 징역 3년 6월
김진영(대령)	수도경비사령부 제33경비단장(육사 17기)	육군참모총장
우국일(준장)	보안사령부 참모장(통역 4기)	
최예섭(준장)	보안사령부 기조실장	
허화평(대령)	보안사령부 비서실장(육사 17기)	청와대 정무수석, 비서실장, 국회의원, 징역 8년
허삼수(대령)	보안사령부 인사처장(육사 17기)	청와대 사정수석, 국회의원, 징역 6년

이름(계급)	당시 보직	이후 경력 및 처벌
권정달(대령)	보안사령부 정보처장(육사 15기)	민정당 사무총장, 국회의원
정도영(대령)	보안사령부 보안처장(육사 14기)	
이차군(대령)	보안사령부 군수처장(육사 17기)	
이학봉(중령)	보안사령부 대공2과장(육사 18기)	청와대 민정수석, 국회의원, 징역 8년
남웅종(준장)	보안사령부 대공처장	
이상연(대령)	보안사령부 감찰실장	청와대 민정수석, 내무부장관, 안기부장
우경윤(대령)	육군본부 범죄수사단장(육사 13기)	
성환옥(대령)	육군본부 헌병감실 기획과장(육사 18기)	육군본부 헌병감, 대통령경호실 차장
김기택(준장)	수도경비사령부 참모장(육사 11기)	
이진백(대령)	수도경비사령부 인사참모(갑종 153기)	제8사단장, 국군정보사령관
조 홍(대령)	수도경비사령부 헌병단장(육사 13기)	육군본부 헌병감
신윤희(중령)	수도경비사령부 헌병부단장(육사 21기)	육군본부 헌병감, 징역 3년 6월
최석립(중령)	수도경비사령부 제33헌병대장(육사 19기)	육군본부 헌병감, 대통령경호실장
김진선(중령)	수도경비사령부 작전담당관(육사 19기)	육군참모차장, 제2야전군사령관
이종민(중령)	육군본부 헌병대장	
신우식(대령)	특전사령부 작전참모(육사 14기)	제7공수여단장, 한국관광공사 감사
이병구(대령)	특전사령부 작전처장	
김정룡(대령)	특전사령부 보안부대장	
이기룡(대령)	특전사령부 참모장(육사 17기)	
김경일(중령)	특전사령부 제1공수여단 1대대장(육사 22기)	
서수열(중령)	특전사령부 제1공수여단 2대대장	
박덕화(중령)	특전사령부 제1공수여단 5대대장	

이름(계급)	당시 보직	이후 경력 및 처벌
박종규(소령)	특전사령부 제3공수여단 제15대대장 (육사23기)	제56사단장, 징역 3년 6월
구창회(대령)	육군 제9사단 참모장(육사 18기)	제3O야전군사령관
이문석(대령)	육군 제9사단 제28연대장(육사 17기)	제1야전군사령관, 총무처장관
이필섭(대령)	육군 제9사단 제29연대장(육사 16기)	육군사관학교장, 합참의장
김봉규(대령)	육군 제9사단 제30연대장	
안병호(중령)	육군 제9사단 작전참모(육사 20기)	수도방위사령관
송응섭(대령)	육군 제30사단 제90연대장(육사 16기)	합참차장
김택수(중령)	육군 제30사단 연대장(육사 19기)	606부대장
김윤호(소장)	육군보병학교장(육사 10기)	제1군단장
정동호(준장)	대통령경호실장 직무대리(육사 13기)	육군참모차장, 국회의원
고명승(대령)	대통령경호실 작전담당관(육사 15기)	보안사령관, 3군사령관

12·12군사쿠데타 직후 1979년 12월 14일 국군보안사령부에 모인 주도세력

맨 뒷줄: 남웅종, 김호영, 신윤희, 최석립, 심재국, 허삼수, 김진영, 허화평, 이상연, 이차군, 백운택
가운뎃줄: 박준병, 이필섭, 권정달, 고명승, 정도영, 장기오, 우국일, 최예섭, 조홍, 송응섭, 장세동, 김택수
맨 앞줄: 이상규, 최세창, 박희도, 노태우, 전두환, 차규헌, 유학성, 황영시, 김윤호, 정호용, 김기택

II 5·18광주민주화운동

1 비상계엄의 전국확대

유신독재의 추운 겨울이 끝나고 잠시 동안 '서울의 봄'이 찾아오면서 시민들은 계엄철폐와 민주화를 요구하며 격렬한 시위를 벌였다. 엄혹한 독재의 겨울왕국을 만든 장본인이 사망하고 민주주의의 봄이 찾아왔으니 시민들에게는 계엄이 아니라 그 봄을 맞이하는 축제가 필요했을지 모른다. 광주에서도 5월 14일부터 사흘 동안 비상계엄해제와 유신잔당 퇴진을 요구하며 가두시위와 행진이 이어진다. 가두시위가 전국적으로 확대되었다고는 하지만 특히 시위가 집중된 서울에서는 5월 15일 서울역에서 열린 학생들의 대규모 시위가 10만여 명이 참여했음에도 평화적으로 진행된 뒤 자발적으로 해산되었다. 그럼에도 불구하고 신군부는 국방부장관(주영복)이 주재하고 육군참모총장(이희성), 특전사령관(정호용), 수경사령관(노태우) 등이 참여한 **'전군 주요지휘관 회의'**를 열어 비상계엄 전국확대를 결정한다.

신군부는 같은 날 중동순방을 떠났다가 계획보다 일찍 귀국한 대통령 최규하를 압박함으로써 1980년 5월 17일 저녁에 그날 자정, 그러니까 일요일인 다음 날 18일 0시부터 제주도를 포함한 **전국으로 비상계엄이 확대**되었다(1980년 5월 17일 대통령공고 제68호). 대통령 피살 직후 선포된 비상계엄의 적용범위는 제주도 지역을 제외하고 있었기 때문이다. 비상계엄 확대의 이유는 "최근 북괴의 동태와 전국적으로 확대된 소요사태 등으로 전국 일원이 비상사태"에 처해있다는 상당히 주관적이고 자의적인 판단이었다. 밤 10시가 가까운 시각, 비상계엄 전국확대를 심의하는 국무회의 회의장을 당시 노태우가 사령관을 맡고 있던 수도경비사령부의 무장한 병력이 포위하여 공포분위기를 조성했다. 회의를 주재하던 국무회의 부의장인 국무총리와 국무위원들은 심리적 압박을 받을 수밖에 없었고, 비상계엄 전국확대를 의결한 국무회의는 단 10분 만에 회의를 끝낸다. 계엄선포권은 대통령의 고유한 권한에 속하기 때문에 그 행사 여부는 대통령이 독자적으로 결정할 수 있으며 계엄이 선포될 수 있는 객관적 상황에 관한 헌법적 요건을 충족해야만 행사될 수 있는 권한이다. 그렇다면 당시 대통령은 비상계엄 전국확대를 독자적으로 결정하였으며 그 결정의 전제가 되는 객관적 상황은 헌법적 요건을 충족하였는가?

비상계엄의 전국확대에 따른 포고 제10호를 통해 전국의 모든 대학에 휴교령이 내려졌고, 전국에 2만 3천여 명의 계엄군이 배치되었다. 이에 앞서 실시된 예비검속(사전검거/단속)에 따라 김대중, 문익환, 리영희 등을 포함하여 학생, 정치인, 재야인사 등 3천 명에 가까운 인사가 체포된다. 계엄사령관이 발령한 〈계엄포고 제10호〉에는 대학 휴교는 물론 사전검열, 정치집회금지, 정치활동중지, 파업금지, 유언비어금지 등이 포함되었다(다음 포고문 참조). 다시 한번 강조하지만 대통령은 계엄을 선포하는 권한을 가지며 대통령이 임명한 계엄사령관은 영장주의원칙이나 표현의 자유에 대하여 특별조치권을 행사할 때 〈계엄법〉에 따른 사전공고의 의무가 있기 때문에 마치 미군정 당시 점령군이 사용하던 '포고'라는 용어 대신해 '공고'라는 표현이 사용될 필요가 있다. 비상계엄의 전국확대로 계엄사령관은 그동안 군인 출신인 국방부장관의 지휘·감독을 받던 상태에서 실권이 없던 대통령의 지휘·감독을 받게 됨으로써 약화된 문민통제로 인하여 사실상 문민통제로부터 벗어나게 된다. 대통령의 비상계엄 전국확대 결정에 대해서 공식적으로는 전직 대통령의 사망과 대규모 시위로 인한 사회혼란 및 북한의 남침위협을 그 이유로 들고 있지만 결국 신군부의 압박이 주된 원인이 되었다. **계엄군은 국회 입구를 무력으로 차단**하여 국회의 회의 자체를 불가능하게 만듦으로써 비상계엄의 해제를 요구할 수 있는 국회의 의결을 원천적으로 봉쇄했다. 당시 시행되고 있던 유신헌법에 따르면 대통령이 비상계엄을 선포할 때는 지체없이 국회에 통고해야 하며 국회가 재적의원 과반수의 찬성으로 계엄의 해제를 요구하면 대통령은 계엄을 해제해야만 했기 때문이다(제54조 제4항 및 제5항). 물론 유신헌법에 따라 대통령이 지명하여 통일주체국민회의에서 선출된 국회의원들과 중선거구제로 실시되어 어차피 한 명은 당선될 수밖에 없었던 여당 국회의원들이 3분의 2 이상을 차지하고 있던 국회가 비상계엄의 해제를 요구할 리는 없었다.

계엄포고 제10호 포고문

1. 1979년 10월 27일에 선포한 비상계엄이 계엄법 제8조 규정에 의하여 1980년 5월 17일 24시를 기하여 그 **시행지역을 대한민국 전 지역으로 변경**함에 따라 현재 발효중인 포고를 다음과 같이 변경한다.
2. 국가의 안전보장과 공공의 안녕질서를 유지하기 위하여

   가. 모든 정치활동을 중지하며 정치 목적의 옥내외 집회 및 시위를 일체 금한다. 정치활동 목적이 아닌 옥내외 집회는 신고를 하여야 한다. 단, 관혼상제와 의례적인 비정치적 순수 종교행사의 경우는 예외로 하되 정치적 발언을 일체 불허한다.

   나. 언론, 출판, 보도 및 방송은 사전 검열을 받아야 한다.

   다. 각 대학(전문대학 포함)은 당분간 휴교 조치한다.

   라. 정당한 이유 없는 직장 이탈이나 태업 및 파업행위를 일체 금한다.

마. 유언비어의 날조 및 유포를 금한다. 유언비어가 아닐지라도 ① 전·현직 국가 원수를 모독, 비방하는 행위, ② 북괴와 동일한 주장 및 용어를 사용, ③ 공공 집회에서 목적 이외의 선동적 발언 및 질서를 문란시키는 행위는 일체 불허한다.

바. 국민의 일상생활과 정상적 경제활동의 자유는 보장한다.

사. 외국인의 출입국과 국내 여행 등 활동의 자유는 최대한 보장한다.

본 포고를 위반한 자는 영장 없이 체포, 구금, 수색하며 엄중 처단한다.

1980년 5월 17일
계엄사령관 육군 대장 이희성

2 항쟁의 서막

비상계엄이 전국으로 확대된 상황에서 계엄군이 왜 하필이면 광주시민을 상대로 강경진압을 시도했는지에 대해서는 여러 가지 추정이 가능하지만 여전히 의문이 제기된다. 아무래도 군사독재를 경험하며 여러 가지 측면에서 소외와 차별을 받아온 광주시민의 민주화의지가 다른 지역보다 상대적으로 강력하여 비상계엄선포에도 불구하고 꺾이지 않았기 때문이라고 설명하는 편이 맞을 것 같다. 아무튼 비상계엄의 효력이 시작된 **5월 18일 이른 새벽부터 계엄군이 전남대학교에 진입**하여 철야농성을 벌이거나 도서관에서 공부하고 있던 학생들까지 야만적으로 구타하고 강제로 끌어낸다. 아침이 되면서 '비상계엄 해제'를 외치며 학교로 진입하려던 학생들이 대학 정문 앞에서 투석전을 벌이자 학교 진입을 봉쇄하고 있던 특전사 공수여단(제7공수여단, 백마부대)은 곤봉과 소총 개머리판으로 학생들을 잔인하게 구타하며 시위를 진압한다. 계엄군이 가지고 있던 곤봉은 물푸레나무에 쇠심을 심어 특수하게 제작한 것으로 머리에 맞으면 두개골이 함몰될 정도로 위협적이고 치명적이었다.

계엄군의 폭력적 진압을 피하여 광주역을 거쳐 광주 도심 금남로 쪽으로 뛰쳐나온 학생들의 가두시위에 광주 시민들이 동참하면서 항쟁이 본격화된다. 경찰력만으로는 시위가 진압되지 않자 늦은 오후부터 서울에 주둔하던 공수여단(제11공수여단, 박쥐부대)이 헬기로 광주로 이동하였으며 전남대에서 시위를 진압하던 공수여단도 시내로 투입됨으로써 작전명 '화려한 휴가'가 개시된다. 이튿날인 5월 19일까지 장갑차를 앞세운 채 총기에 대검까지 착검한 **2개 특전사 공수여단의 무자비하고 야만적인 구타**가 계속되면서 광주는 살벌한 공포 분위기가 조성된다. 무기를

5월 17일	항쟁 전날	비상계엄 전국확대 조치
5월 18일	첫째 날	특전사 7공수여단 전남대학교 진입, 전남대학교 시위가 시내로 확산
5월 19일	둘째 날	특전사 7공수여단 및 11공수여단 장갑차를 동원한 시위진압
5월 20일	셋째 날	• 차량행진 • 경찰 및 계엄군 사망자 발생 • 특전사 제3공수여단 광주역 시위 현장에서 집단발포 개시
5월 21일	넷째 날	• 전남도청 앞 시위대에 대한 계엄군의 집단발포로 60여 명 사망 • 시민들 무기탈취 및 시민군 결정 • 계엄군 광주 외곽으로 후퇴 • 광주로 진입하는 모든 도로 봉쇄
5월 22일	다섯째 날	수습대책위원회 구성, 자치도시
5월 23일	여섯째 날	자치도시
5월 24일	일곱째 날	무기 절반 반납, 자치도시
5월 25일	여덟째 날	자치도시
5월 26일	아홉째 날	항쟁 지도부 결성, 계엄군 최후통첩
5월 27일	마지막 날	계엄군의 전남도청 진압

휴대하지 않은 민간인을 상대로 전투에 특화된 공수여단을 투입할 때부터 잔혹한 폭력이 예상될 수 있었으며 부마항쟁 이후 7개월 가까이 시위진압 훈련으로 피로감이 쌓인 공수부대원들의 분노와 예민함도 무자비한 폭력성을 자극했을 수 있다. 발포까지는 아니어도 대검을 꽂은 소총의 사용이 허용되면서 시위 참여자가 아닌 무고한 시민의 목숨을 앗아가기도 했던 계엄군의 잔혹하고 무도한 폭력을 목격한 시민들은 극도로 분노하여 돌과 각목을 들기 시작했으며 장갑차에 불을 지르며 극렬하게 저항한다. 이때부터 백병전을 벌이던 시민을 향한 계엄군의 산발적인 발포도 시작된다.

3 집단발포와 무장투쟁

항쟁 셋째 날인 5월 20일 오전, 시위가 더욱 격렬해지면서 기존의 두 개 공수여단에 더하여 또 하나의 공수여단(제3공수여단, 호랑이부대)이 시위진압을 위해 추가로 투입되었다. 이들은 이미 석 달 전부터 강도 높은 시위진압 훈련과 사격훈련을 받았고, 전날 밤 서울에서부터 열차로 이동하여 새벽쯤 광주에 도착한 뒤 시위의 중심이었던 광주역과 전남대에 배치되었다. 민간인 복장으로 위장한 채 자신들만 알 수 있는 비표를 착용한 특수요원들은 시위대 안으로 투입되어 시위주동자에게 물감으로 표시를 남기기도 했다. 공수부대의 추가투입으로 긴장이 고조되던 그날 저녁부터 금남로에서는 버스와 택시가 수만 명에 이르는 시민들과 합세하여 차량 행진을 벌이며 조직적인 시위가 시작되었다. 이 과정에서 흥분한 시민들이 차량을 돌진시켜 공격을 해오면서 버스에 치인 경찰관 사망자와 공수부대원 사망자가 발생하자 계엄군은 늦은 밤까지 광주역 앞에서 투석전을 벌이던 **시민들을 향해서 집단발포를 개시**한다.

그날 전두환의 육사 동기인 특전사령관 정호용이 헬기로 광주를 방문하였고, 늦은 저녁부터 이미 제3공수여단에서는 병사들에게 실탄이 지급되었으며 유사 시 발포 명령이 하달되었다. 그리고 그날 밤 본인은 부인하지만 현장에 있었던 계엄군의 증언에 따르면 광주역 시위현장에 나타난 제3공수여단장이 권총으로 공중에 세 발의 총격을 가하자 발포가 개시되었다. 시민을 향한 발포의 명령자가 특전사령관과 특전사 제3공수여단장임을 추정할 수 있는 정황들이다. 여기서 주목할 대목은 발표 명령자가 누구든 아직 무장하지 않은 시민들을 향해 집단발포가 시작되었다는 점이다. 그러므로 무장한 시민들의 위협을 받은 계엄군이 자신들을 보호하기 위하여 자위권을 발동했다는 주장은 논리적으로 앞뒤가 맞지 않게 된다. 강경한 시위진압을 위하여 육군 제20사단의 추가투입도 결정된다. 그날 밤 시민들은 경찰서를 점거하고, 계엄군이 무고한 시민을 잔혹하게 구타하는 **진상을 보도하지 않는 방송국에 불**을 지르기도 한다.

다음 날 새벽까지 이어진 시위 현장에서 붙잡힌 시민들은 전남대로 끌려와 무자비한 구타를 당했고, 이들 중 사망자도 발생했으며 시신은 근처 야산에 암매장된다. '부처님 오신 날'로 휴일이면서 항쟁 나흘째가 되는 이튿날, **21일 새벽** 지난밤 계엄군에 의하여 사망한 것으로 추정되는 시민의 시신 두 구가 리어카에 실린 채 광주역에서 발견된다. 수습한 시신을 끌고 전라남도 도청(전남도청) 앞 금남로에 수만 명의 시민들이 집결한다. 바로 그날, **21일 오후 한 시쯤** 애국가 소리와 함께 전남도청 앞에 주둔하던 계엄군은 시민들을 향해 **무차별적 집단총격을 개시**하여 수많은 무고한 시민들이 사망한다. 그날 세상에 가득해야 할 부처님의 자비는 사라졌다. 당시 계엄군은 화염병을 던지며 저항하는 시민들과 대치하고 있었는데 시민군이 방위산업체에서 탈취한 장갑차가 돌진하자 계엄군이 일시적으로 후퇴하던 과정에서 공수부대원 한 명이 장갑차에 치여 사망하면서 집단발포를 개시한 것이다. 시민들이 무장하지 않았기 때문에 시위에 참여한 평범한 시민들을 향해 집단발포를 해야 하는 상황은 전혀 아니었다. 그럼에도 불구하고 계엄군은 전남도청 근처 건물 옥상에서 시민들을 향하여 조준사격을 가하면서 희생자가 늘었다. 그들은 국민을 지켜주는 나라의 군대가 아니었고, 그래서 그들의 총에 맞아 희생된 사람들의 관에 시민들은 태극기를 덮었다.

10분가량 계속된 집단발포로 60여 명이 희생되어 금남로가 피바다로 변하면서 항쟁 나흘째인 이날은 광주항쟁 기간 동안 최대 사망자가 발생한 참혹한 날로 기억되고 있다. 총격은 주택가에서도 계속되었고, 전남도청 근처 민가에서 출산한 부인을 돌보고 있던 남성이 창문으로 날아온 유탄에 맞아 사망하기도 했다. 계엄군은 사망한 공수부대원을 친 장갑차가 시민군의 장갑차이기 때문에 시민들에 대한 발포는 자위권의 발동이라고 주장하지만 여러 정황들은 해당 장갑차가 후퇴하던 공수부대의 장갑차이며 이미 공수부대는 시민들에 대한 발포를 준비하고 있었다고 추정할 수 있는 증거들을 보여준다. 심지어 계엄군은 무기를 탈취한 시민들이 먼저 발포했다고 주장하기도 했으나 이러한 주장은 계엄군의 발포가 자위권의 발동이라는 그들의 입장을 정당화하기 위하여 조작된 것으로 보인다. 공수부대의 무차별적 발포에 분노하여 중·고등학생까지 시위에 동참하는 등으로 시위에 참여하는 시민들의 숫자가 급증했다. 그들 가운데 일부는 인근 도시의 파출소와 예비군 무기고를 급습해 무기를 탈취하고, 이제 비로소 무장하여 **시민군을 결성한 뒤 무장투쟁**을 벌이기 시작했으며 저녁이 되면서 계엄군이 빠져나간 전남도청에 진입한다. 시위에 참여했던 시민들이 목포, 해남 등 광주 외곽 도시로 진출하면서 시위는 전남 전역으로 확산된다.

4 계엄군의 철수와 자치도시 광주

시민군이 방위산업체에서 탈취한 장갑차를 끌고 나오고, 기관총까지 탈취해 무장한 시민군과의 일전으로 인한 유혈사태를 우려한 **계엄군은 5월 21일 저녁부터 전남도청에서 철수한 뒤 광주 외곽으로 후퇴**한다. 전남대학교에 주둔하던 3공수여단은 철수하면서 시위 진압 과정에서 체포된 학생들과 시민들을 포박하여 군용트럭에 승차정원인 열두 명의 다섯 배 이상을 태우고 그 안에 최루탄까지 터트려진 채 계엄군 본부로 추정되는 광주교도소로 이송한다. 아수라장이 된 트럭 안에서 이미 십여 명의 사망자가 발생했고, 광주교도소에 살아서 도착한 사람들도 불법적으로 구금된 상태에서 잔혹하게 구타당했으며 이로 인해 사망한 사람들은 이동 중 사망한 사람들과 함께 교도소 담벼락 바깥에 암매장된다.

공수부대의 총격으로 시민들이 집단으로 살해되었다는 사실이 외부로 알려지지 못하도록 외곽으로 후퇴한 **계엄군에 의하여 광주로 진입하는 모든 도로가 봉쇄**된다. 봉쇄 사실을 모른 채 광주로부터 벗어나려던 차량에 탔던 시민들이 계엄군의 총격에 사망하기도 한다. 광주가 봉쇄된 5월 21일부터 며칠 동안 광주 외곽 동남쪽 화순 방면 도로, 서남쪽 송정리와 나주 방면 도로에서 계엄군의 총격으로 시민들이 사망한다. 특히 광주 동북쪽 담양 방면의 도로에 위치한 광주교도소 앞에서 시민군의 위세를 보여주거나 광주의 상황을 외부에 알리기 위해 군용트럭이나 자동차를 타고 가던 여러 명의 시민들이 계엄군의 난사로 사망하는데 계엄군은 희생당한 시민들을 교도소를 습격하려던 무장폭도로 조작한다. 나중에 전남도청에서 마지막까지 저항하다 사망한 시민까지도 애초에 존재하지도 않았던 교도소 습격 사건의 무장 폭도라는 누명을 덧씌운다. 광주시 외곽 봉쇄를 담당한 계엄군 간의 오인사격으로 서로 총격을 가하여 계엄군이 사망하는 일도 발생한다. 오히려 시민군의 발포로 오인한 계엄군은 보복의 목적으로 무고한 시민들을 향해 발포하여 어린이를 포함한 다수의 희생자가 발생한다.

계엄군이 외곽으로 철수한 뒤 **5월 22일부터 나흘 동안 광주**는 시민들이 성직자와 변호사, 대학생 등을 중심으로 시민수습대책위원회를 구성하여 한 건의 약탈사건도 발생하지 않을 만큼 완벽하게 스스로 질서를 유지하는 **자치도시**가 되었다. 시민들은 사망자의 시신을 수습하고, 자발적으로 음식을 제공하는 등으로 시민군을 지원하여 도시 전체는 상호 연대하는 평화로운 공동체가 형성된다. 그러나 궐기대회를 위해 전남도청 앞 광장에 모인 시민들의 치열한 토론이 계속되었지만 교통과 통신이 완벽하게 차단되어 봉쇄된 광주는 점점 고립되어 가고, 무장해제(무기반납)를 주장하는 쪽과 결사항전을 주장하는 쪽으로 의견이 갈라진 채 며칠이 지난다. 5월 24일까지 무기의 절반가량이 회수되었지만 결사항전을 주장하는 쪽에서 시민군을 주도하면서 목숨을 건 항전을 위한 지도부가 구성된다. 5월 26일에 다시 시내로 진입한 계엄군은 헬리콥터를 동원하여 전단지를 뿌리며 시민군을 향하여 무기를 버리고 투항하도록 최후통첩을 한다.

5 항쟁의 진압

항쟁 마지막 날 **5월 27일 새벽** 계엄사령관 이희성의 지시에 따라 **계엄군은 전남도청에 진입**하여 항쟁의 심장부였던 도청에 남아서 죽음을 두려워하지 않으며 끝까지 저항하던 시민군을 무력으로 진압한다. 당시 전남도청과 그 주변에서 마지막까지 저항하던 시민군의 규모는 계엄군 측 주장으로 최소 2백여 명에서 시민군 측 주장으로 최대 5백여 명에 이른다. 2개 보병사단(20사단, 31사단)이 수행한 도시장악작전의 지원을 받으며 3개 여단의 특전사 공수부대(3공수여단, 7공수여단, 11공수여단), 헬기, 전차, 장갑차가 동원된 무자비한 도청진압작전이 실행되면서 전남도청과 주변 건물에서 저항하던 시민들 가운데 수많은 사망자가 발생했다. 이뿐만 아니라 살아남아 체포되어 육군 상무대로 연행된 시민군들은 영창에 갇혀 스스로 목숨을 끊고자 했을 만큼 혹독한 구타에 시달렸고, 많은 사람들은 시간이 지나 고문 후유증으로 고통을 겪다가 사망한다. 그들은 왜 목숨을 걸고 끝까지 도청에 남았을까? 다른 사람은 다 죽고 혼자서 살아남는 것이 두려웠기 때문일까? 살아남아 부끄럽게 사는 것이 양심에 찔렸기 때문일까? 단 한 명이라도 도청에 남지 않고 모두가 계엄군에 투항했다면 그들과 시민들이 열흘 동안 벌인 항쟁은 지금까지도 불순세력의 폭동으로 남았을지 모른다. 그들의 희생이 있었기에 광주항쟁은 항쟁으로 남아 여전히 기억되는 것이 아닐까?

군사반란을 일으킨 세력을 향해 항의하면서 **열흘 동안 진행된 광주민주화운동**(민주항쟁) 과정에서 인구 70여 만 명의 도시 광주에 특전사 공수부대원을 포함한 연인원 2만여 명이나 되는 대규모의 병력이 투입되었다. 게다가 탱크와 장갑차, 헬기까지 동원되었다. 광주민주항쟁은 군부의 불법적 권력찬탈과 내란 목적의 비상계엄확대에 항의하며 주권자로서 민주주의를 요구하는 국민의 정당한 저항이며 광주시민의 항쟁에 대한 군부의 무력진압은 그러한 저항을 무력으로 진압하는 과정에서 발생한 '민간인 집단학살'을 의미한다고 평가할 수 있다. 계엄군의 무력진압을 '학살'이라고 부르는 이유는 저항할 수 없는 무고한 시민(양민)을 향해서까지 적으로 규정한 채 과잉된 병력과 장비를 동원하여(과잉진압) 고의적이고 무차별적이며 잔혹하게 살인을 저질렀기 때문이다. 계엄사령관인 육군참모총장으로부터 2군사령부 사령관으로 내려와 육군전투병과

교육사령부(전교사) 사령관인 전남북계엄분소장을 거쳐 향토사단인 육군 제31사단 사단장으로 이어지는 정상적인 계엄군 지휘명령체계는 작동하지 않았다. 오히려 12·12군사반란의 주도세력이었던 국군보안사령관 전두환과 육군참모차장 황영시로부터 특전사령부(특전사) 사령관 정호용을 거쳐 특전사 공수여단으로 이어지는 비정상적인 계엄군 지휘명령체계가 작동하면서 강경진압으로 인한 희생자가 늘었다.

2007년에 발간된 〈국방부과거사진상규명위원회 종합보고서〉에 따르면 열흘 동안의 광주항쟁 중에 민간인 166명, 군인 23명(군 내 오인사격 사망자 13명 포함), 경찰 4명을 포함하여 총 193명이 사망했고, 행방불명자는 64명에 이르렀으며, 부상자도 3천여 명이 발생하였다. 투입된 병력을 고려하면 희생자의 숫자가 예상보다 적어 보이지만 중요한 것은 민간인 희생자는 국군의 구타나 총격으로 사망했다는 점이다. 더욱이 구타나 총격으로 사망한 후 시신이 암매장되거나 불태워진 상당수의 행방불명자를 포함하면 희생자의 숫자는 훨씬 더 늘어나 5백여 명에 달할 것이라는 추정도 있다. 사망자 중에는 임신 7개월로 집 앞에서 남편의 귀가를 기다리다 공수부대의 총격으로 사망한 여성도 있었다. 이런 시민들이 폭도나 불순세력이 아니라는 사실은 명백하다. 인권을 강조하던 미국 카터 정부도 북한의 도발을 염려하여 항공모함을 보냈을 뿐이고, 미국의 적극적 개입을 기대했던 광주시민들의 항쟁에 대한 신군부의 무력진압을 방관하였다.

대법원은 1980년 비상계엄을 전국으로 확대한 뒤 광주민주화항쟁을 무력으로 진압한 행위를 **국헌문란행위**로 보았다. "5·18내란 행위자들이 1980. 5. 17. 24:00을 기하여 비상계엄을 전국으로 확대하는 등 헌법기관인 대통령, 국무위원들에 대하여 강압을 가하고 있는 상태에서, 이에 항의하기 위하여 일어난 광주시민들의 시위는 국헌을 문란하게 하는 내란행위가 아니라 헌정질서를 수호하기 위한 정당한 행위였음에도 불구하고 이를 난폭하게 진압함으로써, 대통령과 국무위원들에 대하여 보다 강한 위협을 가하여 그들을 외포하게 하였다면, 그 시위진압행위는 내란행위자들이 헌법기관인 대통령과 국무위원들을 강압하여 그 권능행사를 불가능하게 한 것으로 보아야 하므로 국헌문란에 해당한다"(대법원 1997. 4. 17. 선고 96도3376 판결). 따라서 이러한 국헌문란을 목적으로 하는 경우에 **비상계엄의 전국확대는 내란죄**에 해당한다고 설시하였다.

내란죄의 구성요건인 폭동의 내용으로서의 폭행 또는 협박은 일체의 유형력의 행사나 외포심을 생기게 하는 해악의 고지를 의미하는 최광의의 폭행·협박을 말하는 것으로서, 이를 준비하거나 보조하는 행위를 전체적으로 파악한 개념이며, 그 정도가 한 지방의 평온을 해할 정도의 위력이 있음을 요한다. 그런데 1980. 5. 17. 당시 시행되고 있던 계엄법 등 관계 법령에 의하면, '비상계엄의 전국확대'는 필연적으로 국민의 기본권을 제약하게 되므로, **비상계엄의 전국확대 그 사실 자체만으로도 국민에게 기본권이 제약될 수 있다는 위협**을 주는 측면이 있고, 민간인인 국방부장관은 지역계엄실시와 관련하여 계엄사령관에 대하여 가지고 있던 지휘·감독권을 잃게 되므로, 군부를 대표하는 계엄사령관의 권한이 더욱 강화됨은 물론 국방부장관이 계엄업무로부터 배제됨으로 말미암아 계엄업무와 일반국정을 조정 통할하는 국무총리의 권한과 이에 대한 국무회의의 심의권마저도 배제됨으로써, 헌법기관인 국무총리와 국무위원들이 받는 강압의 효과와 그에 부수하여 다른 국가기관의 구성원이 받는 강압의 정도가 증대된다고 할 것이며, 따라서 비상계엄의 전국확대조치의 그와 같은 강압적 효과가 법령과 제도 때문에 일어나는 당연한

5·18광주항쟁 진압군 지휘체계

대통령	최규하	
국방부장관	주영복	징역 7년
계엄사령관/육군참모총장	대장 이희성(육사 8기)	징역 7년
육군참모차장	중장 황영시(육사 10기)	징역 8년
3군 사령관	중장 유학성	징역 6년
국군 보안사령부(보안사) 사령관	중장 전두환(육사 11기)	무기징역
육군 특수전사령부(특전사) 사령관	소장 정호용(육사 11기)	징역 7년
국군 수도경비사령부 사령관	소장 노태우(육사 11기)	징역 17년
보안사 비서실장	대령 허화평(육사 17기)	징역 8년
보안사 인사처장	대령 허삼수(육사 17기)	징역 6년
보안사 대공처장	대령 이학봉(육사 18기)	징역 8년
보안사 정보처장	대령 권정달(육사 15기)	
보안사 보안처장	대령 정도영(육사 14기)	
육군본부 작전교육참모부차장	이상훈(육사 11기)	
특전사 작전참모	장세동(육사 16기)	징역 3년 6월
육군전투병과교육사령부(전교사) 사령관/전남북계엄분소장	중장 윤흥정/소장 소준열	
육군 31사단장/전남계엄분소장	소장 정 웅	
육군 20사단장	소장 박준병(육사 12기)	무죄
특전사 3공수특전여단장	준장 최세창(육사 13기)	징역 5년
특전사 7공수특전여단장	준장 신우식	
특전사 11공수특전여단장	준장 최 웅	
특전사 3공수여단 13대대장	중령 변길남(육사 22기)	
육군 20사단 60연대장	대령 정수화	
육군 20사단 61연대장	대령 김동진	
육군 20사단 62연대장	대령 이병년	

결과라고 하더라도, 이러한 법령이나 제도가 가지고 있는 위협적인 효과가 국헌문란의 목적을 가진 자에 의하여 그 목적을 달성하기 위한 수단으로 이용되는 경우에는 **비상계엄의 전국확대조치가 내란죄의 구성요건인 폭동의 내용으로서의 협박행위**가 되므로 이는 내란죄의 폭동에 해당하고, 또한 그 당시 그와 같은 비상계엄의 전국확대는 우리나라 전국의 평온을 해하는 정도에 이르렀음을 인정할 수 있다.

광주항쟁 10주년이 되는 1990년 8월에 광주민주화운동 관련자에 대한 명예회복과 보상을 위하여 〈광주민주화운동 관련자 보상 등에 관한 법률〉이 제정되었다. 이 법률은 2006년 3월에 〈5·18민주화운동 관련자 보상 등에 관한 법률〉로 명칭이 변경되었다. 2021년 법률개정으로 그동안 "1980년 5월 18일을 전후"로 정해졌던 5·18민주화운동의 시기는 "1979년 12월 12일과 1980년 5월 18일을 전후"로 구체화되었으며 5·18민주화운동의 개념도 이 시기에 발생한 "헌정질서 파괴범죄와 반인도적 범죄에 대항하여 시민들이 전개한 민주화운동"으로 명확하게 정의되었다(제2조 제1호). 2018년에는 〈5·18민주화운동 진상규명을 위한 특별법〉도 제정되어 광주항쟁 당시 벌어진 계엄군의 민간인 학살 등에 대한 진상규명이 가능해졌다. 헌법재판소는 〈광주민주화운동 관련자 보상 등에 관한 법률〉에 따른 보상금 등의 지급결정에 대한 동의를 재판상 화해로 보는 법률조항에 대해서 위헌결정을 한다(다음 참조). 이에 따라 광주민주화운동 희생자는 이미 국가로부터 보상금 등을 지급받았다고 하더라도 국가를 상대로 정신적 손해배상을 청구하는 국가배상청구소송을 제기할 수 있게 되었다.

5·18보상법 및 같은 법 시행령의 관련조항을 살펴보면 정신적 손해배상에 상응하는 항목은 존재하지 아니하고, 보상심의위원회가 보상금 등 항목을 산정함에 있어 정신적 손해를 고려할 수 있다는 내용도 발견되지 아니한다. 그럼에도 불구하고 심판대상조항은 정신적 손해에 대해 적절한 배상이 이루어지지 않은 상태에서, 5·18민주화운동과 관련하여 사망하거나 행방불명된 자 및 상이를 입은 자 또는 그 유족이 적극적·소극적 손해의 배상에 상응하는 보상금 등 지급결정에 동의하였다는 사정만으로 재판상 화해의 성립을 간주하고 있다. 이는 국가배상청구권에 대한 과도한 제한이고, 해당 손해에 대한 적절한 배상이 이루어졌음을 전제로 하여 국가배상청구권 행사를 제한하려 한 5·18보상법의 입법목적에도 부합하지 않는다. 따라서 이 조항이 5·18보상법상 보상금 등의 성격과 중첩되지 않는 정신적 손해에 대한 국가배상청구권의 행사까지 금지하는 것은 국가배상청구권을 침해한다.

III 국가보위비상대책위원회

1 국가보위비상대책위원회의 만행

광주민주화운동이 무력으로 진압된 직후 국무회의는 '국가보위비상대책위원회'라는 이름부터 수상한 기관의 설치를 의결하고, **1980년 5월 31일 '국가보위비상대책위원회'가 출범**한다. 긴 이름을 가진 국가보위비상대책위원회는 '국보위'로 줄여 불렸으며 비상계엄이 전국으로 확대됨으로써 대통령이 직접 계엄당국을 지휘·감독하고, 내각과 계엄당국이 협조한다는 명목에서 대통령보좌자문기관으로 설치되었다. 형식적으로는 대통령이 의장을 맡았지만 신군부가 대통령과 내각을 통제하기 위하여 만들어진 이 반헌법적 기구에 의하여 신문사와 방송사가 강제로 통폐합되고, 수많은 기자들이 해직되었으며 대규모의 공무원이 숙정된다. 국무총리, 부총리, 중앙정보부장, 대통령비서실장, 계엄사령관, 합동참모회의의장(합참의장), 각군 참모총장, 육군보안사령관 등으로 구성된 국보위를 실질적으로 작동시키는 '상임위원회'는 30명으로 구성되었고, 이 가운데 과반수는 현역 군인이었다. 예상할 수 있듯이 **상임위원장은 당시 국군보안사령관이면서 중앙정보부장 서리였던 전두환**이 맡았다.

그는 중장으로 진급한 뒤 이미 4월 14일 중앙정보부장 서리로 임명되었는데 현역 군인이 국무회의에 참석할 수 있는 중앙정보부장을 겸직하게 된 것으로 오로지 민간인만이 중앙정보부장을 맡을 수 있도록 규정한 법을 어기는 명백한 위법행위로서 노골적으로 그의 정치적 야망을 드러내기 시작한 사건이다. 헌법에 의해 선출된 대통령을 허수아비처럼 앞세운 채 군사반란을 일으킨 신군부가 국보위라는 초헌법적 기관을 만들어 실질적으로 국가를 통치하기 시작했다는 뜻이다. 전두환은 중장으로 진급한 지 몇 달도 지나지 않은 8월 초 대장으로 진급하는데 정권찬탈을 위해 군사반란을 일으킨 지 여덟 달 만에 신군부의 꼭두각시 노릇을 하던 대통령에 의하여 전무후무한 초고속 진급을 한 것이다.

2 대통령이 된 전두환

1980년 8월 16일 최규하는 내쫓기듯이 광주항쟁에 대한 책임을 지겠다는 명목으로 대통령직에서 사임하고, 전두환은 8월 초 대장으로 진급한 뒤 얼마 지나지 않은 8월 22일 전역하였다. 8월 27일 **유신헌법에 따라 통일주체국민회의에서 제11대 대통령으로 선출된 전두환**이 9월 1일 취임식을 갖는다. 유신헌법에 따른 세 번째 대통령의 탄생이었다. 군사반란을 주도한 신군부는 군사반란을 일으킨 지 9개월 만에 비록 유신헌법이기는 하지만 헌법적 절차에 따라 국가권력을 장악한 것이다. 그렇지만 헌법적 절차에 따라 선출된 대통령을 강압적으로 사임하게 만들었다면 그들의 행위는 내란에 해당한다.

최규하는 전직 대통령에 대한 예우와 관련된 나쁜 선례를 남길 수 있다는 이유로 죽을 때까지 구체적인 진실에 대한 증언을 끝내 거부했다. 그는 이미 국무총리였던 당시에 대통령의 사망 소식과 범인의 신원을 전해 듣고도 헌법상 대통령권한대행자로서 사태해결을 위한 적절한 처신을 하지 않았다. 평생 행정관료로 살아온 그는 새로 선출될 대통령에게 정권을 이양하고 개헌을 하겠다는 약속을 했을 뿐이다. 대통령권한대행자이면서 대통령당선자이기도 했던 시절 그는 계엄사령관에 대한 불법적인 체포를 사후적으로 재가했고, 대통령이 되어서는 국군보안사령관을 민간인만 임명될 수 있는 중앙정보부장으로 위법하게 임명했다. 그뿐만 아니라 그는 명확한 근거 없이 비상계엄을 전국적으로 확대하는 데 동의했으며 대통령직에서도 사임한 그는 신군부의 군사반란과 내란을 입증할 수 있는 핵심적 증인임에도 불구하고 죽을 때까지 함구했다.

1년 반이 넘는 군정을 실시하다가 헌법을 개정하고 전역한 뒤 곧바로 대통령으로 선출된 박정희가 걸었던 길을 전두환도 걸었다. 차이가 있다면 박정희는 헌법을 개정한 뒤 대통령이 되었지만 전두환은 박정희가 만든 헌법에 따라 대통령이 된 뒤 헌법을 개정한 점이다. 1980년 9월에는 광주항쟁을 배후에서 선동하였다는 내란음모죄 혐의로 기소된 **김대**

중이 사형선고를 받는다. 계엄을 전국으로 확대한 뒤 이에 저항하는 광주항쟁을 무력으로 진압함으로써 국헌을 문란하게 하려는 목적을 가지고 폭동으로 내란을 일으킨 자들이 그들이 저지른 집단학살을 은폐하기 위하여 김대중을 희생양으로 삼은 것이다. 김영삼은 정치활동이 금지되었고, 김종필은 부정축재자로 몰려 공직에서 쫓겨났다.

IV 헌법개정

유신헌법을 대체하기 위한 헌법개정 작업이 진행되면서 **1980년 10월 27일 대통령 간선제와 7년 단임제를 포함하는 개정된 헌법이 공포**됨과 동시에 시행된다. 이 헌법 부칙에 따라 이 헌법이 시행됨과 동시에 기존 국회의원의 임기는 종료됨으로써 **헌법개정에 의한 국회해산**이 이루어졌고, '국가보위입법회의'가 새로운 국회가 구성될 때까지 그 권한을 대행하게 된다. 개정헌법의 부칙에는 새로운 국회의 구성과 새로운 대통령의 선출을 위한 선거가 1981년 6월 30일까지 실시되도록 규정되었다(부칙 제2조). 실제로 국회가 새롭게 구성되어 최초로 소집되는 날의 직전일인 **1981년 4월 10일까지 국가보위입법회의는 국회의 권한을 대행**하였다. 반 년 가까운 시간 동안 국회가 해산된 상태에서 형식상 헌법적 정당성을 부여받은 기구인 국가보위입법회의가 입법권을 행사한 것이다. 국가보위입법회의가 제정한 법률과 이에 따라 행하여진 재판 및 예산 기타 처분의 효력의 지속성과 이에 대한 제소나 이의제기의 금지를 헌법에 명시함으로써(부칙 제6조 제3항) 국가보위입법회의가 제정한 법률의 헌법적 정당성까지도 확보하였다.

국가보위입법회의 의원은 81명으로 구성되었는데 대통령이었던 전두환은 의원 전부를 직접 임명한다. 대통령이 국회의 권한을 대행하는 국가기관의 구성원을 직접 임명한 것이다. 특정한 정치인의 공직선거출마, 정당활동 등 일체의 정치활동을 금지하는 〈정치풍토쇄신에 관한 특별조치법〉, 정기간행물의 등록취소나 발행정지 등에 관한 권한을 정부에 부여함으로써 언론을 통제할 수 있는 〈언론기본법〉, 정당에 대한 국고보조금을 지급하는 〈정치자금법〉 등이 국가보위입법회의에서 제정되었다. 1981년 1월 24일 박정희 피격 후 선포되어 지속된 계엄이 마침내 해제된다. 권력의 정당성을 국내외적으로 과시하기 위해 미국을 방문하여 레이건(Ronald Reagan) 대통령과 정상회담을 가지고 귀국한 직후 1980년 개정된 헌법에 따라 **전두환은 1981년 2월 25일 제12대 대통령으로 선출되어 3월 3일에 취임**한다. 유신헌법에 따라 대통령이 된 지 6개월 만에 1931년생으로 이제 막 쉰 살이 된 그는 자신이 주도하여 개정된 헌법에 따라 다시 대통령이 되었다.

대통령 선거 한 달 후 **3월 25일에 실시된 제11대 국회의원 선거**에서는 국회의원 숫자가 대폭 증원되었지만 정치활동이 규제된 정치인들이 많은 상태로 실시되었는데 여당인 민주정의당(민정당)이 지역구와 전국구를 합쳐 과반수인 151석을 차지하였다(다음 표 참조). 지역구에서는 2명을 선출하는 중선거구제가 유지되었고, 현재의 비례대표에 해당하는 전국구 국회의원의 의석배분에서 지역구 의석 비율이 1위인 정당은 전국구의 3분의 2에 해당하는 61석을 배정받았기 때문이다. 당시 헌법은 선거원칙으로 평등선거원칙을 규정하고 있었는데(제77조 제1항) 지역구에서 의석 비율이 제1당이 된 정당에 절대적으로 유리한 전국구의 의석배분 방식은 이와 같은 선거원칙에 위반되었다는 논란을 제기하도록 만들었다.

제11대 국회의원 선거(1981) **정당별 당선인수 현황** (단위: 명)

	민주 정의당	민주 한국당	한국 국민당	민주 사회당	민권당	신정당	안민당	민주 농민당	무소속	합계
지역구	90	57	18	2	2	2	1	1	11	184
전국구	61	24	7	0	0	0	0	0	-	92
합계	151	81	25	2	2	2	1	1	1	276
선거인수 21,094,468				투표자수 16,397,845				투표율 77.7%		

더욱이 야당인 민주한국당과 한국국민당도 중앙정보부 출신이 주도하여 만든 정당이었다.

1 삼청교육대

군사쿠데타를 정당화하기 위한 사업 중의 하나가 사회정화운동이었다. 이에 따라 1980년 8월 4일에 **계엄사령권은 〈계엄포고 제13호〉를 발령**하여 사회악을 일소한다는 목적으로 전국의 폭력배, 불량배를 소탕하기 위하여 폭력이나 사기, 공갈 등의 범죄 전과자와 수배자 등에 대한 불법적 체포와 군부대 입소가 진행된다. 당시 〈계엄법〉은 1949년 11월에 제정된 뒤 한 차례의 개정도 없이 그대로 유지된 상태였다. 이에 따르면 계엄의 선포는 원칙적으로 대통령의 권한이고(같은 법 제1조), 계엄의 시행은 국방부장관의 지휘·감독을 받아 계엄사령관이 하되, 전국을 계엄지역으로 하는 경우에 계엄사령관은 대통령의 지휘·감독을 받는다(같은 법 제9조). 이미 살펴본 대로 1980년 5월 17일부터 비상계엄이 전국으로 확대되었는데 당시 〈계엄법〉에 따라 계엄사령관은 체포, 구금, 수색, 거주, 이전, 언론, 출판, 집회 또는 단체행동에 관하여 '특별한 조치'를 할 수 있는 권한을 행사하여 사전공고에 해당하는 개별적인 계엄포고를 발령했던 것이다.

〈계엄포고 제13호〉에 대해서 대법원은 유신헌법 및 현행 헌법에서 정한 영장주의원칙과 명확성원칙에 위배되고 기본권을 침해하여 위헌이라고 결정하였다. 1980년 헌법으로 개정될 때까지 효력을 유지하고 있던 유신헌법에서도 영장주의원칙이 명시되어 있었고(제10조 제3항), 법률에 의하지 않는 형벌이나 보안처분, 강제노역은 금지되어 있었다(같은 조 제1항). **삼청교육대에서 진행된 4주 동안의 순화교육**은 인신이 구금된 상태에서 진행된 형벌과 다름없었고, 그것도 구타와 가혹한 신체적 훈련이 동반되어 형벌의 종류에 포함되지도 않은 체형이었으며 근로봉사대에서 실시된 노역은 강제노역이었다.

[판례] 계엄포고 제13호에 대한 대법원 결정—2018. 12. 28. 선고 2017모107 결정

① 이 사건 계엄포고는 폭력사범, 공갈 및 사기사범, 사회풍토 문란 사범을 검거한 후 일정 기준에 따라 분류·수용하고 순화교육과 근로봉사 등으로 순화시켜 사회에 복귀하게 한다는 것으로, 순화교육 및 근로봉사 기간 중 지정 지역을 무단이탈하거나 난동, 소요 등 불법행동을 일절 금지하며, 이를 위반하는 때에는 영장 없이 체포, 구금, 수색한다는 내용을 포함하고 있다. 이러한 계엄포고의 내용은 비상계엄 전국 확대 이후 동요 우려가 있는 시민사회를 안정시키기 위한 것이었을 뿐이고, 이 사건 계엄포고가 발령될 당시의 국내외 정치·사회상황이 구 계엄법 제13조에서 정한 '군사상 필요할 때'에 해당하였다고 보기 어렵다. 따라서 이 사건 계엄포고는 유신헌법 제54조 제1항, 구 계엄법 제13조에서 정한 요건을 갖

추었다고 볼 수 없다.

② 또한 이 사건 계엄포고의 내용은 국가가 국민의 기본적 인권을 최대한으로 보장하도록 한 유신헌법 제8조(현행 헌법 제10조)에도 불구하고, 유신헌법 제10조(현행 헌법 제12조)가 정한 신체의 자유를 침해하고 영장주의 원칙에 위배되며, 유신헌법 제12조(현행 헌법 제14조)가 정한 거주·이전의 자유를 침해한다. 또한 '난동, 소요 등 불법행동을 일체 금한다.'(제3항)고 하여 범죄의 구성요건이 추상적이고 모호할 뿐만 아니라 그 적용범위가 포괄적이어서 죄형법정주의의 명확성 원칙에도 위배된다.

③ 이와 같이 이 사건 계엄포고는 헌법과 법률에서 정한 요건을 갖추지 못한 채 발령되었고, 그 내용도 신체의 자유, 거주·이전의 자유 등 헌법상 보장된 국민의 기본권을 침해하며 영장주의와 죄형법정주의의 명확성 원칙에 위배되므로, 해제 또는 실효되기 이전부터 이미 유신헌법, 현행 헌법, 구 계엄법에 위배되어 무효이다.

본인이 자발적으로 지원하는 형식을 취하였지만 6만여 명이 체포되어 형식적 심사를 거쳐 네 등급으로 분류된 뒤 **4만 명에 가까운 인원이 사실상 강제적으로 군부대에 입소하여 순화교육**이라는 이름의 비인간적인 육체적 훈련을 받아야 했다. 4주 동안의 순화교육이 끝난 뒤에도 근로봉사, 보호감호로 이어지는 혹독한 인권탄압으로 54명이 사망하였다. 지역경찰서에 할당된 인원을 채우기 위하여 갖은 이유로 검거된 평범하고 무고한 수많은 시민들의 인생은 살인적 구타와 가혹행위의 후유증으로 사망하거나 정신질환을 얻어 통째로 바뀌었다. 강제노역을 하면서 인권유린 행위에 저항하며 집단행동을 하던 근로봉사대원들에게는 총격이 가해져 사망자가 발생하기도 했다. 특히 그들에게 내려진 보호감호처분의 법적 근거는 재범의 위험성이 있는 전과자를 개선한다는 입법 목적으로 1980년 12월 18일에 제정된 〈사회보호법〉이었는데 이 법률의 부칙에 따라 **삼청교육대 입소자들은 1년에서 5년까지의 보호감호처분**을 받아야 했다. 삼청교육대 사건은 2010년 '진실과 화해를 위한 과거사정리위원회'에 의해서 진실규명 결정을 받았다. 늦었지만 2021년 4월에는 〈삼청교육피해자의 명예회복 및 보상에 관한 법률〉이 제정되어 삼청교육을 받다가 사망한 사람이나 행방불명이 된 사람, 부상을 당하여 장애를 갖게 된 사람, 부상을 당해 그 후유증으로 사망한 사람이 명예를 회복받고 보상을 받을 수 있는 길이 마련되었다.

2010년 2월 23일 진실과 화해를 위한 과거사정리위원회 결정

1. 신청인 최홍운 등 20명은 1980. 8.경부터 전국 군부대 등에 설치·운영된 '삼청교육대'에 강제로 끌려가 순화교육(4주) 또는 근로봉사, 보호감호 처분으로 인해 장기간 인권침해를 받았다며 진실규명을 신청하였다.
2. 진실규명대상자 최홍운 등 17명은 전두환 등 신군부 세력의 권력장악 후 계엄 하에서 사회정화 명목으로 1980. 8.경 군부대에 설치·운영한 삼청교육대에 불법적으로 구금 되어 폭언·구타 등 가혹행위를 당하고 강제노역에 종사하는 등 인권을 침해받은 사실이 확인되었다.
3. 진실규명대상자 3명은 삼청교육대 입소를 증명할 객관적 자료 등이 없어 진실규명이 불가능하였다.
4. 따라서 국가는 삼청교육 관련 피해를 입은 신청인 및 그 가족에게 사과하고, 관련법 개정 등 필요한 조치를 취할 필요가 있다.

2 언론통폐합

신군부는 자신들에게 불리한 언론환경을 통제하고 그들의 입맛에 맞도록 언론을 길들이고 장악하기 위하여 전두환과 함께 12·12군사반란을 주도한 노태우가 사령관으로 있던 국군보안사령부(보안사)에 설치된 언론대책반을 중심으로 언론통폐합 조치가 준비된다. 언론사의 난립으로 인한 부실화와 사이비 기자의 비리, 재벌의 언론사 경영 등을 지적하면서 언론풍토의 정화를 기치로 내걸었지만 언론탄압의 신호탄이었다. 1980년 11월 보안사로 초치된 언론사주들은 강압적인 분위기에서 **언론사포기각서를 작성하고 서명**한다. 43개의 신문사, 방송사, 통신사를 강제로 통폐합시키고, 정기간행물의 등록이 취소되었다. 신문협회와 방송협회는 자율적인 구조개편임을 선언한다. 공중파 텔레비전방송사 동양방송(TBC)은 허가가 취소되면서 폐국되었는데 고별방송에 참여하던 배우, 가수 등 연예인들이 눈물을 글썽이면서 슬픔을 표현했으며 기독교방송(CBS)의 보도기능이 사라지면서 마지막 뉴스방송을 진행하던 여성 아나운서는 울먹이는 목소리를 내보낸다. 매일 보도지침이 만들어져 언론사에 전달되면서 언론의 자유에 재갈을 물린다.

유신헌법에서 삭제된 사전검열금지원칙이 적용되지 않은 상황에서 1979년 말 대통령의 피격으로 비상계엄이 선포된 때부터 계엄 당국에 의한 사전검열이 진행되고 있었다. 1980년 5월 16일 기자협회는 검열철폐를 요구하며 제작 거부를 선언하여 언론통폐합에 대한 신군부의 결정을 가속화시켰다. 유언비어 유포혐의로 기자들이 체포되어 고문을 당한다. 그리고 7월과 8월 언론계의 자체정화라는 이름으로 **기자들에 대한 강제해직이 자행**되어 1천여 명의 기자들이 강제로 해직된다. 보안사 정보처장 권정달의 지휘로 운영되던 언론대책반은 정부에 비판적인 기자들의 명단을 이미 작성해 놓았고, 이 명단은 문화공보부에 전달되어 언론사로 배포되었다. 언론사도 자체적으로 해직자 명단을 추가하여 기자들을 해직한 것으로 추정된다. 9월 통일주체국민회의에서 대통령으로 선출된 전두환은 본격적으로 언론통폐합을 계획하고, 그 주도적 역할은 청와대 비서관 허문도가 맡았다. 언론인 강제해직으로 시작된 강제적인 언론통폐합은 12월 1일 언론통폐합 조치로 마무리된다. 강압적인 언론통폐합으로 언론을 장악한 신군부는 언론사에 특혜를 부여함으로써 권력과 언론이 상호 유착하는 권언유착의 시대를 연다.

3 형제복지원

1987년 부랑인 소탕을 목적으로 남녀노소를 불문하고 걸인이나 노숙자 등을 수용하여 강제노역을 시킨 복지시설 형제복지원의 잔혹한 인권침해 현장이 드러난다. 부산에 위치한 시설에서 미성년자 9백여 명을 포함하여 3천여 명이 감금되어 강제노역을 당하면서 무자비한 구타와 성폭행이 일상화되어 있는 말 그대로 생지옥이었던 것이다. '부랑인들의 천사'로 알려진 원장은 복지사업으로 대통령표창까지 받은 인물이었다. 하지만 수사과정에서 그의 금고에 수십억 원의 현금이 보관되어 있는 사실이 확인되면서 그는 시설에 수용된 사람들에게 지급되어야 할 국가의 보조금과 그들의 노동을 착취하여 영리를 추구하는 악마나 다름없는 범죄자임이 드러났다. 박정희 정부 시절인 1975년 부랑인과 관련된 업무를 처리하기 위한 훈령이 발령되어 부랑인과 걸인을 수용한 뒤 강제노역을 시킬 수 있는 법적 근거가 마련되었다. 형제복지원은 이때 설치 목적을 변경하여 부랑인들을 본격적으로 수용하기 시작했다.

1981년 9월 올림픽을 유치한 뒤 전두환 정부는 환경미화라는 명분으로 이 훈령에 근거하여 외국인의 눈에 불편하게 보일 수 있는 부랑인들을 무차별적으로 수용시켰다. 문제는 거처 없이 떠돌아다니는 부랑인만이 아니라 거처와 가족이 있는 시민들까지 사실상 납치되어 가족과 연락이 두절된 채 시설에 감금되었다는 점이다. 심지어 경제적 형편상 자녀양육이 어려운 부모가 직접 자신의 자녀를 파출소에 맡겨 수용시키는 경우까지 있었다. 부랑인 단속을 위한 경찰인력이 부족해지자 민간단체에 불과한 형제복지원은 직접 부랑인을 단속하여 형식적 허가를 받은 후 수용할 수 있는 권한을 부여받았다. 정부로부터 지원금을 받던 형제복지원은 비용을 절감하기 위하여 수용인들을 동원하여 시설을 확장시켰다. 수용된 사람들은 1백여 명 내외를 한 소대로 구성함으로써 군대식 조직처럼 위계질서에 따라 일사불란하게 통제되었다. 엄격한 군기, 고문에 가까운 가혹한 구타와 기합은 효율적인 통제수단이었다. 수사 결과 **형제복지원이 설치된 이후 5백여 명의 수용인이 사망**하였다는 사실이 확인되었지만 정치적 외압을 받아 수사는 축소된다.

2022년 제2기 '진실·화해를 위한 과거사정리위원회'는 형제복지원 사건을 재조사하여 인권침해와 국가책임을 규명하였다. 12년의 운영기간 동안 4만 명에 가까운 사람들이 이 시설에 불법적으로 구금되어 지옥과 같은 비인간적 공포의 나날을 보냈고, 사망자의 숫자도 이전보다 늘어나 650여 명에 이르는 것으로 밝혀졌다. 헌법적 가치의 궁극적 목적은 인간의 존엄성인데 복지시설에서 최소한의 인간존엄성마저 지켜지지 않은 채 잔혹한 구타와 성폭행, 살인이 자행되었고, 국가는 사회정화라는 명분으로 그런 현실을 방치하고 있었던 것이다. 국가와 복지시설의 운영자는 모두 타인의 고통에 무감각한 호모 아파티쿠스라는 점에서 공통분모를 가졌다. 그들은 가난한 시민들을 사회적 쓰레기처럼 청소되어야 할 잉여적 인간으로 취급하면서 특정한 공간에 집단적으로 수용했으며 그 공간을 복지시설이라고 호칭하며 자신들의 만행을 합리화했다.

진실·화해를 위한 과거사정리위원회, 2022년 8월 23일 결정

1. 정부는 1960년대 이래로 사회복지 관계 법령, 치안 관계 법령, 내무부훈령 제410호, 부산시재생원 설치조례 등에 근거하여 부랑인 단속 및 시설 강제수용 정책을 시행해 왔고, 범죄 혐의자와 공안사범 등을 편법적으로 수용하는 데에도 활용하였다. 이러한 단속과 수용은 상위 법령의 위임이 없는 자의적 구금이고 적법절차 원칙을 위반하는 조치이며 신체의 자유 등 기본권에 대한 심각한 침해행위이다.
2. 형제복지원은 부랑인으로 지목되어 단속되어 온 피수용자들을 가족 및 연고자를 비롯한 외부로부터 철저히 차단하고 수용 과정에서 피수용자의 신원을 임의로 변경시키기도 하였다. 그 결과 현재까지 생사와 소재, 행방이 확인되지 않는 실종자가 발생했으며, 당시 아동이었던 피수용자 중 상당수가 가족관계와 원적을 회복하지 못하고 있는 경우도 확인된다. 자유 박탈과 실종자의 생사 또는 행방의 은폐는 국제법상 강제실종으로 인도에 반하는 죄에 해당할 소지가 있다.
3. 형제복지원은 좁은 공간에 많은 인원을 과밀 수용하고, 군대식으로 통제하면서 피수용자들을 시설 건설 공사 및 자활사업 명목의 각종 강제노역에 무임금으로 동원하였다. 많은 아동 피수용자들은 이로 인해 의무교육에서 배제되었다. 이러한 행위는 헌법에 보장된 행복추구권, 거주 이전의 자유, 신체의 자유, 강제노역을 당하지 않을 권리, 교육권 등 침해에 해당한다.
4. 형제복지원 내부에서 피수용자에 대한 구타·가혹행위·성폭력이 만연했고, 수많은 사망자가 발생하였으며 부적절한 의료조치와 사망진단서 조작, 암매장 등이 이루어졌다. 이는 고문·비인도적·굴욕적인 취급을 당하지 않을 자유뿐만 아니라

인간의 존엄과 가치를 침해한 것이다. 나아가 특정 한 사회적 유형집단(부랑아)을 표적으로 삼아 이들을 자의적으로 수용하고 박해하는 행위는 국제법상 인도에 반하는 죄에 해당될 소지가 있다.

5. 정부는 부랑인 단속 및 수용 정책을 유지해 오면서 형제복지원 내부 실상을 일찍이 다각도로 파악하고 있었으나 1987년 검찰 수사가 착수되기 전까지는 형제복지원의 인권침해 실태를 조사하거나 피수용자에 대한 구제 조치를 실시한 바 없다. 이는 사회복지시설에 대한 국가의 관리 감독 의무를 해태한 것일 뿐만 아니라 국민의 기본적 인권을 보장할 국가의 책무를 방기한 것이다. 현재까지 피수용자들의 피해회복을 위해 실효적인 조치를 취하지 않은 것은 피해자 인권의 계속적 침해에 해당한다.

부랑인 수용시설로 서울시립갱생원(1,900여 명), 대전시립희망원(1,400여 명), 충청남도 천성원(양지원/성지원, 1,200여 명), 경기도 성혜원(500여 명)도 문제가 되었는데 2024년 9월 진실화해위원회는 인권침해사실을 확인하면서 진실규명을 결정하였다. 그 밖에도 유사한 부랑인 복지시설은 전국에 설립되어 있었다. 아시안게임과 올림픽을 앞두고 사회정화를 명분으로 정부는 부랑인의 수용이 필요했고, 부랑인 복지시설은 부랑인을 수용하여 정부로부터 보조금을 받을 수 있었다. 정부로서는 부랑인 관련 복지사업을 민영화함으로써 비용을 절감할 수 있었다. 민간인에게 위탁된 부랑인 복지시설은 군대식 조직을 갖추고 폭력을 동원하여 수용된 부랑인에게 강제노역을 부과함으로써 노동력을 착취할 뿐만 아니라 수익을 창출하고, 수용인들에게 부식비와 피복비 등으로 지급되는 정부보조금까지 착복할 수 있었다.

지방자치단체인 경기도가 직접 운영한 부랑아 시설도 문제가 되었다. 해방 직후인 1946부터 1982년까지 부랑아의 보호와 갱생을 목적으로 운영되었던 '선감학원'이 그것이다. 경찰과 공무원이 초등학생 연령대의 아동은 물론 청소년까지 부랑아 일소를 명분으로 강제로 연행하여 선감학원에 수용했던 것이다. 서해 대부도 근처 작은 섬 '선감도'에 설치된 시설에 수용된 아동과 청소년은 세상과 격리되어 열악한 시설에서 배고픔을 견디며 강제노역을 당했을 뿐만 아니라 구타를 당하기도 했다. 선감학원은 아동복지시설로 분류되어 있었지만 의무교육조차 받지 못한 채 아동의 인권이 유린되는 구금시설에 지나지 않았다. '진실·화해를 위한 과거사진상규명위원회'는 2022년과 2024년에 이 사건에 대하여 인권침해사실 확인하면서 진상규명을 결정했다(아래 참조). 박정희 정부 시절인 1961년부터 1966년까지 충청남도 서산에 위치했던 대한청소년개척단(서산개척단)은 새로운 유형의 부랑인보호시설이었다. 여기에는 10대를 포함하여 1천7백여 명의 부랑인, 걸인, 성매매여성 등이 강제로 수용되어 염전을 농지로 개간하는 사업에 동원되었다. 개간된 농지를 무상으로 분배해 준다는 정부의 약속은 지켜지지 않았다. 강제노동과 때로 사망에 이르기까지 가혹했던 상시적 구타는 물론 강제결혼의 만행까지 자행되던 이곳에서 벌어진 인권침해에 대해서 진실화해위원회는 2022년에 진실규명을 결정하였다(아래 참조).

2022년 10월 18일 진실·화해를 위한 과거사진상규명위원회 결정

1. 1945년대 이래 '부랑아 정책'은 일제강점기때 만들어진 치안유지 성격의 수용정책을 답습하여 공권력에 의한 단속·수용 행정으로 일관하였다. 경찰의 일제단속과 복지시설의 부적절한 처우가 결합되어 인권침해가 지속되었다. 수용처분은

'보호', '복지', '갱생' 등의 명분을 통해 정당화되었다. 이러한 단속과 수용은 합당한 이유도 없고, 적법절차 원칙을 위반하고 법령의 근거도 없는 자의적 구금으로서 인간의 존엄과 신체의 자유 등 기본권을 심각하게 침해하였다.

2. 1961년 제정된 '아동복리법' 제3조(아동복리시설)에서 '부랑아 보호시설' 등의 아동복리시설을 분류하면서 '부랑아'라는 용어가 법에 등장하였으나, '부랑아'에 대한 법률적 정의가 내려진 바는 없다. 이와 같이 모호한 부랑아 개념은 경찰 등 공권력 집행기관의 자의적인 판단과 권한남용의 풍토를 조장하였다. 특정한 사회적 유형집단(부랑아, 사회적 하층민)을 표적으로 삼아 이들을 자의적으로 수용하고 박해하는 행위는 국제법상 인도에 반하는 죄에 해당될 소지가 있다.
3. 단속된 아동들은 경찰 등 단속 주체의 자의적인 판단에 따라 세밀한 확인 절차 없이 부랑아로 분류되어 보호자·피보호자의 동의, 임시보호시설 거치, 아동상담 등 단속 후 거쳐야 할 법정 행정절차 없이 강제 수용되었다. 이 과정에서 일부 피수용아동의 신원이 행정공무원에 의해 임의로 변경되기도 하였다. 이러한 혼란과 착오로 인해 당시 아동이었던 피수용자 중 상당수가 가족관계와 원적을 회복하지 못하고 있는 실정이다.
4. 국가는 아동의 성장과 발달을 위해 외부사회와 교류하기 용이한 장소에 아동시설을 설치해야 함에도 아동시설을 섬에 두고, 철저하게 격리함으로써 아동의 인성과 사회적 역량을 심각하게 훼손시켰다. 또한 피수용아동들은 선감학원의 엄격한 위계 구조 안에서 물리적 폭력과 신체적·정신적 상해, 강제 노역, 의무교육 기회의 박탈, 방치를 겪었다. 이들은 아동기에 장기간 격리수용, 방치, 강제노역 등의 인권침해를 겪음으로써 전 생애 동안 도구화와 경쟁, 폭력적인 규율관계 습성의 내면화, 가족 애착 형성 실패, 신뢰 부재 등 삶의 황폐화로 고통당했다.
5. 선감학원에서 피수용아동에게 제공된 의식주는 성장기 아동에게 적합하지 못했고, 아동복리법 등 관련 법 기준에도 맞지 않았다. 주거시설은 〈생활보호시설설치기준령〉, 〈아동복리시설설치기준령〉 등의 시설 관련 규제에서 1인실당 최대

수용인원, 1인실당 갖추어야 할 공간요건에 터무니없이 미달하였고, 적절한 의료수혜여건을 갖추지 못하여 비교적 경미한 사유로 죽음에 이른 사례도 존재하였다. 이러한 시설여건은 '아동이 건전하고 행복하게 육성되도록 그 복리를 보장함'을 그 목적으로 하는 아동복리법에 위배된다.

6. 피수용아동들 간의 폭력으로 인한 피해도 간과할 수 없는 부분을 이루고 있다. 피수용아동을 대상으로 한 중간 관리자 선임 및 군대식 조직 편제와 같은 폭력적이고 기형적인 구조가 선감학원 내부에서 작동함으로써 피수용아동들은 자신들의 생존을 최적화하는 방식을 추구하면서 함께 생활하는 동료 아동들을 폭행하고 이 과정에서 수용집단 중 약자는 더욱 큰 인권침해를 당하게 되었다.
7. 경기도는 선감학원을 법률과 조례로 정한 목적에 맞게 운용하지 않았고, 그로 인해 피수용아 동의 인권이 침해되고 있음을 인지하였음에도 이를 묵인하거나 방치하였다. 또한 1996년, 2016년 등 여러 차례 방송을 통해 선감학원의 인권침해 실태가 드러났음에도 불구하고 피해자들이 직접 국회로 나서기 전까지는 선감학원의 아동인권 침해 실태를 조사하거나 피수용아동에 대한 적절한 구제조치를 취하지 않았다. 이는 사회복지시설에 대한 국가와 지방자치단체의 관리·감독 의무를 해태한 것일 뿐만 아니라 국민의 기본적 인권을 보장할 국가의 책무를 방기한 것이다. 현재까지 피수용아동들의 피해회복을 위해 실효적인 조처를 하지 않은 것은 피해자 인권의 계속적 침해에 해당한다.
8. 선감학원 수용자 전원은 선감학원 아동인권 침해 사건의 피해자로 인정된다.

2022년 5월 10일 진실화해를 위한 과거사진상규명위원회 결정

1. 1960년대 초 정부는 사회정화 정책으로 서산지역에 개척단을 설립하여, 전국에서 고아, 부랑인 등 무의무탁자를 경찰과 군인 등에 의해 적법한 절차를 거치지 않은 채 체포 단속하여 개척단에 집단 이송하여 강제로 수용하였다.

2. 조사 결과, 개척단원들은 직업을 가지고 생활하던 중 경찰과 군인의 부랑인 단속에 의해 동의 없이 개척단으로 이송되어 강제수용되었고, 간부들에 의해 감시 및 통제를 당하고 자유를 구속받는 등 인권침해를 받은 사실이 인정되며, 본인의 의사에 반해 폐염전을 개간하는 등 강제노역에 동원된 점과 간부들로부터의 폭행, 사기, 강제결혼 등은 중대한 인권침해이다.
3. 또한, 〈자활지도사업에 관한 임시조치법〉은 시행령이 제정되지 않은 채 1982. 12. 폐지되었다. 개척단원들이 폐염전에 대한 강제노역을 당함에 있어 개간지에 대한 분배약속을 받았고, 1968년 임시조치법 제정 후 분배위원회를 통해 농지분배증서를 교부받았음에도 가분배 받은 토지에 대한 무상분배는 무산되었다. 이는 정부가 법에서 위임된 사항에 대해 시행령을 제정하여 법령에 따라 무상분배 절차를 진행하여야 하는데도 시행령을 제정하지 아니하여 이를 시행하지 않음으로써 개척단원들과 정착지 주민들에게 헌법이 보장한 재산권과 행복추구권을 침해한 것이다.

아동의 복리를 보장하기 위하여 **1961년에 제정된 〈아동복리법〉**은 아동복리시설의 한 유형으로 '부랑아보호시설'을 열거하였지만 부랑아의 개념을 명확하게 정의하지 않았다. 다만 1975년에 제정된 내무부훈령인 〈부랑인의 신고, 단속, 수용, 보호와 귀향 및 사후관리에 관한 업무지침〉(내무부훈령 제410호)은 부랑인을 "일정한 주거가 없이 관광업소, 접객업소, 역, 버스정류소 등 많은 사람이 모이거나 통해하는 곳과 주택가를 배회하거나 좌정하여 구걸 또는 물품을 강매함으로써 통행인을 괴롭히는 걸인, 껌팔이, 앵벌이 등 건전한 사회 및 도시질서를 저해하는" 사람으로 정의하였지만 여전히 개념의 불명확성은 완전히 제거되지 않았다. 〈아동복리법〉은 1982년에 전부개정이 되면서 명칭도 〈아동복지법〉으로 변경되었다. 이 법률의 시행령인 〈아동복지법시행령〉(대통령령)은 아동복지시설의 한 유형으로 가출아동이나 부랑아동 등을 일시적으로 보호하기 위한 '아동일시보호시설'을 열거하였지만 여전히 부랑아의 개념에 대해서는 명확한 정의를 생략하고 있었다. 2000년에 개정된 〈아동복지법〉에서 비로소 아동복지시설의 유형을 법률에서 열거하면서 아동일시보호시설의 개념에서 부랑아라는 표현이 사라진다. 사회복지를 명분으로 특정한 시민을 시설에 수용시킬 때 그 개념이 불명확하면 불법적인 구금을 정당화할 수 있는 제도로 악용될 수 있음을 확인하게 된다.

4 군사독재에 대한 저항

군사독재에 대한 시민의 저항은 계속되고, 경찰을 동원한 진압의 방식도 가혹해진다. 학생운동이나 노동운동에 참여했다가 체포된 시민들에 대한 고문도 점점 잔인해진다. 민주화운동청년연합(민청련)의 결성에 주도적 역할을 수행한 김근태에 대한 고문이 그랬고, 심지어 성고문을 당한 권인숙에 대한 고문이 그러했다. 군사반란과 집단학살을 방조한 미국에 대한 인식도 달라진다. 1980년 12월에는 광주 미국문화원 방화사건이 발생하지만 누전에 의한 실화사건으로 처리되고, 1982년 3월에는 부산 미국문화원에서도 방화사건이 발생하여 희생자가 생겼으며, 1985년 5월에는 서울 미국문화원 점거농성이 사흘 동안 일어난다. 1986년에는 두 명의 대학생 김세진, 이재호가 반미를 외치며 분신자살을 감행한다.

북한공군 조종사 이웅평이 그해 2월에 미그기를 몰고 귀순한 1983년, 그동안 가택에 연금되어 있던 김영삼은 그해 5월에 목숨을 걸고 23일간의 단식투쟁을 감행한다. 같은 해 10월 버마(현재 미얀마)의 수도 랑군(현재 양곤)에 위치한 **국립묘지(독립영웅 아웅산 묘소)에서 발생한 폭발사고**로 대통령의 해외순방을 수행한 부총리와 장관, 비서관 등 참모들과 동행취재에 나섰던 기자를 포함하여 열일곱 명이 사망한다. 비동맹국가이면서 장기간 군사독재가 유지되던 버마를 애초의 순방계획과 달리 순방국가에 갑작기 추가시킨 이유에 대해서는 비동맹국가와의 수교나 장기집권의 시나리오 등 여러 가지 해석이 제시된다. 수사 결과 북한 특수부대 소속 군인들이 저지른 것으로 밝혀진 이 사건으로 그 다음 달인 11월 미국 대통령 레이건이 한국을 방문하면서 신냉전체제가 강화된다. 미국 망명 중에 김영삼의 단식투쟁에 대한 지지선언을 했던 김대중은 1985년 초 귀국한다. 귀국하는 김대중을 만나러 가던 김영삼은 자택 앞에서부터 경찰에 의해 저지당한다. 김대중도 귀국과 동시에 체포되어 가택에 연금을 당한다. 가택연금은 구금의 장소가 국가가 운영하는 구금시설이 아니라 피구금자의 자택이지만 법적 절차에 따르지 않은 채 신체(거동)의 자유를 제한하는 불법적 구금의 다른 이름일 뿐이다.

1985년 2월 12일에 실시된 제12대 국회의원 선거는 84.6퍼센트의 투표율을 보일 정도로 군사독재에 염증을 느낀 시민들의 참여의지가 높았다. 한 선거구에서 두 명을 선출하는 중선거구제가 계속해서 유지되었고, 지역구에서 당선된 소속 국회의원의 숫자를 합산하여 1위를 한 정당에게 비례대표를 의미하는 전국구 국회의원 정원의 3분의 2에 해당하는 61석을 배분하는 제도도 그대로 지속되었다. 직전 국회의원 선거가 3월 말에 실시되었던 것과 달리 2월 중순으로 선거일을 한 달 넘게 앞당기는 꼼수가 동원되었음에도 신민당 출신의 정치인들을 중심으로 선거일을 한 달도 남겨두지 않은 시점에 겨우 창당된 신한민주당이 선전한다(다음 참조). "새로운 정치질서의 확립을 위하여 이 헌법 시행과 동시에 이 헌법 시행 당시의 정당은 당연히 해산된다"고 규정한 1980년 헌법의 부칙(제7조)에 따라 박정희 유신독재에 저항했던 신민당은 해산되었는데 5년 만

제12대 국회의원 선거(1985) 정당별 당선인수 현황 (단위: 명)

	민주정의당	신한민주당	민주한국당	한국국민당	신정사회당	신민주당	무소속	합계
지역구	87	50	26	15	1	1	4	184
전국구	61	17	9	5	0	0	-	92
합계	148	67	35	20	1	1	4	276
선거인수 23,988,840			투표자수 20,286,672			투표율 84.6%		

에 부활한 것이다.

신한민주당은 서울에서 총 28석 중 14석을 차지하고, 부산에서도 총 12석 중 6석을 차지하는 파란을 일으킨다. 득표율에서도 신한민주당은 29.3퍼센트를 얻어 관제야당이기는 하지만 또 하나의 야당인 민주한국당이 얻은 19.7퍼센트까지 합하면 야당의 득표율은 49퍼센트에 이르렀음에도 불구하고 불평등한 전국구 의석배분 기준에 따라 득표율이 35.2퍼센트에 그친 여당 민주정의당(민정당)이 전국구 국회의원 61석을 배분받는다. 불합리한 선거제도로 인하여 야당이 득표율에서는 압도적으로 앞섰지만 당선인 수에서는 밀린 것이다. **선거일을 나흘 앞둔 2월 초 급거 귀국한 김대중, 그와 연대를 선언한 김영삼**은 군사독재에 반대하는 국민의 표심을 결집시키는 결정적인 역할을 한다.

독립운동가 출신으로 고려대학교 총장직을 수행하고 있던 김준엽은 1984년 11월에 발생한 민정당 당사 점거농성에 참여한 학생들의 징계에 소극적이었다는 이유로 대학이 감사를 받는 외압이 들어오자 1985년 2월 말 졸업식 축사를 마지막으로 사퇴함으로써 사실상 사퇴를 강제당한다. 김준엽은 일본에서 유학하던 중 태평양전쟁 말기인 1944년 1월 학도지원병(학병)으로 징병되어 평양에서 3주 동안 기초군사훈련을 받은 뒤 중국 전선에 배치되었다. 두 달 뒤 그는 빵 세 개와 수류탄을 들고 부대를 탈출하여 넉 달 가까이 중국유격대(게릴라)와 함께 활동하다가 1944년 7월 2,400여 킬로미터에 이르는 장정을 떠나 1945년 1월 충칭에 있는 광복군에 합류한다. 해방 후 곧바로 귀국하지 않고 중국 대학에서 중국사를 공부한 뒤 귀국하여 고려대학교에서 교수생활을 시작하여 총장이 된다.

1985년 2월 국회의원 선거가 끝난 뒤 당시 재계 서열 7위였던 국제그룹이 해체되어 21개의 계열사들은 다른 기업에 매각된다. 고무신에서 시작하여 운동화로 이어지는 신발, 더 나아가 건설, 철강 등으로 사업을 확장하던 국제그룹이 갑자기 해체되었다는 보도에 시민들은 놀랐다. 대통령 전두환은 이른바 '성금'이라는 이름의 기부를 기업에 강제하곤 했다. 버마 아웅산 묘소 폭발사고의 유족을 지원한다는 명목으로 '일해재단'을 만들면서도 기업에 성금을 요구했다. 국제그룹 회장이 다른 대기업과 비교하여 기대했던 금액에 못 미치는 성금을 내자 국제그룹이 부도의 위기에 처했다는 주장은 대체로 정설로 받아들여지고 있다. 당시 대부분의 기업은 은행으로부터 거액의 대출을 받아 운영됨으로써 부채비율이 높아서 항상 부도의 위험을 안고 있었다. 그리고 기업에 대한 은행의 대출 여부는 사실상 정부가 결정하는 '관치금융'의 시대였다. 따라서 기업에 대한 은행의 금융지원 여부를 판단하여 기업의 생사여탈권을 쥐고 있는 것도 정부였다. 당시 재무부장관은 국제그룹의 주거래은행(제일은행)에 압력을 행사하여 국제그룹에 대한 금융지원의 조건으로 국제그룹으로부터 계열사 처분권을 위임받도록 지시한다. 대통령이 재무부장관에게 국제그룹 해체를 지시하자 재무부장관은 국제그룹 주거래은행에 국제그룹 계열사의 처분을 지시함으로써 국제그룹은 해체된다. 1993년 7월 헌법재판소는 재무부장관이 국제그룹 주거래은행에 국제그룹 해체를 지시한 행위는 헌법에 위반된다고 결정하였다(다음 참조).

국제그룹 해체지시—헌재 1993. 7. 29. 89헌마31

재무부장관이 제일은행장에 대하여 한 국제그룹의 해체준비착수지시와 언론발표지시는 상급관청의 하급관청에 대한 지시가 아님은 물론 동 은행에 대한 임의적 협력을 기대하여 행하는 비권력적 권고·조언 등의 단순한 행정지도로서의 한계를 넘어선 것이고, 이와 같은 공권력의 개입은 주거래 은행으로 하여금 공권력에 순응하여 제삼자 인수식의 국제그룹해체라는 결과를 사실상 실현시키는 행위라고 할 것으로, 이와 같은 유형의 행위는 형식적으로는 사법인인 주거래 은행의 행위였다는 점에서 행정행위는 될 수 없더라도 그 실질이 공권력의 힘으로 재벌기업의 해체라는 사태변동을 일으키는 경우인 점에서 일종의 **권력적 사실행위**로서 헌법소원의 대상이 되는 공권력의 행사에 해당한다. (…) 피청구인(재무부장관)이 대통령에게 건의·보고하여 그 지시를 받아 청구인(국제그룹 회장) 경영의 국제그룹을 해체키로 하고 그 인수업체를 정한 후 이의 실행을 위하여 제일은행장 등에게 지시하여 국제그룹 계열사에 대한 은행자금 관리에 착수하게 하는 한편 동 은행으로 하여금 계열사의 처분권을 위임받는 등 해체준비를 하도록 하고 피청구인이 만든 보도자료에 의거 제일은행의 이름으로 언론에 발표하도록 하는 등의 일련의 국제그룹해체를 위한 공권력의 행사는 헌법상 법치국가의 원리, 헌법 제119조 제1항의 시장경제의 원리, 헌법 제126조의 경영권 불간섭의 원칙, 헌법 제11조의 평등권의 각 규정을 직접적으로 침해한 것으로서 **헌법에 위반**된다.

국회의원 선거에서 승리한 야당은 총선 승리 1주년이 되는 1986년 2월 직선제 개헌을 위한 1,000만 명 서명운동에 돌입한다. 위기를 감지한 전두환 정부는 직선제 개헌을 위한 논의를 수용하면서 전국적으로 가두에서 진행되고 있던 서명운동의 중단을 요구한다. 야당이 이를 받아들이

자 이에 항의하는 재야 민주화 세력은 **1986년 5월 3일 인천에서 학생, 노동자 등이 참여하는 대규모 집회**를 개최한다. 5만여 명이 모인 이 집회에서 시위대와 경찰 사이에 격렬한 물리적 충돌이 발생하고, 3백여 명이 체포되어 1백여 명이 구속된다. 경찰이 강압적으로 시위주동자를 찾는 과정에서 6월 부천경찰서 성고문 사건과 다음 해 1월 박종철 고문치사 사건이 발생한다.

1986년은 소련이 원자력을 평화적으로 이용하기 위하여 **체르노빌에 건설한 원자력발전소가 폭발**하여 전 세계가 방사능물질의 위험성을 깨닫는 계기가 되었던 해다. 그해 **10월에 벌어진 건국대학교 점거농성**이 무장헬기와 최루액까지 동원하여 강제로 진압되면서 1천5백 명에 가까운 학생들이 체포되어 이 가운데 1천3백 명 가까운 인원이 구속되는 초유의 사태가 벌어진다. 체르노빌 원자력발전소 폭발사고가 1991년 소련체제 붕괴의 단초를 제공한 것처럼 건국대 강제진압사건은 전두환 군사독재체제가 붕괴하는 단초를 제공한다. 정부는 독재에 저항하는 전국적 대학생단체의 조직을 공산혁명단체의 구성으로 매도하면서 공안정국을 조성했다. 정부에 반대하는 시민세력을 반국가세력으로 조작하는 수법은 여전히 계속되고 있었다.

5 정경유착과 연쇄살인사건

경상남도 의령의 한 경찰서 지서에 근무하던 순경 우범곤이 동네사람들과 다투고 난 뒤 분노를 조절하지 못한 채 음주상태에서 총기를 난사하고 수류탄을 터뜨려 마을주민 56명이 희생된 **1982년 봄, '장영자 사건'**으로 알려진 어음사기 사건도 발생한다. 그녀는 기업에 돈을 빌려주고 담보 명목으로 채권액보다 최소 두 배 이상에서 최대 열 배에 가까운 어음을 지급받아 사채시장에서 할인하여 판매하는 수법으로 사기행각을 벌인다. 채무자인 기업으로부터 담보로 교부된 어음의 액수(예: 200억 원)가 채권액(100억 원)보다 훨씬 많아 담보로 지급받은 어음을 할인(10% 할인 = 180억 원)해서 판매해도 엄청난 수익(80억 원)이 발생했다. 심지어 대출 전에 미리 담보로 교부받은 어음을 대출금이 지급되기도 전에 할인하여 판매하기도 했다. 그 배후에 대통령 부인의 숙부(작은아버지)가 관련되어 있다는 사실이 밝혀지면서 전두환 정권의 탄생에 중요한 역할을 수행했던 당시 대통령 사정수석비서관 허삼수와 정무수석비서관 허화평은 이 사건을 수사하려다 제거된다. 두 사람은 어음사기 사건으로 혼란스러워진 민심을 수습하기 위해 대통령 부인의 숙부 이규광을 구속하자고 주장했기 때문이다. 장영자는 이규광의 처제로 대통령과 사돈이라는 인맥을 자신의 사업에 적극적으로 활용했다.

그녀의 남편 이철희는 박정희의 육군사관학교 동기로 중앙정보부 차장과 통일주체국민회의에서 선출되는 유정회 국회의원을 지낸 인물이다. 나이 차가 20살도 더 되는 두 사람은 초호화 결혼식으로 재력과 인맥을 과시하면서 정상적인 은행대출이 어려운 기업을 상대로 유리한 상환조건과 사채시장의 통상적인 이율의 절반 정도로 대출해 주는 대신에 담보로 채권액보다 훨씬 많은 어음을 지급받았다. 그들은 자신들이 대출해주는 자금이 특수자금(비자금)이기 때문에 유리한 상환조건과 이자율로 대출해 준다는 말로 채무자들을 속인다. 어음은 할인되어 판매되었으며 여기서 남은 수익으로 또다시 대출을 통해 어음을 교부받는 수법으로 그들이 교부받은 어음의 총액은 7천억 원이 넘었다. 수천억 원대의 자금을 사채시장에서 유통시키는 큰 손이 되자 은행은 그녀를 고객으로 붙잡으려고 노력하고, 그녀는 이를 활용하여 은행에서 거액의 대출을 받을 수 있게 된다. 담보로만 사용하겠다는 약속을 어기고 타인에게 양도된 어음은 지급을 요청받게 되면 그들이 지급을 해서 실제로 그들이 구속되기 전까지 부도처리된 어음은 발생하지 않았다. 이 때문에 그들은 지금까지도 정상적인 자금유통을 했다고 주장한다. 채권의 담보로 어음을 발행받은 것도 그 어음을 사채시장에서 할인하여 판매한 뒤 주식에 투자한 것도 불법행위가 아니라는 주장이다.

그들이 구속되고 그들의 사기행각이 언론을 통해 보도되면서 대출을 위해 어음을 발행했던 몇몇 기업은 지급이 불가능하자 도산하게 되었으며, 해당 기업의 주식은 휴지조각이 되어버렸다. 담보로 제공된 어음이 부도처리되지 않도록 정부가 나서서 은행을 통해 자금지원을 했더라면 해당 기업도 도산하지 않고 그 기업의 주식도 사라지지 않을 것이라는 비판이 제기되는 지점이다. 일반 시민들은 자금유통을 통해 손쉽게 엄청난 수익을 얻는 구조적 불평등에 분노를 표시했으며 그들이 얻은 수익금의 일부가 정치자금으로 제공되었다는 의혹도 제기되었다. 당시 대통령 친인척들의 요직기용에 대하여 쌓여가고 있던 비난여론과 경북 의령에서 발생한 경찰의 총기 난동사건으로 50여 명이 사망하자 흉흉해진 민심을 수습할 필요성이 정권의 입장에서 제기되었다. 이에 따라 이들 부부의 어음사기 사건은 정치적 의도를 가지고 대통령 참모인 허삼수, 허화평의 주도로 민정수석비서관 이학봉, 국가안전기획부장(안기부장) 유학성 등이 개입하여 평소에 그들에 대한 비판적 의견을 피력하던 이규광을 제거할 목적에서 부풀려졌다는 의혹도 제기되었다. 정치권력과 유착되면서 축적되어 가던 경제력의 민낯이 세상에 공개된 사건이었다. 이규광은 알선수재 혐의로 구속되어 기소된다. 장영자와 이철희도 기소되어 법정최고형인 15년 징역형을 선고받고, 10년 뒤 1992년에 가석방되어 출소한다.

서울에서 아시안게임이 열렸던 **1986년은 봄부터 북한 당국에 의해 납**

치되었던 영화배우 최은희와 영화감독 신상옥의 영화 같은 탈출 사건으로 떠들썩했다. 그들은 1978년에 차례로 납북되어 8년 만에 오스트리아 빈에서 탈출하여 미국대사관으로 도피했던 것이다. 그해 7월에는 한 호텔사장이 무자비한 폭행을 당하는 피습사건이 발생하고, 같은 해 8월에는 유흥업소(룸살롱)에서 조폭 간의 폭행으로 네 명이 잔혹하게 살해된다. 두 사건의 배후에 국내 최대 폭력조직 서방파의 두목 김태촌이 있다는 사실이 확인되고, 그는 호텔 사장 피습사건으로 재판을 받은 뒤 수감된다. 그는 1976년 신민당 전당대회에서 수백 명의 정치깡패를 동원했던 인물로 당시 국회의원 이철승이 김영삼을 이기고 신민당 총재에 당선되는 데 기여했다. 이처럼 정계와 유착되어 승승장구했던 그는 호텔 사장 피습사건으로 5년 징역형을 선고받고 수형생활을 하다가 폐암으로 형집행정지처분을 받아 출소한다. 하지만 1990년 노태우 정부가 범죄와의 전쟁을 선포하면서 다시 수감된다. 이후 자신이 저지른 호텔사장 습격은 당시 현직 고등검찰청 부장검사의 지시로 수행되었다고 폭로한다. 검찰과 조직폭력배 두목이 유착되어 서로 편의를 봐주는 그런 시대였다. 종교에 귀의한 그는 2013년 지병인 폐암으로 사망했다.

1986년 9월부터 경기도 **화성 일대에서 여성을 대상으로 하는 연쇄살인 사건**이 발생한다. 1988년 9월까지 여덟 명의 여성이 잇달아 살해된다. 2년 넘게 공백기가 발생하기도 했지만 살인은 계속된다. 나중에 알려진 사실이지만 범인은 그 기간에 다른 범죄로 넉 달 넘게 구속되어 재판을 받기도 했다. 그는 1994년 처제를 성폭행한 뒤 살해한 혐의로 재판을 받고 무기징역을 선고받고 수형생활을 이어간다. 마침내 2019년이 되어서야 경찰이 미제사건을 수사하던 중에 연쇄살인으로 의심되는 범죄 가운데 1990년 발생한 아홉 번째 살인사건에서 수집된 유전자가 처제를 살해한 뒤 교도소에 수용되어 25년째 수감생활을 하고 있는 수형자의 것과 일치한다는 검사결과가 나온다. 1991년까지 5년간 이어진 연쇄살인 사건의 열 번째 희생자가 발생한 지 30년 가까이 지나서야 범인이 확인된 것인데 그가 바로 사이코패스 성향의 화성 연쇄살인범 '이춘재'였다. 타인의 고통에 공감할 줄 모르는 호모 아파티쿠스에 속하는 학살자가 최고권력자로 건재하고 있는 동안 또 다른 호모 아파티쿠스는 일반시민의 생명을 위협하며 거리낌 없이 타인에게 고통을 주고 다녔다. 그는 모두 15명을 살해했고 9명을 강간했다고 자백한다. 하지만 이미 형이 확정된 사건 외의 모든 사건은 공소시효가 완성되어 추가적으로 그를 처벌할 수는 없었다. 모방범죄로 알려졌던 여덟 번째 사건도 사실은 그의 범행으로 확인되었고, 당시 이 사건으로 억울하게 누명을 쓰고 무기징역을 선고받은 뒤 20년 동안 수형생활을 하다가 가석방되었던 남성은 재심을 신청하여 무죄를 선고받았다.

억울하게 수형생활을 마친 시민의 누명을 벗겨준 유전자감식을 이용한 범죄수사는 **2010년 1월 25일 〈디엔에이신원확인정보의 이용 및 보호에 관한 법률〉이 제정**되면서 비로소 법적으로 허용되었다. 이에 따라 형이 확정된 수형자 등에 대해서 검사는 원칙적으로 법관으로부터 영장을 발부받아 디엔에이(DNA) 감식시료를 채취하여 유전정보를 제외한 신원확인정보를 수집하여 관리할 수 있게 되었다. 헌법재판소는 이 법률에 대해서 합헌결정을 내렸다(헌재 2014. 8. 28. 2011헌마2110). 다만 디엔에이 감식시료 채취를 위한 영장절차에서 당사자에게 의견진술기회나 불복절차를 보장하지 않은 것을 헌법에 불합치한다고 결정하였다(헌재 2018. 8. 30. 2016헌마344).

디엔에이(DNA) 정보의 수집과 이용을 통한 범죄수사—
헌재 2014. 8. 28. 2011헌마211

1. 이 사건 채취조항들은 범죄 수사 및 예방을 위하여 특정범죄의 수형자로부터 디엔에이감식시료를 채취할 수 있도록 하는 것이다. 디엔에이감식시료 채취 대상범죄는 재범의 위험성이 높아 디엔에이신원확인정보를 수록, 관리할 필요성이 높으며, 이 사건 법률은 시료를 서면 동의 또는 영장에 의하여 채취하되, 채취 이유, 채취할 시료의 종류 및 방법을 고지하도록 하고 있고, 우선적으로 구강점막, 모발에서 채취하되 부득이한 경우만 그 외의 신체부분, 분비물, 체액을 채취하게 하는 등 채취대상자의 신체나 명예에 대한 침해를 최소화하도록 규정하고 있으므로 침해최소성 요건도 갖추었다. 제한되는 신체의 자유의 정도는 일상생활에서 경험할 수 있는 정도의 미약한 것으로서 범죄 수사 및 예방의 공익에 비하여 크다고 할 수 없어 법익의 균형성도 인정된다. 따라서 이 사건 채취조항들이 과도하게 신체의 자유를 침해한다고 볼 수 없다.
2. 재범의 위험성이 높은 범죄를 범한 수형인 등은 생존하는 동안 재범의 가능성이 있으므로, 디엔에이신원확인정보를 수형인 등이 사망할 때까지 관리하여 범죄 수사 및 예방에 이바지하고자 하는 이 사건 삭제조항은 입법목적의 정당성과 수단의 적절성이 인정된다. 디엔에이신원확인정보는 개인식별을 위한 최소한의 정보인 단순한 숫자에 불과하여 이로부터 개인의 유전정보를 확인할 수 없는 것이어서 개인의 존엄과 인격권에 심대한 영향을 미칠 수 있는 민감한 정보라고 보기 어렵고, 디엔에이신원확인정보의 수록 후 디엔에이감식시료와 디엔에이의 즉시 폐기, 무죄 등의 판결이 확정된 경우 디엔에이신원확인정보의 삭제, 디엔에이인적관리자와 디엔에이신원확인정보담당자의 분리, 디엔에이신원확인정보데이터베이스관리위원회의 설치, 업무목적 외 디엔에이신원확인정보의 사용, 제공, 누설 금지 및 위반 시 처벌, 데이터베이스 보안장치 등 개인정보보호에 관한

규정을 두고 있으므로 이 사건 삭제조항은 침해최소성 원칙에 위배되지 않는다. 디엔에이신원확인정보를 범죄수사 등에 이용함으로써 달성할 수 있는 공익의 중요성에 비하여 청구인의 불이익이 크다고 보기 어려워 법익균형성도 갖추었다. 따라서 이 사건 삭제조항이 과도하게 개인정보자기결정권을 침해한다고 볼 수 없다.

디엔에이 시료채취를 위한 영장절차— 헌재 2018. 8. 30. 2016헌마344

이 사건 영장절차 조항은 이와 같이 신체의 자유를 제한하는 디엔에이감식시료 채취 과정에서 중립적인 법관이 구체적 판단을 거쳐 발부한 영장에 의하도록 함으로써 법관의 사법적 통제가 가능하도록 한 것이므로, 그 목적의 정당성 및 수단의 적합성은 인정된다. 디엔에이감식시료채취영장 발부 여부는 채취대상자에게 자신의 디엔에이감식시료가 강제로 채취당하고 그 정보가 영구히 보관·관리됨으로써 자신의 신체의 자유, 개인정보자기결정권 등의 기본권이 제한될 것인지 여부가 결정되는 중대한 문제이다. 그럼에도 불구하고 이 사건 영장절차 조항은 **채취대상자에게 디엔에이감식시료채취영장 발부 과정에서 자신의 의견을 진술할 수 있는 기회를 절차적으로 보장하고 있지 않을 뿐만 아니라, 발부 후 그 영장 발부에 대하여 불복할 수 있는 기회를 주거나 채취행위의 위법성 확인을 청구할 수 있도록 하는 구제절차마저 마련하고 있지 않다.** 위와 같은 입법상의 불비가 있는 이 사건 영장절차 조항은 채취대상자인 청구인들의 재판청구권을 과도하게 제한하므로, 침해의 최소성 원칙에 위반된다. 이 사건 영장절차 조항에 따라 발부된 영장에 의하여 디엔에이신원확인정보를 확보할 수 있고, 이로써 장래 범죄수사 및 범죄예방 등에 기여하는 공익적 측면이 있으나, 이 사건 영장절차 조항의 불완전 · 불충분한 입법으로 인하여 채취대상자의 재판청구권이 형해화되고 채취대상자가 범죄수사 및 범죄예방의 객체로만 취급받게 된다는 점에서, 양자 사이에 법익의 균형성이 인정된다고 볼 수도 없다. 따라서 이 사건 영장절차 조항은 과잉금지원칙을 위반하여 청구인들의 재판청구권을 침해한다.

현행 헌법을 만들어낸 6월항쟁이 일어난 바로 **1987년, 그해 1월 말에 홍콩에서 한국인 여성**(수지김/김옥분)**이 살해**된 변사체로 발견된다. 그녀의 남편은 자신의 부인이 북한 공작원인 줄 모른 채 결혼했고, 본인도 속아서 납북될 뻔했다가 탈출하였다며 보름 전쯤 기자회견을 가진 인물이었다. 그의 진술에 따라 살해된 한국인 여성은 북한 공작원으로, 사건은 납북공작에 실패한 북한 공작원 암살사건으로 종결되었다. 2001년 공소시효가 얼마 남지 않은 시점에서 사건의 진상이 밝혀져 남편은 살인혐의로 구속된 뒤 기소된다. 그는 부부싸움을 하다가 부인을 살해한 뒤 싱가포르로 넘어가 그곳 북한대사관에 망명을 신청했으나 거부당했다. 사건 당시 살인범죄를 은폐하기 위하여 자진해서 북한대사관에 다녀온 것을 북한 공작원에 의하여 납치되었다가 탈출한 것으로 거짓말을 지어낸 상상하기 어려운 또 다른 유형의 호모 아파티쿠스가 출현한 것이다.

국가정보기관 안기부(국가안전기획부)가 이 사실을 인지하면서 살인사건은 계속해서 납치미수사건으로 조작된다. 당시 박종철 고문치사 사건 등으로 궁지에 몰렸던 전두환 정권은 여론을 반전시킬 만한 충격적 사건이 필요했다. 사건의 진상이 밝혀진 뒤 살해된 여성의 유가족은 2003년 국가를 상대로 법원에 손해배상을 청구하여 승소했다. 정권유지를 위해 살인범과 공모하여 살인사건을 북한 공작원에 의한 납북사건으로 조작한 국가폭력에 대해서 국가배상책임을 인정한 것이다. 헌법은 공무원의 직무상 불법행위로 피해를 받은 국민에게 국가배상청구권을 인정하고 있다(헌법 제29조 제1항). 국가의 기능을 구체적으로 수행하는 공무원이 고의나 과실로 위법행위를 저질러 피해를 발생시키면 국가에 배상책임을 부담시키는 것이다. 이러한 국가배상청구권의 경우에도 다른 채권처럼 소멸시효가 적용되는데 법원은 국가가 살인사건 발생 후 15년이 다 되어서야 기소를 한 점 등을 들어 소멸시효를 주장하는 것은 신의성실원칙에 위반된다고 하면서 소멸시효를 적용하지 않았다.

같은 해인 1987년 8월 **사이비교주가 운영하는 기업**(오대양)의 직원이자 그 교주를 따르는 신도들이 집단으로 살해되어 32명이나 사망하는 기괴한 사건이 발생한다. 사건 발생 며칠 전 대체로 사채에 의존하여 운영되던 해당 기업의 직원들은 빌려준 돈을 회수하기 위하여 대전에 위치한 본사에 찾아온 채권자 부부를 폭행하여 경찰의 수사를 받게 되었다. 그러자 여성인 사이비교주(박순자)와 직원들, 그리고 그 가족들은 집단으로 경기도 용인 소재 공장으로 도피한다. 그들은 공장 건물 천정과 지붕 사이의 다섯 평 남짓한 좁은 공간에서 4박 5일 동안 숨어 지냈다. 한여름 고온의 날씨에 밀폐된 공간에서 음식물도 제대로 공급받지 못한 그들은 탈진 상태에 이르렀다. 그러자 한 명씩 목을 졸라 죽이고, 마지막 사람은 스스로 목을 매고 세상을 떠난 것으로 추정된다. 목을 졸라 죽음에 이르게 한 의사결정은 본인들의 자발적인 것인지 누군가의 강요에 의한 것인지는 여전히 의문으로 남아 있다. 본인의 동의나 부탁을 받았다고 해도 살인은 처벌되는 범죄다. 공동체 생활을 했던 그들은 재산을 헌납하고, 사채를 모으는 일에 동원되었던 것으로 확인되었다. 헌법이 보장하는 종교의 자유(헌법 제20조)는 법과 질서를 준수하는 한도에서만 보호된다. 이 사건은 법과 질서를 준수하지 않은 종교집단의 불행한 최후를 명징하게 보여준다.

V 평가

군사반란으로 등장하여 불의에 저항하는 시민들에 대한 집단학살로 이어진 군사쿠데타는 혹독했던 18년의 군사독재를 7년 더 연장한다. 대통령권한대행자이던 국무총리의 재가를 받지 않은 채 행해진 육군참모총장 겸 계엄사령관의 체포, 비상계엄을 전국으로 확대하는 대통령의 결정에 대한 압박, 유신헌법이라고 해도 헌법적 절차에 따라 합법적으로 선출된 대통령의 사퇴에 대한 압력 등 일련의 사건을 거치고 군사반란과 내란의 주도자가 대통령이 되면서 9개월에 걸쳐 진행된 군사쿠데타는 완성된다. 군사쿠데타를 정당화하기 위하여 장식적 헌법을 만들었다. 행복추구권이 추가되고, 적법절차원칙이 명시되었으며, 연좌제 금지조항도 삽입되었다. 그 헌법에 따라 선출된 대통령은 정당성이 없는 정권을 유지하기 위해 불량배 소탕의 명목으로 삼청교육대를 운영하고, 언론을 통폐합하여 천 명에 가까운 언론인을 강제해직시키는 만행을 저질렀다. 타인의 고통을 이해하거나 공감할 줄 모르는 최악의 호모 아파티쿠스가 최고권력자로 군림하던 야만의 시대에 국민의 저항의식을 무감각하게 만들기 위해 프로야구를 시작하고, '국풍'이라는 이름의 잔치를 벌였으며 아시안게임을 개최하고 올림픽을 유치했다.

2017년에 발간된 회고록에서 전두환은 광주항쟁 당시 군지휘부의 발포명령은 존재하지 않았고, 시민에 대한 무차별적인 살상행위도 없었으며 배후에 북한 특수요원들의 개입이 의심된다고 주장하였다. 전두환은 책에서 생존 당시 헬기사격을 주장한 조비오 신부를 파렴치한으로 표현하면서 2019년 3월 사자명예훼손죄로 다시 기소되어 유죄를 선고받는다. 항소심 재판이 진행되던 2021년 11월 그는 친구이자 군사반란의 동지 노태우가 사망한 지 한 달 만에 사망한다. 그는 사망할 때까지 광주항쟁의 무력진압에 대한 단 한 번의 공식적 사과도 하지 않았다. 불의한 행동보다 그에 대하여 진심 어린 사과조차 하지 않는 그의 행위는 훨씬 더 많은 비난을 받아 마땅하다. 그의 통치 시절 빈번하게 발생한 야만적인 인권침해, 간첩조작, 기업강제해산 등의 행위는 연쇄살인범의 사이코패스적 성향과 무관하지 않다.

제7장

6·10항쟁과 헌법

1987년부터
현재까지의
헌법사

나는 그때 만삭이었다

남편이 어깨에 민들레 같은 최루탄 흉터를 만들어왔다

그곳에서 봄 다음의 여름 같은 아이가 나왔다

이름이 새벽이었다

그후 해마다 아내는 넝쿨장미꽃 피는 유월에

새벽이를 낳을 준비를 한다

김경미, 〈이브, 너는 어디에 있었느냐〉(2007)

그의 재임 중에 유치되어 전두환 정부의 최대 치적 가운데 하나로 언급되는 **서울올림픽의 개최를 한 해 앞둔 1987년 6월 10일**, 대통령 직선제를 쟁취하기 위하여 호헌철폐와 독재타도를 외치며 서울, 부산, 광주 등 전국의 주요 도시에서 동시다발적으로 시민항쟁이 일어난다. 마침 그날은 노태우가 여당인 민정당의 대통령후보로 선출된 날이기도 했다. 시민의 힘으로 대통령 직선제와 임기 5년 단임제를 골자로 하는 현행 헌법이 탄생한다. 그해 1월 14일 경찰의 물고문으로 대학생 박종철이 사망하는 사건이 발생하여 정권에 대한 국민의 분노가 들끓고 있었다. 고문으로 죽어간 청년의 고통만큼 누구라도 공감할 수 있는 강렬한 고통이 어디 있을까? 대통령 직선제 개헌을 요구하는 국민의 열망을 무시한 채 4월 13일 대통령 전두환은 개헌을 올림픽 이후로 연기하는 호헌조치를 선언한다. 이 조치에 반대하는 국민의 항쟁은 계속되었으며, 박종철 고문치사 사건이 축소되고 조작되었다는 수사결과가 발표되면서 시민의 분노는 임계점에 도달했다. 더욱이 역사적 그날의 하루 전날, 대학생 이한열이 시위 중에 경찰이 발포한 최루탄에 피격당하는 사실이 알려지면서 폭압적인 독재정권에 대한 반감과 저항의식은 하늘을 찔렀다. 고문으로 청년을 죽인 것도 모자라 최루탄으로 청년을 죽일 만큼 타인의 고통에 무감각한 정권은 이미 존재의 이유를 상실했다. '민주헌법쟁취국민운동본부'가 중심이 되어 타종과 경적으로 시작된 시위는 그날 밤부터 닷새 동안 진행된 서울 명동성당 농성으로 이어진다. 전국에서 스무날 가까이 지속되었던 그날의 뜨거운 함성에 항복하여 마침내 여당은 헌법개정을 약속한다. 시민의 힘에 항복한 그들은 마치 자발적으로 국민을 위한 무슨 특별한 결단이라도 내린 것처럼 그것을 '6·29선언'이라 불렀다. 7월 10일 국무회의가 열리고, 김대중을 포함한 정치인들에 대한 사면과 복권이 결정된다.

1987년 헌법의 주요내용

1987년 10월 12일 진행된 국회의 의결과 10월 27일 실시된 국민투표로 개정된 헌법에 따라 **대통령은 이제 국민이 직접 선거로 선출**할 수 있게 되었다. 1972년 유신헌법 제정으로 헌법에서 사라졌던 국민의 대통령 선출권이 15년 만에 부활한 것이다. 북한을 반국가단체로 규정할 수 있는 헌법적 근거가 되는 영토조항(제3조)과 함께 북한을 민족통일의 동반자로 인식할 수 있게 하는 평화통일조항(제4조)이 신설되었다. 헌법재판을 담당하는 헌법재판소가 설치되어 헌법이 비로소 '살아 있는 법'으로 작동하게 되었다. 헌법재판소는 4·19혁명 이후에 제정된 1960년 헌법에서도 설치되었는데 1961년 5월에 군사쿠데타가 발생하면서 실제로 구성되어 출범하지는 못하였다. 경제질서는 자본주의적 시장경제질서를 기본으로 하면서 시장에 대한 국가의 개입이 정당화되는 '사회적 시장경제질서'를 채택하였다(제119조). 시장에 대한 국가의 개입을 1980년 헌법에서는 "사회정의 실현과 균형 있는 국민경제의 발전"이라는 다소 추상적인 목적으로 정당화하였지만 1987년 헌법에서는 그 목적을 "균형 있는 국민경제의 성장 및 안정과 적정한 소득의 분배를 유지하고, 시장의 지배와 경제력의 남용을 방지하며, 경제주체 간의 조화를 통한 경제의 민주화"를 실현하는 것으로 명확하게 구체화하고 세분화하였다. 임기 5년의 단임제가 유지되면서 드디어 **평화적인 정권교체의 전통**이 만들어졌다. 개정된 헌법에 따라 군인 출신이 통치하는 군사정부가 5년 더 연장되고, 그들과의 합당을 통해 문민정부가 출범하기도 한다. 2022년, **현행 헌법에 따른 여덟 번째 정부, 그리고 2025년 대통령 탄핵으로 실시된 조기대선으로 아홉 번째 정부까지까지 탄생**하였다.

II 노태우 정부

1 군사정부의 연속과 여객기 폭파사건

민주화를 쟁취하기 위하여 목숨을 걸고 함께 투쟁했던 야권은 대통령선거를 앞두고 통일민주당(김영삼)과 평화민주당(김대중)을 중심으로 두 개의 정치세력으로 분열된다. 이로써 1987년 개정된 대통령 직선제 헌법에 따라 최초로 출범한 정부는 군사정부의 연속선상에 있는 노태우 정부가 차지한다. 노태우는 전두환의 육군사관학교 제11기 동기로 전방 서부전선을 지키던 육군 제9사단의 사단장으로서 전두환과 함께 12·12군사쿠테타를 주도하였다. 그는 야당 후보의 분열로 투표자의 37퍼센트에도 미치지 못하는 저조한 득표율만으로도 제13대 대통령에 당선된다(아래 참조). 대통령선거 직전 발생한 **대한항공 여객기**(KAL기) **공중폭파사건**으로 국가안보에 관한 국민의 관심과 불안감이 높아진 상황은 야권분열과 함께 군인 출신 보수후보 노태우의 당선에 결정적인 역할을 담당했다. 대통령선거를 보름 정도 앞둔 1987년 11월 29일(한국 시각) 이라크 바그다드를 떠나 서울로 향하던 대한항공 여객기가 첫 번째 기착지인 아랍에미리트(UAE) 아부다비를 경유하여 주유를 위해 두 번째 기착지인 태국 방콕으

제13대 대통령 선거(1987) **후보자별 득표 현황** (단위: 명)

노태우 (민주정의당)	김영삼 (통일민주당)	김대중 (평화민주당)	김종필 (신민주공화당)	신정일 (한주의통일한국당)
8,282,738 (36.64%)	6,337,581 (28.03%)	6,113,375 (27.04%)	1,823,067 (8.06%)	46,650 (0.02%)

선거인수	투표수 (투표율)	기권수
25,873,624	23,066,419 (89.2%)	2,807,205

로 운항하던 중 버마(현재 미얀마) 랑군 상공에서 추락하면서 승객과 승무원 115명 전원이 사망하는 참혹한 사고가 발생한 것이다.

사건 발생 사흘 만에 위조된 일본 여권을 가지고 바그다드에서 한 남성과 같이 비행기를 탔다가 경유지 아부다비에서 그와 함께 내린 **북한 공작원 김현희**가 바레인에서 체포된다. 사건이 일어나고 불과 보름 만에 올림픽개최를 방해할 목적으로 북한의 지령을 받은 그녀가 비행기에 폭탄을 설치했다는 수사결과가 발표된다. 실종자의 유해와 실종기의 잔해가 아직 발견되지 않은 상태에서 오로지 자백만으로 사형이 확정된 뒤 특별사면을 받은 김현희가 진짜 범인인지, 그녀가 북한 출신 특수공작원이 맞는 것인지, 항공기는 폭탄테러로 추락한 것인지 여부에 대해서는 현재까지도 꾸준히 의혹이 제기되고 있다. 의혹의 핵심은 하필이면 선거 직전에 발생한 이 사건을 군사정권의 연장을 목적으로 국가정보기관인 안기부(국가안전기획부)가 기획했거나 이 사건에 개입했는지 여부다. 안기부는 국정원(국가정보원)의 전신이다. 2006년 '국정원 과거사건 진상규명을 통한 발전위원회'는 이 사건이 북한의 소행이라는 결과를 발표한다. 다만 이 사건이 노태우 후보의 당선에 유리한 영향을 미칠 수 있도록 대통령선거 전 김현희의 조속한 국내 송환을 위해 안기부가 개입하여 작전을 실행했다는 사실도 밝혀진다. 백 명도 넘는 대규모의 희생자가 발생한 항공기 사고와 관련하여 진실규명에 대한 의지는 없이 오로지 정치적 활용만을 고려한 정부의 태도에 대해서는 여전히 비판이 제기될 수밖에 없다. 실체적 진실에 가까울수록 헌법적 정의에 부합하고, 그 진실 속에서만 피해를 당한 사람들의 고통을 공감할 수 있기 때문이다.

이미 전두환 정부 시절인 1983년 9월에 **대한항공 여객기**(KAL 007편)**가 소련 측 전투기의 미사일 공격으로 격추**되어 탑승자 269명 전원이 사망하는 사고가 발생한 적이 있었다. 소련 측은 줄곧 정상항로를 이탈하여 소련 영공인 사할린 상공을 운항하던 여객기를 미국 정찰기로 오인했다고 주장한다. 이때도 정부는 객관적 진실규명보다는 새로운 냉전체제하에서 공산국가 소련의 만행을 규탄하는 데만 집중했다. 시간이 흘러 노태우 정부 시절 한국과 소련의 국교가 정상화된 이후 1992년에서야 비로소 블랙박스가 소련으로부터 회수되어 국제민간항공기구(ICAO, Internation Civil Aviation Organization)가 조사를 벌인 끝에 마침내 항로이탈의 원인이 밝혀졌다. 뉴욕을 출발하여 앵커리지를 경유한 뒤 서울로 향하던 대한항공 비행기는 자동항법장치(INS, Inertial Navigation System)를 사용하지 않고 나침반을 활용하여 방위를 찾는 항법(heading)으로 운항을 하다가 정상항로를 이탈했다고 결론을 낸 것이다.

객관적 진상규명만 신속하게 이루어졌다면 자동항법장치의 미사용에 따른 항로이탈에도 불구하고 연료를 아끼기 위하여 회항하지 않은 항공사 측의 과실이 확인됨으로써 유가족들은 정당한 손해배상금을 지급받을 수 있었다. 그렇지만 소련을 규탄하기에 급급했던 사회분위기 속에서 정확한 진실규명이 이루어지지 못한 채 배상문제는 당사자 간의 화해로 서둘러 매듭지어질 수밖에 없었다. 몇 년이 지나 조종사의 과실을 확인한 후에 유족들은 손해배상청구소송을 제기했지만 한국 법원에 소송을 제기한 당사자들은 기각당한 반면에 미국 법원에 소송을 제기한 당사자들을 승소하면서 문제가 복잡해진다. 더욱이 미국 측이 대한항공 여객기의 항로이탈을 확인했음에도 즉각 이를 알리지 않은 채 소련측의 반응을 살펴보기 위해 방관했다는 점은 비판받아야 할 또 다른 대목이다. 사건 발생 다음 달인 **10월에 버마 아웅산 묘지에서 벌어진 북한의 폭탄테러**로 경제부총리 서석준, 외무부장관 이범석, 대통령비서실장 함병춘 등 열일곱 명이 숨졌다. 이에 따라 반공분위기가 고조되었지만 아시안게임과 올림픽을 앞두고 있는 상황에서 전두환 정부는 강력한 대응을 자제했다. 이념이나 국익에 따라 실체적 진실은 가려지고, 헌법적 정의도 피해자의 고통도 더불어 잊히고 있었다.

2 최악의 산업재해와 유전무죄 무전유죄

서울올림픽이 열리기 한 달 전쯤인 **1988년 7월, 화학섬유를 만드는 기업인 원진레이온** 소속 노동자들이 이황화탄소(CS_2)에 중독되어 언어장애나 정신이상을 일으키고 그들의 전신이 마비되는 심각한 산업재해를 입었다는 소식이 언론에 보도된다. 독성물질 중독으로 개별 노동자에게 발생한 질환은 산업재해가 아니라 개인적 질병으로 인식되면서 당장 생계를 해결해야 했던 노동자들은 회사 측이 제시한 퇴직금을 받고 서둘러 퇴사할 수밖에 없었다. 한일협정 이후 이 협정에 포함된 내용을 이행하는 과정에서 1966년 한국기업은 일본에서 사용되던 인견사(레이온) 제작기계를 들여온다. 이 기계는 이미 일본에서 오랫동안 사용되던 것으로 인견사 제작과정에서 독성물질인 이황화탄소를 사용하는데 기체화된 이 물질에 노동자들이 지속적으로 노출되어 중독되고 있었던 것이다. 한국사회에서 '직업병'으로 불리는 산업재해의 문제가 본격적으로 논의되는 계기를 만든 사건이었다. 천 명에 가까운 노동자들뿐만 아니라 주변에 사는 주민들의 건강과 환경에도 치명적인 침해를 발생시키고 있던 원진레이온은 1993년 폐업한다. 헌법적 가치인 인간의 건강은 기계의 부속품으로 취급받던 노동자들에게는 보장되고 있지 않았고, 그들의 고통은 충분히 공감되지 않고 있었다.

한편 서울올림픽이 끝나고 일주일쯤 지난 1988년 10월 어느 날 **미결수**(법원의 재판을 통해 형이 확정되지 않은 피고인)**를 이송시키던 교도소 호송차량에서 열두 명이 탈주**하는 사건이 발생한다. 탈주를 주도했던 지강헌은 가

정집에서 인질을 붙잡고 경찰과 대치 중에 '유전무죄 무전유죄'라는 유명한 말을 남겼다. 수백만 원 정도의 절도로 징역 7년에 보호감호 10년을 선고받은 그는 당시 수십억 원을 횡령하고 탈세한 혐의로 재판을 받은 전두환의 동생에게 선고된 형량보다 자신의 형량이 부당하게 과도하다고 주장했다. 실제로 아시안게임과 올림픽을 연이어 개최하면서 당시에 도시재개발이 본격화되어 여기서 발생한 막대한 부동산 개발이익의 불평등한 분배로 인한 경제적 양극화가 심화되고 있었다. 이러한 부의 불평등과 빈부격차에 기초한 차별적 처벌이 부당하다는 탈주범의 주장은 많은 시민들의 공감을 얻었다. 평등은 헌법적 가치이기 이전에 공평하게 대우받기를 원하는 인간이 본능적으로 수용하는 정의감의 다른 말이기 때문이다.

3 5공 청산과 3당 합당

'보통사람들의 시대'를 주창하며 군사정권의 이미지를 탈색시키려 노력했던 노태우는 아이러니하게도 본인이 주도했던 군사쿠데타와 광주학살로 세워진 '5공(제5공화국)'의 청산을 외치는 국민과 야당의 요구를 받아들인다. 그는 **'5공 청문회'의 개최**에 동의함으로써 친구인 직전 대통령 전두환을 1988년 11월 강원도 설악산 밑자락에 위치한 백담사로 유배 보낸다. 그리고 1년 뒤 마침내 전두환은 국회 청문회에 출석하게 되지만 다시 일 년 뒤에는 아무런 일도 없었던 것처럼 자택으로 돌아간다. 대통령 취임 후 두 달 후인 1988년 4월에 실시된 국회의원선거(제13대)에서 **여소야대의 국회**가 구성된다(다음 표 참조). 오랫동안 사라졌던 소선거구제가 부활하여 하나의 선거구에서 한 명의 대표만이 선출될 수 있게 되었다. 소선거구제는 하나의 선거구에서 오로지 절대적 다수표(과반수 득표) 또는

제13대 국회의원선거(1988) **정당별 당선인수 현황** (단위: 명)

	민주정의당	통일민주당	평화민주당	신민주공화당	한겨례민주당	무소속	합계
지역구	87	46	54	27	1	9	224
전국구	38	13	16	8	0	0	75
합계	125	59	70	35	1	9	299
선거인수 29,422,658			투표자수 24,095,170		투표율 81.9%		

상대적 다수표를 얻은 후보자 1명만이 당선되기 때문에 후보자 간 치열한 경쟁이 발생한 경우에 사표가 발생할 가능성이 높다. 그렇지만 한 선거구에서 여러 명을 당선시킬 수 있어 후보자 간 득표수가 크게 차이 나는 경우에 투표의 가치를 차등화하는 중선거구제보다 투표의 등가성을 보장함으로써 헌법이 요구하는 평등선거원칙에는 더 부합한다.

1990년 1월 자신이 속한 여당(민주정의당)과 김영삼, 김종필이 이끄는 두 개의 야당(통일민주당, 신민주공화당)을 합당시키는 이른바 **'3당합당'**에 주도적 역할을 담당한 노태우는 전임대통령이 유치한 올림픽을 개최하면서 경제적 호황을 이루기도 했다. 이른바 정치지도자라고 불리는 정치인들은 주권자인 국민이 만들어준 국회의 구성을 당리당략과 사리사욕에 따른 야합으로 변경시켜 버린 것이다. 당리당략이나 사리사욕은 모두 '사익'으로 요약될 수 있고, 정치인의 사익추구는 '공익'을 지향하는 헌법적 정의로부터 멀어질 수밖에 없었다. 민주정의당이 김대중이 이끄는 제1야당인 평화민주당이 아니라 김영삼이 이끄는 제2야당인 통일민주당과 통합한 이유에 대해서는 다양한 주장이 제기된다. 대체로 직전 연도에 실시된 보궐선거에서 벌어진 후보매수 사건으로 통일민주당의 지지율이 급락하고 있었던 상황에서 그 이유를 찾는다. 아무튼 박정희 정부에서 김대중과 함께 군사독재에 저항하는 민주화운동을 대표하던 김영삼이 박정희 군사정부에서 성장한 신군부의 일원인 노태우와 합당한 사건은 많은 시민들에게 큰 충격을 주었다. 게다가 3당합당은 지역적으로 호남을 고립시킴으로써 지역주의를 강화하는 계기를 제공했다. 3당합당에 반대하여 통일민주당을 탈당한 이기택, 노무현 등은 1990년 6월 민주당을 창당하는데 당세가 약하고 존립기간도 짧아 '꼬마민주당'으로 불린다.

4 남북화해와 북방정책

1989년 들어 방북하는 인사가 늘어난다. 국제적으로 탈냉전 체제가 형성되면서 1988년 7월 7일 노태우는 대통령 특별선언(7·7선언)을 발표하여 북한을 통일의 동반자로 보고, 남북동포 간의 상호교류를 확대하겠다고 선언했기 때문이다. 우선 3월에는 작가 황석영이 북한의 '조선문학예술총동맹'의 초청으로 방북하여 김일성을 면담한다. 이후 곧바로 귀국하지 않고 독일에서 체류하다가 1993년 4월에서야 귀국한 그는 〈국가보안법〉 위반으로 체포되어 재판을 받고 7년의 징역형을 선고받는다. 그는 1998년 3월 김대중 정부에서 특별사면을 받고 석방된다. 목사 문익환도 황석영과 마찬가지로 1989년 3월 일본을 거쳐 북한을 방문하여 김일성과 회담하고 돌아와 동일하게 〈국가보안법〉 위반으로 구속된다. 방북 직전 자신을 방문한 문익환의 방북 결심을 미리 알고도 여비를 제공한 혐의로 평화민주당(평민당) 총재 김대중이 검찰의 수사를 받고, 그해 6월 직전 연도에 평민당 소속 국회의원 서경원이 비밀리에 방북한 사실이 알려지면서 배후로 지목된 김대중은 강제구인된 뒤 기소된다. 그해 7월에는 평양에서 열린 세계청년학생축전에 참여한 전국대학생대표자협의회

(전대협) 대표 임수경과 신부 문규현도 판문점을 통해 입국하면서 구속된다. 헌법의 영토조항은 대한민국의 영토를 '한반도 전체'로 규정함으로써(제3조) 북한 지역은 국가의 실체를 갖지 않은 반국가단체에 지나지 않는 북한이 불법적으로 점유하고 있는 미수복지역을 의미한다. 이에 근거하여 제정된 〈국가보안법〉에 따라 반국가단체인 북한이 점령하고 있는 북한지역을 출입하거나 북한주민과 접촉하는 사람은 형사처벌을 받게 된다. 하지만 헌법의 평화통일조항(제4조)에 따르면 북한은 여전히 국가의 실체를 인정받을 수는 없어도 민족통일의 동반자로서 평화적인 교류와 협력의 대상이 되기도 한다. 황석영과 문익환 등은 실정법을 위반하면서까지 헌법의 이러한 평화의 정신을 구현하려고 한 것으로 보인다.

실제로 노태우 정부도 남북한의 교류와 협력을 강화하는 정책을 실행에 옮기면서 한국 재벌기업 총수의 북한 방문이 이어졌다. 1991년 4월 일본에서 개최된 세계탁구선수권대회와 그해 6월 포르투갈에서 개최된 세계청소년축구대회에 남북단일팀이 구성되어 출전하기도 했다. 그 결과 1991년 9월에는 남북한이 유엔에 동시 가입했으며 12월에는 남북 간 화해와 불가침 및 교류·협력을 핵심원칙으로 하는 **〈남북 사이의 화해, 불가침 및 교류에 관한 합의서〉**(남북합의서)**가 채택**되었다. 다만 대법원에 따르면 "북한이 우리의 자유민주주의적 기본질서에 대한 위협이 되고 있음이 분명한 상황에서, 남·북한이 유엔에 동시가입을 하였고 그로써 북한이 국제사회에서 하나의 주권국가로 승인을 받았으며, 남·북한 총리들이 '남북 사이의 화해, 불가침 및 교류에 관한 합의서'에 서명을 하였다는 등의 사유가 있었다고 하더라도 북한이 국가보안법상 반국가단체가 아니라고 할 수는 없다"(대법원 1999. 12. 28. 선고 99도4027 판결)고 한다. 개정된 현행 헌법이 평화통일원칙을 명시하고 있기 때문에(제4조) 북한은 민족통일의 동반자가 될 수는 있어도 여전히 독립된 국가로 인정될 수는 없으며 여전히 국가라고 참칭하는 반국가단체의 지위도 동시에 가짐으로써 '이중적 지위'를 가진다는 뜻이다. 따라서 〈남북합의서〉는 남북한이 내부적으로 민족통일의 동반자로서 가지는 특수한 지위를 확인하는 문서로 이해된다. 한편 노태우 정부는 이른바 '북방정책'을 추진하여 1990년에 소련, 1992년에 중국과 수교함으로써 한국전쟁 이후로 단절된 외교관계를 정상화하기도 하였다.

남북합의서의 법적 성격—
헌재 1997. 1. 16. 92헌바6

소위 남북합의서는 남북관계를 "나라와 나라 사이의 관계가 아닌 통일을 지향하는 과정에서 잠정적으로 형성되는 특수관계"임을 전제로 하여 이루어진 합의문서인바, 이는 **한민족공동체 내부의 특수관계를 바탕으로 한 당국간의 합의**로서 남북당국의 성의 있는 이행을 상호 약속하는 **일종의 공동성명 또는 신사협정**에 준하는 성격을 가짐에 불과하다. 따라서 남북합의서의 채택 · 발효 후에도 북한이 여전히 적화통일의 목표를 버리지 않고 각종 도발을 자행하고 있으며 남·북한의 정치, 군사적 대결이나 긴장관계가 조금도 해소되지 않고 있음이 엄연한 현실인 이상, 북한의 반국가단체성이나 국가보안법의 필요성에 관하여는 아무런 상황변화가 있었다고 할 수 없다.

5 비리와 저항

1990년 10월 육군 이병 윤석양의 양심선언으로 국군보안사령부(보안사)가 민간인을 사찰해 온 사실이 밝혀진다. 헌법은 주거의 자유(제16조), 사생활의 비밀과 자유(제17조), 통신의 비밀(제18조)을 헌법적 권리로 명시함으로써 모든 국민에게 '감시받지 않을 권리'를 보장하고 있다. 여기서 감시는 본인의 의사에 반하여 본인이 감추거나 공개하고 싶지 않은 비밀을 알아내기 위한 모든 행위를 뜻한다. 노태우 정부는 헌법이 보장한 권리를 비웃기라도 하듯 정치인 등 민간인에 대한 감시와 사찰을 통해 개인정보를 수집하고 있었던 것이다. 예상하지 못했던 충격적 사건을 덮으려는 듯 대통령은 이른바 '범죄와의 전쟁'을 선포하고, 신규 경찰공무원을 2만 명 가까이 충원한다. 정치적으로 불리한 환경에서 군사정부가 범죄소탕으로 분위기를 반전시키려 했던 시도는 반복적으로 나타났던 행동패턴이다.

'개구리소년'으로 알려진 다섯 명의 초등학생이 대구 와룡산에 도롱뇽알을 찾으러 갔다가 실종되어 많은 국민을 충격에 몰아넣었던 **1991년 3월에는 31년 만에 부활한 지방선거**가 실시되었다. 헌법이 보장한 지방자치제도의 핵심을 이루는 지방선거는 지방자치단체의 규모에 따라 기초단체선거와 광역단체선거로 나누어 실시되었는데 특별시, 광역시, 도에서 실시되는 광역선거는 이후 6월에 실시되었고, 시장, 군수, 도지사 등 지방자치단체장 선거는 당시에 실시되지 않았다. 같은 해 4월 시위 도중 명지대학교 학생 강경대가 시위 진압 과정에서 경찰의 폭력으로 사망한다. 1987년 6월항쟁의 도화선이 되었던 대학생 이한열의 사망 후 4년 만에 동일한 사건이 다시 발생한 것이다. 이를 규탄하는 대학생 시위가 계속되면서 **분신자살까지 감행하는 격렬한 항의**가 길게 이어지자 노태우 정부는 열한 번째로 분신을 감행한 전국민족민주연합(전민련) 소속 김기설의 유서를 같은 단체 소속 강기훈이 대필했다는 유서대필사건을 조작한다. 박정희 독재정부 시절 민주화의 상징이었던 시인 김지하는 '죽음의 굿판을 당장 걷어 치워라'라는 제목의 글을 발표하며 분신행

제14대 국회의원선거(1992) **정당별 당선인수 현황** (단위: 명)

	민주자유당	민주당	통일국민당	신정치개혁당	무소속	합계
지역구	116	75	24	1	21	237
전국구	33	22	7	0	0	62
합계	149	97	31	1	21	299
선거인수 29,003,828		투표자수 20,843,482		투표율 71.9%		

렬을 비판한다.

1992년 3월에 실시된 국회의원선거(제14대)에서 3당합당이라는 인위적 정계개편을 통해 만들어진 거대여당 **민자당은 과반의석 확보에 실패**한다(위 참조). 반면에 재벌총수 정주영이 선거를 한 달 조금 더 앞두고 창당한 통일국민당은 돌풍을 일으키며 31석이나 차지한다. 다만 그가 자신의 기업 소속 임직원을 사실상 강제로 입당시켜 선거에 동원시킨 행위에 대해서는 비판을 피할 수 없을 것이다.

노태우는 퇴임 후 1995년 11월에 4천억 원이 넘는 불법비자금을 조성했다는 뇌물죄 혐의로 구속되어 재판을 받는다. 더욱이 1996년 전두환과 함께 군사반란죄와 내란죄로 기소되어 징역 22년 6개월을 선고받기도 한다. 그는 2021년, 공교롭게도 박정희의 기일인 10월 26일에 사망한다. 노태우는 그와 함께 군사반란과 내란을 주도한 전두환보다 합리적인 인물로 평가되기도 한다. 게다가 노태우는 전두환과 달리 국민의 직접선거로 대통령에 당선되기까지 했다. 그러나 군사반란과 내란을 주도한 그의 헌정질서파괴범죄는 헌법적 정의를 파괴했으며 그 피해자들의 고통에 공감하지 못하는 사이코패스적 학살자의 행태였다는 점에서 여전히 비판받아 마땅하다.

III 김영삼 정부—문민정부

대체로 한국의 헌법사는 크게 보면 6·10민주항쟁으로 현행 헌법이 만들어진 1987년 이전과 이후로 구분되지만 엄격한 의미에서 불완전하기는 해도 군사독재가 종식되고 문민정부가 출범한 1993년 김영삼 정부 출범 이전과 이후로 구분되기도 한다. 1927년에 태어난 김영삼은 1954년에 실시된 제3대 국회의원(민의원)선거에서 자유당 후보로 출마하여 최연소로 당선된 뒤 아홉 번이나 국회의원을 지냈다. 그는 5·16군사쿠데타로 국회가 해산되면서 국회의원직을 상실했고, 유신정권 말기에는 가택연금을 당했을 뿐만 아니라 국회의원직에서도 제명되었으며, 전두환 정권에서는 민주화를 요구하며 23일 동안 목숨을 건 단식투쟁을 감행하기도 했다. 현행 헌법에 따라 처음으로 실시된 국회의원선거(제13대)에서 당선된 그는 김대중, 김종필과 함께 여소야대 국회 구성을 주도하기까지 했다. 1992년에 실시된 국회의원선거에서 당선됨으로써 전무후무한 9선의 기록을 세운 그는 그해 10월 대통령선거 출마를 위해 국회의원직을 사퇴한다. 예수가 재림하여 인류는 종말을 맞고 그를 믿는 사람들을 공중으로 들어올려 '휴거(rapture)'시키는 날로 기독교 특정 종파에 의해 지정된 1992년 10월 28일은 다소 소란스럽긴 했지만 아무 일도 일어나지 않은 채 지나간다. 그리고 그해 12월에 치러진 대통령선거(제14대)에서 서울 강남 역삼동에 위치한 대형 교회의 장로이기도 했던 김영삼은 영원한 정치적 경쟁자 김대중, 재벌회장 출신의 정치신인 정주영과 경쟁하여 대통령에 당선되었다(다음 참조).

제14대 대통령선거(1992) **후보자별 득표 현황** (단위: 명)

김영삼 (민주자유당)	김대중 (민주당)	정주영 (통일국민당)	박찬종 (신정당)	이병호 (대한정의당)	김옥선 (무소속)	백기완 (무소속)
9,977,332 (41.96%)	8,041,284 (33.82%)	3,880,067 (16.31%)	1,516,047 (6.37%)	35,739 (0.15%)	86,292 (0.36%)	238,648 (1.00%)
선거인수 25,873,624		투표수(투표율) 23,066,419 (89.2%)			기권수 2,807,205	

1 신한국 건설

군인 출신이 통치하는 군사정부가 마침내 종식되고, '문민정부'를 표방하면서 '신한국 건설'을 기치로 내건 **김영삼 정부가 1993년 2월 출범**한다. 그는 취임사에서 신한국은 '누구나 신바람 나게 일할 수 있는 사회, 우리 후손들이 이 땅에 태어난 것을 자랑으로 여길 수 있는 나라'라고 정의하였다. 취임 직후인 3월, 그는 당시 육군참모총장 김진영 등의 경질을 시작으로 12·12군사반란의 주역이었던 군 내 사조직 **'하나회'를 척결**한다. 그리고 같은 해 8월 대통령 김영삼은 '금융실명제는 신한국의 건설을 위해서 그 어느 것보다 중요한 제도개혁'이라는 내용의 특별담화문과 함께 긴급재정·경제명령을 발령하여 실명으로만 금융거래가 가능한 **'금융실명제'가 실시**되었다. 과감한 실천력으로 국민의 지지를 등에 업은 김영삼은 삼당합당으로 만들어진 민자당의 당명마저 신한국당으로 변경한다.

현행 헌법에 따르면 대통령은 천재·지변이나 내우·외환 또는 재정·경제상의 중대한 위기가 발생했을 때 '법률의 효력을 가지는 명령'을 발령할 수 있다(제76조 제1항). 다만 그러한 명령은 ① 국가안보나 공공질서의 유지와 같은 공익적 목적을 위한 것이어야 하며(공익목적성) ② 그러한 목적의 실현에 긴급한 조치가 필요한 경우로 한정될 뿐만 아니라(긴급성) ③ 국회의 집회를 기다릴 시간적 여유가 없고(시급성), ④ 그와 같은 목적 실현에 필요한 최소한의 정도로 국한된다(필요최소성). 금융실명제를 실시하기 위한 그것처럼 **긴급재정·경제명령**은 형식은 명령이지만 법률의 효력을 가지기 때문에 헌법재판소가 담당하는 위헌법률심판뿐만 아니라 헌법소원심판의 대상이 될 수 있다. 예외적인 상황에 한정되기는 해도 법률의 효력을 가지는 명령을 발령할 수 있는 권한을 대통령에게 부여한 것은 의회의 입법권을 제한함으로써 그만큼 한국헌법의 정부형태가 대통령중심의 대통령제임을 확인시켜 준다.

그해 7월에는 김포를 떠나 목포로 가던 아시아나항공 여객기(733편)가 폭우 속에서 착륙을 시도하다 목포공항 근처 산봉우리에 부딪히며 추락하여 승객과 승무원 68명이 사망하는 대형사고가 발생한다. 열악한 공항시설, 무리한 착륙시도, 악천후로 인한 시야제한 등이 복합적으로 작용하면서 대형참사로 이어졌다. 게다가 10월에는 변산반도 앞 서해 바다에 위치한 섬 위도를 떠난 여객선(서해훼리호)이 침몰하여 292명이나 사망한다. 정원을 과도하게 초과하여 승객을 탑승시킨 것이 침몰의 주된 원인이었다. 김영삼 정부 시절 대형참사가 자주 발생했는데 취임 첫해인 1993년 연달아 발생한 **아시아나 항공기 추락사건과 서해훼리호 여객선 침몰사건**은 그 시작에 불과했다. 김영삼 정부가 출범하기 전 기독교 이단종파가 예언했던 휴거의 날은 반복적으로 발생하게 될 여러 차례의 대형참사를 암시했는지도 모른다. 김영삼 정부가 목표로 삼았던 신한국 건설은 군사독재가 만들어낸 '구한국'의 파괴를 전제로 하기 때문에 그 구한국의 과오로 누적된 병폐를 떠안는 것은 운명처럼 불가피했다.

2 반복되는 참사

1994년 6월 전직 미국 대통령 카터가 평양을 방문하면서 남북정상회담의 개최에 관한 합의가 이루어졌지만 그해 7월 8일 김일성이 사망함으로써 남북정상회담은 무산된다. 임기 중반이 되는 시점에서 성수대교가 무너져 내리고, 삼풍백화점이 붕괴하는 등 대규모 인명이 희생되는 참사가 연이어 발생한다. 내실과 상관없이 신속한 성과의 도출만을 강조했던 군사독재의 위험한 유산을 문민정부가 물려받은 것이다. 인육까지 먹는 반인륜적 행태까지 보이며 부자들만 골라 연쇄살인을 자행하던 범죄조직 '지존파'의 등장으로 전국이 시끄러웠던 **1994년, 그해 10월 한강을 가로지르는 성수대교 일부가 붕괴**되어 시민들은 충격에 빠진다. 박정희 정부 마지막 해인 1979년에 완성된 이 다리의 길이 50미터 정도 되는 상판 구조물이 통째로 끊어져 그 위를 지나가던 차량과 함께 한강으로 추락하면서 모두 32명이 사망한다. 출근하거나 등교하던 시민들이 몰리던 오전 7시 반쯤 절단된 상판 위를 달리던 승용차 두 대, 승합차와 버스 각각 한 대가 상판과 함께 20미터 아래 한강 위로 추락한다. 특히 뒤집혀 떨어진 버스 안에서 대부분의 희생자가 발생한다.

시공사의 무책임한 부실공사와 서울시의 무사안일한 부실관리가 사고의 원인이었다. 교량, 터널 등 시설물의 안전점검과 유지관리의 중요성이 사회적으로 인식되면서 이에 관한 특별법인 〈시설물의 안전 및 유지·관리에 관한 특별법〉이 제정된다. 소 잃고 외양간 고치는 행태의 전형이었다. 사고 사흘째 되는 날 대통령은 대국민 사과문을 발표했지만 같은 날 충청남도 충주호에서는 선박 결함을 알고도 무리하게 운항하던 유람선에서 엔진과열로 화재가 발생하여 29명이 희생되는 참사가 반복된다. 대규모 인명이 희생되는 참사는 헌법적 사안이다. **생명과 안전은**

헌법적 가치이고, 참사는 생명과 안전에 대한 침해로서 사람들에게 치명적 고통을 안겨주는 헌법침해를 의미하기 때문이다.

북한에서 대홍수가 발생하여 인도적 차원의 식량지원이 이루어졌던 다음 해 **1995년 여름, 6월에 발생한 삼품백화점 붕괴사고**는 5백여 명의 인명이 희생되어 한국전쟁 이후 최악의 참사로 기록된다. 당일 오후 6시경에 붕괴가 시작된 지 단 30초도 지나지 않아 완전히 붕괴된 지상 5층, 지하 4층의 백화점 건물에 몰려 있던 사람들은 대피할 시간도 없이 참사의 희생자가 된다. 두 개의 동을 통로 시설로 연결한 백화점 건물의 우측 한 동이 순식간에 통째로 무너진 사고의 주된 원인은 개장한 지 6년밖에 되지 않은 이 백화점의 불법적 설계변경이었다. 특히 사건 당일 오전에 사고의 전조현상이 곳곳에서 나타났는데도 불구하고 백화점 측이 영업손실을 우려하여 영업을 중단하지 않고 강행했던 것도 대형참사로 이어진 원인으로 작동했다. 대형재난의 예방도 중요하지만 재난발생 시 체계적인 피해자구조를 위한 컨트롤타워가 필요하다는 점, 성장의 외형적 속도나 규모보다 사람의 생명과 안전이 더 중요하다는 점, 국민의 안전에 관한 국가의 책임도 인정되어야 한다는 점까지 성찰하는 계기가 되었다. 하지만 이때 충분한 국가적 성찰이 이루어지지 않으면서 2014년 세월호 참사, 2022년 이태원 참사로 비극은 계속 이어진다. **안전은 헌법이 보장하는 객관적 가치이며 주관적 권리**에 속한다. 국가는 헌법이 요구하는 안전에 관한 무한책임을 부담한다. 국가는 국민의 안전을 지키기 위해 존재하고, 헌법으로부터 권한을 부여받았기 때문이다.

이미 삼풍백화점 붕괴사고 발생 두 달 전인 **1995년 4월 대구에서는 지하철 공사장에서 가스폭발사고가 발생**하여 백여 명이 사망했다. 지하철 공사장 부근 백화점 공사현장에서 지반공사를 위해 땅바닥에 구멍을 뚫는 천공작업을 진행하다가 부주의로 가스관이 뚫리면서 지하로 퍼진 가스가 폭발한 것이다. 지하철 공사장을 뒤덮고 있던 철제 복공판은 개당 무게가 3백 킬로그램에 이르렀는데 이런 수백 개의 철제 복공판이 가스 폭발로 튀어올라 주변을 난장판으로 만들었다. 성장의 외피를 신속하게 만들어 내기 위해 안전과 같은 내실은 뒷전으로 물러나 있으면서 지하매설물의 위치를 알려주는 지도조차 없이 주먹구구식으로 땅을 파헤치던 그런 시절이었다. 또한 같은 해 **8월에는 경기도여자기술학원에서 화재사고가** 발생하여 생활관에서 지내던 여학생 40명이 집단으로 사망하기도 했다. 가출학생 등을 선도한다는 목적으로 설립된 이 학원에서 심각하게 인권침해를 받고 있던 여학생들이 탈출을 감행하기 위하여 불을 질렀는데 출입문이 개방되지 않았던 것이다. 안전불감증, 이것은 그 시대를 관통하며 상징하는 단어였다. 민주주의만큼 중요한 헌법적 가치인 안전은 이른바 문민정부에서도 아직 실현되고 있지 못했다.

3 역사 바로 세우기

잘못된 역사를 바로 세우는 데 관심을 갖고 있던 김영삼은 해방 후에도 여전히 정부청사와 국립박물관으로 사용되고 있던 조선총독부 건물과 총독관저의 철거를 지시한다. 1995년 11월 '역사 바로 세우기'라는 이름으로 12·12군사반란을 일으키고, 5·18광주민주화운동을 무력으로 진압한 신군부의 주도 세력으로서 대통령을 지낸 전두환과 노태우에 대한 검찰의 수사가 시작되어 그들은 군사반란죄와 내란죄로 기소된다. 전두환은 전직대통령에 대한 수사가 대한민국의 정통성을 부정하는 좌파의 주장이라며 수사를 거부하고 고향으로 내려갔지만 곧바로 체포되어 구속된다. 그들이 대통령으로 재임한 기간에는 공소시효가 진행되는지 아니면 정지되는지에 관한 논란이 벌어지자 **불소추특권이 인정되는 기간**

동안의 공소시효정지를 내용으로 하는 특별법이 만들어졌다. 이러한 공소시효정지에 관한 특별법에 대해서 다시 이 법률이 헌법적으로 금지되는 소급입법(헌법 제13조 제1항)에 해당하는지에 대한 논란이 일어난다. 헌법재판소는 소급입법을 진정소급입법과 부진정소급입법으로 구분한 뒤 법률관계나 사실관계가 이미 과거에 시작되어 종료된 경우에 적용되는 진정소급입법은 원칙적으로 금지되지만 소급효를 인정할만한 공익적 가치가 중대한 경우에는 예외적으로 허용된다고 본다. 그러면서 광주민주화운동과 관련되어 공소시효정지를 규정한 특별법은 그러한 예외에 해당되어 헌법에 위반되지 않는다고 설시하였다. 전두환과 노태우는 군사반란죄와 내란죄로 징역형이 확정되지만 1997년 12월 국민통합을 강조한 김대중 대통령당선자의 요청으로 김영삼은 이들을 사면한다.

그해 4월 제주도에서 한반도 평화체제 구축을 위한 한미정상회담이 열렸던 1996년, 9월에 북한 잠수함이 강릉지역 동해 앞바다로 침투하여 무장공비 26명이 두 달 가까이 그 지역을 불안에 떨게 만든다. 24명은 사살되었으며 한 명은 체포된 뒤 귀순했고, 다른 한 명은 끝까지 생존 여부가 확인되지 않았다. 이처럼 남북관계가 긴장상태에 처해 있던 상황에서 1997년 4월 북한 노동당 비서 황장엽이 망명한 뒤 전쟁위기설이 유포되면서 시민들의 안보불안감을 자극한다. 임기 말이던 그해 대통령의 아들이 국정에 개입하여 뇌물을 받은 혐의로 구속되고, 부실대출에서 비롯된 한보그룹의 부도로부터 시작된 금융위기를 맞아 국제통화기금(IMF)의 구제금융을 받아야 하는 국가적 위기가 초래된다. 문민정부의 도덕적·경제적 토대가 무너져 내리고 있었고, 그로 인한 뼈를 깎는 고통은 오롯이 국민의 몫이었다.

4 정개개편이라는 이름의 야합

1996년 4월에 실시된 국회의원 선거(제15대)는 전국구 의석수(46석)가 감소되는 대신 전국구 의석배분을 지역구에서 특정한 정당이 획득한 전체 의석수(정당별 의석수)의 비율이 아니라 그 정당 소속 후보자가 각 선거구에서 획득한 득표수를 합산하여 계산한 '정당별 득표율'에 따라 실시한다. 정당에 대한 국민의 지지를 상대적으로 더 명확하게 반영할 수 있는 선거제도가 비로소 도입된 것이다. 야당이 분열됨으로써 민자당에서 신한국당으로 이름을 바꾼 여당은 유리한 선거결과를 만들어낸다(아래 참조). 1995년 6월에 실시된 지방선거에서 경기도지사 후보를 둘러싸고 당

제15대 국회의원 선거(1996) **정당별 당선인수 현황** (단위: 명)

	신한국당	새정치 국민회의	통합민주당	자유 민주연합	무소속	합계
지역구	121	66	9	41	16	253
전국구	18	13	6	9	0	46
합계	139	79	15	50	16	299
선거인수 31,488,294		투표자수 20,122,799		투표율 63.9%		

<table>
<tr><td>민주정의당(민정당)</td><td rowspan="3">민주자유당(민자당)
* 노태우 정부</td><td rowspan="3">신한국당
* 김영삼 정부</td><td rowspan="3">한나라당
* 이명박 정부</td><td rowspan="3">새누리당
* 박근혜 정부</td></tr>
<tr><td>통일민주당</td></tr>
<tr><td>신민주공화당</td></tr>
<tr><td>평화민주당(평민당)</td><td rowspan="2">민주당(1991)</td><td>새정치국민회의</td><td rowspan="2">새천년민주당
* 김대중 정부</td><td rowspan="2">열린우리당
* 노무현 정부</td></tr>
<tr><td>민주당(꼬마민주당)
통일민주당탈당파</td><td>통합민주당(1995)
한나라당과 합당</td></tr>
</table>

대표 이기택과 갈등이 생긴 김대중의 주도로 민주당에서 탈당한 국회의원들이 새정치국민회의(국민회의)를 창당하였기 때문이다. 삼당합당으로 당세가 약해진 평화민주당은 1991년 4월 재야인사들을 영입하여 신민주연합당(신민당)을 창당하는데 이 신민당과 삼당합당 때 통일민주당을 탈당한 인사들이 만든 민주당(꼬마민주당)이 그해 9월 합당하면서 민주당이 창당되었지만 4년 만에 다시 분당된 것이다. 삼당합당으로 만들어진 민자당에서 탈당한 김종필이 창당한 자유민주연합(자민련)은 정치적 기반인 충청지역에서 선전하며 50석을 차지한다.

유리한 환경에서도 단독으로 과반수 의석을 차지하지 못한 여당 신한국당은 통합민주당과 자민련, 무소속 국회의원을 영입하는 **인위적 정계개편**을 통해 겨우 과반수 의석(157석)을 만든다. 통합민주당은 민주당이 분당되면서 이기택, 이부영 등 잔류한 인사들과 시민단체를 중심으로 창당된 개혁신당이 합당하여 1995년에 만들어진 정당으로 1996년 총선거에서 15석을 차지하는 데 그쳐 원내교섭단체를 구성하지 못했다. 탈당과 당적변경을 본질로 하는 인위적 정계개편은 정치적 이해관계에 따라 정당을 이동해 다니는 이른바 '철새 정치인'의 기회주의적 행태를 합리화하는 정치공학적 용어에 지나지 않는다. 그것은 주권자인 국민의 의사를 이탈하는 정치적 배신행위이며 헌법적 정의를 구체화하는 민주주의를 왜곡하는 행위의 다른 말일 뿐이다.

IV 김대중 정부—국민의 정부

1 인동초 인생

간결하고 논리적인 대중연설로 유명한 김대중은 **겨울의 혹독한 추위를 견디고 꽃을 피우는 인동초**처럼 교통사고, 납치, 가택연금, 사형선고, 망명 등 수많은 고난을 거쳐 마침내 대통령이 된다. 40대였던 1971년 4월에 실시된 대통령 선거에 출마하여 근소한 차이로 낙선한 그는 정치적 경쟁자로 3선에 성공한 박정희의 지속적인 탄압을 받는다. 대선 직후 실시된 국회의원 선거 기간 중 발생한 의문의 교통사고로 세 명이 사망하는데 그 자신도 이 사고로 다리에 장애를 얻었고, 일본 여행 중 중앙정보부장의 지시로 도쿄에서 납치되어 바다에 수장될 뻔한 위기를 맞기도 했다. 군사반란을 일으키고 광주항쟁을 무력으로 진압한 전두환 시절에는 광주항쟁을 선동한 내란음모죄와 반국가단체를 구성한 수괴죄 혐의로 기소되어 1980년 9월 사형선고를 받은 뒤 수감생활을 하기도 했다. 사실 1924년생 김대중은 30대였던 1961년 5월 실시된 **강원도 인제 민의원 보궐선거**에 출마하여 당선된 적이 있다. 4·19혁명 이후에 제정된 〈반민주행위자공민권제한법〉에 따라 많은 자유당 소속 국회의원들이 피선거권 박탈로 의원직을 상실하면서 인제를 포함한 여러 선거구에서 보궐선거가 실시되었기 때문이다. 하지만 당선 이틀 뒤에 박정희가 주도하는 군사쿠데타가 일어나면서 그는 국회의원 선서도 하지 못한 채 국회의원직을 수행할 수 없게 됨으로써 그와 박정희의 질긴 악연은 이미 시작되었다.

사형이 확정되고 수감 중에 건강악화로 병원에 이송되었던 1982년

12월 일체의 정치활동을 하지 않겠다는 약속을 하고 미국으로 망명한 뒤 1985년 2월에서야 귀국한 그는 곧바로 가택연금을 당한다. 다시 한 번 강조하지만 가택연금은 경찰력을 동원하여 자유로운 자택출입을 금지하는 조치로 법적 절차에 따르지 않는 불법적 인신구금을 의미한다. 55차례나 가택연금을 당하면서 1987년 6월항쟁 후 사면과 복권을 받아 비로소 자유의 몸이 된 뒤 광주를 찾은 그는 망월동 묘지에 안장된 광주항쟁 희생자를 바라보며 항쟁 당시 자신의 석방을 요구하며 죽어간 시민들의 묘비를 어루만지면서 하염없이 눈문을 흘린다. 그해 12월 현행 헌법에 따라 처음으로 실시된 대통령 선거에서 패배한 그는 야당의 지도자로서 곧이어 실시된 국회의원 선거에서 여소야대의 국회를 구성하는 데 기여한다. 하지만 야당 지도자였던 김영삼과 김종필이 당시 여당(민주정의당)과 합당하여 민주자유당(민자당)을 창당한 뒤 김영삼은 다음 대통령 선거에서 후보로 선출되어 대통령에 당선된다.

1997년은 무기수 신창원이 5년간의 치밀한 준비 끝에 부산교도소를 탈옥한 사건으로 첫 달을 시작한다. 국가부도로 국제통화기금(IMF)의 구제금융까지 받아야 했던 그해 12월에 실시된 대통령 선거(제15대)에서 김대중은 네 번의 대통령 도전 끝에 마침내 대통령으로 선출된다. 그는 충청지역에 정치적 기반을 둔 자유민주연합(자민련) 총재 김종필과 연합하여 한국헌정사에서 **최초의 여야 간 평화적 정권교체**로 기록되는 결과를 만들어냈다. 김종필은 1995년 민자당에서 탈당한 뒤 의원내각제를 주장하면서 자민련을 창당한 상태였다. 선거 직전인 1997년 10월에 김대중(DJ)과 김종필(JP)의 영문 머리글자를 합성한 이른바 '디제이피(DJP) 연합'이 형성되고, 박정희의 딸 박근혜는 위기의식을 느낀 여당 신한국당에 의해 정치신인으로 영입되어 정계에 등장한다. 이에 박정희의 정치적 기반인 대구·경북(TK) 지역의 자민련 소속 국회의원 세 명이 탈당하여

제15대 대통령 선거(1997) 후보자별 득표 현황 (단위: 명)

이회창 (한나라당)	김대중 (새정치국민회의)	이인제 (국민신당)	권영길 (건설국민승리21)	허경영 (공화당)	김한식 (바른정치연합)	신정일 (통일한국당)
9,935,718 (38.74%)	10,326,275 (40.27%)	4,925,591 (19.20%)	306,026 (1.19%)	39.055 (0.15%)	48,717 (0.18%)	46,650 (0.23%)
선거인수 32,290,416		투표수(투표율) 26,042,633 (80.7%)			기권수 6,247,783	

신한국당에 입당함으로써 정계개편이 시작된다. 이어서 이회창이 총재를 맡고 있던 신한국당이 서울시장 조순이 이끄는 통합민주당과 합당함으로써 의석 165석을 가진 한나라당이 창당된다(민주정의당 → 민주자유당 → 신한국당 → 한나라당). 인위적 정계개편을 통해 거대여당이 만들어졌지만 이렇게 만들어진 한나라당의 대선후보 이회창은 언론의 노골적 지원에도 불구하고 국민의 지지를 받지 못한 채 야당후보 김대중에게 패배한다(위의 표 참조). 물론 그의 패배가 그의 아들에 대해서 제기된 병역기피 의혹과 함께 이인제의 신한국당 탈당과 국민신당 창당, 그리고 독자출마로부터 영향을 받은 사실도 부인할 수는 없다.

2 노벨평화상

대한민국 정부가 출범한 지 정확하게 50년이 되는 **1998년, 그해 2월 민주주의와 시장경제의 결합을 강조하면서 김대중이 대통령에 취임**한 뒤 다시금 형성된 여소야대의 국면에서 또다시 인위적 정계개편이 일어난다. 야당으로 변한 신한국당의 국회의원들이 탈당하여 이제 공동여당이 된 새정치국민회의와 자민련에 입당하고, 새정치국민회의와 국민신당이 통합하여 한나라당의 과반의석이 무너진 것이다. 정당이나 정파 간의

'합종연횡'으로도 불리는 인위적 정계개편은 국민이 선거를 통해 직접 만들어준 국회구성을 국민의 선거를 통해 민주적 정당성을 부여받은 국회의원들이 국민의 의사에 반하여 스스로 국회구성을 만드는 것을 의미한다. 헌법적 정의의 한 내용인 민주주의의 관점에서 주권자인 국민이 선택한 국회구성은 존중받아야 한다. 물론 여당이 과반수 의석을 확보하지 못했을 때 이루어지는 정당이나 정파 간의 정치적 연합은 민주주의의 가치에 반하지 않는다. 게다가 대의제의 형태로 구현되는 민주주의에서 국민의 대표로 선출된 국회의원에게는 국민전체의 대표로 직무를 수행할 수 있도록 헌법에서 '자유위임(무기속위임)의 지위'가 보장된다(제46조 제2항). 이러한 지위를 통해 탈당의 자유나 당적변경의 자유가 국회의원에게 인정된다. 그러나 오로지 정치권력만을 지향하는 기회주의적 국회의원의 탈당과 당적변경, 합당을 통한 인위적 정계개편은 민주주의의 가치에 비추어 볼 때 심각한 문제가 있다. 국회의원에게 인정되는 탈당이나 당적변경의 자유는 국민전체의 대표로서 국민전체의 이익에 반하는 소속정당의 당론에 반대할 수 있도록 인정되기 때문이다.

그해 6월 현대그룹 회장 정주영은 트럭에 소떼를 싣고 판문점을 통과하여 방북한 뒤 돌아오고, 11월부터 금강산 관광이 시작된다. 2008년 7월 금강산 방문객이 총격으로 사망하며 중단될 때까지 금강산 관광은 10년 가까이 이어지면서 2백만 명 정도가 참여했다. 비슷한 시기에 시작된 개성 관광도 2년가량 진행되다가 중단되었다. 2000년에는 개성공단 건설에 관한 합의도 이루어져 2003년에 다음 정부에서 착공되는 건물이 완성되면서 2005년부터 기업들이 입주하여 2012년 초에는 개성공단에 일하는 북한 노동자의 수가 5만 명을 넘어선다. 평화통일을 국가의 과제로 부여함으로써 북한을 민족통일의 동반자로 인식해야 한다는 헌법적 요청이 비로소 규범의 차원을 넘어 현실의 차원에서 실현되고 있었다.

제16대 국회의원 선거(2000) **정당별 당선인수 현황** (단위: 명)

	한나라당	새천년 민주당	자유 민주연합	민주 국민당	희망의 한국신당	무소속	합계
지역구	112	96	12	1	1	5	227
전국구	21	19	5	1	0	0	46
합계	133	115	17	2	1	5	273
선거인수 33,482,387		투표자수 19,156,515			투표율 57.2%		

국회의원 정원이 26명이나 축소되고 전국구 국회의원에서 **비례대표 국회의원으로 명칭이 바뀐 2000년 제16대 국회의원 선거**에서 사실상 연합정부를 구성했던 새천년민주당과 자유민주연합(자민련)은 과반 확보에 실패한다(위 참조). 국민회의는 국회의원선거를 앞두고 세력확장을 위해 당명을 새천년민주당으로 변경하였다(평화민주당 → 민주당 → 새정치국민회의 → 새천년민주당). 이들은 호남지역에서 당선된 무소속 국회의원 네 명과 한나라당에 반대하는 보수성향의 국회의원 네 명을 합하여 과반수(137석)를 겨우 넘어서는 140석을 확보할 수 있었다. 명칭이 변경되었지만 여전히 비례대표 국회의원은 지역구 국회의원 선거에서 각 정당이 공천한 후보자가 획득한 득표수를 전국적으로 합산하여 계산된 정당별 득표율에 따라 배분되었다. 김대중 다음으로 대통령에 당선되는 노무현은 당시 선거에서 지역구도를 타파하겠다는 의지를 보이며 자신의 지역구인 서울 종로를 포기하고 부산에서 출마한 뒤 낙선하며 강한 인상을 남긴다. 김대중은 **2000년 6월에 평양을 방문하여 남북정상회담**을 실현시키는 등 남북평화에 기여한 공로를 인정받아 노벨평화상을 수상하기도 한다. 남북의 정상 김대중과 김정일 두 사람 사이에서 남북통일 문제의 자주적 해결, 남측의 연합제와 북측의 낮은 단계의 연방제에서 통일지향, 이산가

족방문, 남북경제협력 등을 내용으로 합의된 '남북공동선언문'이 발표되는데 그 기초는 김대중이 평생 추구한 평화주의의 가치가 녹아 있는 대북포용정책으로서 '햇볕정책'이었다. 남북정상이 발표한 '6·15공동선언'의 구체적 조치로 다섯 차례에 걸쳐 5천여 명에 이르는 남북이산가족의 재회가 이루어졌다. 사실 대통령에게 부과된 "조국의 평화적 통일을 위한 성실한 의무"는 그렇게도 다양한 방법으로 김대중을 제거하려 했던 박정희가 1972년 유신헌법을 제정하면서 삽입한 내용이었다. 2001년에는 양성평등을 목표로 여성부가 신설되고, 2002년에는 인권의 보호와 향상을 위한 국가인권기구로서 국가인권위원회가 출범함으로써 김대중이 평생 민주주의와 함께 실현하고자 했던 인권의 가치가 구현될 수 있는 제도적 바탕이 마련되었다.

3 9·11테러와 전쟁

대통령 취임 다음 해인 1999년 6월 여름캠프를 위해 5백여 명의 아동을 수용한 청소년수련관(씨랜드) 화재사고로 23명이 사망한다. 3층짜리 건물의 2층과 3층은 화재에 취약한 컨테이너를 이어 만든 임시건축물이었다는 사실이 밝혀지면서 안전불감증에 대한 사회적 우려가 다시 한 번 일어난다. 그해 7월에는 탈옥수 신창원이 여러 번 경찰에 의해 체포될 결정적 위기를 피하며 도피생활을 하다가 탈옥 9백여 일 만에 마침내 체포되었다는 보도가 그의 등에 새겨진 문신을 부각한 사진과 함께 모든 언론을 뒤덮는다. 그는 여러 여성들과 차례로 동거하며 부부로 위장한 채 절도로 생계를 유지하면서 긴 도피생활을 이어가고 있었다. 그가 2년 반이나 붙잡히지 않은 채 도피생활을 계속했지만 경찰이 그를 체포하지 못하면서 그를 영웅시하는 분위기까지 감지되었다. 강도치사죄를 저질러서 무기징역을 선고받고 수감되어 있던 중에 탈옥했던 중범죄자에 대한 시민들의 왜곡된 감정과 시선은 **범죄예방이나 범죄해결에 무기력한 경찰에 대한 비판과 질타**를 담고 있었다. 또한 불우한 가정환경 때문에 상습적 범죄를 저지르다 중범죄자가 될 수밖에 없었던 그의 처지는 국제통화기금(IMF)의 구제금융 시기를 거치며 경제적 양극화가 심화되면서 상대적 박탈감을 경험하고 있던 서민들의 동정심을 자극할 수밖에 없었다.

같은 해 10월에는 인천 호프집 건물에서 화재가 발생하여 축제를 마치고 뒤풀이를 하던 고등학생 등 50여 명이 사망한다. 미성년자에게 주류를 판매하고 화재 시 비상구가 확보되지 않으면서도 경찰과 공무원에게 뇌물을 상납하며 이를 무마하는 불법이 사고의 원인을 제공했다. 씨랜드 화재사고에 이어 잇달아 발생한 참사로 정부의 반복되는 재발방지 약속은 국민의 신뢰를 잃어가고 있었다. 생명과 직결되는 안전의 문제는 인권과 평화를 강조하는 김대중 정부에서도 여전히 해결해야 할 숙제로 남아 있었다.

한국뿐만 아니라 전 세계에 거대한 충격을 주었던 그날, **2001년 9월 11일 미국 뉴욕에서 사상 초유의 테러사건**이 발생한다. 당일 오전 9시 전후로 항공기가 날아가며 고층빌딩에 충돌하는 테러가 발생하여 세계무역센터의 110층 쌍둥이 빌딩이 충돌 발생 한 시간 뒤부터 대략 30분 간격으로 차례로 붕괴된다. 전대미문의 테러사건으로 3천 명에 가까운 사람이 희생당한다. 철저한 반미주의자이며 이슬람 극단주의자인 오사마 빈 라덴(Osama bin Laden)이 수장으로 있는 테러집단 '알카에다(al-Qaeda)'가 주도한 것으로 알려진 항공기테러에 미국 정부는 즉각 대응한다. 빈 라덴이 은신하고 있다고 알려진 아프가니스탄이 그의 신병 인도를 거부하자 **아프가니스탄과 전쟁을 시작**한 것이다. 아프가니스탄은 이미 사회주의 정권 시절인 1979년부터 무려 10년 동안 소련과 전쟁을 치른 경험이 있었다. 이 과정에서 미국이 지원하는 '무자헤딘(mujahideen)'이라는 무장게릴라 조직이 구성되어 소련군에 대항하여 격렬하게 싸운다. 이들은 자신들의 전쟁을 성전(신성한 전쟁)이라는 뜻의 '지하드(jihad)'라고 불렀는데 이 지하드에 지원한 이슬람 청년 중 한 명이 바로 사우디아라비아 출신의 1957년생 빈 라덴이었고, 그가 무자헤딘에서 독립된 조직으로 만든 것이 '알카에다'였다.

소련과의 전쟁이 끝난 후 군인들은 군벌로 변질되어 시민들에 대한 착취를 자행하자 이슬람 교리에 충실한 원리주의자인 탈레반(Taliban)이 등장하여 1996년 아프가니스탄의 정권을 차지한다. 미국이 아프가니스탄의 탈레반 정부와 벌인 전쟁은 초기에 탈레반 세력을 몰아내고 승리하는 듯하지만 미국의 기대와 달리 게릴라전이 이어지면서 20년 가까이 계속되었다. 아프가니스탄을 상대로 전쟁을 개시한 미국은 월등하게 우세한 전력을 가지고 백여 일 만인 2002년 초에 사실상 전쟁을 끝냈다. 그렇지만 이라크 대통령 사담 후세인이 알카에다를 지원하며 대량살상무기를 은닉해 두고 있다는 이유로 2003년 3월 **이라크를 상대로 해서도 다시 전쟁**을 일으킨다. 그 사이에 파키스탄으로 도주했던 알카에다 조직은 다시 세력을 규합하여 아프가니스탄에 진주하고 있던 미군과 게릴라전을 벌이며 무려 20년을 버텨냈던 것이다. 2021년 바이든 정부에서 미군을 철수하는 결정이 내려지자마자 탈레반은 수도 카불을 점령한 뒤 다시금 정치권력을 손에 넣는다. 아프가니스탄 전쟁이 발생한 지 10년이 되는 2011년 5월에서야 파키스탄에 숨어 지내던 빈 라덴은 미국 특수작전팀에 의해 사살되었다.

국제평화를 유지하고 침략적 전쟁을 부인하는 헌법의 국제평화주의 정신에 따라(헌법 제5조 제1항) 대한민국의 군대(국군)는 침략적 전쟁에 파병되어 가담할 수 없다. 미국이 아프가니스탄과 이라크를 상대로 일으킨 전쟁의 경우에도 그것이 침략적 전쟁에 해당한다면 미국의 요청이 있더라도 국군을 그 전쟁에 파병하는 것은 위헌적 결정이 된다. 헌법은 대통령에게 국군통수권(최고지휘권)과 함께(제74조 제1항) 선전포고에 관한 권한(제73조)도 부여한다. 다만 국회는 선전포고나 국군의 해외파병에 관한 동의권을 갖는다(제60조 제2항). 따라서 국군의 해외파병은 국회의 동의를 얻어 대통령이 결정할 수 있는 사안이다. 그렇다고 하더라도 침략적 전쟁을 부인하는 헌법의 정신을 존중하여 국군의 해외파병에 관한 대통령과 국회의 권한은 침략적 전쟁에 대한 국군의 해외파병은 금지되는 헌법적 한계를 갖는다고 보는 것이 타당하다.

V 노무현 정부—참여정부

2002년 월드컵으로 뜨거웠던 6월 초여름 한 달을 보내고, 그 여운으로 여름을 지나 가을이 되면서 9월 말에 다섯 명의 개구리소년들이 실종 11년 만에 두개골에 타살 흔적이 있는 시신으로 발견된다. 국민적 흥분과 아쉬움이 교차하는 가운데 그해 겨울 **12월에 실시된 제16대 대통령 선거에서 노무현이 당선**된다. 그는 지방분권과 균형발전이 이루어진 분권사회를 지향하며 선거 기간 중 행정수도를 충청도 지역으로 이전하겠다는 파격적인 공약을 내걸었다. 상고(상업고등학교) 출신으로서 불우한 환경을 이겨내고 비주류 정치인으로 성장한 그는 권위적이지 않고 겸손하였으며 솔직하고 직설적인 화법과 투박하지만 친근한 외모를 가진 인물이었다. 취임 후에 그는 공약을 실천하기 위하여 균형발전을 위한 3대 특별법을 추진하기도 했다. 그 가운데 행정수도를 이전하기 위하여 국회에서 여당과 야당의 합의로 의결된 근거법이 관습헌법에 위배된다는 헌법재판소의 결정이 2004년에 나온다(아래 참조). 심지어 헌법재판소는 관습헌법을 개정하기 위해서는 성문헌법을 개정하기 위한 헌법적 절차를 따라야 한다는 논란이 될 만한 논거를 제시한다. 헌법재판소의 위헌결정 취지를 반영하여 2007년 7월 청와대, 국회, 대법원을 제외한 행정수도이전이 시작된다. 평소에 '원칙과 신뢰'를 강조했던 것처럼 지방분권과 균형발전을 추진한 대통령으로서 도덕적 의무를 지키기 위해서 퇴임 후 고향으로 내려간 그는 검찰의 수사를 받게 되면서 2009년 5월 안타깝게도 스스로 생을 마감한다.

수도이전—헌재 2004. 10. 21. 2004헌마554

서울이 우리나라의 수도인 것은 조선시대 이래 600여 년간 우리나라의 국가생활에 관한 당연한 규범적 사실이 되어 왔으므로 우리나라의 국가생활에 있어서 전통적으로 형성되어있는 계속적 관행이라고 평가할 수 있고(계속성), 이러한 관행은 변함없이 오랜 기간 실효적으로 지속되어 중간에 깨어진 일이 없으며(항상성), 서울이 수도라는 사실은 우리나라의 국민이라면 개인적 견해 차이를 보일 수 없는 명확한 내용을 가진 것이며(명료성), 나아가 이러한 관행은 오랜 세월간 굳어져 와서 국민들의 승인과 폭넓은 컨센서스를 이미 얻어(국민적 합의) 국민이 실효성과 강제력을 가진다고 믿고 있는 국가생활의 기본사항이라고 할 것이다. 따라서 **서울이 수도**라는 점은 우리의 제정헌법이 있기 전부터 전통적으로 존재하여온 헌법적 관습이며 우리 헌법조항에서 명문으로 밝힌 것은 아니지만 자명하고 헌법에 전제된 규범으로서, **관습헌법으**

> **로 성립된 불문헌법**에 해당한다. (…) 우리나라와 같은 성문의 경성헌법 체제에서 인정되는 관습헌법사항은 하위규범형식인 법률에 의하여 개정될 수 없다. 영국과 같이 불문의 연성헌법 체제에서는 법률에 대하여 우위를 가지는 헌법전이라는 규범형식이 존재하지 아니하므로 헌법사항의 개정은 일반적으로 법률개정의 방법에 의할 수밖에 없을 것이다. 그러나 우리 헌법의 경우 헌법 제10장 제128조 내지 제130조는 일반법률의 개정절차와는 다른 엄격한 헌법개정절차를 정하고 있으며, 동 헌법개정절차의 대상을 단지 '헌법'이라고만 하고 있다. 따라서 **관습헌법도 헌법에 해당하는 이상 여기서 말하는 헌법개정의 대상인 헌법에 포함**된다고 보아야 한다. 이와 같이 헌법의 개정절차와 법률의 개정절차를 준별하고 헌법의 개정절차를 엄격히 한 우리 헌법의 체제 내에서 만약 관습헌법을 법률에 의하여 개정할 수 있다고 한다면 이는 관습헌법을 더 이상 '헌법'으로 인정한 것이 아니고 단지 관습'법률'로 인정하는 것이며, 결국 관습헌법의 존재를 부정하는 것이 된다. 이러한 결과는 성문헌법체제하에서도 관습헌법을 인정하는 대전제와 논리적으로 모순된 것이므로 우리 헌법체제상 수용될 수 없다.

1 팬덤을 만든 바보 정치인

노무현은 고졸 출신으로, 그것도 인문계 고등학교가 아니라 상고를 졸업하고 사법시험에 합격하여 판사가 된 뒤 몇 달 만에 그만두고 변호사가 된다. 1981년 부산 지역의 평범한 지식인, 교사, 대학생의 독서모임을 장기간의 불법구금과 혹독한 고문으로 반국가단체로 둔갑시켰던 공안당국의 용공조작사건인 부림사건을 변호하면서 인권변호사 활동을 시작한 그는 1987년 8월 노동운동을 하다가 구속되어 석 달 뒤 변호사자격도 정지된다. 이를 계기로 그는 1988년 4월에 실시된 국회의원 선거에

제16대 대통령 선거(2002) **후보자별 득표 현황** (단위: 명)

이회창 (한나라당)	노무현 (새천년민주당)	이한동 (하나로국민연합)	권영길 (민주노동당)	김영규 (사회당)	김길수 (호국당)
11,443,297 (46.58%)	12,014,277 (48.91%)	74,027 (19.20%)	957,148 (3.89%)	22,063 (0.08%)	51,104 (0.20%)
선거인수 34,991,529	투표수(투표율) 24,784,963 (70.8%)		기권수 10,206,566		

서 김영삼에게 영입되어 통일민주당 후보로 나와 12·12군사반란에 가담한 허삼수와 겨루어 당선됨으로써 정치인이 된다. 같은 해 연말 실시된 5공(전두환 정부를 의미하는 제5공화국) 청문회에서 직설적인 질문과 분노에 찬 명패 내던지기로 시민들의 집중적인 주목을 받기 시작한다. 청문회로 일약 정치계의 스타가 된 그는 1990년 1월 국민이 만들어준 여소야대의 국회구성을 단번에 깨뜨려 버린 3당 합당이 되자마자 이에 격렬하게 반대하면서 탈당하여 민주당(꼬마 민주당) 창당을 주도한다.

그 뒤로 그는 1992년 국회의원 선거에서 다시 허삼수와 경쟁하여 낙선하는 등 국회의원과 부산시장을 선출하는 선거에서 계속해서 세 번이나 낙선한 뒤 1998년이 되어서야 비로소 국회의원 보궐선거에서 당선된다. 하지만 2000년에 실시된 다음 총선거에서 새정치국민회의에서 당명을 변경한 새천년민주당의 후보가 되어 고향으로 돌아가 출마한 그는 지역주의 장벽에 막혀 또 다시 낙선한다. 당선이 확실한 서울의 지역구를 버리고 고향 부산에 내려가 이제 네 번째로 낙선하게 된 그는 '바보 노무현'이라는 별명을 얻지만 소신을 굽히지 않는 정치인 노무현을 지지하는 시민들의 자발적 모임(노무현을 사랑하는 사람들의 모임, 노사모)이 생긴다. 그들은 반칙과 권위주의를 반대했으며 원칙과 소신을 강조한다는 점에서 노무현을 닮았다. 배우 명계남, 문성근, 시인 노혜경까지 포함된 그들의 열렬한 지지를 받으며 대한민국 최초로 팬덤정치를 만든 그는 **2002년 대통령선거에서 당선**된다. 2005년 9월 북한의 핵개발 문제를 해결하고 한반도의 평화체제를 구축하기 위하여 남북한과 미국, 일본, 중국, 러시아가 6자회담을 가지면서 북한의 핵무기 개발 전면중단, 미국과 북한의 관계정상화에 관한 합의가 이루어진다. 통합을 강조한 김구와 링컨을 존경했으며 김대중 정부의 대북포용정책을 계승한 그는 임기 막바지인 2007년 10월 군사분계선을 도보로 넘은 뒤 차량으로 평양을 방문하여 북한 국방위원장 김정일과 회담을 갖는다. 2000년 당시 대통령 김대중이 김정일와 남북정상회담을 가진 뒤 두 번째 이루어진 남북정상회담이었다.

2 창당과 탄핵소추

그가 취임하자마자 국군의 이라크 파병 문제로 시민사회에서 치열한 논쟁이 벌어진다. **2003년 3월 미국이 이라크를 상대로 전쟁**을 시작했기 때문이다. '침략적 전쟁을 부인'하고 있는 헌법규정(제5조 제1항)에 따라 국군을 파병하는 이라크전쟁이 침략적 전쟁에 해당하는지에 대한 판단이 필요했다. 특히 침략적 전쟁 여부에 대한 판단을 대통령이나 국회가 할 수 있는 것인지, 아니면 헌법에 대한 최종적 해석권을 가진 헌법재판소가 할 수 있는 것인지에 대한 의문도 남겼다. 직전 **2003년 2월에는 대구지하철에서 대형참사**가 발생한다. 당일 오전 10시경에 대구 지하철에서 50대 남성의 방화로 화재가 발생하여 2백 명에 가까운 시민이 사망한 것이다. 정작 화재가 발생한 전동차에 타고 있던 승객은 대부분 대피했는데 몇 분 후 마주오던 전동차에 불이 옮겨붙어 전기가 끊기자 출입문이 열리지 않으면서 대형 인명사고로 이어졌다. 이 사건 이후로 지하철 전동차의 요건이 강화되어 모든 전동차는 불연재로만 제작될 수 있게 되었다. 헌법적 가치인 시민의 안전은 시민들의 정치참여를 강조하는 참여정부에서도 후순위로 밀려나 있었다.

2003년 10월 독일 국적의 한국인 교수 송두율이 한국을 방문했다가 구속된다. 그는 서울대학교 철학과를 졸업한 뒤 1967년 독일로 유학을 떠나 박사학위를 받고, 독일에서 교수로 활동하던 시절 여러 차례 북한을 방문했다. 또한 북한 노동당에 입당하고, 학술대회운영 명목으로 북한으로부터 자금을 지원받기도 했다. 독일에서 유신반대운동에도 적극적으로 참여하며 교수생활을 계속하던 그는 1997년 독일로 귀화했다. '민주화기념사업회'의 초청으로 30여 년 만에 귀국한 그는 북한 노동당 정치국 후보위원이었다는 등 몇 가지 〈국가보안법〉 위반 혐의로 기소되어 1심에서는 7년의 징역형을 선고받았으며 2004년 7월 2심에서 집행유예를 선고받은 뒤 독일로 돌아갔다. 현행 헌법은 한편으로 대한민국의 영토를 한반도 전체로 규정함으로써(제3조) 북한을 대한민국의 영토를 불법적으로 점유한 반국가단체로 전제하는 〈국가보안법〉의 헌법적 근거를 제공한다. 그렇지만 현행 헌법은 또 다른 한편에서 평화통일을 지향함으로써(제4조) 북한을 민족통일의 동반자로서 교류와 협력의 대상으로 인식할 수 있는 헌법적 근거를 제시하기도 한다. 이에 따라 북한지역을 왕래하거나 북한주민과 접촉하는 행위는 〈국가보안법〉을 위반하는 잠입·탈출죄나 회합·통신죄를 구성하는 행위와 동시에 남북의 교류와 협력을 증진하기 위한 행위 사이의 중간경계에 놓일 수 있는 가능성이 높다. 이런 상황에서 송두율 사건은 〈국가보안법〉의 남용 가능성을 보여주는 적절한 사례가 되었다.

취임 직후부터 노무현은 한나라당 주도로 의결된 대북송금 특별검사임명법안(특검법안)에 대한 거부권 불행사로 새천년민주당(민주당) 주류세

제17대 국회의원선거(2004) **정당별 당선인수 현황** (단위: 명)

	한나라당	새천년 민주당	열린 우리당	자민련	국민통합 21	민주 노동당	무소속	합계
지역구	100	5	129	4	1	2	2	243
전국구	21	4	23	0	0	8	0	56
합계	121	9	152	4	1	10	2	299
선거인수 35,596,497			투표자수 21,581,550			투표율 60.6%		

력과 갈등을 빚게 된다. 이 특검법안은 김대중 정부 시절 남북정상회담을 앞두고 현대그룹이 산업은행을 통해 북한에 4억 달러를 불법적으로 송금한 사건의 진상을 규명하기 위한 목적에서 국회에서 의결되었다. 국회에서 의결된 법률안에 대해서 거부권을 행사하지 않아 전직 대통령 김대중을 지지하는 민주당 세력과 불편한 관계가 만들어진 그는 2003년 11월 지역구도를 극복하고 가치를 지향하는 정당을 만들겠다는 취지에서 '열린우리당'을 창당한다. 열린우리당의 창당에는 김근태, 이해찬, 정동영 등 민주당에서 탈당한 국회의원들과 이부영과 김부겸 등 한나라당에서 탈당한 국회의원들, 그리고 유시민 등 개혁국민정당 국회의원들이 참여했다. 이 과정에서 열린우리당에 대한 지지를 호소하다 대통령이 선거에서 지켜야 되는 정치적 중립의무를 위반했다는 취지로 2004년 3월 **국회의 탄핵소추**를 받아 두 달 동안 직무가 정지되기도 한다. 헌법재판소는 탄핵소추가 이루어진 지 두 달쯤 지나 탄핵의 요건인 헌법과 법률에 대한 위반을 확인하면서도 그 위반의 정도가 대통령을 파면할 정도로 중대하지 않아 기각하는 결정을 한다. 대통령에 대한 탄핵소추가 오히려 촛불집회로 상징되는 국민적 저항과 동정여론을 만들어 **2004년 4월에 실시된 국회의원선거**(제17대)의 결과 여대야소의 국회가 구성된다(위 참조).

아무튼 대통령에 대한 탄핵소추는 선출직 공무원으로서 정치인이면서 공무원인 대통령에게 '정치적 표현의 자유'가 어디까지 인정될 수 있는지, 국민전체에 대한 봉사자로서(헌법 제7조 제1항) 대통령에게 부여된 공익실현의무에 따라 선거과정에서 대통령에게 요구되는 '정치적 중립의무'는 어디까지 요구되는지에 대한 공적 논의의 장을 열었다.

대통령(노무현) 탄핵—헌재 2004. 5. 14. 2004헌나1

대통령에 대한 파면결정은, 국민이 선거를 통하여 대통령에게 부여한 '민주적 정당성'을 임기 중 다시 박탈하는 효과를 가지며, 직무수행의 단절로 인한 국가적 손실과 국정 공백은 물론이고, 국론의 분열현상 즉, 대통령을 지지하는 국민과 그렇지 않은 국민간의 분열과 반목으로 인한 정치적 혼란을 가져올 수 있다. 따라서 대통령의 경우, 국민의 선거에 의하여 부여받은 '직접적 민주적 정당성' 및 '직무수행의 계속성에 관한 공익'의 관점이 파면결정을 함에 있어서 중요한 요소로서 고려되어야 하며, 대통령에 대한 파면효과가 이와 같이 중대하다면, **파면결정을 정당화하는 사유도 이에 상응하는 중대성**을 가져야 한다. (…) 탄핵심판절차가 궁극적으로 헌법의 수호에 기여하는 절차라는 관점에서 본다면, 파면결정을 통하여 헌법을 수호하고 손상된 헌법질서를 다시 회복하는 것이 요청될 정도로 **대통령의 법위반행위가 헌법수호의 관점에서 중대한 의미를 가지는 경우**에 비로소 파면결정이 정당화되며, 대통령이 국민으로부터 선거를 통하여 직접 민주적 정당성을 부여받은 대의기관이라는 관점에서 본다면, 대통령에게 부여한 국민의 신임을 임기 중 다시 박탈해야 할 정도로 **대통령이 법위반행위를 통하여 국민의 신임을 저버린 경우**에 한하여 대통령에 대한 탄핵사유가 존재하는 것으로 판단된다. (…) 대통령의 법위반이 헌법질서에 미치는 효과를 종합하여 본다면, 대통령의 구체적인 법위반행위에 있어서 헌법질서에 역행하고자 하는 적극적인 의사를 인정할 수 없으므로, 자유민주적 기본질서에 대한 위협으로 평가될 수 없다. 따라서 파면결정을 통하여 헌법을 수호하고 손상된 헌법질서를 다시 회복하는 것이 요청될 정도로, 대통령의 법위반행위가 헌법수호의 관점에서 중대한 의미를 가진다고 볼 수 없고, 또한 대통령에게 부여한 국민의 신임을 임기 중 다시 박탈해야 할 정도로 국민의 신임을 저버린 경우에 해당한다고도 볼 수 없으므로, 대통령에 대한 파면결정을 정당화하는 사유가 존재하지 않는다.

3 친일청산

2005년 5월 친일청산을 목적으로 활동기간이 4년으로 정해진 '친일반민족행위진상규명위원회'를 출범시킨다. 진상규명위원회 설치의 근거법인 〈일제강점하 친일반민족행위 진상규명에 관한 특별법〉은 2004년 3월 22일 제정되었지만 시행되기도 전에 야당의 반대로 2005년 1월 27일 〈일제강점하 반민족행위 진상규명에 관한 특별법〉이라는 이름으로 개정된다. 진상규명위원회는 세 차례에 걸쳐 민영휘, 박영효, 이완용, 윤덕영, 윤치호, 노덕술, 백선엽, 이광수, 최남선 등 일본으로부터 한일병합의 공으로 작위를 받거나 조선총독부의 자문기관인 중추원에서 활동하거나 일제의 장교로 침략전쟁에 협력하는 등으로 친일반민족행위를 한 사람 1,006명의 명단을 발표한다. 게다가 친일매국행위로 축재한 반민족행위자의 재산을 국고로 귀속시키기 위한 〈친일반민족행위자 재산의 국가귀속에 관한 특별법〉도 제정된다.

일제강점하 반민족행위 진상규명에 관한 특별법—
2005. 1. 27. 전부개정, 법률 제7361호

제1조 (목적) 이 법은 일본제국주의의 국권침탈이 시작된 러·일전쟁 개전 시부터 1945년 8월 15일까지 일본제국주의를 위하여 행한 친일반민족행위의 진상을 규명하여 역사의 진실과 민족의 정통성을 확인하고 사회정의 구현에 이바지함을 목적으로 한다.

제2조 (정의) 이 법에서 "친일반민족행위"라 함은 일본제국주의의 국권침탈이 시작된 러·일전쟁 개전 시부터 1945년 8월 15일까지 행한 다음 각호의 어느 하나에 해당하는 행위를 말한다.

1. 국권을 지키기 위하여 일본제국주의와 싸우는 부대를 공격하거나 공격을 명령한 행위
2. 국권을 회복하기 위하여 투쟁하는 단체 또는 개인을 강제해산시키거나 감금 · 폭행하는 등의 방법으로 그 단체 또는 개인의 활동을 방해한 행위
3. 독립운동 또는 항일운동에 참여한 자 및 그 가족을 살상·처형·학대 또는 체포하거나 이를 지시 또는 명령한 행위
4. 독립운동을 방해할 목적으로 조직된 단체의 장 또는 간부로서 그 단체의 의사결정을 중심적으로 수행하거나 그 활동을 주도한 행위
5. 밀정행위로 독립운동이나 항일운동을 저해한 행위
6. 을사조약·한일합병조약 등 국권을 침해한 조약을 체결 또는 조인하거나 이를 모의한 행위
7. 한일합병의 공으로 작위를 받거나 이를 계승한 행위
8. 일본제국의회의 귀족원의원 또는 중의원으로 활동한 행위
9. 조선총독부 중추원 부의장·고문 또는 참의로 활동한 행위
10. 일본제국주의 군대의 소위(少尉) 이상의 장교로서 침략전쟁에 적극 협력

한 행위

11. 학병·지원병·징병 또는 징용을 전국적 차원에서 주도적으로 선전(宣傳) 또는 선동하거나 강요한 행위
12. 일본군을 위안할 목적으로 주도적으로 부녀자를 강제동원한 행위
13. 사회·문화 기관이나 단체를 통하여 일본제국주의의 내선융화 또는 황민화운동을 적극 주도함으로써 일본제국주의의 식민통치 및 침략전쟁에 적극 협력한 행위
14. 일본제국주의의 전쟁수행을 돕기 위하여 군수품 제조업체를 운영하거나 대통령령이 정하는 규모 이상의 금품을 헌납한 행위
15. 판사·검사 또는 사법관리로서 무고한 우리민족 구성원을 감금·고문·학대하는 등 탄압에 적극 앞장선 행위
16. 고등문관 이상의 관리, 헌병 또는 경찰로서 무고한 우리민족 구성원을 감금·고문·학대하는 등 탄압에 적극 앞장선 행위
17. 일본제국주의의 통치기구의 주요 외곽단체의 장 또는 간부로서 일본제국주의의 식민통치 및 침략전쟁에 적극 협력한 행위
18. 동양척식회사 또는 식산은행 등의 중앙 및 지방조직 간부로서 우리민족의 재산을 수탈하기 위한 의사결정을 중심적으로 수행하거나 그 집행을 주도한 행위
19. 일본제국주의의 식민통치와 침략전쟁에 협력하여 포상 또는 훈공을 받은 자로서 일본제국주의에 현저히 협력한 행위
20. 일본제국주의와 일본인에 의한 민족문화의 파괴·말살과 문화유산의 훼손·반출에 적극 협력한 행위

제3조 (친일반민족행위진상규명위원회의 설치) 친일반민족행위의 진상규명에 관한 업무를 수행하기 위하여 대통령 소속으로 친일반민족행위진상규명위원회(이하 "위원회"라 한다)를 둔다.

제8조 (위원회의 활동기간) ① 위원회는 그 구성을 마친 날부터 4년 이내에 활동을 완료하여야 한다.

② 위원회는 제1항에서 정한 기간 이내에 활동을 완료하기 어려운 경우에는 재적위원 3분의 2 이상의 찬성에 의한 의결로 그 활동기간을 1회에 한하여 6개월 연장할 수 있다.

제25조 (보고) 위원회는 위원회 활동을 조사보고서로 작성하여 매년 대통령 및 정기국회 기간 중 국회에 보고하여야 한다.

제26조 (사료의 편찬) 위원회는 제8조의 활동기간 이내에 친일반민족행위에 관한 사료를 편찬하여야 한다.

제27조 (조사보고서 등의 공개) 위원회는 제25조의 규정에 의한 조사보고서 및 제26조의 규정에 의한 사료를 공개하여야 한다.

친일반민족행위자 재산의 국가귀속에 관한 특별법—2005. 12. 29. 제정, 법률 제7769호

제1조 (목적) 이 법은 일본 제국주의의 식민통치에 협력하고 우리 민족을 탄압한 반민족행위자가 그 당시 친일반민족행위로 축재한 재산을 국가에 귀속시키고 선의의 제삼자를 보호하여 거래의 안전을 도모함으로써 정의를 구현하고 민족의 정기를 바로 세우며 일본제국주의에 저항한 3·1운동의 헌법이념을 구현함을 목적으로 한다.

제2조 (정의) 이 법에서 사용하는 용어의 정의는 다음과 같다.

1. "재산이 국가에 귀속되는 대상인 친일반민족행위자(이하 "친일반민족행위자"라 한다)"라 함은 다음 각 목의 어느 하나에 해당하는 자를 말한다.

가.〈일제강점하 반민족행위 진상규명에 관한 특별법〉 제2조 제6호 내지 제9호의 행위를 한 자. 다만, 이에 해당하는 자라 하더라도 작위(爵位)

를 거부·반납하거나 후에 독립운동에 적극 참여한 자 등으로 제4조의 규정에 따른 친일반민족행위자재산조사위원회가 결정한 자는 예외로 한다.

나. 〈일제강점하 반민족행위 진상규명에 관한 특별법〉 제2조의 규정에 따른 친일반민족행위를 한 자 중 제4조의 규정에 따른 친일반민족행위자재산조사위원회의 결정에 따라 독립운동 또는 항일운동에 참여한 자 및 그 가족을 살상·처형·학대 또는 체포하거나 이를 지시 또는 명령한 자 등 친일의 정도가 지극히 중대하다고 인정된 자.

2. "친일반민족행위자의 재산(이하 "친일재산"이라 한다)"이라 함은 친일반민족행위자가 국권침탈이 시작된 러·일전쟁 개전 시부터 1945년 8월 15일까지 일본제국주의에 협력한 대가로 취득하거나 이를 상속받은 재산 또는 친일재산임을 알면서 유증·증여를 받은 재산을 말한다. 이 경우 러·일전쟁 개전 시부터 1945년 8월 15일까지 친일반민족행위자가 취득한 재산은 친일행위의 대가로 취득한 재산으로 추정한다.

제3조 (친일재산의 국가귀속 등) ① 친일재산(국제협약 또는 협정 등에 의하여 외국 대사관이나 군대가 사용·점유 또는 관리하고 있는 친일재산 및 친일재산 중 국가가 사용하거나 점유 또는 관리하고 있는 재산도 포함한다)은 그 취득·증여 등 원인행위 시에 이를 국가의 소유로 한다. 그러나 제삼자가 선의로 취득하거나 정당한 대가를 지급하고 취득한 권리를 해하지 못한다.

② 친일재산의 국가귀속에 관한 구체적 절차와 그 밖의 필요한 사항에 관하여는 대통령령으로 정한다.

제4조 (친일반민족행위자재산조사위원회의 설치) 친일재산의 조사 및 처리 등에 관한 사항을 심의·의결하기 위하여 대통령 소속하에 친일반민족행위자재산조사위원회(이하 "위원회"라 한다)를 둔다.

제9조 (위원회의 활동기간) ① 위원회는 그 구성을 마친 날부터 4년 이내에 활동을 완

료하여야 한다.

② 위원회는 제1항의 규정에서 정한 기간 이내에 활동을 완료하기 어려운 경우에는 재적위원 3분의 2 이상의 찬성으로 의결한 후 대통령의 승인을 얻어 그 활동기간을 1회에 한하여 2년 연장할 수 있다.

일본과 친밀하게 지내는 모든 친일행위가 헌법적 정의를 위반하는 것은 아니다. 헌법적 정의에 배치되는 친일행위는 무력을 동원하여 불법적으로 국권을 강탈한 일본제국주의의 만행에 가담한 행위를 의미한다. 헌법재판소는 〈일제강점하 친일반민족행위 진상규명에 관한 특별법〉이 조사대상자들의 인격권을 침해하지 않는다고 설시하였다. 또한 〈친일반민족행위자 재산의 국가귀속에 관한 특별법〉도 재산권을 침해하거나 평등원칙이나 연좌제금지원칙을 위반하지도 않는다고 판단하였다. 헌법적 정의를 회복하기 위하여 제정된 법률이 헌법을 위반할 수 없다는 어찌 보면 당연한 판단일 수 있다.

헌재 2010. 10. 28. 2007헌가23

이 사건 법률조항의 입법목적은 러·일 전쟁 개전시부터 1945년 8월 15일까지 일본제국주의를 위하여 행한 친일반민족행위의 진상을 규명하여 역사의 진실과 민족의 정통성을 확인하고 사회정의 구현에 이바지함에 있는바 그 정당성이 인정되고, 조선총독부 중추원이 일제의 식민지정책을 정당화, 합리화하는 기능을 수행하여 왔다고 평가되는 점에 비추어 이 사건 법률조항은 위 입법목적 달성에 기여하는 적합한 수단이 된다. 이 사건 법률조항을 포함한 반민규명법은 여러 차례 개정안이 발의되어 수회의 공청회 및 토론회 등을 거친 후 국회에서 가결된 것으로 실질적으로 우리 사회의 민주적 숙의과정 및 공론적 토대로부터 성립된 것이라고 할 수 있으므로 헌법재판소로서는 원칙적으로 그 입법적 판단을 존중함이 옳은 점, 조선총독부 중추원 참의로 활동한 행위라고 하더라도 예외 없이 친일반민족행위결정을 받는 것도 아닌 점, 조사대상자가 국내외에서 일제의 국권침탈을 반대하거나 독립운동에 참여 또는 지원한 사실이 있는 때에는 이러한 사실을 함께 조사하도록 하는 등 조사대상자 등의 불이익을 최소화하기 위한 장치를 마련하고 있는 점 등에 비추어 피해의 최소성 원칙에도 위배되지 않으며, 친일반민족행위의 진상을 규명하여 정의로운 사회가 실현될 수 있도록 공동체의 윤리를 정립하고자 하는 공익의 중대성은 막대한 반면, 이 사건 법률조항으로 인해 제한되는 조사대상자 등의 인격권은 친일반민족행위에 관한 조사보고서와 사료가 공개됨으로 인한 것에 불과하므로, 법익 균형성의 원칙에도 반하지 않는다.

헌재 2011. 3. 31. 2008헌바141

① 이 사건 귀속조항은 진정소급입법에 해당하지만, 진정소급입법이라 할지라도 예외적으로 국민이 소급입법을 예상할 수 있었던 경우와 같이 소급입법이 정당화되는 경우에는 허용될 수 있다. 친일재산의 취득 경위에 내포된 민족배반적 성격, 대한민국임시정부의 법통 계승을 선언한 헌법 전문 등에 비추어친일반민족행위자측으로서는 친일재산의 소급적 박탈을 충분히 예상할 수 있었고, 친일재산 환수 문제는 그 시대적 배경에 비추어 역사적으로 매우 이례적인 공동체적 과업이므로 이러한 소급입법의 합헌성을 인정한다고 하더라도 이를 계기로 진정소급입법이 빈번하게 발생할 것이라는 우려는 충분히 불식될 수 있다. 따라서 이 사건 귀속조항은 진정소급입법에 해당하나 헌법 제13조 제2항에 반하지 않는다.

② 이 사건 귀속조항은 민족의 정기를 바로 세우고 일본제국주의에 저항한 3·1운동

의 헌법이념을 구현하기 위한 것이므로 입법목적이 정당하고, 민법 등 기존의 재산법 체계에 의존하는 방법만으로는 친일재산의 처리에 난항을 겪지 않을 수 없으므로 이 사건 귀속조항은 위 입법목적을 달성하기 위한 적절한 수단이 된다. 위 조항은 반민규명법이 정한 여러 유형의 친일반민족행위 중에서 사안이 중대하고 범위가 명백한 네 가지 행위를 한 자의 친일재산으로 귀속대상을 한정하고 있고, 이에 해당하는 자라 하더라도 후에 독립운동에 적극 참여한 자 등은 예외로 인정될 수 있도록 규정해 두었으며, 친일반민족행위자 측은 그 재산이 친일행위의 대가로 취득한 것이 아니라는 점을 입증하여 얼마든지 국가귀속을 막을 수 있고, 선의의 제3자에 대한 보호 규정도 마련되어 있으므로 이 사건 귀속조항은 피해의 최소성원칙에 반하지 않고, 과거사 청산의 정당성과 진정한 사회통합의 가치 등을 고려할 때 법익의 균형성 원칙에도 부합한다. 따라서 이 사건 귀속조항은 재산권을 침해하지 않는다.

③ 친일재산은 이를 보유하도록 보장하는 것 자체가 정의 관념에 반하고, 귀속대상을 사안이 중대하고 범위가 명백한 친일재산으로 한정하고 있으므로 이 사건 귀속조항이 평등의 원칙에 반한다고 볼 수 없다.

④ 이 사건 귀속조항이 친일반민족행위자 후손의 재산 중 그 후손 자신의 경제적 활동으로 취득하게 된 재산이라든가 친일재산 이외의 상속재산 등을 단지 그 선조가 친일행위를 했다는 이유만으로 국가로 귀속시키는 것은 아니므로, 연좌제금지원칙에 반한다고 할 수 없다.

4 사이코패스의 출현

노무현 정부 시절 **연쇄살인을 자행한 사이코패스 성향의 범죄자**들이 여러 명 출현한다. 우선 2004년 열 달 동안 서울에서 부유층 노인들과 유흥업소에서 일하는 여성들을 포함하여 20명이나 연쇄적으로 살해한 '유영철'의 범죄행각으로 전 국민이 충격을 받는다. 살해된 유흥업소 여성들의 경우에는 시신이 잔혹하게 훼손되기도 한다. 보복이나 금품탈취가 아니라 피해자의 고통에 대한 공감은 사라진 채 오로지 살인을 목적으로만 저질러진 사이코패스 성향의 연쇄살인이 발생한 것이다. 비슷한 시기인 2004년 1월부터 2006년 4월까지 서울 서남부 지역을 중심으로 13명을 살해한 '정남규'도 많은 사람들에게 충격을 안겨주었다. 서민들의 주택이 밀집된 좁고 구불구불한 골목이나 문이 열린 집에 침입하여 살인과 성폭행을 저지르던 그는 방화 후에 죽어가는 사람들을 바라보며 희열을 느끼는 엽기적 범죄자였다. 미수에 그친 살인사건까지 포함하면 훨씬 더 많은 범죄를 저지른 그는 사형이 확정된 후 2년 반 만에 교도소에서 자살을 선택한다. 또한 생명복제기술을 통해 배아 줄기세포의 배양에 성공했다는 서울대학교 교수 황우석의 2004년 과학저널《사이언스》게재 논문이 조작되었다는 보도가 사실로 확인되면서 희대의 사기극으로 시끄러웠던 2006년, 그해 9월부터 여성들이 실종되는 사건이 연달아 발생한다. 마침내 2008년 12월 여덟 번째 여성이 실종된 뒤 현금인출기를 이용하던 범인이 체포된다. 그는 여성들을 성폭행한 뒤 살해하였으며 그 전에 네 번째 부인과 장모를 화재사고를 위장하여 살해한 또 다른 사이코패스 '강호순'이었다. 헌법은 **범죄피해자의 구조청구권을 헌법적 권리로 보장**하고 있다(제30조). 이 권리는 타인의 범죄로 생명이나 건강에 피해를 입은 피해자에게 국가를 상대로 구조금을 청구할 수 있는 권리를 의미한다. 범죄에 대한 국가의 책임을 근거로 인정되는 이와 같은 권리를 적극적으로 실현함으로써 오로지 살인목적만 가진 범죄의 예방과 함께 억울하게 희생된 무고한 범죄피해자의 보호를 강화할 필요가 있다.

2004년 12월 울산에 사는 15살 여중생을 밀양의 고등학생 40여 명이 1년 가까이 집단으로 성폭행한 사건이 언론에 보도되면서 시민들을 분노하게 만들었다. 일부 언론은 피해자의 실명을 공개했으며 경찰은 피해자를 가해자 앞에 세워놓고 범인을 지목하게 했을 뿐만 아니라 면전에서 피해자를 비난하고 다른 사람들에게 피해자의 실명을 거론하며 모욕하기까지 했다. 가해학생들 가운데 단 10명만 기소가 되었지만 그마저 단 한 명도 형사처벌은 받지 않은 채 소년부로 송치되었다. 합의금을 받은 피해자 부친이 친딸인 피해자에게 합의서 작성을 강요했기 때문이다. 사건이 발생한 지 20년이 지난 2024년 밀양사건 **가해자들의 신상을 공개하는 사적 제재**로 다시 한 번 이 사건은 주목을 받는다. 동영상 플랫폼 유튜브(Youtube)에 가해자 신상을 공개한 유튜버들은 검찰의 수사대상이 된다. 신상이 공개된 가해자의 경우에도 명예훼손이 될 수 있지만 피해자에게는 2차 피해가 될 수 있기 때문이다. 헌법적 정의의 관점에서 범죄에 대한 국가의 공적 제재는 일종의 공정한 응징으로서 허용되지만 불공정한 보복이 될 수 있는 사적 제재는 금지한다.

VI 이명박 정부

국보 제1호 숭례문이 방화로 소실되었던 **2008년 2월에 이명박 정부가 출범**한다. 그해 정월부터 경기도 이천에 위치한 냉동물류창고에서 용접공사 중 불씨가 튀어 화재가 발생하면서 하청업체 노동자 40명이 사망했다. 경제성장에 대한 국민의 기대를 안고 건설회사 최고경영자 출신으

제17대 대통령선거(2007) **후보자별 득표 현황** (단위: 명)

정동영 (대통합민주신당)	이명박 (한나라당)	권영길 (민주노동당)	이인제 (민주당)	문국현 (창조한국당)
6,174,681 (26.14%)	11,492,389 (48.67%)	712,121 (3.01%)	160,708 (0.68%)	1,375,498 (5.82%)
정근모 (참주인연합)	**허경영 (경제공화당)**	**전관 (새시대참사람연합)**	**금민 (한국사회당)**	**이회창 (무소속)**
15,380 (0.06%)	96,756 (0.40%)	7,161 (0.03%)	18,223 (0.07%)	3,559,963 (15.07%)
선거인수 37,653,518	투표수 (투표율) 23,732,854 (63.0%)	기권수 13,920,664		

로 국회의원과 서울시장을 지낸 대통령이 선출되었지만 잦은 화재사고로 흉흉한 분위기에서 임기가 시작된 것이다. 자신의 입지전적 성공이 신화로 불리는 것이 마땅찮았던 그는 1992년 27년 동안 몸담았던 현대그룹을 퇴사하고 정치에 입문하여 전국구 국회의원으로 당선된 뒤 다음 국회의원선거(제15대)에서는 서울 종로 지역구에서 당선되었다. 1964년 대학생들의 한일회담 반대시위 때 주동자로 구속되어 재판을 받으면서 서대문형무소에 수감되어 있을 때 학생운동을 직업으로 삼아 정치인이 되기 위한 경력쌓기로 이용하지 않기로 결심했던 그가 1965년 현대건설에 입사하여 경제인으로 경력을 쌓은 뒤 정치인이 된 것이다. 〈공직선거법〉 위반으로 2심에서도 국회의원직이 상실되는 형벌을 선고받은 뒤 국회의원직을 사퇴하고, 서울시장후보 경선에 참여했으나 실패하자 미국으로 건너가 체류하다가 귀국하여 금융회사를 설립한다. 2002년 지방선거에서 다시 출마하여 서울시장으로 선출되었고, 2007년 대통령선거에서 당선되었다. 임기 시작과 거의 동시에 실시된 **2008년 4월 국회의원선거**(제18대)는 50퍼센트에도 미치지 못하는 역대 최저 투표율을 나타내면

제18대 국회의원선거(2008) **정당별 당선인수 현황** (단위: 명)

	통합 민주당	한나라당	자유 선진당	민주 노동당	창조 한국당	친박연대	무소속	합계
지역구	66	131	14	2	1	6	25	245명
전국구	15	22	4	3	2	8	0	54명
합계	81	153	18	5	3	14	25	299명
선거인수 37,796,035명			투표자수 17,415,920명			투표율 46.1%		

서 여당인 한나라당의 승리로 끝난다(위 참조). 2007년 8월 노선투쟁 과정에서 열린우리당을 탈당한 김근태, 김한길, 정동영 등과 한나라당을 탈당한 손학규를 중심으로 창당된 대통합민주신당은 결국 열린우리당과 합당하여 통합민주당이 창당되지만(새천년민주당 → 열린우리당 → 대통합민주신당 → 통합민주당) 2008년 국회의원 총선거에서 통합민주당은 개헌저지선에도 미치지 못하는 초라한 성적을 거둔다. 같은 해 7월에는 금강산을 방문했던 한 여성이 통제구역을 넘어 해안가로 나갔다가 북한군의 총격에 맞아 숨지면서 남북관계가 급속도로 냉각된다. 결국 금강산관광과 개성관광이 차례로 중단된다. 검찰의 의도된 무리한 수사를 받던 직전 대통령 노무현이 2009년 5월 투신하여 스스로 목숨을 끊는다. 3개월 후에는 전직 대통령 김대중도 별세한다.

1 광우병 파동과 촛불집회와 민간인사찰

임기 시작 3개월 째가 되는 2008년 5월부터 광우병 소고기 수입을 우려한 **미국산 소고기 수입반대운동**의 일환으로 대규모 촛불집회가 진행된다. 촛불시위는 1992년 경기도 동두천에서 미군 병사에 의하여 한국인 여성이 살해되고, 2002년 경기도 양주에서 미군 전차에 치여 좁은 도로의 갓길을 걷던 2명의 여중생이 사망했을 때 이에 항의하는 시민들의 시위방식으로 등장하였는데 점차 전형적인 평화적 시민항쟁의 방식으로 자리를 잡아가고 있었다. 이명박 정부는 시민들이 광우병 괴담에 의해 선동을 당했다고 주장했다. 그렇지만 실제로 2003년 미국에서 광우병 증세를 보이는 소가 발견되자 한국 정부는 사실상 미국산 소고기 수입을 전면 금지시켰다. 미국의 압력으로 2006년 광우병 위험으로부터 안전하다고 판단되는 일정한 월령(30개월) 미만인 어린 소의 살코기만 수입을 재개시켰다. 하지만 살코기에 뼈가 섞이는 미국의 도축방식이 문제가 되면서 미국산 소고기를 전량 반송시키자 오히려 미국 정부는 조건 없는 미국산 소고기 수입을 요구해오고 있었다. 마침내 2008년 이명박 정부가 들어서면서 4월에 실시된 국회의원선거 직후 대통령의 미국 방문을 앞둔 미묘한 시점에 **미국 측 요구가 수용된 한미소고기협상이 타결**되어 소고기 수입요건이 완화된다. 시민들의 미국산 소고기 수입반대 촛불집회는 국민의 건강을 담보로 하는 정부의 불투명하고 굴욕적인 자세에 대한 비판을 담고 있었다. 국민의 저항에 밀려 정부는 미국산 소고기 협상을 재개하여 30개월 미만의 소만 수입하기로 합의하지만 한국소비자들의 미국산 소고기에 대한 신뢰가 회복될 때까지로 한정한다는 조건을 달았다.

건강과 생명은 헌법이 최고가치인 인간의 존엄성을 실현하기 위하여 보장하는 핵심적 권리의 대상이고, 국가는 이러한 건강과 생명에 관한 국민의 권리를 유해한 음식으로부터 보호해야 할 의무를 부담한다. 또한 **집회와 시위도 헌법이 인간존엄성의 실현을 위하여 보장하는 중요한 권리**이기 때문에 국가는 이를 침해하지 않아야 하는데 이명박 정부는 정부정책에 반대하는 의사를 표현하기 위한 집회와 시위를 적대시하고 탄압하기 시작한다. 경찰은 시위가 시작된 지 한 달쯤 되는 6월 10일 시위를 사전에 차단한다는 목적으로 촛불시위의 중심이던 서울 광화문광장에 컨테이너를 2층으로 쌓아 올려 길게 연결한 바리케이드를 설치한다. 여론의 비판에 밀려 시민들이 '명박산성'으로 지칭했던 바리케이드를 철거한 경찰은 청와대까지 행진을 시도하는 시위대에 대해서 물대포와 경찰봉을 사용하여 강경하게 진압한다.

이때부터 시민에 대한 항시적 감시를 의미하는 민간인사찰이 자행되었다. 2010년과 2012년 검찰수사를 통해 **국무총리실 산하 공직윤리지원관실에서 2008년부터 불법적으로 민간인을 사찰**했으며 그 배후에는 청와대가 있었음이 밝혀진다. 사건의 실체는 불법사찰을 받은 뒤 자신이 설립한 중소기업체 대표이사직에서 물러난 한 기업인의 문제제기로 드러나기 시작했다. 그는 대통령을 비판한 동영상을 개인 블로그에 올렸다가 민간인임에도 공직자를 감찰하는 공직윤리지원관실에 의해 법인카드 사용내용에 대한 추적 등 불법적인 사찰을 받았다. 또한 공직윤리지원관실의 수사의뢰에 따라 경찰의 수사도 받았으며 결국 공직윤리지원관실의 외압을 받은 원청회사의 종용으로 기업체를 박탈당한다. 사찰을 실행한 인물은 공직윤리지원관 이인규였는데 2010년 수사에서는 사찰의 배후가 밝혀지지 않은 채 그를 포함한 세 명이 기소됨으로써 사건은 마무리되었다. 새로운 의혹의 제기로 시작된 2012년 수사에서 대통령실 비서관을 지낸 뒤 차관급인 국무총리실 국무차장으로 임명된 박영준과 대통령실 고용노사비서관인 이영호가 사찰임무를 수행한 비선라인의 핵심인물이었음이 밝혀진다. 그들은 2010년 검찰수사를 앞두고 사건을 은폐하기 위하여 고용노동비서관실 행정관을 시켜 공직윤리지원관실 직원에게 사찰기록이 남아 있는 컴퓨터 하드디스크를 영구적으로 손상시키도록 증거인멸을 지시했으며[1] 민정수석실을 통해 해당 직원에게 수천만 원의 대가를 지급했다. 2019년에 활동한 법무부 산하 '검찰과거사위원회'는 당시 검찰이 사건을 축소하여 수사했다는 사실을 밝혀낸다. 헌법적 정의를 구체화하는 헌법적 권리로서 '감시받지 않을 권리'가 모든 시민에게 보장된다는 점에서 민간인에 대한 불법사찰은 헌법적 정의를 파괴하는 행위이며 감시로 인한 시민의 고통에 공감하지 못하면서 정권에 충성하는 공무원들에 의해 저질러진 국가폭력에 해당한다.

2 4대강 사업

건설회사 사장 출신답게 대통령 이명박은 환경단체의 격렬한 반대에도 4대강 개발사업을 밀어붙인다. 수자원을 보호하고 수해를 방지한다는 목적에서 남한의 대표적 하천인 한강, 낙동강, 금강, 영산강 유역을 정비하는 사업이 추진된 것이다. 네 개의 강에 강물을 가두는 16개(한강 3개, 낙동강 8개, 금강 3개, 영산강 2개)의 보를 설치하고, 하천을 준설하면서 직선화하는 직강화(直江化) 공사가 대략 **22조 원을 들여 2009년 7월부터 시작하여 2011년 10월까지 진행**되었다. 둑을 쌓고 보를 설치하여 물을 가두면 홍수와 가뭄에 대비할 수 있다고 홍보했지만 보를 설치한 뒤 시간이 지나면서 흐르지 못한 채 고인 강물에는 녹조가 발생하여 물고기들이 집단폐사(떼죽음)를 당하고 생태계가 파괴되었다. 식수와 농업용수로 사용되던 하천의 물은 독성물질인 마이크로시스틴을 포함한 녹조로 오염되어 갔다. 자연습지를 없애고 인공습지를 만들자 그동안 습지에 머물던 생물들도 사라졌다. 보가 설치되어 호수로 변한 하천은 상시적으로 수

---

1 대법원 2013년 9월 12일 선고 2013도6570 판결 참조.

증기를 발생시켜 농민들에게 피해를 주기도 했다. 이명박은 대통령선거 후보 시절 한강과 낙동강을 연결하여 5백 킬로미터가 넘는 뱃길을 만들고 대형화물선박을 띄우는 '한반도 대운하 사업'을 공약으로 내걸었다. 하지만 국민의 반대로 무산되었는데 총사업비의 절반이나 투자된 낙동강을 6미터 깊이로 준설하고 직선으로 만드는 직강화를 하도록 지시한 것은 사실상 명칭만 바꾼 채 대운하 사업을 염두에 둔 것으로 추정된다.

해가 갈수록 준설된 하천의 밑바닥은 다시 모래가 쌓여 올라왔고, 하천의 직강화는 홍수가 발생했을 때 유속을 증가시켜 하천을 범람시키는 원인이 되었다. 홍수 때 생기는 하천의 범람은 대체로 본류가 아니라 지류나 지천에서 발생한다는 점에서 애초에 본류인 4대강을 정비하는 사업은 홍수피해에 대비한다는 목적에 맞지 않았다고 전문가들은 지적한다. 하천 본류의 범람도 주로 제방공사의 부실로 인한 제방붕괴가 원인이 되기 때문에 홍수에 대비하려면 차라리 제방공사를 정상적으로 시행하면 될 일이었다. 나중에 문재인 정부는 보를 철거(해체)하거나 보의 문을 상시적으로 개방하는 결정을 내린다. 하지만 보의 설치로 높아진 수위에 맞추어 설치된 취수장과 양수장이 보를 개방할 경우에 수위가 낮아지면서 사용할 수 없는 문제점이 확인되었다. 보의 개방을 위해서는 먼저 취수장이나 양수장에 설치된 취수구의 수리가 필요한 이유가 여기에 있다. **안전과 환경은 모두 포기할 수 없는 헌법적 가치**다. 홍수와 같은 자연재난으로부터의 안전을 지키면서도 환경이나 생태계를 파괴하지 않는 대안을 찾아야 하는 이유가 여기에 있다. 이명박 정부가 추진한 4대강 사업은 재난안전에 실질적으로 유용하지도 않으면서 환경과 생태계만 파괴하지만 건설사업자들에게 막대한 이익을 가져다준 국책사업으로 평가받고 있다.

3 용산참사와 파업진압

2009년 1월 용산참사가 발생한다. 서울 용산에서 재개발사업 보상 문제를 둘러싸고 불만을 가진 상가세입자들을 중심으로 하는 철거민들이 4층짜리 상가 건물 옥상을 점거한 채 망루를 설치하고 농성을 벌인다. 경찰은 컨테이너에 경찰특공대를 태운 뒤 줄을 달아 크레인으로 들어올려 강경진압에 나선다. 철거민의 농성 시작 하루 만에 경찰특공대를 투입시키는 것은 매우 이례적인 일이었다. 경찰투입이 예상되자 농성자들은 건물 곳곳에 유류(액체) 인화물질을 뿌렸고, 경찰투입과정에서 컨테이너에 부딪힌 망루가 무너지면서도 망루에 쌓아 놓은 유류 인화물질이 쏟아져 흘러내렸다. 진압과정에서 옥상 위에 4층으로 만들어진 망루 안에서 화재가 발생하여 시민 다섯 명과 경찰관 한 명이 사망한다. 경찰은 불법시위에 대한 신속한 강경진압이 불가피하였으며 농성자가 던진 화염병으로 화재가 발생했다고 주장하고, 농성자들은 경찰의 과잉진압과정에서 이루어진 망루해체작업에서 발생한 불꽃이 화재의 원인이었다고 주장하였다. 재개발사업의 목적으로 세입자의 권리가 희생될 수 있는지, 철거민의 시위를 신속하고 강경하게 진압해야 할 긴급한 필요성이 존재했는지, 철거용역업체의 불법행위에 대해서는 방관하면서 철거민의 불법행위만을 주목한 경찰의 태도는 정당한 것인지 등에 대한 의문을 제기하는 참사였다. 경찰의 과잉진압으로 인한 참사에 항의하는 시위에 이어 5월 전직 대통령 노무현의 갑작스러운 죽음을 애도하는 물결이 전국을 뒤덮었다.

신종플루까지 유행하기 시작하던 그해 **5월, 경기도 평택에 위치한 쌍용자동차 노동조합**은 법정관리를 신청한 회사의 구조조정에 항의하며 파업에 들어간다. 고용된 전체 노동자 가운데 무려 40퍼센트에 가까운 인원이 정리해고 대상에 올랐으며 이 가운데 희망퇴직자를 제외하고 최종적으로 1천 명에 이르는 인원이 정리해고 대상에 포함되었기 때문이었다. 2005년 쌍용자동차를 인수한 중국계 기업 상하이자동차가 몇 년 동안 기술이전계약을 통한 기술유출을 반복하다가 노동조합의 반대에 부딪힌다. 결국 상하이자동차는 회사를 매각하기 위한 목적으로 2009년 1월 법정관리를 신청하며 경영상 위기에 따른 구조조정을 주장한 것이다. 쌍용자동차의 자산가치를 의도적으로 폭락시켜 부채비율을 높임으로써 부실기업으로 만든 뒤 회사매각을 위해서는 대규모의 구조조정이 필요하다는 취지였다. 노동조합은 임금삭감, 근로시간단축을 통한 일자리 나누기 등을 제안하며 회사 측의 정리해고에 반대했지만 회사측은 이를 받아들이지 않았다. 오히려 회사 측 직원들을 동원하여 노동조합과 물리적 충돌을 유발시킨다. 공권력의 개입을 정당화하기 위한 전초작업의 일환이었다.

본격적인 여름에 들어선 8월에 접어들면서 두 달 넘게 계속된 파업을 진압하던 경찰은 대테러업무를 담당하는 경찰특공대를 동원하면서 크레인(기중기), 컨테이너, 테이저건, 헬기 등을 사용하여 **무자비할 정도로 강경하게 진압**한다. 경찰청장의 지시를 무시한 채 청와대와 교감하며 강경진압을 지시한 경기도지방경찰청장 조현오는 이명박 정부에서 서울지방경찰청장을 거쳐 경찰청장에 임명되며 승승장구한다. 그는 서울지방경찰청장과 경찰청장 시절 경찰을 동원해 편파적인 댓글을 달도록 지시하는 여론공작으로 나중에 직권남용 혐의로 기소되어 유죄판결을 받은 인물이다. 이미 7월부터 봉쇄된 공장에는 단수, 단전, 의약품공급 및 의료진진입 차단 조치가 이루어졌다. 끝까지 파업에 남았던 47명은 해고되었다. 회사 측은 노동조합을 상대로 법원에 손해배상을 청구한다. 법원은 1심에서 노조 측에 46억여 원의 손해배상을 판결한다. 여기서 파업으로 인한 손해배상청구소송에서 감당할 수 없을 정도의 과도한 배상금을 축소하기 위한 노란봉투법 논의가 시작된다. 국가도 진압과정에서 발생한 피해에 대해서 노동조합을 상대로 손해배상을 청구한다. 2022년 대법원은 진압과정에서 국가의 불법행위를 확인하면서 노동조합의 행위가 정당행위로 인정된다며 원심판결을 파기하고 환송하는 판결을 내렸다.

2018년 8월 '경찰청 인권침해사건 진상조사위원회'는 쌍용자동차 파업에 대한 경찰의 강경진압은 대통령 이명박의 최종승인을 받아 진행된 것으로 발표하였다. 해고된 노동자들은 사측의 해고가 불법이라며 법원에 취소소송을 제기한다. 2014년 11월 최종적으로 대법원에서 회사의 정리해고가 합법적이라는 판결이 나온다. 2020년 5월 마지막으로 남은 해고자 35명이 복직되었다. 파업과 해고, 복직에 이르는 과정에서 해고노동자와 그 가족 30명이 질병으로 사망하거나 극단적 선택을 하였다. **'해고는 살인'이라는 노동조합의 주장**이 불행하게도 현실이 되었다. 2009년 여름부터 본격화된 신종플루 감염은 11월부터 사망자가 늘어나며 심각한 단계에 들어선다. 노동자의 파업에 대해서는 신속하게 경찰력을 총동원하면서도 다음 해까지 3백 명 가까이 사망에 이르게 함으로써 국민의 생명을 위협하는 감염병에 대해서는 백신과 치료제 확보에 늦장을 부리는 등 안일하게 대처하는 정부의 이중성을 보여주었다. 시민의 고통에 공감하지 못하는 정부의 전형적인 행동패턴이다.

2010년 12월부터는 부산 영도에 위치한 한진중공업에서도 이른바 '희망퇴직'이라는 이름의 정리해고에 반대하는 노동자들의 파업이 시작된다. 노동조합 지도부는 조선소 타워크레인에 올라가 고공시위를 벌이기도 했다. 1981년 한진중공업에 용접공으로 취업한 뒤 노동운동을 하다가 입사 6년 만에 해고된 뒤 수배, 체포, 고문, 수감을 반복하던 김진숙도 한진중공업의 해고노동자이자 부산노동조합연합의 일원으로 1년 가까이 고공시위에 동참했다. 시민들과 노동운동가들은 전국적으로 '희망버스'를 조직하여 한진중공업 파업현장을 방문한 뒤 촛불집회로 파업을 응원했다. 이미 2003년에도 정리해고에 항의하면서 크레인에 올라가 고공시위를 벌이던 한진중공업 노동조합위원장 김주익이 스스로 목숨을 끊은 적이 있었지만 다행히도 김진숙은 살아서 내려왔다. 나중에 그녀는 2020년 12월부터 34일 동안 해고노동자 복직을 요구하며 부산에서 서울 청와대까지 대략 450킬로미터를 도보로 행진하기도 했다. 이미 퇴직연령을 넘어 예순두 살이 되던 2022년이 되어서야 비로소 그녀는 명예복직과 동시에 퇴직했다. 한진중공업의 경우에도 법원에 손해배상청구소송이 제기되었고, 2014년 1월 1심에서 노동조합에 60억 원에 가까운 손해배상금을 명령하는 판결이 내려졌다. 기업의 손해배상청구권이 노동조합의 노동3권을 심각하게 제약할 수 있다는 사실을 다시 한번 명확하게 보여주었다.

불법파업으로 인한 손해배상청구소송의 경우에 손해발생에 직접적으로 영향을 미친 노동자에게만 개별적으로 손해배상책임을 부과할 필요가 있다. 특히 노동자의 신원보증인에게 손해배상에 관한 연대책임을 부과하는 것은 문제가 있다. 손해배상금액의 경우에도 노동조합의 존속이나 활동에 치명적 결과를 초래하는 정도에 이른다면 노동3권을 헌법적 권리로 보장한 헌법의 정신에 비추어 그 금액을 축소할 필요도 있다. 더불어 노동조합을 결성할 수 있는 근로자의 개념도 근로계약이나 임금이라는 형식만 가지고 판단할 것이 아니라 일정한 노무를 제공하고 보수를 지급하는 계약당사자의 실질적 관계를 고려하여 보수의 명칭과 상관없이 근로자에 해당하는지 여부를 판단해야 한다. 같은 맥락에서 근로자에 상응하는 사용자의 개념도 노무를 제공하는 사람의 임금 등 근로조건을 실질적으로 지배하는지 여부에 따라 판단될 필요가 있다. 이처럼 근로자와 사용자의 개념을 확대하고 파업으로 인한 손해배상금액을 축소하는 것이 헌법이 보장하는 노동3권(단체결성권, 단체협상권, 노동쟁의권)을 실현하는 방안이 될 수 있다. 노동3권도 헌법적 정의를 구현하는 헌법적 권리에 해당한다는 점을 기억할 필요가 있다.

4 남북관계의 긴장고조와 일본원전의 방사능유출

전국동시지방선거가 실시되었던 **2010년, 천안함 피격사건**과 연평도 포격전이 발생한다. 먼저 3월에 북방한계선(NLL) 부근 백령도 근처에서 경계임무 수행 중이던 88미터 길이의 1천2백 톤급 초계함(정찰목적의 고속군함) 천안함이 침몰한다. 이 사고로 해군 승조원 104명 중 절반에 가까운 46명이 구조되지 못한 채 익사로 사망한다. 함미는 사고 지점 부근에서 곧바로 침몰하였고, 함수는 그로부터 6킬로미터 정도 떨어진 장소에서 침몰하였다. 정부는 민군합동조사단을 설치하여 진상규명을 실시하였는데 이 조사단은 4월 말에 인양된 선체에 대한 조사를 거친 뒤 5월 중순경에 북한산으로 추정되는 어뢰추진체(1번 어뢰)가 발견되면서 북한어뢰에 의한 비접촉 폭침으로 결과를 발표한다. 암초에 의한 좌초나 잠수함에 의한 충돌 등 수많은 의혹과 가설에도 불구하고 북한잠수함에 의해 발사된 것으로 추정되는 어뢰가 함정 아래 해저에서 폭발하면서 발생하는 버블제트(수중폭발로 인한 충격파)로 함수와 함미가 두 동강으로 나뉘었다는 것이다. 그렇지만 수심이 얕은 장소에서 굳이 초계함이 운항해야만 했던 이유, 어뢰를 발사한 북한잠수함이 발각되지 않은 채 사고지역까지 침투할 수 있는지 여부, 버블제트에 의한 침몰인 경우 통상적으로 발생하는 거대한 물기둥이 명확하게 확인되지 않은 이유, 어뢰추진체의 프로펠러가 휘어진 이유와 거기에서 발견된 흡착물질이 천안함이 폭발하면서 발생시킨 물질과 일치하는지 여부, 침몰된 함미에서 즉각적으로 병사들을 구조하지 못한 이유 등에 대해서 지속적으로 논란이 일었다. 사고 초기에 함장이 북한군 어뢰의 공격으로 보고했음에도 즉각적 대응을 하지 않은 지휘부의 결정에 대해서도 비판이 제기된다.

그해 11월에 포격전이 벌어진 **연평도 해상은 이미 1999년과 2002년에 두 차례에 걸쳐 남북 간 해전**이 발생한 곳이다. 1998년 김대중 정부가 출범하면서 햇볕정책을 기본으로 하는 대북정책을 추진하면서 남북 간 화해분위가 조성되고 있는 상황에서 벌어진 충격적인 사건이었다. 두 차례 모두 북한해군이 북방한계선을 침범하여 전투가 벌어졌다. 1953년 휴전(정전) 당시 유엔군이 점령한 북한지역 섬들을 북한에 돌려주면서 설정한 북방한계선을 북한은 남북한의 해상경계선으로 인정하지 않는다. 제2차 연평해전에서는 참수리호가 격침당하고 6명의 장병이 사망한다. 북한군도 13명이 사망한 것이 확인되면서 최종적으로 한국군의 승전으로 기록되고 있다. 한국전쟁의 불행한 역사를 통하여 남북의 평화는 헌법적 정의에 해당한다는 점을 확인하면서 남북관계에서 요구되는 기본원칙으로 평화주의를 헌법에 명시하기도 했다(제4조). 현실은 규범적 명제만큼 간단하지 않다는 점에서 갈등과 대결이 발생하는 남북관계의 현실을 고려하여 어떻게 평화주의 원칙을 실현하여 나갈 것인지를 고민해볼 필요가 있다.

한편 2011년 일본 북동부에서 발생한 대지진으로 일어난 쓰나미로 **후쿠시마 원자력발전소가 폭발**하여 거대한 규모의 방사능물질이 유출된다. 방사능물질이 포함된 해수의 방류는 한국을 포함한 국제사회에 치열한 논쟁거리를 제공한다. 그해 한국에서는 평창 동계올림픽이 유치되고, 북한의 지도자 김정일이 사망한다. 무상급식을 둘러싼 주민투표실시로 서울시장 오세훈이 사퇴하고 보궐선거가 실시된다. 이 선거에서

제19대 국회의원 선거(2012) **정당별 당선인수 현황** (단위: 명)

	새누리당	민주통합당	자유선진당	통합진보당	무소속	합계
지역구	127	106	3	7	3	246
전국구	25	21	2	6	0	54
합계	152	127	5	13	3	300
선거인수 40,205,055		투표자수 21,806,798		투표율 54.2%		

새정치를 주장하면서 정계에 등장한 안철수는 통합민주당 후보 박원순에게 양보하고, 국회의원직을 사퇴한 뒤 출마한 한나라당 후보 나경원과 경쟁한 박원순은 서울시장에 당선된다. 2012년 대통령 이명박의 임기 중에 두 번째 국회의원 선거(제19대)가 실시된다. 국회의원 숫자가 처음으로 3백 명이 된 이 선거에서 당명을 바꾸고 차기 대통령선거 후보인 박근혜를 당대표(비상대책위원장)로 전면에 내세운 새누리당이 과반의석을 차지한다(위 참조). 현행 헌법에 따라 처음으로 **재외국민에게도 선거권이 인정**되었다. 재외국민은 해외에 거주하지만 대한민국 국적을 가진 사람을 뜻하는데 혈연적으로 한국사람이지만 외국국적을 가진 재일동포나 재중동포(조선족), 재러동포(고려인)과 같은 재외동포와 구분된다. 특히 문제가 되는 것은 외국의 영주권을 가진 재외국민인데 아무리 외국에서 영주할 의사를 가지고 이주한 국민의 경우에도 대한민국 국적을 여전히 보유하고 있는 한 선거권을 부여하는 것은 법적으로 당연한 일이었다. 다만 현실적으로 주민등록이 말소된 경우에 선거인명부에 오를 수 없어 선거권을 행사할 수 없었는데 이 문제가 해결됨으로써 재외국민도 선거권을 행사할 있게 되었다. 헌법재판소도 주민등록을 기준으로 선거권을 인정함으로써 재외국민에게 선거권을 부여하지 않는 것은 헌법에 합치하지 않는다고 판단했다(헌재 2014. 7. 14. 2009헌마256).

5 다스와 비비케이

2007년 대통령선거 시절부터 후보자 **이명박을 둘러싼 주가조작 의혹**이 제기되었다. 의혹의 핵심은 서울 도곡동 땅을 매각한 대금으로 다스(DAS)라는 기업이 설립되었고, 다스가 투자자문회사 비비케이(BBK)에 백억 원 넘게 투자했으며, 비비케이 대표이사 김경준이 이명박과 공동으로 설립한 인터넷금융회사를 통해 인수한 상장기업(옵셔널벤처스)을 이용하여 주가조작을 했기 때문에 도곡동 땅과 다스의 실소유주로서 이명박이 주가조작에 개입하여 불법행위를 저질렀는지 여부였다. 비비케이는 주가조작과 횡령의 주범 김경준이 형식상 대표이사로 되어있었지만 이명박이 김경준과 공동으로 인터넷금융회사 엘케이이뱅크(LK eBank)를 설립했기 때문에 비비케이의 실질적 대표도 이명박이라는 의혹도 함께 제기되었다.

서울시장후보 경선에서 패배한 후 미국에 머물다가 귀국한 이명박이 2000년 금융사업을 시작하기 위하여 김경준과 설립한 인터넷금융회사가 엘케이이뱅크였고(LK는 이명박과 김경준의 이니셜로 추정), 직전에 설립된 비비케이와 같은 삼성생명 건물을 사용하고 있었다. 더욱이 이명박은 자신이 비비케이와 엘케이이뱅크의 회장(대표이사)이라는 명함을 사용하고 있었다. 2007년 12월 선거 직전 검찰은 피의자 이명박에 대해서 주가조작 개입 혐의를 인정할 수 있는 증거가 없다며 불기소처분을 한다. 이명박은 포스코(POSCO)에 매각하면서 엄청난 차액이 발생한 도곡동 땅과 다스의 실소유주가 아니며 김경준이 대표이사로 있는 비비케이와 이명박이 김경준이 공동으로 설립한 엘케이이뱅크는 별도의 회사이기 때문이라고 그 이유를 밝혔다. 대통령선거가 끝난 직후인 2008년 1월 특별검사(특검)도 유사한 수사결과를 발표했다. 이명박 정부 시절 그가 실소유자가 아니라고 주장하던 다스는 비비케이를 상대로 미국 법원에 백억 원이 넘는 투자금 반환소송을 제기하였다. 소송과정에서 국가기관인 로스앤젤레스(LA) 주재 한국총영사관이 개입되었다는 의혹이 제기되었다. 나중에 밝혀진 일이지만 수십억 원의 소송비용은 삼성이 뇌물로 제공했고, 비비케이에 삼성이 투자한 것도 이명박 때문이었던 것으로 추정된다.

2018년 검찰의 재수사를 통해 자신에 대한 의혹이 모두 음해라고 주장해던 이명박은 도곡동 땅과 다스의 주인이라는 사실이 밝혀졌을 뿐만 아니라 1백억 원이 넘는 뇌물수뢰혐의와 3백억 원을 넘는 횡령혐의로 구속된다. 그는 심지어 국정원의 특수활동비까지 받아 챙겼다. 2007년 유력한 대통령선거 후보자에게 면죄부를 주었던 검찰과 특검의 부실수사에 대해서는 살아 있는 권력에 대해서는 아부하고 죽은 권력에 대해서는 잔혹하게 덤벼드는 정치검찰의 전형적 행태라는 비판이 가해진다. 실제로 수사와 관련된 검사들은 이명박 정부에서 승승장구했다. 당시 대검찰청(대검) 차장이었던 정동기는 대통령실 민정수석비서관(민정수석)으로 임명되었고, 수사결과를 발표했던 서울중앙지방검찰청(서울중앙지검) 차장검사 김홍일은 대검 중앙수사부(중수부) 부장검사로 영전했으며, 사건을 담당했던 서울중앙지검 부장검사 최재경은 대검 중수부 부장검사를 거쳐 박근혜 정부에서 대통령실 민정수석으로 임명되었다. 특별수사팀에 파견되었던 검사 윤석열은 주지하다시피 서울중앙지검장과 검찰총장을 거쳐 대통령이 되었다. 주가조작은 헌법이 보장하는 자본주의 시장경제질서를 왜곡하는 중대한 범죄다. '사회적 시장경제질서'를 경제질서의 기본으로 채택한 현행 헌법(헌법 제119조)에 따르면 국가만이 공익적 목적(국민경제 성장과 안정의 균형성, 소득분배의 적정성, 시장지배와 독과점의 금지, 경제민주화)을 가지고 합법적인 방식으로 시장에 개입할 수 있을 뿐이다.

VII 박근혜 정부

2012년 대통령선거(제18대)에서 군사쿠데타를 일으켜 정권을 쟁취한 뒤 여러 번의 헌법개정을 통해 권력을 연장했던 **박정희의 딸 박근혜**가 당선된다. 박근혜에 대한 지지를 '박정희 향수'로 분석하기도 한다. 1998년에 실시된 대구 달성군 보궐선거에서 당선되면서 정치에 입문한 그녀는 2000년 총선거에서 재선한다. 2002년 대통령선거에서 한나라당 후보 이회창의 대선캠프가 대기업으로부터 트럭과 승합차를 이용하여 불법적으로 8백억 원이 넘는 대선자금을 후원받은 혐의로 검찰의 수사를 받으면서 한나라당은 '차떼기당'이라는 불명예를 얻는다. 그녀는 그런 한나라당 대표로 취임한 지 한 달 만에 실시된 2004년 국회의원선거(제17대)에서 취임 직후 부패정당의 이미지를 청산하기 위하여 천막당사로 이전하는 강수를 두면서 당시 대통령 노무현에 대한 탄핵소추의 역풍까지 겹쳐 고전할 것이라는 예상과 달리 한나라당이 121석이나 차지하며 선전하는 결과를 만들어낸다. 2007년 한나라당 대통령후보 경선에서는 이명박에게 석패하지만 2008년에 실시된 국회의원선거(제18대)에서는 다시 당선된다. 이명박 정부에 대한 국민의 반감이 커지면서 위기의식을 가진 한나라당의 비상대책위원장으로 선출된 박근혜는 2012년 2월 새누리당으로 당명을 바꾸면서 그해 4월 실시된 국회의원선거(제19대)에서 새누리당이 과반의석을 차지하는 성과를 냄으로써 '선거의 여왕'이라는 별명을 얻기도 한다.

2013년 박근혜 정부 출범과 동시에 대통령선거에서 국정원이 인터넷 게시판의 댓글을 조작하는 사건에 개입했다는 의혹이 제기되었다. 그해 겨울 한국철도공사가 서울 수서에서 출발하는 케이티엑스(KTX)를 운영

제18대 대통령 선거(2012) **후보자별 득표 현황** (단위: 명)

박근혜 (새누리당)	문재인 (민주통합당)	박종선 (무소속)	김소연 (무소속)	강지원 (무소속)	김순자 (무소속)
15,773,128 (51.55%)	14,692,632 (48.02%)	12,854 (0.04%)	16,687 (0.05%)	53,303 (0.17%)	46,017 (0.15%)
선거인수 40,507,842		투표수 30,721,459		투표율 75.8%	

하는 자회사를 설립하겠다는 계획을 발표하면서 파업이 진행된다. '바르게 역사를 배우지 못하면 혼이 비정상이 된다'는 대통령의 담화와 함께 이념적 시각에서 국정교과서제도가 부활한다. 특히 국정 역사교과서 집필을 주도한 뉴라이트 인사들이 역사왜곡의 전면에 등장한다. 반정부 시위 중에 경찰이 쏜 최루탄에 맞아 농민이 사망하는 사건이 발생하고, 피해자의 의견을 무시한 채 한일 위안부 합의가 발표된다. 국가안보를 목적으로 국민에 대한 감시를 정당화하는 〈테러방지법〉이 야당의 역사상 최장시간 필리버스터(무제한토론)에도 불구하고 국회를 통과한다. 북한의 핵개발을 무력화한다는 목적에서 남북평화의 상징이었던 개성공단이 폐쇄되었으며 중국의 강력한 반발을 불러일으킨 한반도 사드(THAAD) 배치 문제로 국내에서 치열한 논쟁이 벌어지고 중국의 경제보복을 당한다. 노동탄압, 이념갈등조장, 안보논리와 같은 부친의 통치스타일이 그대로 답습되었다. **2016년 4월에 실시된 국회의원선거**(제20대)에서 여당은 참패하고, 더불어민주당이 제1당이 되었으며 안철수가 창당한 '국민의당'이 약진한다.

제20대 국회의원 선거(2016) **정당별 당선인수 현황** (단위: 명)

	새누리당	더불어민주당	국민의당	정의당	무소속	합계
지역구	105	110	25	2	11	253
전국구	17	13	13	4	0	47
합계	122	123	38	6	11	300

선거인수 42,100,398	투표자수 24,430,746	투표율 58.0%

1 통합진보당 해산

2013년 11월 박근혜 정부는 '통합진보당(통진당)'에 대해서 위헌정당해산 심판을 청구한다. 통진당은 직전 국회의원선거에서 13석이나 차지하여 원내 제3당의 지위를 가진 정당이었다. 물론 통진당은 선거 직후 비례대표후보 경선과정에서 확인된 부정행위로 촉발된 당내 갈등의 결과 2012년 10월에 권영길, 노회찬, 심상정 등 8명의 국회의원이 탈당하여 '진보정의당'을 창당함으로써 정당해산청구 당시 5석으로 의석수가 줄었다. 2000년 1월 '평등하고 공정한 나라'를 꿈꾸던 노회찬을 중심으로 '민주노동당'이 창당되고, 민주노동당은 처음으로 정당명부에 의한 비례대표제가 실시된 2004년 4월 국회의원 총선거에서 10명이 당선되는 성공을 경험한다. 하지만 2007년 12월에서 실시된 대통령선거에서 민주노동당 후보 권영길이 4퍼센트에도 미치지 못하는 지지율을 얻으며 참패하면서 내부적으로 분열된 민주노동당을 탈당한 노회찬은 2008년 3월 '진보신당'을 창당한다. 2012년 4월에 실시될 국회의원 총선거를 앞두고 진보신당은 민주노동당(이정희), 국민참여당(유시민)과 합당하여 '통합진보당'을 창당하는데 통합진보당은 제19대 국회의원선거에서 지역구 7명, 비례대표 6명을 당선시킨다. 그러나 곧바로 이어진 부정선거 파동으로

8명의 국회의원이 탈당하여 '진보정의당'을 창당한 것이다. 현행 헌법은 정부에 위헌정당해산을 제소할 수 있는 권한을 부여하고 있는데(제8조 제4항) 정부의 수반은 대통령이다(제66조 제4항). 물론 형식적으로는 국무회의의 심의를 거쳐야 하지만(제89조 제14호) 실질적으로는 국무총리와 국무위원이 대통령의 보좌기관에 지나지 않는다는 점에서 대통령이 자신의 의지에 따라 위헌정당해산의 제소 여부를 결정할 수 있다는 뜻이다. 헌법이 위헌정당해산제도를 인정하는 이유는 헌법, 특히 헌법의 기본원리인 민주주의를 수호하기 위하여 민주주의에 적대적인 정당을 강제로 헌법질서 바깥으로 몰아내기 위함이다. 특정한 정당이 위헌정당으로 강제로 해산되려면 그 정당의 목적이나 활동이 '민주적 기본질서'에 위배되어야 한다. 1년여의 심리를 거쳐 **2014년 12월 헌법재판소는 통진당 해산결정**을 하고, 통진당 소속 국회의원 5명 전원은 의원직을 상실한다. 헌법이나 법률 어디에도 위헌정당해산결정으로 강제해산된 정당 소속 국회의원의 의원직 상실에 관한 규정이 없기 때문에 이와 관련된 논쟁이 벌어졌다.

통합진보당 해산결정—헌재 2014. 12. 19. 2013헌다1

1. 북한식 사회주의를 실현하고자 하는 피청구인의 목적과 활동에 내포된 중대한 위헌성, 대한민국 체제를 파괴하려는 북한과 대치하고 있는 특수한 상황, 피청구인(통합진보당) 구성원에 대한 개별적인 형사처벌로는 정당 자체의 위험성이 제거되지 않는 등 해산 결정 외에는 피청구인의 고유한 위험성을 제거할 수 있는 다른 대안이 없는 점, 그리고 민주적 기본질서의 수호와 민주주의의 다원성 보장이라는 사회적 이익이 정당해산결정으로 인한 피청구인의 정당활동의 자유에 대

한 근본적 제약이나 다원적 민주주의에 대한 일부 제한이라는 불이익에 비하여 월등히 크고 중요하다는 점을 고려하면, 피청구인에 대한 해산결정은 **민주적 기본질서에 가해지는 위험성을 실효적으로 제거하기 위한 부득이한 해법**으로서 비례원칙에 위배되지 아니한다.

2. 헌법재판소의 해산결정으로 정당이 해산되는 경우에 그 정당 소속 국회의원이 의원직을 상실하는지에 대하여 명문의 규정은 없으나, 정당해산심판제도의 본질은 민주적 기본질서에 위배되는 정당을 정치적 의사형성과정에서 배제함으로써 국민을 보호하는 데에 있는데 해산정당 소속 국회의원의 의원직을 상실시키지 않는 경우 정당해산결정의 실효성을 확보할 수 없게 되므로, 이러한 정당해산제도의 취지 등에 비추어 볼 때 **헌법재판소의 정당해산결정이 있는 경우 그 정당 소속 국회의원의 의원직은 당선 방식을 불문하고 모두 상실**되어야 한다.

2 세월호 참사와 군대 내 가혹행위

2012년 대통령선거 출마를 선언한 뒤 야권후보 단일화를 위하여 '통합민주당' 후보 문재인에게 양보하고 2013년 실시된 국회의원 보궐선거에서 무소속으로 당선된 안철수는 창당을 준비한다. 그는 정당명칭을 '새정치연합'으로 정하고 창당을 진행하는 과정에서 2014년 3월 통합민주당과 통합하면서 '새정치민주연합'을 창당하여 공동대표가 된다. 그해 **2014년 4월 16일 세월호 참사**가 발생한다. 제주도로 수학여행을 떠난 수백 명의 고등학생이 탑승한 선박(세월호)이 침몰하여 대규모의 인원이 희생되었다. 헌법적 권리로서 '안전권'이 보장되어야 한다는 논의가 다시 힘을 얻는다. 안전권은 단순히 안전하지 않은 주변환경으로부터 소극적으로 자유로울 권리를 넘어 안전한 주변환경을 만들기 위하여 적극적으로 예방하고 대응하며 구제하는 권리를 의미한다. **2015년 5월 중동에서 발원한 메르스**(중동호흡기증후군) 감염병 확산으로 수십 명이 사망하여 감염병과 같은 재난으로부터 안전할 권리에 대한 관심이 다시금 커진다. 대형참사의 발생과 감염병의 확산으로 안전권을 헌법적 권리로 인정하여 국가에 대해서 안전에 관한 책무를 부과할 필요성이 생긴 것이다. 특정한 시기에 헌법적 정의를 구현하는 시대정신에 따라 요구되는 권리는 헌법적 권리로 보장될 필요가 있기 때문이다.

세월호참사가 발생했던 2014년 4월, 경기도 연천에 위치한 육군 제28사단 소속 일병 윤승주(윤 일병)가 선임병사들에게 비인간적인 가혹행위를 당하여 사망한다. 한편 같은 해 6월 강원도 고성에 위치한 육군 제22사단 소속 병장 임도빈(임 병장)이 장병들에게 수류탄을 던지고 총기를 난사하여 5명을 사살한 뒤 탈영한다. 탈영 사흘째가 되던 날 임 병장은 소총으로 스스로 목숨을 끊으려 했으나 부상을 입고 생포되어 재판을 받고 사형선고를 받는다. **윤 일병 사건과 임 병장 사건의 공통점은 군대 내 가혹행위**가 원인이 되었다는 점이다. 두 사람 가운데 한 사람은 가혹행위를 참다가 사망했고, 다른 한 사람은 가혹행위를 참지 못해 사형을 당했다는 점에서 차이가 있을 뿐이다. 윤 일병은 잔혹하게 구타를 당하고 성추행까지 당했다. 임 병장은 선임병과 후임병 모두로부터 괴롭힘과 따돌림을 당했다. 군인은 단지 제복을 입은 시민(citizens in uniform)에 지나지 않는다. 따라서 모든 시민에게 인정되어야 하는 인간존엄성은 당연히 군인에게도 인정되어야 한다. 다른 시민들처럼 군인에게도 인간존엄성을 인정하는 것이야말로 타인의 고통에 대한 공감능력에 기초하는 헌법적 정의의 요청에 속한다.

헌법은 모든 국민에게 '국방의 의무'를 부과하고 있지만(헌법 제38조 제1항) 실제로 병역의무는 오로지 남성에게만 부여된다. 헌법재판소는 남성에게만 병역의무를 부과하는 것은 헌법이 보장하는 평등권을 침해하지 않는다고 본다(아래 참조). 남성에게만 병역의무를 부과하는 것이 평등권을 침해하는지 여부에 대해서는 여전히 논란이 되고 있다. 병역의무와 관련하여 남성과 여성이 차등적 대우를 받을 만큼 본질적 차이가 있는 상이한 집단인지, 두 집단이 본질적 차이가 없는 동일한 집단이라면 남성에게만 병역의무를 부과하는 것에 대해서 이를 정당화할 수 있는 합리적 이유가 제시될 수 있는지 아직도 의문이 제기되기 때문이다. 게다가 군인은 군대 내 구타 등 가혹행위로 사망한 경우에 국가배상청구가 불가능하다. 헌법은 원칙적으로 공무원의 직무상 불법행위로 피해를 입은 국민에게 국가배상청구권을 보장하면서도 군인이나 경찰은 국가배상청구권의 주체에서 배제하고 있기 때문이다(헌법 제29조). 결국 군대 내 가혹행위에서 국가는 빠지고, 가혹행위의 당사자인 가해자와 피해자의 사적 관계에서 손해배상문제가 해결될 수밖에 없다. 병역의무에서도 차별받는 남성군인은 국가배상청구권에서도 차별을 당하고 있다. 차별은 헌법적 정의와 정면으로 부딪힌다는 점에서 군인을 국가배상청구권의 주체에서 배제하는 규정은 반드시 재고되어야 한다.

남성에 한정된 병역의무 부과—헌재 2023. 9. 26. 2019헌마423

국방의 의무를 부담하는 국민 중 병역의무의 범위를 정하는 문제는, 국가의 안보상황·재정능력을 고려하여 급변하는 국내외 정세에 탄력적으로 대응하면서 국군이 최적의 전투력을 유지할 수 있도록 합목적적으로 정해야 할 사항이므로, 헌법재판소로서는 제반사정을 고려하여 법률로 국방의 의무를 구체적으로 형성해야 하는 국회의 광범위한 입법재량을 존중할 필요성이 크다. 이와 함께, 일반적으로 집단으로서의 남성과 여성은 서로 다른 신체적 능력을 보유하는 점, 보충역과 전시근로역도 혹시라도 발생할 수 있는 국가비상사태에 즉시 전력으로 편입될 수 있는 예비적 전력인 점, 비교법적으로 보아도 징병제가 존재하는 70여 개 나라 중에서 여성에게 병역의무를 부과하는 나라는 극히 한정되어 있는 점 등을 고려할 때, 장기적으로는 출산율의 변화에 따른 병역자원 수급 등 사정을 고려하여 양성징병제의 도입 또는 모병제로의 전환에 관한 입법논의가 사회적 합의 과정을 통해 진지하게 검토되어야 할 것으로 예상되지만, 현재의 시점에서 제반 상황을 종합적으로 고려하여 기존 징병제도를 유지하고 있는 입법자의 판단이 현저히 자의적이라고 단정하기 어렵다. 사정이 이러하다면, **병역의무조항으로 인한 차별취급을 정당화할 합리적 이유**가 인정되므로, 병역의무조항은 평등권을 침해하지 아니하고, 헌법에 위반되지 아니한다.

3 살인죄 공소시효 폐지

2015년 7월에는 살인죄의 공소시효를 폐지하는 형사소송법 개정안(이른바 '태완이법')이 국회를 통과한다. 개정된 〈형사소송법〉에 따르면 '사람을 살해한 범죄로 사형에 해당하는 범죄'의 경우에는 공소시효의 적용을 배제한다(같은 법 제253조의2). 범죄가 발생했던 1999년 당시 6살에 불과했던 아동(김태완)에게 황산테러를 저질러 50일이 못 되어 사망에 이르게 한 범죄의 공소시효가 완성되어 가면서 살인죄 공소시효의 폐지가 몇 년 전부터 사회적으로 공론화되고 있었다. 살인죄의 공소시효는 이미 2007년에 기존의 15년에서 25년으로 연장되었는데 개정된 〈형사소송법〉은 이마저도 아예 폐지한 것이다. 게다가 2007년 공소시효가 연장될 때는 소급효에 관한 규정을 두지 않았다. 하지만 2015년 공소시효가 폐지될 때는 **소급효에 관한 부칙**까지 두어 개정된 〈형사소송법〉이 시행된 날까지 공소시효가 완성되지 않은 범죄의 경우에도 공소시효의 적용이 배제되었다. 소급입법은 진정소급입법과 부진정소급입법으로 구분되는데 이처럼 공소시효가 과거에 시작되었지만 아직 완성되지 않고 여전히 진행되고 있는 시점에서 공소시효를 폐지하는 입법은 부진정소급입법에 해당한다. 헌법은 기본적으로 소급입법을 금지하지만(헌법 제13조 제2항) 헌법재판소에 따르면 부진정소급입법의 경우에는 원칙적으로 이러한 소급입법금지원칙이 적용되지 않아 소급입법이 허용된다고 본다(아래 참조).

헌재 2019. 12. 27. 2015헌바45

과거의 사실관계 또는 법률관계를 규율하기 위한 소급입법의 태양에는 이미 과거에 완성된 사실·법률관계를 규율의 대상으로 하는 이른바 **진정소급입법**과 이미 과거에 시작하였으나 아직 완성되지 아니하고 진행과정에 있는 사실·법률관계를 규율의 대상으로 하는 **부진정소급입법**이 있다. 헌법 제13조 제2항이 금하고 있는 소급입법은 전자, 즉 진정소급효를 가지는 법률만을 의미하는 것으로서, 이에 반하여 후자, 즉 **부진정소급입법은 원칙적으로 허용**된다. 다만 이 경우에 있어서도 소급효를 요구하는 공익상의 사유와 신뢰보호의 요청 사이의 비교형량 과정에서, 신뢰보호의 관점이 입법자의 형성권에 제한을 가하게 된다

2001년 2월 전라남도 나주 드들강에서 발생한 여고생 살인사건의 경우에도 2015년 7월까지 15년의 공소시효가 완성되지 않았기 때문에 개정된 〈형사소송법〉에 따라 공소시효의 적용이 배제됨으로써 범인을 기소할 수 있었다. 범인은 이미 다른 범죄로 무기징역이 확정되어 수형생

활을 하고 있었는데 디엔에이(DNA)감식을 통해 등록된 범인의 디엔에이 정보가 2001년 살인사건 현장에서 채취된 디엔에이정보와 일치하여 기소되었다. 헌법은 정의의 가치와 함께 법적 안정성(질서/평화)의 가치도 강조하는데 형사법에서 정해진 공소시효는 법적 안정성의 가치를 실현하기 위한 제도다. 민사법에서 일정한 기간 동안 권리를 주장하지 않으면 권리를 박탈하는 소멸시효도 법적 안정성을 실현하기 위하여 인정된다. 공소시효제도에 따라 범죄마다 공소를 제기할 수 있는 시한을 정해서 그 시한이 지나면 검찰은 공소권이 없어져 공소를 제기할 수 없게 된다. 살인죄에 대해서 공소시효를 폐지하는 것은 법적 안정성보다 살인범죄의 피해자와 그 유족이 가지는 원한과 보복감정을 충족시키기 위한 조치로 이해된다. 사법적 보복(복수)은 피해자와 그 유족의 고통에 공감하며 그들에게 보장된 최소한의 헌법적 정의일 수도 있기 때문이다.

4 국정농단과 탄핵

박근혜는 그녀의 부친이 주도한 5·16군사쿠데타를 '구국의 혁명'으로 이해하고 있었으며 삼선개헌도 '국민의 선택'으로 생각했고 유신마저도 자주국방과 자립경제를 위한 필수적 결정으로 평가할 만큼 18년 동안의 유신군사독재를 지속시킨 아버지 박정희의 그늘을 벗어나지 못했다. 그녀를 보필하는 7명의 원로를 지칭하는 칠인회는 ① 유신정권에서 장관을 지낸 김용환, ② 보수언론사 편집국장 출신으로 노동부장관을 지낸 최병렬, ③ 스스로 군 내 사조직인 하나회 멤버임을 밝힌 군인 출신으로 국회의장을 지낸 강창희, ④ 보수언론사 편집국장을 지낸 안병훈, ⑤ 전두환 정권에서 안전기획부(안기부) 요직을 지낸 김용갑, ⑥ 중앙정보부 요직과 노태우 정부에서 법무부장관을 지냈으며 대선 승리를 위해 지역감정을 부추기는 이른바 '초원복집 사건'을 주도한 김기춘, ⑦ 검사 출신으로 전두환 정부 시절 민주정의당에 입당하여 여러 차례 국회의원에 당선되었고 민주평화통일자문회의 사무총장도 지낸 현경대로 군사독재의 어두운 그림자가 어른거리는 사람들이었다. 음습한 군사독재의 그림자는 국정농단 수사과정에서 밝혀진 문화예술계 블랙리스트 사건에서 여실히 드러난다. 2016년 7월 미국 고고도미사일방어체계(Terminal High Altitude Area Defense, THAAD, 사드)의 한반도 배치 결정으로 국민의 반대와 중국의 반발이 극심해질 무렵 대통령의 측근인 민간인이 국정을 농단하였다는 의혹이 터지면서 대통령은 여러 차례에 걸쳐 사과와 변명을 반복한다. 하지만 그해 10월 말부터 모바일과 소셜미디어(SNS)로 연대한 시민들의 자발적 참여로 시작된 촛불집회가 매주 계속되면서 대통령의 퇴진을 요구하는 수백만 명의 시민들이 참여하는 촛불혁명으로 이어진다. 대통령은 국회에 의해 탄핵소추가 되어 2017년 3월 임기를 1년 정도 남긴 시점에서 **헌법재판소의 탄핵결정으로 파면**된다. 탄핵의 법적 효과가 파면이라는 점에서(헌법 제65조 제4항) 탄핵절차는 특별한 징계절차에 해당한다. 다만 특별한 징계절차인 탄핵절차를 통해서 고위공직자를 파면하기 위해서는 해당 공직자를 파면할 만큼 중대한 법위반이 확인되어야 한다.

대통령(박근혜) 탄핵—2017. 3. 10. 2016헌나1

1. 헌법 제7조 제1항은 국민주권주의와 대의민주주의를 바탕으로 공무원을 '국민 전체에 대한 봉사자'로 규정하고 공무원의 공익실현의무를 천명하고 있고, 헌법 제69조는 대통령의 공익실현의무를 다시 한번 강조하고 있다. 대통령은 '국민

전체'에 대한 봉사자이므로 특정 정당, 자신이 속한 계급 · 종교 · 지역 · 사회단체, 자신과 친분 있는 세력의 특수한 이익 등으로부터 독립하여 국민 전체를 위하여 공정하고 균형 있게 업무를 수행할 의무가 있다. 대통령의 공익실현의무는 국가공무원법 제59조, 공직자윤리법 제2조의2 제3항, '부패방지 및 국민권익위원회의 설치와 운영에 관한 법률'(다음부터 '부패방지권익위법'이라 한다) 제2조 제4호 가목, 제7조 등 법률을 통해 구체화되고 있다.

피청구인은 최○원이 추천한 인사를 다수 공직에 임명하였고 이렇게 임명된 일부 공직자는 최○원의 이권 추구를 돕는 역할을 하였다. 피청구인은 사기업으로부터 재원을 마련하여 재단법인 미르와 재단법인 케이스포츠(다음부터 '미르'와 '케이스포츠'라고 한다)를 설립하도록 지시하였고, 대통령의 지위와 권한을 이용하여 기업들에게 출연을 요구하였다. 이어 최○원이 추천하는 사람들을 미르와 케이스포츠의 임원진이 되도록 하여 최○원이 두 재단을 실질적으로 장악할 수 있도록 해 주었다. 그 결과 최○원은 자신이 실질적으로 운영하는 주식회사플레이그라운드커뮤니케이션즈와 주식회사더블루케이(다음부터'더블루케이'라고 한다)를 통해 위 재단을 이권 창출의 수단으로 활용할 수 있었다. 피청구인은 기업에 대하여 특정인을 채용하도록 요구하고 특정 회사와 계약을 체결하도록 요청하는 등 대통령의 지위와 권한을 이용하여 사기업 경영에 관여하였다. 그 밖에도 피청구인은 스포츠클럽 개편과 같은 최○원의 이권과 관련된 정책 수립을 지시하였고, 롯데그룹으로 하여금 5대 거점 체육인재 육성사업을 위한 시설 건립과 관련하여 케이스포츠에 거액의 자금을 출연하도록 하였다.

피청구인의 이러한 일련의 행위는 최○원 등의 이익을 위해 대통령으로서의 지위와 권한을 남용한 것으로서 공정한 직무수행이라 할 수 없다. 피청구인은 헌법 제7조 제1항, 국가공무원법 제59조, 공직자윤리법 제2조의2 제3항, 부패방지권익위법 제2조 제4호 가목, 제7조를 위반하였다.

2. 피청구인은 직접 또는 경제수석비서관을 통하여 대기업 임원 등에게 미르와 케

이스포츠에 출연할 것을 요구하였다. 대통령의 재정 · 경제 분야에 대한 광범위한 권한과 영향력, 비정상적 재단 설립 과정과 운영 상황 등을 종합하여 보면, 피청구인의 요구는 임의적 협력을 기대하는 단순한 의견제시나 권고가 아니라 사실상 구속력 있는 행위라고 보아야 한다. 공권력 개입을 정당화할 수 있는 기준과 요건을 법률로 정하지 않고 대통령의 지위를 이용하여 기업으로 하여금 재단법인에 출연하도록 한 피청구인의 행위는 해당 기업의 재산권 및 기업경영의 자유를 침해한 것이다.

피청구인은 롯데그룹에 최○원의 이권 사업과 관련 있는 하남시 체육시설 건립사업 지원을 요구하였고, 안○범으로 하여금 사업 진행 상황을 수시로 점검하도록 하였다. 피청구인은 현대자동차그룹에 최○원의 지인이 경영하는 회사와 납품계약을 체결하도록 요구하였고, 주식회사 케이티에는 최○원과 관계있는 인물의 채용과 보직 변경을 요구하였다. 그 밖에도 피청구인은 기업에 스포츠팀 창단 및 더블루케이와의 계약 체결을 요구하였고, 그 과정에서 고위공직자인 안○범이나 김○을 이용하여 영향력을 행사하였다. 피청구인의 이와 같은 일련의 행위들은 기업의 임의적 협력을 기대하는 단순한 의견제시나 권고가 아니라 구속적 성격을 지닌 것으로 평가된다. 아무런 법적 근거 없이 대통령의 지위를 이용하여 기업의 사적 자치 영역에 간섭한 피청구인의 행위는 해당 기업의 재산권 및 기업경영의 자유를 침해한 것이다.

3. 피청구인의 지시와 묵인에 따라 최○원에게 많은 문건이 유출되었고, 여기에는 대통령의 일정 · 외교 · 인사 · 정책 등에 관한 내용이 포함되어 있다. 이런 정보는 대통령의 직무와 관련된 것으로, 일반에 알려질 경우 행정 목적을 해할 우려가 있고 실질적으로 비밀로 보호할 가치가 있으므로 직무상 비밀에 해당한다. 피청구인이 최○원에게 위와 같은 문건이 유출되도록 지시 또는 방치한 행위는 국가공무원법 제60조의 비밀엄수의무를 위반한 것이다.
4. 피청구인이 문화체육관광부 소속 공무원인 노○강과 진○수에 대하여 문책성

인사를 하도록 지시한 이유가 이들이 최○원의 사익 추구에 방해가 되기 때문이었다고 볼 증거가 부족하고, 피청구인이 유○룡을 면직한 이유나 대통령비서실장이 1급 공무원 6인으로부터 사직서를 제출받도록 지시한 이유도 분명하지 않다.

5. 피청구인의 청와대 문건 유출에 대한 비판 발언 등을 종합하면 피청구인이 세계일보의 정○회 문건 보도에 비판적 입장을 표명하였다고 볼 수 있으나, 이러한 입장 표명만으로 세계일보의 언론의 자유를 침해하였다고 볼 수는 없고, 조○규의 대표이사직 해임에 피청구인이 관여하였다고 인정할 증거가 부족하다.
6. 피청구인은 행정부의 수반으로서 국가가 국민의 생명과 신체의 안전 보호의무를 충실하게 이행할 수 있도록 권한을 행사하고 직책을 수행하여야 하는 의무를 부담한다. 하지만 국민의 생명이 위협받는 재난상황이 발생하였다고 하여 피청구인이 직접 구조 활동에 참여하여야 하는 등 구체적이고 특정한 행위의무까지 바로 발생한다고 보기는 어렵다. 세월호 참사에 대한 피청구인의 대응조치에 미흡하고 부적절한 면이 있었다고 하여 곧바로 피청구인이 생명권 보호의무를 위반하였다고 인정하기는 어렵다.
7. 대통령의 '직책을 성실히 수행할 의무'는 헌법적 의무에 해당하지만, '헌법을 수호해야 할 의무'와는 달리 규범적으로 그 이행이 관철될 수 있는 성격의 의무가 아니므로 원칙적으로 사법적 판단의 대상이 되기는 어렵다. 세월호 참사 당일 피청구인이 직책을 성실히 수행하였는지 여부는 그 자체로 소추사유가 될 수 없어, 탄핵심판절차의 판단대상이 되지 아니한다.
8. 피청구인은 최○원에게 공무상 비밀이 포함된 국정에 관한 문건을 전달했고, 공직자가 아닌 최○원의 의견을 비밀리에 국정 운영에 반영하였다. 피청구인의 이러한 위법행위는 피청구인이 대통령으로 취임한 때부터 3년 이상 지속되었다. 피청구인은 국민으로부터 위임받은 권한을 사적 용도로 남용하여 적극적 · 반복적으로 최○원의 사익 추구를 도와주었고, 그 과정에서 대통령의 지위를 이용하

거나 국가의 기관과 조직을 동원하였다는 점에서 법 위반의 정도가 매우 중하다. 대통령은 공무 수행을 투명하게 공개하여 국민의 평가를 받아야 한다. 그런데 피청구인은 최○원의 국정 개입을 허용하면서 이 사실을 철저히 비밀에 부쳤고, 그에 관한 의혹이 제기될 때마다 이를 부인하며 의혹 제기 행위만을 비난하였다. 따라서 권력분립원리에 따른 국회 등 헌법기관에 의한 견제나 언론 등 민간에 의한 감시 장치가 제대로 작동될 수 없었다. 이와 같은 피청구인의 일련의 행위는 대의민주제의 원리와 법치주의의 정신을 훼손한 것으로서 대통령으로서의 공익실현의무를 중대하게 위반한 것이다.

결국 피청구인의 이 사건 헌법과 법률 위배행위는 국민의 신임을 배반한 행위로서 헌법수호의 관점에서 용납될 수 없는 중대한 법 위배행위라고 보아야 한다. 그렇다면 피청구인의 법 위배행위가 헌법질서에 미치게 된 부정적 영향과 파급효과가 중대하므로, 피청구인을 파면함으로써 얻는 헌법수호의 이익이 대통령 파면에 따르는 국가적 손실을 압도할 정도로 크다고 인정된다.

박근혜 정부에서는 사법농단도 은밀하게 벌어졌음이 나중에서야 확인된다. 2019년 1월 전직 대법원장이 구속되는 초유의 사태가 벌어졌다. 박근혜 정부 시절 당시 대법원장이었던 양승태가 사법부의 숙원사업을 실현하기 위해 행정부의 수반인 대통령과 재판거래를 해왔으며 사법행정권을 남용하여 판사의 성향을 분석하기 위해 판사들을 사찰한 뒤 블랙리스트를 작성하고, 민감한 재판에 개입하여 재판의 방향을 지시했다는 혐의 등이었다. 대표적으로 대법원은 일본에 강제동원된 피해자들의 배상과 관련된 재상고 사건을 고의적으로 지연하며 상고법원의 도입을 위하여 활용했다. 또한 대법원은 정부에 불리하게 진행되고 있던 케이티엑스(KTX), 쌍용자동차, 전국교직원노동조합(전교조) 재판에 개입하여 재판결과를 뒤집었다. 대법원은 노동개혁이라는 정부의 국정운영방향에 협조한다는 취지에서 쌍용자동차 노동자들에 대한 대규모 정리해고, 케이티엑스 비정규직 여승무원들에 대한 부당해고와 관련된 재판에서 원고들이 모두 승소했던 고등법원의 해고무효판결을 2014년(대법원 2014. 11. 13. 선고 2012다14517 판결)과 2015년(대법원 2015. 2. 26. 선고 2012다96922 판결)에 각각 파기환송한다. 또한 박근혜 정부가 추진한 국정교과서에 반대하고 세월호참사 진상규명을 요구한 전교조에 대해서 노동조합으로 보지 않는다는 고용노동부의 법외노조 통보처분과 관련된 행정소송에서도 처분의 효력정지를 구하는 가처분청구에 대하여 원고의 청구를 인용한 고등법원의 결정을 대법원(2015. 2014무548 결정)은 파기환송한다. **헌법적 정의 가운데 하나는 사법부의 독립성**이다. 헌법과 법률에 근거하여 법관이 양심에 따라 독립하여 재판할 때(제103조) 재판의 공정성이 확보될 수 있기 때문이다. 하지만 대법원과 법원행정처는 헌법이 보장한 사법부의 독립성을 포기하고 행정부와 재판거래를 진행하는 사법농단을 자행했다.

VIII 문재인 정부

대통령의 탄핵으로 갑작스럽게 실시된 대통령선거로 **2017년 5월 소득주도 성장과 포용적 복지정책, 검찰개혁 등을 주요 국정관제로 내건 문재인 정부가 당선과 동시에 출범**한다. 문재인은 변호사 노무현과의 만남이 운명이었던 것처럼 '사람 사는 세상'을 꿈꾸었던 대통령 노무현의 죽음도 자신을 정치인과 대통령의 길로 이끈 운명이었다고 말한다. 대통령 문재인은 취임 직후 미국을 방문했고, 미국 대통령 트럼프는 같은 해 11월에 한국을 방문한다. 그해 2월 동계올림픽이 평창에서 개최된 2018년, 그는 4월과 5월 판문점에서 두 차례 북한의 지도자 김정은을 만나 남북정상회담을 갖는다. 김대중과 노무현에 이어 세 번째로 갖는 남북정상회담이었다. 그 가운데 4월 정상회담에서는 한반도의 완전한 비핵화와 종전선언을 통한 평화체제 구축을 공동의 목표로 한다는 내용의 '판문점선언'이 발표되었다. 그는 9월에 직접 평양을 방문하기도 했다. 여기서 '평양공동선언'을 통하여 군사적 적대관계의 종식, 남북 간 교류와 협력의 증대, 이산가족 문제의 해결을 위한 인도적 협력 등을 위한 공동노력에 대해서 약속하였다. 그 사이에 6월 김정은과 트럼프가 싱가포르에서 정상회담을 가지면서 우호적인 북미관계가 형성되는 듯하지만 다음해 2019년 2월 베트남 하노이에서 다시 열린 정상회담은 성과 없이 끝나면서 북미관계는 정체상태에 빠진다.

부동산 가격의 상승을 막겠다는 취지에서 실시된 다주택 소유자에 대한 중과세제도가 사회적 논쟁을 불러일으키기도 했다. 2019년 10월, 검찰개혁을 외치며 법무장관으로 임명된 서울대학교 법학전문대학원(로스쿨) 교수이자 대통령실 민정수석비서관 출신의 조국은 검찰의 수사로 임명된 지 한 달 만에 사퇴한다. 그가 추진했던 검찰개혁의 성과로 2020년 1월 국회를 통과한 법률에 따라 **2021년 고위공직자범죄수사처(공수처)가 출범**한다. 그보다 앞선 2020년 10월, 태어난 지 16개월밖에 되지 않은 입양아 '정은이'가 복부에 손상을 입고 췌장이 절단될 정도로 심하게 양모의 학대를 받아 숨지자 시민들은 분노하며 숨진 아동을 애도한다. 사실 현행 헌법은 18살이 채 되지 않은 사람을 뜻하는 '아동'을 한 번도 호명하지 않을 정도로 아동에 대해서 무관심하다. 오로지 성인에게만 선

제19대 대통령 선거(2017) **후보자별 득표 현황** (단위: 명)

문재인 (더불어민주당)	홍준표 (자유한국당)	안철수 (국민의당)	유승민 (바른정당)	심상정 (정의당)	조원진 (새누리당)	오영국 (경제애국당)
13,423,800 (41.08%)	7,852,849 (24.03%)	6,998,342 (21.41%)	2,208,771 (6.76%)	2,017,458 (6.17%)	42,949 (0.13%)	6,040 (0.01%)
장성민 (국민대통합당)	**이재오 (늘푸른한국당)**	**김선동 (민중연합당)**	**이경희 (한국국민당)**	**윤홍식 (홍익당)**	**김민찬 (무소속)**	**무효투표수**
21,709 (0.06%)	9,140 (0.02%)	27,229 (0.08%)	11,355 (0.03%)	18,543 (0.03%)	33,990 (0.10%)	135,733
선거인수 42,479,710		투표수 32,672,175			투표율 77.2%	

거권이 인정됨으로써 아동은 스스로 자신의 대표를 결정할 수 있는 권리가 보장되지 않기 때문이다. 그렇다고 해도 국가는 타인의 범죄로부터 아동을 포함한 모든 시민을 보호해야 할 헌법적 의무를 부여받았다. 헌법은 국민을 대표하는 국가에 대해서 시민의 고통에 대한 공감을 법적 의무로 강제하고 있는 것이다. 따라서 국가는 시민의 일부인 **아동을 부모나 가족 또는 제삼자의 학대로부터 보호해야 할 책임**을 부담하기 때문에 〈아동복지법〉은 물론 〈아동학대범죄의 처벌 등에 관한 특례법〉에 따라 아동학대는 금지되며 아동학대범죄는 처벌된다. 특히 아동학대범죄로 학대를 받은 아동을 살해하거나 사망 또는 중상해에 이르게 한 경우에는 가중된 처벌을 받는다. 정은이의 양모는 아동학대범죄로 입양한 딸을 살해한 범죄혐의로 기소되어 대법원에서 최종적으로 35년형을 선고받는다. 2021년 10월과 11월 한 달 간격으로 군사쿠데타로 권력을 찬탈했던 노태우, 전두환이 차례로 사망했으며 그해 마지막 날 탄핵당했던 박근혜가 사면된다.

2021년 11월 해군에 의해 나포된 어선에 타고 있던 북한주민이 동승

했던 북한주민을 살해한 사실을 확인된 뒤 정부는 그들을 북송시킨다. 〈북한이탈주민법〉에 따르면 진정한 귀순의사를 가지고 보호를 신청한 북한주민에 대해서만 보호를 제공한다. 진정한 귀순의사 없이 입국한 북한주민은 〈출입국관리법〉에 따른 외국인으로 취급하여 입국요건을 충족하지 않는 것으로 보아 입국허가를 거부할 수 있다. **원칙적으로 북한주민은 법적으로 국민**이고 외국인이 아니므로 〈출입국관리법〉에 따른 강제퇴거(송환)의 대상이 되지 않는다. 헌법이 대한민국의 영토를 한반도 전체로 규정하여 원칙적으로 한반도에 거주하는 북한주민도 대한민국 국민이기 때문이다(헌법 제4조). 다만 예외적으로 진정한 귀순의사 없이 입국한 북한주민은 외국인으로 취급하여 입국허가를 거부할 수 있을 뿐이다. 헌법재판소도 개별법을 적용하거나 준용할 때 북한주민에 대해서 외국인에 준하는 지위를 인정할 수 있다고 본다. "우리 헌법이 '대한민국의 영토는 한반도와 그 부속도서로 한다'는 영토조항(제3조)을 두고 있는 이상 대한민국의 헌법은 북한지역을 포함한 한반도 전체에 그 효력이 미치고 따라서 북한지역은 당연히 대한민국의 영토가 되므로, 북한을 법 소정의 '외국'으로, 북한의 주민 또는 법인 등을 '비거주자'로 바로 인정하기는 어렵지만, 개별 법률의 적용 내지 준용에 있어서는 남북한의 특수관계적 성격을 고려하여 북한지역을 외국에 준하는 지역으로, 북한주민 등을 **외국인에 준하는 지위**에 있는 자로 규정할 수 있다고 할 것이다."[2] 실제로 그해 6월에도 군의 해상경계를 받지 않고 강원도 삼척항에 북한주민 4명이 탄 목선이 입항했을 때 이 가운데 귀순의사가 있었던 2명은 〈북한이탈주민법〉에 따른 보호를 신청했지만 귀순의사가 없었던 2명은

2 헌재 2005. 6. 30. 2003헌바114 참조.

판문점을 통해 북한으로 귀환했다. 북한으로 귀환한 바로 이 북한주민은 〈출입국관리법〉에 따른 강제퇴거명령을 받은 것이 아니기 때문에 법적으로 외국인 취급을 받아 입국을 거부당한 것으로 볼 수 있다.

1 코로나 감염병의 확산

2019년 말부터 시작되어 3년 넘게 계속된 코로나 감염병의 확산으로 시민들의 고통이 가중되었다. 감염병 확산으로 인한 경제적 불황을 극복하기 위하여 전국민에게 재난지원금이 지급된다. 소득이나 재산 등 경제적 수준과 상관없이 모든 국민에게 재난지원금이 지급되어야 하는지, 동일한 고통을 겪고 있는 외국인에게도 재난지원금이 지급되어야 하는지에 대한 논란이 벌어지기도 했다. 경제적 약자가 우선적 주체가 되어야 하는 사회권에 해당하는 재난지원금 수급권이 부유층을 포함한 전국민으로 확대되는 것과 기본적으로 국민이 주체가 되어야 하는 사회권의 일종인 재난지원금 수급권이 외국인으로까지 확대되는 것에 대한 문제제기가 있었던 것이다. 그 밖에도 감염병 기간 동안 사회적 거리두기, 마스크착용의무, 체온측정의무, 출입기록작성의무, 위치(이동경로)추적, 감염자의 격리 등 헌법이 보장하는 기본적 권리에 대한 제한이 빈번하게 발생했다. 현행 헌법은 헌법적 권리에 대한 제한을 법률에 의해서만 가능하도록 규정하면서 헌법적 권리인 기본권을 제한하는 경우에도 반드시 헌법적 원칙인 비례성원칙을 준수하도록 요구한다(제37조 제2항). 따라서 감염병으로 인한 기본권제한의 경우에도 반드시 법률적 근거가 제시되어야 하며 제한되는 기본권이 자유권의 성격을 가진다면 비례성원칙을 구체화하는 과잉금지원칙을 준수해야 한다.

2 검찰개혁

오로지 검찰에게만 기소권이 부여되는 '기소독점주의'를 핵심으로 하는 검찰제도를 개혁하기 위하여 김대중 정부와 노무현 정부에서도 수사권과 기소권을 가진 또 하나의 국가기관을 설립하고, 종국적으로 수사권과 기소권을 분리하기 위한 논의가 진행되었지만 검찰의 완강한 저항으로 실패하였다. 2019년 4월 검찰개혁 법안의 발의를 위한 법안제출 단계에서부터 물리적 충돌이 발생한다. 야당인 자유한국당 의원들이 국회사무처 사무실을 점거한 채 법안제출을 방해한 것이다. 이어서 법안을 신속처리대상안건(패스트트랙)으로 지정하는 단계에서도 다시금 물리적 충돌이 일어난다. 자유한국당 의원들이 패스트트랙 지정을 위한 사법개혁특별위원회(사개특위) 회의장 앞에서 농성을 벌이며 회의를 방해했던 것이다. 그럼에도 불구하고 검찰개혁 입법은 패스트트랙으로 지정된다. **국회에서 법안을 신속하고 효율적으로 처리하기 위하여 도입된 패스트트랙 제도**에 따르면 국회 재적의원 과반수가 특정한 법안의 패스트트랙 지정을 요구하면 소관 상임위원회는 재적 위원 5분의 3 이상의 찬성으로 해당 법안을 패스트트랙으로 지정할 수 있다(국회법 제85조의2 제1항). 특정한 법안이 패스트트랙으로 지정되면 소관 위원회는 180일 이내에 그 법안을 처리해야 하고, 처리하지 않으면 그 법안은 자동으로 법제사법위원회(법사위)에 회부된 것으로 본다(같은 조 제3항 및 제4항). 또한 법사위는 해당 법안이 회부된 날로부터 90일 이내에 처리해야 하며 처리되지 않으면 그 법안은 자동으로 본회의 부의된 것으로 본다(같은 조 제3항 및 제5항). 강제수사권을 가지는 독립적 기관으로 고위공직자수사처(공수처)의 설치에 관한 법률안도 패스트트랙으로 지정된 날로부터 180일이 되기 전인 2019년 9월 2일 법사위에 회부되었고, 그로부터 90일을 지난 같은 해

12월 3일 본회의에 부의되었다.

패스트트랙(신속처리대상 안건지정)제도—국회법 제85조의2

① 위원회에 회부된 안건(체계·자구 심사를 위하여 법제사법위원회에 회부된 안건을 포함한다)을 제2항에 따른 신속처리대상안건으로 지정하려는 경우 의원은 **재적의원 과반수가 서명한 신속처리대상안건 지정요구** 동의(動議)(이하 이 조에서 "신속처리안건 지정동의"라 한다)를 의장에게 제출하고, 안건의 소관 위원회 소속 위원은 소관 위원회 재적위원 과반수가 서명한 신속처리안건 지정동의를 소관 위원회 위원장에게 제출하여야 한다. 이 경우 의장 또는 안건의 소관 위원회 위원장은 지체 없이 신속처리안건 지정동의를 무기명투표로 표결하되, **재적의원 5분의 3 이상 또는 안건의 소관 위원회 재적위원 5분의 3 이상의 찬성으로 의결**한다.

② 의장은 제1항 후단에 따라 신속처리안건 지정동의가 가결되었을 때에는 그 안건을 제3항의 기간 내에 심사를 마쳐야 하는 안건으로 지정하여야 한다. 이 경우 위원회가 전단에 따라 지정된 안건(이하 "신속처리대상안건"이라 한다)에 대한 대안을 입안한 경우 그 대안을 신속처리대상안건으로 본다.

③ 위원회는 신속처리대상안건에 대한 심사를 그 **지정일부터 180일 이내**에 마쳐야 한다. 다만, 법제사법위원회는 신속처리대상안건에 대한 체계·자구 심사를 그 지정일, 제4항에 따라 회부된 것으로 보는 날 또는 제86조 제1항에 따라 회부된 날부터 **90일 이내**에 마쳐야 한다.

④ 위원회(법제사법위원회는 제외한다)가 신속처리대상안건에 대하여 제3항 본문에 따른 기간 내에 심사를 마치지 아니하였을 때에는 그 기간이 끝난 다음 날에 소관 위원회에서 심사를 마치고 체계·자구 심사를 위하여 법제사법위원회로 회부된 것으로 본다. 다만, 법률안 및 국회규칙안이 아닌 안건은 바로 본회의에 부의된

것으로 본다.

⑤ 법제사법위원회가 신속처리대상안건(체계·자구 심사를 위하여 법제사법위원회에 회부되었거나 제4항 본문에 따라 회부된 것으로 보는 신속처리대상안건을 포함한다)에 대하여 제3항 단서에 따른 기간 내에 심사를 마치지 아니하였을 때에는 그 기간이 끝난 다음 날에 법제사법위원회에서 심사를 마치고 바로 본회의에 부의된 것으로 본다.

⑥ 제4항 단서 또는 제5항에 따른 신속처리대상안건은 본회의에 부의된 것으로 보는 날부터 60일 이내에 본회의에 상정되어야 한다.

⑦ 제6항에 따라 신속처리대상안건이 60일 이내에 본회의에 상정되지 아니하였을 때에는 그 기간이 지난 후 처음으로 개의되는 본회의에 상정된다.

⑧ 의장이 각 교섭단체 대표의원과 합의한 경우에는 신속처리대상안건에 대하여 제2항부터 제7항까지의 규정을 적용하지 아니한다.

자유한국당은 무제한토론(필리버스터)를 진행한다. **'필리버스터'는 다수당이 수적 우위를 이용하여 토론 없이 독단적인 의사결정을 강행하는 것을 방지하기 위한 제도**로 인정되고 있다. 현실적으로 다수결원칙에 따라 작동되는 민주주의 원리를 기본적으로 보장하면서도 소수자가 배제되지 않도록 만들기 위한 제도적 장치인 것이다. 재적 국회의원 3분의 1 이상이 요구하면 자동으로 필리버스터가 인정된다(국회법 제106조의2 제1항). 필리버스터가 시작되면 필리버스터가 종결될 때까지 회의는 산회 없이 계속된다(같은 조 제4항). 다만 필리버스터가 정해진 회기 전에 종결되지 않으면 회기가 끝남과 동시에 종결이 선포된 것으로 본다(같은 조 제8항). **필리버스터의 종결은 재적 국회의원 5분의 3 이상의 찬성으로 의결**될 수 있다(같은 조 제6항). 필리버스터가 종결된 경우에 해당 안건에 대해서는 필리버스터를 다시 신청할 수 없다. 필리버스터가 종결되면 지체 없이 표결하고, 회기가 끝나서 필리버스터가 종결된 경우에는 다음 회기에 지체 없이 표결해야 한다. 12월 28일 3일 동안 임시회의가 개최되었고, 공수처법안이 상정되자 야당은 필리버스터를 신청하였다. 회기 종료와 함께 필리버스터가 종결되었고, 다음 날부터 새로운 임시회의가 개최되자 공수처법안은 표결에 부쳐 통과되었다.

필리버스터(무제한토론)—국회법 제106조의2

① 의원이 본회의에 부의된 안건에 대하여 이 법의 다른 규정에도 불구하고 시간의 제한을 받지 아니하는 토론(이하 이 조에서 "무제한토론"이라 한다)을 하려는 경우에는 **재적의원 3분의 1 이상이 서명한 요구서**를 의장에게 제출하여야 한다. 이 경우 의장은 해당 안건에 대하여 무제한토론을 실시하여야 한다.

② 제1항에 따른 요구서는 요구 대상 안건별로 제출하되, 그 안건이 의사일정에 기재된 본회의가 개의되기 전까지 제출하여야 한다. 다만, 본회의 개의 중 당일 의사일정에 안건이 추가된 경우에는 해당 안건의 토론 종결 선포 전까지 요구서를 제출할 수 있다.

③ 의원은 제1항에 따른 요구서가 제출되면 해당 안건에 대하여 무제한토론을 할 수 있다. 이 경우 의원 1명당 한 차례만 토론할 수 있다.

④ 무제한토론을 실시하는 본회의는 제7항에 따른 무제한토론 종결 선포 전까지 산회하지 아니하고 회의를 계속한다. 이 경우 제73조 제3항 본문에도 불구하고 회의 중 재적의원 5분의 1 이상이 출석하지 아니하였을 때에도 회의를 계속한다.

⑤ 의원은 무제한토론을 실시하는 안건에 대하여 재적의원 3분의 1 이상의 서명으로 무제한토론의 종결동의(終結動議)를 의장에게 제출할 수 있다.

⑥ 제5항에 따른 무제한토론의 종결동의는 동의가 제출된 때부터 24시간이 지난

후에 무기명투표로 표결하되 **재적의원 5분의 3 이상의 찬성으로 의결**한다. 이 경우 무제한토론의 종결동의에 대해서는 토론을 하지 아니하고 표결한다.

⑦ 무제한토론을 실시하는 안건에 대하여 무제한토론을 할 의원이 더 이상 없거나 제6항에 따라 무제한토론의 종결동의가 가결되는 경우 의장은 무제한토론의 종결을 선포한 후 해당 안건을 지체 없이 표결하여야 한다.

⑧ 무제한토론을 실시하는 중에 해당 **회기가 끝나는 경우에는 무제한토론의 종결이 선포**된 것으로 본다. 이 경우 해당 안건은 바로 다음 회기에서 지체 없이 표결하여야 한다.

⑨ 제7항이나 제8항에 따라 무제한토론의 종결이 선포되었거나 선포된 것으로 보는 안건에 대해서는 무제한토론을 요구할 수 없다.

⑩ 예산안 등과 제85조의3 제4항에 따라 지정된 세입예산안 부수 법률안에 대해서는 제1항부터 제9항까지를 매년 12월 1일까지 적용하고, 같은 항에 따라 실시 중인 무제한토론, 계속 중인 본회의, 제출된 무제한토론의 종결동의에 대한 심의절차 등은 12월 1일 밤 12시에 종료한다.

대통령의 임기가 만료되기 직전 국회는 검찰선진화, 검찰정상화 등을 목적으로 검찰의 수사권과 기소권을 분리시키기 위한 전초단계로서 검찰의 수사권을 대폭 제한하는 〈검찰청법〉과 〈형사소송법〉 개정안을 통과시킨다. 이에 따라 개정된 〈검찰청법〉에 의하면 검사의 수사권은 부패범죄와 경제범죄로 한정되었다(같은 법 제4조 제1항 제1호 가목). 다만 검사에게 인정된 수사권의 범위를 "부패범죄와 경제범죄 등"으로 규정함으로써 '등'에 포함될 수 있는 범죄의 내용에 대해서 논란이 발생하였다.

3 연동형 비례대표제

대통령 임기가 시작한 지 3년 뒤인 2020년에 실시되어 대통령에 대한 중간평가의 성격을 가지는 제21대 국회의원 선거에서 여당(더불어민주당)은 압승을 거둔다(아래 참조). 최초로 '준연동형 비례대표제'가 채택되어 비례대표 국회의원 정수의 절반은 정당별 투표에서 얻은 득표율보다 지역구 투표에서 당선된 국회의원의 비율이 적은 정당에 대해서 유리하게 배분되었다. 이에 따라 지역구에서 당선자를 많이 배출할 것으로 예상된 두 개의 거대정당(더불어민주당, 미래통합당)은 각각 위성정당(더불어시민당, 미래한국당)을 만든다. 거대정당은 비례대표 후보자를 내지 않는 대신에 **비례대표 후보자만 공천하는 위성정당**을 창당한 것이다. '연동형 비례대표제'는 정당별 명부에 따라 실시되는 비례대표 국회의원선거에서 확인된 유권자의 정당별 지지율을 지역구 국회의선거가 반영하지 못하는 경우에 이를 교정하기 위한 합리적인 제도다. 그렇지만 기본적으로 비례대표 국회의원의 숫자가 대폭 확대되지 않은 상태에서 실시되었고, 그것도 비례대표 국회의원 총수의 절반에 대해서만 제한적으로 적용되어 실

제21대 국회의원 선거(2020) 정당별 당선인수 현황 (단위: 명)

	더불어민주당	미래통합당	정의당	국민의당	열린민주당	무소속	합계
지역구	163	84	1	0	0	5	253
비례대표	(더불어시민당) 17	(미래한국당) 19	5	3	3	0	47
합계	180	103	6	3	3	5	300

선거인수	투표자수	투표율
43,994,247	29,126,396	66.2%

시되었다는 한계를 가졌다. 게다가 2개의 거대정당이 위성정당을 창당하여 의석을 독차지함으로써 군소정당의 존립과 활동을 보장함으로써 헌법이 보장하는 복수정당제(헌법 제8조 제1항)를 실현하려는 본래의 목적은 몰각되었다. 그해 발생한 부산시장의 성추행 사건과 서울시장이 성희롱 의혹으로 피해자의 고소 직후 스스로 목숨을 끊은 사건으로 여당의 총선승리 분위기는 급속도로 냉각된다.

4 신종 사이코패스 범죄와 군 내 성폭력 사건

2020년 3월, 새로운 유형의 **사이코패스 성향을 가진 범죄인의 등장**으로 온 국민이 분노한다. 모바일 메신저 애플리케이션(application)인 텔레그램에 '박사방'이라는 대화방을 만들어 성착취동영상을 배포하는 '디지털 성착취범죄' 혐의로 '박사'라는 닉네임을 사용하는 조주빈이 체포된 것이다. 이미 그 이전부터 동일한 방식으로 텔레그램에 1번방에서 8번방까지 번호를 붙인 대화방을 운영하며 성착취동영상을 배포한 '갓갓'이라는 닉네임의 문형욱도 체포되면서 텔레그램과 같은 **모바일 메신저를 이용한 디지털성착취범죄**를 언론과 경찰은 'n번방 사건'으로 부르기 시작한다. 그들은 아르바이트생을 모집한다고 속이거나 피해자의 환심을 사서 유인하거나 피해자의 약점을 이용하여 알아낸 본인과 가족의 신상정보를 공개하겠다고 협박하며 자발적으로 가학적이고 엽기적인 성착취동영상을 촬영하도록 강요한 뒤 해당 동영상을 받아 대화방에 올려 공유했다. 가해자들로부터 지속적으로 정신적 지배를 받으며 지옥과 같은 삶을 살아야 했던 피해자들은 '노예'로 불렸다. 가해자들이 수위가 높은 동영상을 공유할 때는 가상화폐나 문화상품권으로 입장료를 받거나 판매했다. 디지털의 속성상 디지털 성착취물은 급속하게 수많은 사람들에게 전파되었으며 완전한 삭제가 불가능하여 피해자가 당하는 고통은 직접적인 성폭력 이상으로 상상을 뛰어넘었다. 타인의 고통을 공감하지 못한 채 죄의식조차 없이 그것을 집단적으로 즐기며 그것을 이용하여 돈벌이를 하는 행태는 전형적인 사이코패스 성향을 보여준다.

피해자 중에는 미성년자나 아동인 중학생도 다수가 포함되어 문제의 심각성이 확인되었다. 〈아동·청소년의 성보호에 관한 법률〉은 아동·청소년 또는 아동·청소년으로 명백하게 인식될 수 있는 사람이나 표현물이 등장하여 성교행위, 유사성교행위, 신체를 노출하는 행위 등이나 그 밖의 성적 행위를 하는 내용을 표현하는 것으로서 필름·비디오물·게임물 또는 컴퓨터나 그 밖의 통신매체를 통한 화상·영상 등의 형태로 된 것을 **'아동·청소년성착취물'**로 지칭한다(같은 법 제2조 제5호). 이러한 아동·청소년성착취물을 제작, 판매, 배포하는 행위 등은 물론 구입, 소지, 시청하는 행위도 처벌의 대상이 된다(같은 법 제11조). 다만 익명성이 철저하게 보장되는 다크웹(dark web)에서 세계최대의 아동성착취물 유통 웹사이트인 '웰컴 투 비디오'를 운영하다 2018년 체포된 손정우의 경우처럼 법원의 낮은 형벌 선고가 논란이 되고 있다. 이로 인해 사적 제재(보복/응징/처벌)를 모토로 하면서 **범죄자의 신상을 공개(폭로)**함으로써 완벽한 삭제가 어려운 온라인의 속성상 개인신상을 박제하는 '디지털 교도소'와 같은 웹사이트도 등장한다. 헌법적 정의의 관점에서 범죄의 수사와 기소 및 재판(처벌)은 상대적으로 더 공정성(중립성)을 담보할 수 있는 국가기관(형사사법기관)만이 수행할 수 있다. 다만 범죄에 대한 국가기관의 수사와 기소 및 재판이 충분히 공정하게 이루어지지 못할 때 시민들은 사적 제재의 필요성과 정당성을 주장하게 된다. 타인의 범죄행위로부터 시민의 권리를 보호하는 과제는 헌법적 정의를 실현해야 하는 국가의 필수적 책무 가운데 하나다. 특히 18세 미만의 아동을 대상으로 하는 성범죄행위로부터 아동의 권리를 보호하는 과제는 국가가 수행해야 할 최우선적 책무에 해당한다.

온라인상에서의 여성의 성적 대상화가 본격적으로 사회적 논의의 대상이 되고 있는 상황에서 2021년 5월 충청남도 서산에 위치한 공군 제20전투비행단 소속의 24세 중사 이예람이 성추행을 당한 뒤 스스로 목숨을 끊는다. 온라인뿐만 아니라 오프라인에서도 여성은, 특히 남성 중심의 문화가 견고한 군대에서 단순한 성적 대상으로만 취급되고 있었다. 그녀는 같은 해 3월 초에 성추행 사건이 발생한 직후 직속상관들에게 직접 신고를 했다. 그녀가 사건이 발생한 지 81일이 지나서 극단적 선택을 한 것은 그 시간 동안 사건을 은폐하기 위해 그녀를 회유하고 침묵을 종용함으로써 **2차 가해를 가하고 있었던 직속상관들의 비열한 행태** 때문이었다. 그녀가 절망감 속에서 스스로 목숨을 끊고 세상과 이별을 선택한 날은 하필이면 남자친구와 혼인신고를 마친 바로 그날이었다. 추행 당시에 같은 승용차에 타고 있던 동료들은 침묵했고, 가해자는 불구속 상태에서 수사를 받았다. 불구속수사를 지시한 것은 형식적으로 제20전투비행단의 단장과 군사경찰대대장이었지만 실질적으로 공군 사법체계에서 최고지휘권자인 준장 계급의 공군법무실장이었던 것으로 추정된다. 군사사법체계 안에서 공군 소속 군검찰과 군사경찰은 공군법무실장의 지휘를 받기 때문이다. 피해자와 가해자는 2주 동안이나 분리되지 않은 채 언제든지 마주칠 수 있는 같은 영내의 각자 숙소에서 지내다가 가해자가 다른 부대로 파견됨으로써 비로소 분리된다. 그녀는 피해자였지만 주변에서 가해지는 무언의 압력을 견디다 못해 지원하여 다른 부대로 전출되었다. 거기서도 부대장을 포함한 부대원들은 그녀의 피해사실을 유포함으로써 또다시 2차 가해를 가하면서 그녀에게 괴롭힘과 따돌림을 자행했다. 군은 성추행 피해자를 보호하는 대신에 지속적으로 2차 가해를 가했던 것이다. 이 중사가 사망한 후에도 공군 군사경찰단은 성추행 피해자라는 사실을 빠뜨린 채 상부(공군참모총장/국방부)에 단순 자살사고로 보고하였다.

이 중사 사건을 계기로 군사법체계의 폐쇄성을 개선하기 위하여 2022년 9월 24일 **〈군사법원법〉이 개정되어 2023년 7월 1일부터 시행**되었다. 군인 신분으로 저지른 범죄의 경우에도 성폭력 사건이나 사망 사건, 군인이 되기 전 민간인으로서 저지른 사건은 일반 법원의 재판을 받게 된 것이다(같은 법 제2조 제2항). 이와 같은 사건들이 일반 법원의 재판관할이 되었다는 것은 범죄행위의 수사나 기소 단계에서부터 군검찰이나 군사경찰이 아니라 일반 검찰이나 경찰의 관할이 된다는 뜻이다. 더불어 고등군사법원이 폐지되고 항소사건이나 항고사건은 군인이 아닌 일반인이 재판을 받는 일반 고등법원이 관할하게 되었다. 그동안 군사법원의 재판관은 현역군인도 가능했지만 이제 모두 법관의 자격을 가진 군판사로 구성되도록 규정되었다. 안타깝게도 법률이 개정되기 전인 2021년 8월 이번에는 여성 해군 부사관이 성추행 피해를 입은 뒤 극단적 선택을 하는 일이 재발한다. 사고를 사전에 예방하지 못하면서도 사고가 발생하면 일단 은폐하려는 무책임한 행태가 폐쇄적인 군 내부에서 반복적으로 발생하고 있다는 점에서 성폭력 사건이나 사망 사고에 한정되었지만 군 내부에서 벌어진 범죄행위를 민간 수사기관에서 수사할 수 있게 된 것은 한참 늦었지만 다행한 일이다. 공정성이 헌법적 정의에 해당한다면 국가의 중요한 기능 가운데 하나인 **수사의 공정성을 확보하기 위한 형사사법체계 개혁**은 헌법적 정의를 구현하는 방안이기 때문이다.

2021년 3월, 군에서 새로운 형태의 성폭력 사건이 발생한다. 트랜스젠더(성전환자) 군인을 강제전역시킴으로써 죽음으로 몰아넣은 것이다. 생물학적 남성으로 태어났지만 군복무 중 부대 직속상관들로부터 허가를 얻어 성전환수술을 받은 뒤 **법원으로부터 여성으로의 성별정정**(변경)**을 허가받은 육군 하사 변희수**가 스스로 목숨을 끊는다. 진심으로 군인으로 살고 싶었던 그녀는 여성으로서 군대에서 장기복무를 원했다. 하지만 군은 그녀를 전역심사위원회에 회부하여 그녀의 계속복무 여부를 판단하면서 '현역복무에 적합하지 않은 심신장애'를 이유로 강제전역을 결정한다. 그녀는 강제전역처분에 대한 취소를 청구하는 소송을 법원에 제기했다. 법원은 그녀가 이미 법적으로 여성으로 성별변경을 한 상태에서 그녀를 남성으로 전제하면서 성전환수술로 인한 신체상태를 심신장애로 판단하고 이를 이유로 강제전역처분을 한 것은 위법하다고 판단하였다(아래 참조). 하지만 법원의 결정은 이미 그녀가 세상을 떠난 뒤 찾아온 '지연된 정의'에 지나지 않았다. 피고인 육군참모총장이 항소를 포기함으로써 이 판결은 확정되었으며 2024년 그녀는 순직을 인정받고, 국립묘지에 안장된다.

대전지방법원 2021년 10월 7일 선고 2020구합104810—변희수 하사 강제전역 위법

① 소외 1(변희수 하사가 자살한 후 그녀가 제기한 소송은 그녀의 부모가 수계하여 그녀는 소송당사자가 아닌 소외의 사람으로 취급)은 성정체성 장애 또는 성전환증을 상당 기간 겪어오다가 **성전환수술**에 이르게 된 점, ② 소외 1에 대한 성전환수술은 의학적으로 검증된 방법으로 고환, 음경을 절제하고, 질, 음핵, 음순의 성형을 동시에 시행하는 방법으로 이루어졌는데, 2019. 11. 29. 성전환수술 후 이 사건 처분(강제전역처분) 직후까지 **별다른 후유증 없이 회복**된 것으로 보이는 점, ③ 소외 1은 성전환수술 후 수술로 인하여 신체적 기능에 특별한 기능장애가 초래되지는 않은 것으로 보이고, **여성으로서 만족감**

을 느끼고 성정체성을 인식하고 있었던 점, ④ 사회통념상으로 볼 때 소외 1을 여성으로 보는 것이 사회규범적으로도 허용될 수 있는 정도라고 보이고, 청주지방법원도 2020. 2. 10. 소외 1의 **성별을 남성에서 여성으로 정정하는 등록부정정(성별정정)을 허가**한 점, ⑤ 소외 1은 성전환수술 직후 청주지방법원에 등록부정정(성별정정) 신청을 하고 피고(육군참모총장)에게 이를 보고한 상태였기 때문에 이 사건 처분 당시 피고로서도 위와 같은 사정을 잘 알고 있었던 점 등을 위 법리에 비추어 살펴보면, 이 사건 처분 당시 **소외 1의 성별은 여성으로 평가함이 타당**하다. 사정이 이러하다면, 소외 1에 대한 이 사건 처분 당시 **군인사법상 심신장애에 해당하는지 여부를 판단함에 있어서도 당연히 여성을 기준**으로 판단함이 타당하다.

오랫동안 오로지 생물학적(유전학적) 기준만이 성별을 판단하는 유일한 기준으로 통용되었다. 하지만 최근에는 본인이 정신적으로 인식하는 성정체성(gender identity)도 성별을 판단하는 새로운 기준으로 추가되었다. 물론 성정체성을 성별판단기준으로 인정받기 위해서 그에 부합하는 성전환수술이나 생식능력제거(음경 및 고환의 제거 또는 난소 및 자궁의 제거)가 필수적 요건인지에 대해서는 여전히 논란이 되고 있다. 그렇지만 변 하사의 경우처럼 성전환수술을 받은 뒤 법원의 성별변경허가를 받은 트랜스젠더(성전환자)의 경우에는 당연히 성정체성을 성별판단기준으로 인정해야 한다. 인간의 존엄성과 직결되는 성정체성을 별도의 성별판단기준으로 인정하는 것이야말로 인간의 존엄성을 핵심으로 하는 헌법적 정의에 부합한다.

5 중대재해처벌법

2020년 11월 비무장지대를 지나 남측 철책선을 훼손하고 귀순했던 남성이 대통령임기의 마지막 해인 2022년 새해 첫날부터 같은 사단이 관할하는 철책선을 넘어 다시 월북하는 사건이 발생한다. 동일한 부대가 경계하는 최전방 철책선을 뚫고 민간인이 남북한을 오고갈 정도로 허술한 경계도 문제였지만 북한이탈주민(탈북자)의 사회부적응과 경제적 어려움도 사회적 논란거리가 되었다. 이렇게 소란스럽게 시작된 2022년 1월부터 중대한 산업재해로 인명피해가 발생했을 때 **사업주나 경영책임자를 처벌하는 〈중대재해 처벌 등에 관한 법률〉**(중대재해처벌법)이 국회에서 의결되어 시행되었다. 이 법률에 따르면 '중대재해'는 중대산업재해와 중대시민재해로 구분되며 이 가운데 중대산업재해는 산업재해로 ① 1명 이상의 사망자가 발생하거나 ② 동일한 사고로 6개월 이상 치료가 필요한 부상자가 2명 이상 발생하거나 ③ 동일한 유해요인으로 직업성 질병자가 1년 이내에 3명 이상 발생한 경우를 말한다(같은 법 제2조 제2호). 이 법률의 특징은 책임자에게 고의나 과실이 요구되는 '과실책임주의'가 적용되지 않으며 단지 **결과 발생만으로 책임을 묻는 '결과책임주의'**가 적용된다는 점이다. 이 법률이 시행된 후 독성물질이 들어간 세척제를 사용하면서도 환기시설 등 안전조치를 취하지 않아 근로자 16명에게 직업병을 일으킨 에어컨 부품제조업체 대표가 기소되었다. 재판을 받던 대표는 해당 법률에 대해서 헌법에 위배된다면 법원에 위헌제청을 신청하였으나 기각당했고, 최종적으로 징역형 집행유예가 선고되었다. 2023년 철판을 들어올리던 크레인에서 철판이 떨어져 근로자 한 명이 사망한 사고로 기소된 철강회사 대표에 대한 재판에서도 피고인에게 징역형이 선고되었다.

IX 윤석열 정부

코로나 감염병 기간의 끝자락인 2022년 3월에 실시된 대통령선거에서 검찰총장 출신으로 정치경험이 전혀 없는 인물로 당시 야당이었던 '국민의힘'에 영입된 후보자 윤석열이 대통령에 당선된다. 정치경험이 없다는 것은 그동안 비판의 대상이었던 기존 정치인의 부정적 측면을 갖고 있지 않다는 장점일 수도 있지만 그만큼 정치적 소통능력이나 중재능력이 부재하다는 단점일 수도 있었다. 많은 국민은 정치신인으로서 공정과 상식을 슬로건으로 내세운 그에게서 전자의 장점을 찾았던 것으로 보인다. 하지만 임기가 계속될수록 후자의 단점이 부각되었다. 정치는 실종되고, 압수와 수색으로 상징되는 사정(司正)만이 난무했다.

제20대 대통령 선거(2022) **후보자별 득표 현황** (단위: 명)

이재명 (더불어민주당)	윤석열 (국민의힘)	심상정 (정의당)	오준호 (기본소득당)	허경영 (국가혁명당)	이백윤 (노동당)
16,147,738 (47.83%)	16,394,815 (48.56%)	803,358 (2.37%)	18,105 (0.05%)	281,481 (0.83%)	9,176 (0.02%)
옥은호 (새누리당)	**김경제 (신자유민주연합)**	**조원진 (우리공화당)**	**김재연 (진보당)**	**이경희 (통일한국당)**	**김민찬 (무소속)**
4,970 (0.01%)	8,317 (0.02%)	25,972 (0.07%)	37,366 (0.11%)	11,708 (0.03%)	17,305 (0.05%)
선거인수 44,197,692		투표수 34,067,853		투표율 77.2%	

1 이태원참사

정권출범 6개월도 되지 않은 2022년 10월 29일에 서울 이태원에서 열린 축제를 즐기러 나온 시민 158명이 압사하는 참사가 발생한다. 이태원참사의 책임을 물어 행정안전부장관이 탄핵소추되지만 헌법재판소는 이를 기각한다(헌재 2023. 7. 25. 2023헌나1). 생존자 중 한 명은 죽어가는 친구를 바라보면서도 혼자 살아남았다는 정신적 고통을 견디지 못해 스스로 목숨을 끊는다. 참사에 대해서 법적, 정치적, 도의적 책임 어떤 것도 지지 않는 정부는 오히려 기괴한 반지성적이고 주술적인 조치를 이어간다. 합동장례식장에서 희생자들의 영정을 걸지 않고 공무원들이 패용하는 근조리본의 앞뒤를 뒤집도록 지시한다. 헌법에 명시적으로 보장되어 있지는 않지만 누구나 죽은 사람(망자)에 대해서 '**애도할 권리**(right to grief)'를 갖는다. 애도할 권리는 무엇보다도 망자의 장례식을 거행하거나 거기에 참여하여 망자에 대한 애도와 예의를 표할 수 있는 권리를 포함한다. 특히 죽은 가족의 사망원인을 규명하고 책임자를 밝혀내어 처벌받을 수 있도록 요구할 수 있는 유족의 권리도 애도할 권리에 포함된다. 이태원참사에서 정부는 헌법상 시민에게 보장된 이러한 애도할 권리를 철저하게 무시했다. 타인의 고통에 대한 공감을 본질로 하는 애도할 권리에 대해서 공감능력을 갖추지 못한 정권은 철저하게 무지했다.

2 해병대 채상병 사건

2023년 여름에는 폭우로 발생한 피해를 복구하러 나갔다가 실종자 수색작업으로 작전이 변경되면서 구명조끼도 없이 장화를 신고 급류에 투입된 해병대원 상병 채수근이 거센 강물에 휩쓸려 사망하는 사건이 발생한다. 진상을 규명하는 수사과정에서 해당 부대의 사단장을 구명하기 위한 대통령실의 외압이 있었다는 의혹이 제기된다. 해병대 수사단장이 해병대사령관과 국방부장관의 재가를 받아 경찰청에 이첩되었던 사건기록이 갑자기 회수되었기 때문이다. 개정된 〈형사소송법〉에 따라 군 내 사망사건의 경우에 수사관할이 민간 경찰로 이전되었다. 언론은 지속적으로 사건기록이 국방부로 회수되는 과정에서 대통령실의 개입이 의심되는 기사를 쏟아낸다. 개입의 연결고리로 추정되어 수사대상으로 출국금지가 이루어진 국방부장관은 출국금지가 해제되어 호주대사로 부임하였다가 여론의 질타를 받은 뒤 귀국하는 웃지 못할 촌극도 벌어진다. 대통령 부인과 함께 주가조작사건에 연루된 인물이 사단장 구명로비를 주도했다는 의혹도 제기된다. 국회에서 이 사건의 진상을 규명하기 위하여 특별검사임명법(특검법)안이 통과되지만 대통령은 이에 대해서 거부권을 행사한다. 국정조사를 통해 의혹이 점점 확산되면서 2024년 4월 실시된 국회의원선거로 새롭게 구성된 국회가 다시 특검법안을 의결하지만 대통령은 또다시 거부권을 행사한다. 외압의 핵심이 대통령이라면 대통령은 본인과 관련된 특검법안을 거부함으로써 헌법 제7조 제1항(공무원은 국민전체의 봉사자)에서 요구되는 공정성(중립성)의무를 위반한 것이다. 아무리 헌법이 보장한 대통령의 권한이라고 하더라도 헌법적 의무를 위반하여 행사되면 탄핵사유가 될 수 있다. 예컨대 "대통령이 자신에 대한 재신임을 국민투표의 형태로 묻고자 하는 것은 헌법 제72조에 의하여 부여받은 **국민투표부의권을 위헌적으로 행사하는 경우**에 해당하는 것으로, 국민투표제도를 자신의 정치적 입지를 강화하기 위한 정치적 도구로 남용해서는 안 된다는 **헌법적 의무를 위반**한 것이다."[3]

3 헌재 2004. 5. 14. 2004헌나1(노무현 대통령 탄핵사건) 참조.

3 반복되는 법률안거부권 행사

대통령선거 당시부터 대통령부인의 논문표절, 학력과 경력의 조작, 주가조작 연루 등에 대해서 논란이 있었다. 취임 직후 서울과 양평 간에 예정된 고속도로 노선이 변경되면서 그 종점에 대통령 처가가 소유한 토지가 존재한다는 사실이 밝혀진다. 특히 취임 전 발생한 대통령 부인의 주가조작 의혹에 대해서는 특별검사법(특검법)안이 발의된다. 대통령은 자신의 부인에 대해서 제기된 주가조작의혹을 규명하기 위한 특검법안뿐만 아니라 양곡관리법, 간호법, 노란봉투법, 이태원참사 특검법, 방송3법, 노란봉투법, 채해병특검법 등 국회가 의결한 법률안에 대하여 거부권(재의요구권)을 남발하여 대통령의 거부권행사에 대하여 헌법적 한계가 설정되어야 한다는 주장이 제기된다. 헌법이 부여한 대통령의 권한도 헌법적 테두리 안에서만 행사되어야 한다. 무엇보다도 대통령을 포함한 모든 공무원에게는 "국민전체의 봉사자"(헌법 제7조 제1항)로서 공익실현의무가 부과된다. "헌법 제7조 제1항은 국민주권주의와 대의민주주의를 바탕으로 공무원을 '국민 전체에 대한 봉사자'로 규정하고 **공무원의 공익실현의무**를 천명하고 있다."[4] 공익실현의무는 중립성과 공정성의 의무를 뜻하기 때문에 대통령의 권한도 중립적이고 공정하게 행사되어야 한다. 그렇다면 대통령은 본인이나 자신의 가족과 관련된 법률안에 대해서는 거부권을 행사할 수 없다고 보아야 한다. 헌법적 한계를 일탈한 권한행사는 탄핵사유가 된다.

2024년 4월 10일에 실시된 제22대 국회의원 선거에서 경제폭망, 민생파탄, 민주주의 파괴를 정부의 실정으로 비판하며 지지를 호소한 야당

4 헌재 2017. 3. 10. 2016헌나1(박근혜 대통령 탄핵사건) 참조.

제22대 국회의원 선거(2024) **정당별 당선인수 현황** (단위: 명)

	더불어민주당	국민의힘	조국혁신당	개혁신당	새로운미래	진보당	합계
지역구	161	90	0	1	1	1	246
비례대표	(더불어민주연합) 14	(국민의미래) 19	12	2	0	0	54
합계	175	108	12	3	1	1	300
선거인수 44,280,011			투표자수 29,654,450			투표율 67.0%	

이 재적의석 300석 가운데 192석을 차지하는 압승을 거둔다. 선거결과에 나타난 국민의 뜻을 받들겠다는 약속에도 불구하고 대통령은 국회가 통과시킨 법률안에 대해서 계속해서 거부권을 행사하면서 국회와 대통령의 갈등은 극단으로 치닫는다. 국회가 반대하는 방송통신위원장의 임명을 연달아 강행하자 국회는 합의제원칙을 위반하며 2인 체제에서 중요한 결정을 내린 방송통신위장에 대해서 세 차례나 탄핵소추를 발의하거나 의결한다. 검사들에 대한 탄핵소추안도 의결된다. 특히 서울시 공무원 간첩조작 사건을 주도한 검사에 대해서 해당 공무원이 이미 불기소되었던 사건으로 다시 보복기소되어 공소권남용으로 대법원에서 최종적으로 무죄선고를 받게 되면서 탄핵소추를 의결한다. 헌법재판소는 탄핵소추를 기각했다(헌재 2024. 5. 30. 2023헌나2). 다만 기각의견 중 대법원이 인정한 공소권남용이 없다는 의견을 제시한 3인의 재판관, 공소권남용은 인정되지만 검사를 파면할 만한 중대한 법위반이 아니라는 의견을 제시한 2인의 재판관에 대해서는 비판이 제기되었다. 대법원이 인정한 공소권남용을 헌법재판소가 뒤집을 수는 없으며 공소제기의 권한이 핵심적 권한인 검사의 경우에 공소권남용은 검사를 파면할 만한 중대한 법위반에 해당하기 때문이다. 대통령과 국회의 갈등이 계속되면서 야당

단독으로 대통령이 거부한 법률안에 대한 재의결이나 대통령에 대한 탄핵소추가 불가능한 상황에서 특검법 의결과 거부권 행사가 반복된다.

4 위헌적 비상계엄선포와 탄핵

정부의 공식적인 의사결정 시스템이 작동하지 않은 채 무속과 주술에 경도되어 있다고 알려진 대통령 부인과 측근(명태균)이 공천 등 중요한 국가의사를 결정하고 있다는 국정농단에 대한 의혹이 2024년 9월 초부터 제기되었다. 국정농단은 민주적 정당성을 가지고 법적 권한을 부여받은 국가기관이 아니라 비선실세로 불리는 사인(민간인)이 국가의사를 결정함으로써 헌법의 핵심가치인 민주주의와 법치주의에 대한 심각한 위반을 뜻한다. 대통령의 육성녹음이 추가적으로 언론에 공개되면서 당선인 시절부터 대통령이 여당의 공천과정에 개입했다는 폭로가 이어진다. 불리한 상황에 반전을 일으키려는 듯 대통령은 **2024년 12월 3일 밤 10시 반쯤 방송을 통해서 기습적으로 비상계엄을 선포**한다. 1979년 12·12군사반란 이후에 무려 45년 만에 선포된 비상계엄이었다. 비상계엄을 선포하여 군병력을 출동시켜야 할 만큼 21세기 대한민국에 심각한 사회적 혼란이 초래되었을까? 대통령의 계엄선포권은 전시, 사변이나 이에 준하는 국가비상사태에만 행사할 수 있는데(헌법 제77조 제1항) 계엄선포의 요건으로서 객관적 국가비상사태는 누가 판단해도 존재하지 않았다. 명백한 위헌적 계엄선포권 행사인 것이다.

대통령이 임명하고 대통령의 지휘·감독을 받는 계엄사령관은 〈계엄법〉에 따른 특별조치(포고령)를 공고하는데 그 안에는 첫 줄부터 국회의 활동을 금지하는 내용이 포함되었다. 헌법은 계엄선포가 합법적인 경우에도 '정부'나 '법원'의 권한에 대해서만 특별조치를 취할 수 있도록 하

12·3 계엄선포를 위한 국무회의(2024. 12. 3. 22:17-22:22)

참석자		불참자	
대통령	윤석열(12/14 탄핵소추)	부총리/교육부장관	이주호
국무총리	한덕수(12/27 탄핵소추)	과학기술정보통신부장관	유상임
부총리/기획재정부장관	최상목	국가보훈부장관	강정애
외교부장관	조태열	문화체육관광부장관	유인촌
통일부장관	김영호	산업통상자원부장관	안덕근
법무부장관	박성재(12/12 탄핵소추)	환경부장관	김완섭
국방부장관	김용현(12/5 사퇴)	고용노동부장관	김문수
행정안전부장관	이상민(12/8 사퇴)	여성가족부장관	공석
농림축산식품부장관	송미령	국토교통부장관	박상우
보건복지부장관	조규홍	해양수산부장관	강도형
중소벤처기업부장관	오영주		

* 의사정족수 및 의결정족수: 국무회의 구성원(21명) 과반수의 출석과 출석 구성원의 3분의 2 찬성(국무회의 규정)

** 국무위원 아닌 국가정보원장(조태용) 배석

고(헌법 제77조 제3항), '국회'의 권한에 대해서는 특별조치를 발령할 수 없도록 규정하고 있기 때문에 국회의 활동을 금지하는 특별조치는 명백하게 위헌이다. 실제로 비상계엄이 선포된 뒤 비상계엄해제요구를 위한 국회의 의결을 방해하려는 목적에서 경찰력이 투입되어 국회 출입을 봉쇄하고, 헬기로 이동한 군병력 등이 국회의사당 본관을 포함한 국회 경내에 난입한다. 이처럼 비상계엄이 강압적으로 국회의 권능행사를 불가능하게 만드는 국헌문란의 목적에서 선포되는 경우에는 형법상 내란죄(같은 법 제87조)에 해당한다. 대통령의 계엄선포는 반드시 국무회의의 심의를 거쳐야 하기 때문에(헌법 제89조 제5호) 내란 목적의 비상계엄 선포를 위한 국무회의에 참석하여 이에 동의한 국무위원도 내란죄의 방조범으로 처벌될 수 있다. 국무회의는 대통령과 국무총리 외에 최소 15명 이상의 국무위원으로 구성되어야 하고(헌법 제88조 제2항), 구성원의 과반수가 출석해야만 개의될 수 있기 때문에(국무회의규정 제6조 제1항) 19명의 장관 가운데 다섯 명 이상이 공석이 되거나 직무가 정지되면 국무회의 기능이 마비될 수 있다. 이에 따라 국무회의에 참석하여 비상계엄에 적극적으로 반대하지 않은 국무위원을 압박하여 사퇴시키거나 탄핵소추하여 직무를 정지시켜야 한다는 과격한 주장도 제기되었다.

국회는 계엄의 효력이 발생한 지 2시간 만에 신속하게 본회의를 소집하여 계엄해제요구안을 가결시킨다. 이 과정에서 계엄사령관의 지시를 받은 경찰이 국회의원의 진입을 원천적으로 막기 위하여 국회를 봉쇄하면서 국회로 진입하려는 국회의원들과 충돌을 빚었고, 국방부장관의 명령에 따라 특전사(특수전사령부), 수방사(수도방위사령부), 방첩사(국군방첩사령부) 소속 계엄군이 국회에 투입되어 의결을 방해하려고 시도하면서 국회의원 보좌진들로부터 저지되었으며 국회의장과 여당과 야당의 대표 등을 체포하라는 지시까지 받는다. 계엄군의 국회 의사진행 방해는 명백하게 내란죄는 물론이고 군인들이 무리를 지어 국회의 권한에 반항하는 군사반란죄에 해당하며, 계엄해제의결을 방해하기 위하여 여당(국민의힘) 원내대표가 소속 국회의원을 국회 바깥에 위치한 당사로 소집한 행위도 내란죄와 군사반란죄의 방조행위에 해당할 수 있다. 시민들은 국회로 진입하려는 계엄군을 막아섰고, 국회의장을 포함한 국회의원들을 담을 넘어 계엄해제표결에 참여했다.

12월 7일 국회는 대통령에 대한 탄핵소추를 발의하여 표결을 시도하지만 여당의원들의 집단퇴장으로 의결정족수에 미달하여 투표불성립으로 선언된다. 계엄해제요구안과 탄핵소추안의 의결을 방해한 여당에 대해서는 민주적 기본질서에 위배되는 위헌정당으로 강제해산이 필요하다는 주장도 제기되었다. 하지만 위헌정당해산 제소권은 대통령을 수반으로 하는 정부의 권한이기 때문에(헌법 제8조 제4항) 대통령이 내란수괴(우두머리)이며 여당이 내란에 방조하는 현실에서 실행되기에는 어려움이 발생한다. 시민들은 추운 날씨에도 광장에 모여 지속적으로 대통령의 탄핵을 요구한다.

계엄군은 정보사와 특전사, 방첩사 병력을 투입하여 중앙선거관리위원회의 두 개 청사와 선거연수원에도 진입하는데 부정선거 음모론에 경도된 대통령이 직전 국회의원선거를 불법선거로 무효화하여 야당 국회의원의 의원직을 상실시킴으로써 사실상 국회를 해산하려는 의도가 있었다는 의혹이 제기되기도 한다. 헌법기관인 중앙선거관리위원회의 기능을 마비시키기 위하여 계엄군을 투입시킨 행위도 내란죄에 해당한다. 12월 12일, 비상계엄선포를 정당화함으로써 탄핵소추를 피하기 위하여 자청한 대국민 담화에서 대통령은 부정선거 의혹을 확인하기 위하여 중앙선거관리위원회에 계엄군을 투입했다고 자백한다. 계속되는 실정으로 지지율이 떨어지던 대통령이 자신의 무능에서 책임을 찾지 않고 극우 유튜버들이 끊임없이 제기해온 부정선거 의혹에서 탈출구를 찾으려 했다는 비판이 설득력을 얻는다.

2017년 대통령 탄핵 국면에서 국군기무사(국군방첩사의 전신)는 비상계엄 준비문건을 작성하여 내란을 모의했는데 이 문건에 포함된 내용에 따라 2024년 비상계엄이 준비되어 내란이 실행에 옮겨진 것으로 추정된다. 취임 전에 대통령실을 서울 용산에 위치한 국방부 청사로 옮길 때부터 내란 목적의 비상계엄이 준비되었다는 의혹마저 제기되었다. 12월 14일 국회는 대통령에 대하여 두 번째로 발의된 탄핵소추안을 가결시키고, 국회의사당 근처에서 탄핵촉구집회를 벌이던 수많은 시민들은 눈물을

12·3 불법 비상계엄 주요종사자

윤석열	대통령	충암고, 비상계엄선포
김용현	국방부장관	육사 38기, 충암고, 포고령 작성
박안수(대장)	계엄사령관/육군참모총장	육사 46기, 국회차단지시, 헬기승인
곽종근(중장)	특전사령관	육사 47기, 국회난입/의원체포 지시
이진우(중장)	수방사령관	육사 48기, 국회난입/의원체포 지시
여인형(중장)	방첩사령관	육사 48기, 충암고, 선관위난입지시
문상호(소장)	정보사령관	육사 50기, 선관위원장/직원 체포
노상원(예비역 소장)	전 정보사령관	육사 41기, 선관위원장/직원 체포
구삼회(준장)	육군 제2기갑여단장	육사 50기, 전차부대 동원
방정환(준장)	국방부 정책차장	육사 51기
이상현(준장)	특전사 제1공수여단장	육사 50기, 국회난입/의원체포 지시
김정근(준장)	특전사 제3공수여단장	육사 52기, 선관위난입 지시
안무성(준장)	특전사 제9공수여단장	육사 53기, 선관위난입 지시
김현태(대령)	특전사 제707특수임무단장	육사 57기, 국회난입/의원체포 지시
김세운(대령)	특전사 특수작전항공단장	육사 57기
김창학(대령)	수방사 군사경찰단장	육사 54기, 국회난입/의원체포

흘리며 환호한다. 국회가 대통령에 대한 탄핵소추를 의결하면 즉시 대통령의 직무는 정지된다.

국회는 12월 27일 대통령의 권한을 대행하는 국무총리가 국회가 의결한 내란 관련 특검법안을 공포하지 않고 국회가 선출한 헌법재판관 후보자 3명을 임명하지 않자 그에 대한 탄핵소추를 의결한다. 대통령에 이어 국무총리까지 탄핵소추가 된 것이다. 불행하게도 제주항공 여객기가 무안공항에 무리하게 착륙하다가 폭발하여 탑승한 승객과 승무원 가운

박진우(중령)	수방사 제1경비단 제35특임대장	
김용군(예비역 대령)	전 국방부 조사본부 수사본부장	학군 24기 계엄 모의
정성우(대령)	방첩사 제1처장	육사 48기, 선관위 서버복사 지시
이경민(소장)	방첩사 참모장	육사 50기, 국회/선관위 난입 지시
김대우(준장)	방첩사 수사단장	해사, 선관위난입 지시
김철진(준장)	전 방첩사 기획관리실장, 국방부 군사보좌관	육사 54기, 계엄 계획
소형기(소장)	전 방첩사 참모장, 육사교장	육사 50기
이창엽(대령)	방첩사 비서실장	계엄문건 작성
박성하(대령)	방첩사 기획관리실장	육사 54기, 충암고, 계엄문건 작성
나승민(대령)	방첩사 신원보안실장	포고령 작성
정성욱(대령)	정보사	육사 52기, 선관위 체포조 운영
김봉규(대령)	정보사	육사 49기, 선관위 체포조 운영
조지호(치안총감)	경찰청장	경찰대 6기, 국회진입봉쇄
김봉식(치안정감)	서울경찰청장	경찰대 5기, 국회진입봉쇄
목현태(총경)	국회경비대장	간부 45기, 국회진입봉쇄

데 두 명을 제외한 179명이 사망한다. 그날 밤 자정 수차례 소환에 불응하던 대통령에 대한 체포영장이 청구되는데 그해 마지막 날 오전 법원은 대통령에 대한 체포영장을 발부한다. 국무총리의 탄핵소추로 대통령의 권한을 대행하게 된 경제부총리(기획재정부장관)는 국회가 선출한 세 명의 헌법재판관 후보자 가운데 여야합의를 확인할 수 없다는 납득하기 어려운 이유로 두 명만을 임명한다.

아홉 명의 헌법재판관으로 완성체를 구성하는 헌법재판소는 불만족

스럽지만 그나마 8인 체제로 대통령에 대한 탄핵심판을 진행한다. 변론기일에 직접 출석한 피청구인 대통령은 12·3비상계엄으로 아무 일도 일어나지 않았는데 자신에 대한 탄핵심판과 형사재판이 진행되고 있다는 사실에 불만을 표시한다. 그렇지만 아무 일도 일어나지 않은 것이 아니라 대통령이 주도한 '실패한 내란'으로 너무나도 많은 일이 벌어졌다. 국방부장관은 물론 육군참모총장과 주요 전·현직 사령관들이 내란죄로 구속된 상태에서 기소되었다. 법원과 검찰은 내란가담자의 구속기소를 통해 이미 대통령의 내란죄 혐의가 상당 부분 소명이 되었다고 판단한 것이다.

2025년 1월 19일 새벽, 대통령에 대한 구속영장이 발부되자 대통령 지지자들은 영장을 발부한 법관에게 폭력을 행사하기 위하여 법원청사의 유리문을 파손하며 법원에 난입한 뒤 폭동을 일으킨다. 법원도 헌법기관이므로 법원의 기능을 정지시키는 폭동도 내란죄에 해당할 수 있다. 법원에 대한 폭동을 부추긴 여당 국회의원, 대통령 변호인, 아스팔트 시위를 주동한 대통령 지지자들 모두 내란선동죄를 처벌받을 수 있는 중대한 사안이다. 내란을 일으킨 대통령을 신속하게 탄핵한 뒤 형사재판에서 상응하는 형벌을 부과하고, 내란에 가담한 사람들, 내란을 선전하고 또 다른 내란을 선동한 사람들 모두 응분의 형사적 대가를 받게 할 필요가 있다. 공수처로부터 사건을 이첩받은 검찰은 대통령을 구속된 상태에서 내란죄 혐의로 기소한다. 대통령은 자신에 대한 탄핵심판과 형사재판을 탄핵조작, 내란프레임에 지나지 않는다는 뻔뻔한 음모론을 제기하지만 그가 "호수 위의 달그림자" 정도로 치부했던 내란 목적의 비상계엄은 대부분의 국민들에게는 객관적으로 명백한 실체가 존재하는 공포스러운 현실이었다. 2025년 4월 4일 헌법재판소는 피청구인 대통령 윤석열을 파면하는 결정을 내린다(2025. 4. 4. 2024헌나8).

제8장

헌법개정의 필요성과 방향

결론을
대신하여

일제강점기 임시정부와 해방 후 미군정의 시기를 거쳐 1948년에 제정된 제헌헌법에 따라 공식적인 대한민국정부가 수립되었다. 아홉 번의 헌법 개정을 거치면서 열 번째 헌법으로 등장한 현행 헌법은 1987년에 공포된 이후로 사십 년 가까이 생명을 유지하며 존속하고 있다. 1987년 헌법 개정 당시 헌법적 정의를 담은 시대정신은 바로 이 헌법에 담긴 '대통령 직선제'였다. 1972년 유신헌법 제정 이후로 십 년의 긴 세월 동안 국민은 대통령을 직접 선출할 수 있는 권한을 박탈당했기 때문이다. 대통령 직선제와 함께 5년 임기의 대통령 단임제를 채택한 현행 헌법 덕분으로 평화적 정권교체의 전통이 한국헌정사에 자리잡게 되었다. 물론 1980년 헌법에서 임기연장이나 중임변경을 위한 헌법개정의 효력을 제안 당시의 대통령에게는 인정하지 않는다고 명시한 규정도 평화적 정권교체의 전통에 기여한 바가 크다. 아무튼 그로부터 수십 년의 시간이 흘러 현재 요구되는 헌법적 정의를 구현하는 시대정신을 헌법에 담기 위하여 또다시 헌법개정의 필요성이 논의되고 있다. '제4차 산업혁명'으로 빅데이터와 인공지능 기술 등으로 지금까지 경험해 보지 못했던 물질적 풍요와

삶의 편리를 향유하고 있지만 '기후위기'와 '감염병 팬데믹'으로 지구 전체가 위협받고 있는 이 시대에 맞추어, 특히 '저출생으로 인한 국가소멸의 위기'를 맞고 있는 한국의 특수한 상황에서 이에 대응하도록 요구하는 **시대정신을 담을 수 있는 헌법**이 필요하다.

정부수립 이후의 헌법개정은 주로 '정부형태'를 중심으로 이루어졌다. 헌법의 역사를 대체로 헌법과 정치의 관계를 다루는 '헌정사'에 한정하여 다루는 이유도 같은 맥락이다. 정부형태는 입법권을 가지는 국가기관인 의회와 행정권을 가지는 국가기관인 정부의 관계를 설정하는 헌법적 방식을 의미한다. 이처럼 정부형태는 행정부(집행부)를 의미하는 좁은 의미의 정부와 입법부를 뜻하는 의회의 관계를 헌법적으로 규율함으로써 입법부, 행정부, 사법부를 아우르는 넓은 의미의 정부가 가지는 전반적인 형태를 대략적으로 보여준다. 그 핵심적 내용은 의회를 중심으로 넓은 의미의 정부를 조직함으로써 민주적 정당성을 일원화하는 제도(의원내각제)로 구성할지, 아니면 의회로부터 독립하여 독자적인 민주적 정당성을 부여받은 좁은 의미의 정부의 수반으로서 대통령을 중심으로 하는 제도(대통령제)로 구성할지이다. **한국헌법의 역사에서는 대체로 대통령중심의 정부형태인 대통령제**가 오랫동안 유지되었다. 다만 유일하게 4·19혁명 이후에 마련된 1960년 헌법(제3차 개정헌법)에서 의회 중심의 정부형태인 의원내각제가 채택된 바 있다. 오로지 정권연장의 목적으로만 수차례 헌법이 개정되면서 앞서 언급한 대로 1980년 헌법(제8차 개정헌법)에서부터 임기연장이나 중임변경을 위한 헌법개정은 개정 당시의 대통령에게는 적용되지 않는다는 '인적 효력제한규정'까지 명시하게 되었다. 평화적 정권교체의 전통을 만들어낸 임기 5년의 대통령 단임제가 1987년 헌법(제9차 개정헌법)부터 도입되어 현재까지 지속되는 상황에서 대통령의 정치적 책임을 강화하기 위하여 임기 4년의 대통령 중임제에 대한 논의가 꾸준히 이어져왔다. 다만 임기 4년의 중임제는 중간평가를 전제로 사실상 8년의 임기를 보장한다는 뜻이기 때문에 신중한 논의가 필요하다. 한편으로 현직 대통령의 임기를 단축시키는 개헌 논의도 진행되고 있는데 임기연장을 위한 헌법개정의 경우에만 개정 당시의 대통령에게 적용되지 않기 때문에 원칙적으로 임기단축을 위한 헌법개정의 경우에는 개정 당시의 대통령인 현직 대통령에게도 적용될 수 있다. 더욱이 부칙에 오로지 현직 대통령의 임기만을 단축시키는 규정을 두는 헌법개정도 가능할 것이다.

헌법개정이 이루어진다면 무엇보다도 **헌법적 권리를 뜻하는 '기본권'을 강화**하는 헌법개정이 필요하다. 전 지구적인 기후위기를 맞아 '환경권'에 대한 보완이 요구되며 대규모의 생명을 앗아가는 대형참사와 치명적 감염병에 대비하기 위하여 '안전권'이 추가될 필요도 있다. 제4차 산업혁명의 상징인 인공지능의 시대가 본격화되는 상황에서 '개인정보자기결정권'이 독자적인 기본권으로 강조될 필요가 있다. 저출생으로 인한 인구감소를 막기 위하여 자녀양육비나 육아휴직에 대한 국가적 지원을 헌법적 권리로 명시할 필요도 제기된다. 평등권은 기회의 평등을 의미하는 형식적 평등권에서 결과의 평등을 내용으로 하는 실질적 평등권으로 확장되어야 한다. 일반적 사회권을 의미하는 인간다운 생활을 할 권리(헌법 제34조 제1항)를 중심으로 사회권(사회적 기본권)의 체계가 정리될 뿐만 아니라 국가에 부과된 객관적 책임(의무)이 아니라 국민에게 부여된 주관적 권리의 성격이 강조될 필요도 있다. 자유권과 평등권의 물질적·경제적 토대가 되는 사회권은 경제적 불평등과 양극화가 심화되는 현실에서 빈곤한 계층을 의미하는 경제적 약자에게 반드시 주관적 권리의 성격을 가지는 헌법적 권리로 보장되어야 한다. 사회권의 핵심적 대상은 경제적 약자가 빈곤한 형편으로 자신의 재정으로는 시장에서 구입할 수 없는 기본생계, 주거, 의료, 교육 등이다. 이러한 대상에 관한 권리를 일반적 사회권 다음에 차례로 개별적 사회권으로 열거하는 것이 합리적인 기본권 구성방식이다.

제왕적 대통령으로 불리는 **대통령의 무제약적 권한에 대한 제한이나 축소**의 차원에서 그동안 오남용으로 비판받아 오던 '사면권'이나 '법률안거부권'의 한계를 헌법에 명시할 필요가 있다. 이미 대통령을 포함한 모든 공무원에게는 국민 전체의 봉사자로서 '공익실현의무'가 부여되어 있으며(헌법 제7조 제1항) 이러한 의무는 중립성이나 공정성의 의무로 구체화된다. 따라서 대통령은 사면권이나 법률안거부권을 행사할 때 중립성이나 공정성의 의무를 고려해야 하는 묵시적 한계를 가진다. 한편 대통령의 직속기관으로 조직되어 정권의 호위무사로 전락할 수 있는 '감사원'을 국회로 이전할 필요도 있다. 사법부의 구성원인 법관을 중심으로 구성되어 오던 선거관리위원회도 조직의 독립성을 확보할 필요가 있다. 대통령 중심의 정부형태인 대통령제이면서도 의회 중심의 정부형태인 의원내각제의 요소로 인정되었던 국회의원의 국무총리나 국무위원 겸직에 관하여 헌법에서 명시적으로 금지함으로써 엄격한 권력분립원칙을 실현하고 국회가 대통령의 직할기구로 전락하는 것을 방지할 필요도 있다. 특히 유명무실한 국무총리제를 폐지하는 대신에 대통령제에서 필수적 요소인 부통령제를 부활시키고, 대통령의 민주적 정당성을 강화하기 위하여 결선투표제를 도입할 필요성도 제기된다. 결선투표제가 도입되면 여러 후보자 가운데 상대적 다수표를 얻은 사람이 아니라 절대적 다수표(투표자의 과반수표)를 얻는 사람이 선출될 수 있도록 1위 득표자와 2위 득표자에 대해서 추가적으로 결선투표가 실시된다

헌법 전문에 **민주주의의 최후적 표현인 '저항권'**을 정당화하는 3·1운동이나 4·19혁명 이외에 1979년 부마항쟁, 1980년 광주민주화운동, 1987

년 6·10항쟁을 추가해야 한다. 저항권은 불의에 대한 저항의 권리이고, 저항은 정의를 부정하는 불의에 항거한다는 의미에서 정의의 다른 이름이다. 저항은 타인의 고통에 대한 공감을 표현하는 실천적 행동이기도 하다. 헌법의 주인은 주권자인 국민이다. 헌법을 위반하고 심지어 파괴하는 권력자에 대해서 헌법을 최종적으로 수호할 수 있는 주체도 국민이다. 그 국민이 헌법적 정의와 헌법적 가치를 수호하기 위하여 최후수단으로 사용할 수 있는 권리가 저항권이다. 일본제국주의에 대해서도, 이승만 장기집권에 대해서도, 박정희, 전두환, 노태우로 이어지는 군사독재에 대해서도, 내란 목적으로 비상계엄을 선포하여 친위쿠데타를 일으킨 윤석열에 대해서도 국민은 저항권을 행사하여 헌법적 정의와 헌법적 가치를 수호하였다. 굳이 저항권을 헌법에 명시하지 않아도 실정법을 뛰어넘는 자연법에 의해서 당연히 인정되는 저항권이 부정되는 것은 아니다. 그럼에도 불구하고 한국헌법의 역사에서 저항권이 행사되었던 구체적 경험을 기록하는 것은 의미가 있다. 저항권이 행사될 수밖에 없었던 불행한 역사를 기록하는 의미도 있지만 그러한 불행한 역사를 반복하지 않겠다는 다짐의 의미도 있기 때문이다. 게다가 저항권의 명시는 헌법을 부정하거나 파괴함으로써 권력을 획득하려는 잠재적 세력에 대한 강력한 경고일 수도 심지어 내란 목적의 친위쿠데타를 옹호하면서 내란 우두머리를 지지하기 위하여 국헌문란 목적의 폭동을 선동하는 사이비 저항권론이 탄핵될 수 있도록 저항권이 무엇인지를 교육시키는 규범적 문서가 될 수도 있다.

헌법이 정의를 보장한다면 **헌법에 의해 보장된 정의의 핵심적 가치는 '인간존엄'**이다. 인간존엄은 헌법적 권리의 뿌리이면서 헌법적 국가원리의 출발점이다. 인간존엄을 실현하기 위하여 국민의 기본적 권리로 자유권과 평등권, 사회권에 대한 보장이 요구되며 인간존엄을 구현하기 위하여 국가의 기본적 과제로 법치주의와 민주주의, 사회복지주의에 대한 확보가 요청된다. 자유롭고 평등하며 사회보장이 제공되는 인간만이 존엄할 수 있다. 사적 자율성을 보장하는 법치주의와 공적 자율성을 보장하는 민주주의, 자율성의 물질적 기초를 보장하는 사회복지주의를 구현하는 국가에서만 인간은 존엄해질 수 있다. 국민의 권리나 국가의 의무를 논의할 때 인간존엄이 모든 문제를 해결할 수는 없지만 개별적 권리나 의무로 문제가 해결될 수 없을 때 최종적 근거로 삼아야 하는 것은 여전히 인간존엄이다. 그래서 헌법개정이 이루어진다면 헌법적 정의와 헌법적 가치의 핵심인 인간존엄을 헌법의 맨 앞자리에 위치시킬 필요가 있다. 타인의 고통을 공감할 수 있는 인간은 타인의 존엄성을 인정할 수 있어야 한다.

참고 문헌

강만길. 《고쳐 쓴 한국 근대사》. 제2판. 창비, 2006.

______. 《고쳐 쓴 한국 현대사》. 제2판. 창비, 2006.

______. 《신채호》. 고려대학교출판부, 1990.

강원택. 《제5공화국》. 역사공간, 2024.

강준만. 《한국 현대사 산책 – 8·15해방에서 6·25전쟁까지》. 1-2권. 1940년대편. 인물과사상사, 2006.

______. 《한국 현대사 산책 – 6·25전쟁에서 4·19 전야까지》. 1-3권. 1950년대편. 인물과사상사, 2004.

______. 《한국 현대사 산책 – 4·19혁명에서 3선 개헌까지》. 1-3권. 1960년대편. 인물과사상사, 2004.

______. 《한국 현대사 산책 – 평화시장에서 궁정동까지》. 1-3권. 1970년대편. 인물과사상사, 2002.

______. 《한국 현대사 산책 – 광주학살과 서울올림픽》. 1-4권. 1980년대편. 인물과사상사, 2003.

______. 《한국 현대사 산책 – 3당합당에서 스타벅스까지》. 1-3권. 1990년대편. 인물과사상사, 2006.

______. 《한국 현대사 산책 – 노무현시대의 명암》. 2000년대편. 인물과사상사, 2011.

국립대한민국임시정부기념관. 《대한민국의 뿌리 대한민국 임시정부》. 2022.

국방부 과거사진상규명위원회. 《종합보고서》. 제1권. 2007.

______. 《종합보고서 – 8개 사건 조사결과보고서(상)》. 제2권. 2007.

______. 《종합보고서 – 8개 사건 조사결과보고서(하)》. 제3권. 2007.

국방부 군사편찬연구소. 《한권으로 읽는 6·25전쟁》. 2016.

국사편찬위원회 편.《대한민국임시정부자료집》. 2005-2011.
김경재.《혁명과 우상 – 김형욱 회고록》. 전 5권. 인물과사상사, 2009.
김삼웅.《노무현 평전》. 개정판. 두레, 2024.
______.《단재 신채호 평전》. 제4판. 두레, 2023.
______.《해공 신익희 평전》. 시대의창, 2022.
______.《약산 김원봉 평전》. 개정판. 시대의창, 2019.
______.《죽산 조봉암 평전》. 시대의창, 2019.
______.《대한독립군 총사령관 홍범도 평전》. 레드우드, 2019.
______.《장준하 평전》. 시대의창, 2019.
______.《김준엽 평전》. 깊은나무, 2017.
______.《박정희 평전》. 앤길, 2017.
______.《김대중 평전 I – 행동하는 양심으로》. 시대의창, 2010.
______.《김대중 평전 II – 역사는 진보한다》. 시대의창, 2010.
______.《3·1혁명과 임시정부》. 두레, 2019.
김상숙 외.《한국 현대사와 국가폭력》. 푸른역사, 2019.
김용달.《대한민국 임시정부 그 100년의 역사》. 역사공간, 2019.
김인걸 외.《한국 현대사 강의》. 돌베개, 1998.
김인식.《조소앙 평전 – 독립운동 이념의 기틀을 세운 민족지성》. 민음사, 2022.
김정남.《4·19혁명》. 민주화운동기념사업회, 2003.
도현신.《국가의 배신》. 인물과사상사, 2015.
문재인.《문재인의 운명》. 더휴먼, 2022.
문창재.《대한민국의 주홍글자 – 국민보도연맹과 국민방위군 사건》. 푸른사상, 2021.
민주화운동기념사업회 연구소.《한국민주화운동사 1 – 제1공화국에서 제3공화국까지》. 돌베개, 2008.
______.《한국민주화운동사 2 – 유신체제기》. 돌베개, 2009.
______.《한국민주화운동사 3 – 서울의 봄부터 문민정부 수립까지》. 돌베개, 2010.
박세길.《다시 쓰는 한국 현대사 1 – 해방에서 한국전쟁까지》. 돌베개, 2015.
______.《다시 쓰는 한국 현대사 2 – 휴전에서 10·26까지》. 돌베개, 2015.

박세길.《다시 쓰는 한국 현대사 3 – 1980년에서 1990년대 초까지》. 돌베개, 2015.

박태균.《조봉암 연구》. 창비, 1995.

______.《베트남전쟁 – 잊혀진 전쟁, 반쪽의 기억》. 한겨레출판, 2023.

______.《한국전쟁》. 책과함께, 2005.

(사)10·16부마항쟁연구소.《다시 시월 1979》. 산지니, 2019.

(사)부산민주항쟁기념사회회 부설 민주주의사회연구소.《부마항쟁의 진실을 찾아서》. 도서출판선인, 2016.

(사)여수지역사회연구소.《다시 쓰는 여순사건보고서》. 도서출판선인, 2012.

서가원.《264일의 쿠데타 – 12·12 군사반란 1-2》. 시아출판사, 2017.

서영수.《포고령 13호 삼청교육대》, 2004.

서울대학교 사회학과 형제복지원연구팀.《절멸과 갱생 사이》. 서울대학교출판문화원, 2021.

서중석.《한국 현대사 60년》. 역사비평사, 2007.

서중석 외.《6월 민주항쟁 – 전개와 의의》. 한울, 2017.

서중석·김덕련.《서중석의 현대사 이야기 1 – 해방과 분단, 현대사의 환희와 분노의 교차로》. 오월의봄, 2015.

______.《서중석의 현대사 이야기 2 – 한국전쟁과 민간인 집단 학살, 도피한 이승만, 죽어간 국민들》. 오월의봄, 2015.

______.《서중석의 현대사 이야기 3 – 조봉암과 이승만, 평화 통일과 극우 반공 독재》. 오월의봄, 2016.

______.《서중석의 현대사 이야기 4 – 4월 혁명, 독재와 맞선 피의 항쟁》. 오월의봄, 2016.

______.《서중석의 현대사 이야기 5 – 제2공화국과 516군사쿠데타, 미국은 왜 쿠데타를 눈감았나》. 오월의봄, 2016.

______.《서중석의 현대사 이야기 6 – 박정희와 배신의 정치, 거꾸로 된 '혁명'과 제3공화국》. 오월의봄, 2016.

______.《서중석의 현대사 이야기 7 – 한일 회담한일협정, 박정희와 일본 우익의 검은 커넥션》. 오월의봄, 2017.

서중석·김덕련. 《서중석의 현대사 이야기 8 – 경제 성장, 박정희 공로? 위험한 착각!》. 오월의봄, 2017.

______. 《서중석의 현대사 이야기 9 – 유신 쿠데타 I – 왜 일으켰나》. 오월의봄, 2017.

______. 《서중석의 현대사 이야기 10 – 유신 쿠데타 II – 왜 못 막았나》. 오월의봄, 2017.

______. 《서중석의 현대사 이야기 11 – 유신 쿠데타 III – 뿌리는 일본 군국주의》. 오월의봄, 2017.

______. 《서중석의 현대사 이야기 12 – 반유신 민주화 운동, 김대중 납치와 민혁당 사법 살인》. 오월의봄, 2018.

______. 《서중석의 현대사 이야기 13 – 전 국가의 병영화, 총력 안보 앞세운 독재의 광기》. 오월의봄, 2018.

______. 《서중석의 현대사 이야기 14 – 유신 몰락의 드라마, 궁지에 몰린 박정희》. 오월의봄, 2018.

______. 《서중석의 현대사 이야기 15 – 유신 체제 붕괴, 김재규는 배신자인가》. 오월의봄, 2018.

______. 《서중석의 현대사 이야기 16 – 광주항쟁, 한국 사회를 뒤흔든 시민 항쟁》. 오월의봄, 2019.

______. 《서중석의 현대사 이야기 17 – 전두환과 5공 잔혹사, 무소불위 권력 휘두르다》. 오월의봄, 2019.

______. 《서중석의 현대사 이야기 18 – 6월항쟁의 배경, 개헌 투쟁과 전두환의 반격》 오월의봄, 2020.

______. 《서중석의 현대사 이야기 19 – 6월항쟁의 전개, 현대사를 바꾼 최대 동시다발 시위》. 오월의봄, 2020.

______. 《서중석의 현대사 이야기 20 – 도도한 민주화 물결, 전두환·노태우 항복 선언, 그 후》. 오월의봄, 2020.

서현우(편). 《KAL 858기 폭파사건 종합 분석 보고서》. 창해, 2010.

신복룡. 《해방정국의 풍경 – 인물로 돌아보는 대한민국 현대사》. 중앙books, 2024.

신용하. 《한국 3·1독립운동과 임시정부》. 경인문화사, 2022.

유시민.《나의 한국 현대사 – 1959-2014, 55년의 기록》. 돌베개, 2014.

______.《나의 한국 현대사 – 1959-2020》. 개정증보판, 돌베개, 2021.

이광호.《노회찬 평전》. 사회평론, 2023.

이기형.《여운형 평전》. 실천문학사, 2004.

이대진.《살아남은 형제들》. 호밀밭, 2021.

이재의·전용호·황석영.《죽음을 넘어 시대의 어둠을 넘어》. 2017.

이태복.《도산 안창호 평전》. 동녘, 2006.

이혜숙.《미군정기 지배구조와 한국사회》. 도서출판선인, 2008.

장준하.《돌베개 – 장준하의 항일대장정》. 돌베개, 2015.

(재)5·18기념재단.《5·18민중항쟁과 정치·역사·사회 1 – 5·18민중항쟁의 의의》. 2007.

______.《5·18민중항쟁과 정치·역사·사회 2 – 5·18민중항쟁의 원인과 배경》. 2007.

______.《5·18민중항쟁과 정치·역사·사회 3 – 5·18민중항쟁의 전개과정》. 2007.

______.《5·18민중항쟁과 정치·역사·사회 4 – 5월 운동의 전개》. 2007.

______.《5·18민중항쟁과 정치·역사·사회 5 – 5·18과 민주화 5·18민중항쟁의 기억과 과거청산》. 2007.

전두환.《전두환 회고록 1 – 혼돈의 시대》. 자작나무숲, 2017.

______.《전두환 회고록 2 – 청와대 시절》. 자작나무숲, 2017.

______.《전두환 회고록 3 – 황야에 서다》. 자작나무숲, 2017.

정병준 외.《한국 현대사 1 – 해방과 분단, 그리고 전쟁》. 푸른역사, 2018.

제주4·3사건진상규명및희생자명예회복위원회.《제주4·3사건 진상조사 보고서》. 2003.

조영래.《전태일 평전》. 개정판. 아름다운전태일, 2020. (초판, 1983)

진실·화해를위한과거사정리위원회.《종합보고서 I – 위원회의 연혁과 활동, 종합권고》. 2010.

______.《종합보고서 II – 항일독립운동과 해외동포사》. 2010.

______.《종합보고서 III – 민간인 집단희생 사건》. 2010.

______.《종합보고서 IV – 인권침해 사건》. 2010.

한국역사연구회.《시민의 한국사 2》. 돌베개, 2022.

한성훈.《가면권력 – 한국전쟁과 학살》. 후마니타스, 2014.

한승헌.《재판으로 본 한국 현대사》. 창비, 2016.

한종선·전규찬·박래군.《살아 남은 아이 – 우리는 어떻게 공모자가 되었나?》. 이리, 2014.

한홍구.《대한민국사 1 – 단군에서 김두한까지》. 한겨레출판, 2006.

______.《대한민국사 2 – 아리랑 김산에서 월남 김 상사까지》. 한겨레출판, 2006.

______.《대한민국사 3 – 야스쿠니의 악몽에서 간첩의 추억까지》. 한겨레출판, 2006.

______.《대한민국사 4 – 386세에서 한미FTA까지》. 한겨레출판, 2006.

______.《4·19혁명》. 창비, 2020.

홍석률·박태균·정창현.《한국 현대사 2 – 경제성장과 민주주의, 그리고 통일의 과제》. 푸른역사, 2018.

헌법의 시간들

한국헌법사, 독립운동가부터 사이코패스까지

초판 발행 2025년 3월 28일
초판 2쇄 2025년 9월 22일

지은이 이준일
펴낸곳 고려대학교출판문화원
www.kupress.com
kupress@korea.ac.kr
(02841) 서울특별시 성북구 안암로 145
Tel 02-3290-4230, 4232
Fax 02-923-6311
찍은곳 네오프린텍(주)

ISBN 979-11-6956-108-2 03360

값 26,000원
※ 잘못 만들어진 책은 바꿔 드립니다.